21 世纪高等院校物流专业创新型应用人才培养规划教材

物流项目管理

主　编　张旭辉　孙　晖
副主编　蔡洪文　阳　霞　何　征

内 容 简 介

本书共分 9 章，第 1 章介绍项目及项目管理的基本概念、特征，项目管理的发展、要素及知识体系，物流项目的特点、分类，物流项目管理的特殊性和新趋势；第 2 章介绍物流项目前期策划的主要工作、注意事项，需求识别的过程，物流项目可行性研究及项目融资；第 3 章介绍物流项目实施计划的制订、项目目标确定和范围计划编制、物流项目控制；第 4 章介绍物流项目组织结构，项目经理的挑选与培养，物流项目团队建设和冲突管理；第 5 章介绍物流项目进度管理和网络计划技术；第 6～9 章分别介绍物流项目质量管理、成本管理、招投标与合同管理及风险管理。

本书可作为普通高等院校本科物流管理及相关专业或高职高专院校相关专业教学用书，也可作为物流从业人员、物流项目经理和相关研究人员的参考用书。

图书在版编目(CIP)数据

物流项目管理/张旭辉，孙晖主编. —北京：北京大学出版社，2013.3
(21 世纪高等院校物流专业创新型应用人才培养规划教材)
ISBN 978-7-301-21676-7

Ⅰ. ①物… Ⅱ. ①张…②孙… Ⅲ. ①物流—物资管理—项目管理—高等学校—教材 Ⅳ. ①F252

中国版本图书馆 CIP 数据核字(2012)第 281918 号

书　　　名：	物流项目管理
著作责任者：	张旭辉　孙　晖　主编
策划编辑：	李　虎　刘　丽
责任编辑：	刘　丽
标准书号：	ISBN 978-7-301-21676-7/U·0086
出版发行：	北京大学出版社
地　　　址：	北京市海淀区成府路 205 号　100871
网　　　址：	http://www.pup.cn　新浪官方微博：@北京大学出版社
电　　　话：	邮购部 010-62752015　发行部 010-62750672　编辑部 010-62750667　出版部 010-62754962
电子信箱：	pup_6@163.com
印　刷　者：	天津和萱印刷有限公司
经　销　者：	新华书店
	787 毫米×1092 毫米　16 开本　20 印张　457 千字
	2013 年 3 月第 1 版　2024 年 5 月第 10 次印刷
定　　　价：	48.00 元

未经许可，不得以任何方式复制或抄袭本书之部分或全部内容。
版权所有，侵权必究
举报电话：010-62752024　电子信箱：fd@pup.pku.edu.cn

21世纪高等院校物流专业创新型应用人才培养规划教材
编写指导委员会

(按姓名拼音顺序)

主 任 委 员	齐二石			
副主任委员	白世贞	董千里	黄福华	李荷华
	刘元洪	王道平	王海刚	王汉新
	王槐林	魏国辰	肖生苓	徐 琪
委 员	曹翠珍	柴庆春	丁小龙	冯爱兰
	甘卫华	高举红	郝 海	阚功俭
	李传荣	李学工	李向文	李晓龙
	李於洪	林丽华	刘永胜	柳雨霁
	马建华	孟祥茹	倪跃峰	乔志强
	汪传雷	王 侃	吴 健	易伟义
	于 英	张 军	张 浩	张 潜
	张旭辉	赵丽君	周晓晔	周兴建

丛 书 总 序

物流业是商品经济和社会生产力发展到较高水平的产物，它是融合运输业、仓储业、货代业和信息业等的一种复合型服务产业，是国民经济的重要组成部分，涉及领域广，吸纳就业人数多，促进生产、拉动消费作用大，在促进产业结构调整、转变经济发展方式和增强国民经济竞争力等方面发挥着非常重要的作用。

随着我国经济的高速发展，物流专业在我国的发展很快，社会对物流专业人才需求逐年递增，尤其是对有一定理论基础、实践能力强的物流技术及管理人才的需求更加迫切。同时随着我国教学改革的不断深入以及毕业生就业市场的不断变化，以就业市场为导向，培养具备职业化特征的创新型应用人才已成为大多数高等院校物流专业的教学目标，从而对物流专业的课程体系以及教材建设都提出了新的要求。

为适应我国当前物流专业教育教学改革和教材建设的迫切需要，北京大学出版社联合全国多所高校教师共同合作编写出版了本套《21世纪高等院校物流专业创新型应用人才培养规划教材》。其宗旨是：立足现代物流业发展和相关从业人员的现实需要，强调理论与实践的有机结合，从"创新"和"应用"两个层面切入进行编写，力求涵盖现代物流专业研究和应用的主要领域，希望以此推进物流专业的理论发展和学科体系建设，并有助于提高我国物流业从业人员的专业素养和理论功底。

本系列教材按照物流专业规范、培养方案以及课程教学大纲的要求，合理定位，由长期在教学第一线从事教学工作的教师编写而成。教材立足于物流学科发展的需要，深入分析了物流专业学生现状及存在的问题，尝试探索了物流专业学生综合素质培养的途径，着重体现了"新思维、新理念、新能力"三个方面的特色。

1. 新思维

(1) 编写体例新颖。借鉴优秀教材特别是国外精品教材的写作思路、写作方法，图文并茂、清新活泼。

(2) 教学内容更新。充分展示了最新的知识以及教学改革成果，并且将未来的发展趋势和前沿资料以阅读材料的方式介绍给学生。

(3) 知识体系实用有效。着眼于学生就业所需的专业知识和操作技能，着重讲解应用型人才培养所需的内容和关键点，与就业市场结合，与时俱进，让学生学而有用，学而能用。

2. 新理念

(1) 以学生为本。站在学生的角度思考问题，考虑学生学习的动力，强调锻炼学生的思维能力以及运用知识解决问题的能力。

(2) 注重拓展学生的知识面。让学生能在学习了必要知识点的同时也对其他相关知识有所了解。

(3) 注重融入人文知识。将人文知识融入理论讲解，提高学生的人文素养。

3. 新能力

(1) 理论讲解简单实用。理论讲解简单化，注重讲解理论的来源、出处以及用处，不做过多的推导与介绍。

(2) 案例式教学。有机融入了最新的实例以及操作性较强的案例，并对案例进行有效的分析，着重培养学生的职业意识和职业能力。

(3) 重视实践环节。强化实际操作训练，加深学生对理论知识的理解。习题设计多样化，题型丰富，具有启发性，全方位考查学生对知识的掌握程度。

我们要感谢参加本系列教材编写和审稿的各位老师，他们为本系列教材的出版付出了大量卓有成效的辛勤劳动。由于编写时间紧、相互协调难度大等原因，本系列教材肯定还存在不足之处。我们相信，在各位老师的关心和帮助下，本系列教材一定能不断地改进和完善，并在我国物流专业的教学改革和课程体系建设中起到应有的促进作用。

齐二石

2009 年 10 月

齐二石 本系列教材编写指导委员会主任，博士、教授、博士生导师。天津大学管理学院院长，国务院学位委员会学科评议组成员，第五届国家 863/CIMS 主题专家，科技部信息化科技工程总体专家，中国机械工程学会工业工程分会理事长，教育部管理科学与工程教学指导委员会主任委员，是最早将物流概念引入中国和研究物流的专家之一。

前　言

美国项目管理专业资质认证委员会主席保罗·格雷斯(Paul Grace)曾说过："当今社会，一切都是项目，一切也将成为项目。"当前，项目已成为社会和企业发展的重要载体和创新方式，实践证明，在许多领域项目管理是一种科学的管理方法，并已发展成一门独立的、具有一整套系统的管理理论、方法和技术的较为成熟的学科体系和现代管理学的重要分支。

在我国，项目管理引入物流行业的时间并不长。随着近年来我国物流产业的高速发展，项目管理模式逐渐在物流行业中得到广泛应用，项目管理制也被物流界逐步认可。在宏观上，成功的物流项目能够提高国家或地区的物流竞争力；在微观上，物流项目管理能够降低物流成本，提高组织物流运作效率和顾客满意度，为物流企业提供在新的平台上运作的条件。

基于物流产业对国家经济发展的重要贡献，我国政府和企业日益重视物流产业的发展，并相继出台了各种政策和规划。党的二十大报告指出，要"建设高效顺畅的流通体系，降低物流成本"。我们有理由相信我国的物流产业正迎来前所未有的发展契机，各种物流项目必将层出不穷，既有物流配送中心、物流仓储中心、物流产业园区、物流管理信息系统等"硬件"设施的建设，又有物流发展规划、物流咨询、物流策划等"软件"项目。物流项目开发成功与否对物流企业的生存与发展，对区域甚至国家的经济发展和综合实力意义重大，但在我国，物流项目管理尚不成熟，值得广大有志之士进行深入探讨和改进。因此，我们编写了本书，不仅希望对原有的项目管理理论和方法进行梳理，而且希望在课程体系上进行探讨和再设计，以适应现代物流项目管理的需要。

本书以物流项目管理的逻辑流程为主线，按照项目管理的知识体系划分模块，从纵向和横向上突出物流项目管理的系统性、各模块的相对独立性和联系性，详细阐述了物流项目管理的基本理论、方法和技巧。秉承"易读、好教"的写作目的，本书在写作结构上进行了以下尝试：每章的开头标明了本章教学要点，并列出本章学习中的关键词，这是对于本章学习目的和内容的简要概述，帮助读者掌握该章内容；导入案例引起读者思考并引入该章内容；本章小结围绕开头提出的教学要点进行总结；习题部分设计了一定数量的练习题；章节末的案例分析可以提供思考及检验读者综合应用本章所学知识解决实际问题的能力；本书附录部分设计了一个综合案例，要求读者综合运用本书所讲知识点来分析案例，讨论问题，系统回顾本书的知识内容。

本书的编写分工如下：攀枝花学院张旭辉教授负责全书编写思路和结构框架，编写第 1 章，整理附录部分，并统稿；攀枝花学院孙晖博士编写第 2 章、第 3 章和第 5 章；攀枝花学院何征编写第 4 章；攀枝花学院蔡洪文博士编写第 6 章、第 7 章和第 9 章；攀枝花学院阳霞副教授编写第 8 章。

本书建议授课学时为 42～48 学时，各章节的参考授课学时见下表。建议按照章节顺序安排教学，结合案例分析讨论和实践教学，各章结束进行适当的小结和复习。

物流项目管理

章 号	授课学时	章 号	授课学时
1	4	6	4
2	8	7	6
3	4	8	4
4	4	9	4
5	6	附录	2

本书在编写过程中,借鉴了国内外一些教材、专家学者的观点和最新研究成果,同时参阅了许多媒体网站和资料,在此仅向他们表示深深的谢意!

由于编者水平有限,书中缺点和错误在所难免,敬请广大读者批评指正。

编 者

目 录

第 1 章 物流项目与物流项目管理概述 1
1.1 项目概述 2
- 1.1.1 项目的定义 3
- 1.1.2 项目的特征 4
- 1.1.3 项目的分类 4
- 1.1.4 项目利益相关者 5
- 1.1.5 项目生命周期 6

1.2 项目管理概述 7
- 1.2.1 项目管理的概念 7
- 1.2.2 项目管理的基本特征 8
- 1.2.3 项目管理的"六大要素"和"五个过程" 9
- 1.2.4 项目管理的发展 9
- 1.2.5 项目管理的知识体系 13

1.3 物流项目概述 15
- 1.3.1 物流项目的定义 15
- 1.3.2 物流项目的特点 15
- 1.3.3 物流项目的分类 16
- 1.3.4 典型的物流企业项目 17

1.4 物流项目管理概述 19
- 1.4.1 物流和供应链管理的产生和发展 19
- 1.4.2 物流项目管理的定义 20
- 1.4.3 物流项目管理的特殊性 20
- 1.4.4 现代物流项目管理的新趋势 21
- 1.4.5 我国物流项目管理的误区 24

本章小结 25
习题 26

第 2 章 物流项目前期策划 28
2.1 物流项目前期策划的主要工作和注意事项 30
2.2 物流项目识别与构思 32
- 2.2.1 物流项目需求识别与物流项目识别 32
- 2.2.2 物流项目构思 35

2.3 物流项目可行性研究 38
- 2.3.1 物流项目可行性研究的概念及其作用 39
- 2.3.2 物流项目可行性研究的工作阶段 39
- 2.3.3 物流项目可行性研究报告的主要内容 40

2.4 物流项目的财务评价 43
- 2.4.1 资金时间价值理论 43
- 2.4.2 物流项目财务评价的含义 45
- 2.4.3 物流项目财务评价的取价原则 45
- 2.4.4 物流项目财务评价的内容和步骤 45
- 2.4.5 物流项目财务评价指标计算 47

2.5 物流项目国民经济评价 47
- 2.5.1 物流项目国民经济评价的含义 48
- 2.5.2 物流项目国民经济评价与财务评价的联系与区别 48
- 2.5.3 物流项目国民经济评价的内容和步骤 49
- 2.5.4 物流项目国民经济效益和费用分析 51

2.6 物流项目社会评价 54
- 2.6.1 物流项目社会评价的概念 54
- 2.6.2 物流项目社会评价的内容 54
- 2.6.3 物流项目社会评价的方法 55

2.7 物流项目不确定性分析 56
- 2.7.1 物流项目结果产生不确定性的原因 56
- 2.7.2 物流项目不确定性分析的含义与作用 57
- 2.7.3 物流项目不确定性分析的内容与方法 58

2.7.4 盈亏平衡分析 58
2.7.5 敏感性分析 61
2.7.6 概率分析决策 65
2.7.7 综合案例 67
2.8 物流项目融资 70
2.8.1 物流项目融资的基本概念 70
2.8.2 物流项目融资的种类 70
2.8.3 物流项目融资同其他融资的差别 71
2.8.4 物流项目融资的参与者 72
2.8.5 物流项目融资的程序 72
2.8.6 物流项目融资的资金成本 73
本章小结 76
习题 77

第3章 物流项目实施计划与控制 80
3.1 物流项目实施计划综述 82
3.2 物流项目实施计划的编制 83
    3.2.1 物流项目实施计划编制的过程 83
    3.2.2 物流项目实施计划编制的原则 84
3.3 物流项目目标和范围计划 86
    3.3.1 物流项目目标 86
    3.3.2 物流项目范围计划 90
3.4 其他物流项目子计划 97
3.5 物流项目控制 98
    3.5.1 物流项目控制的意义 98
    3.5.2 物流项目控制的过程和内容 99
    3.5.3 物流项目控制的必要条件 100
    3.5.4 物流项目控制的形式和类型 101
    3.5.5 物流项目控制的策略 102
    3.5.6 物流项目变更控制 103
本章小结 104
习题 105

第4章 物流项目组织管理 108
4.1 物流项目组织 109
    4.1.1 物流项目组织的定义与特点 109

4.1.2 物流项目组织结构的类型 110
4.1.3 物流项目组织结构的选择 113
4.2 物流项目经理 114
    4.2.1 物流项目经理的责任与权力 114
    4.2.2 物流项目经理的素质与能力 115
    4.2.3 物流项目经理的挑选与培养 117
    4.2.4 物流项目经理的激励与薪酬设计 118
4.3 物流项目团队 119
    4.3.1 物流项目团队的概念及特征 119
    4.3.2 物流项目团队的建设 120
    4.3.3 常用的物流项目团队决策方法 121
    4.3.4 常见的物流项目团队陷阱及克服建议 123
4.4 物流项目冲突管理 124
    4.4.1 冲突的概念及类型 124
    4.4.2 冲突对物流项目的影响 125
    4.4.3 解决物流项目冲突的程序及策略 126
本章小结 128
习题 129

第5章 物流项目进度管理 131
5.1 物流项目进度管理概述 132
    5.1.1 物流项目进度管理的概念 133
    5.1.2 物流项目进度管理的内容和要点 133
    5.1.3 影响物流项目进度的因素 134
    5.1.4 常见的物流项目进度拖延情况及解决措施 136
5.2 物流项目进度计划的编制 137
    5.2.1 物流项目进度计划编制的依据 138
    5.2.2 物流项目进度计划编制的基本要求 138

5.2.3 物流项目进度计划编制的
　　　　 步骤......................................138
　　5.2.4 物流项目进度计划的
　　　　 方法和工具..........................144
　　5.2.5 物流项目进度计划的结果...147
5.3 物流项目网络计划技术..............148
　　5.3.1 网络计划概述......................148
　　5.3.2 双代号网络计划..................150
　　5.3.3 物流项目网络计划优化......158
5.4 物流项目进度控制......................166
　　5.4.1 物流项目进度控制的原理...166
　　5.4.2 物流项目进度控制的过程
　　　　（步骤）..............................167
　　5.4.3 物流项目进度检测的方法...168
　　5.4.4 物流项目进度比较分析
　　　　 方法......................................169
　　5.4.5 物流项目进度更新..............175
本章小结..178
习题..179

第6章 物流项目质量管理......................183

6.1 物流项目质量管理概论..............185
　　6.1.1 物流项目质量概述..............185
　　6.1.2 物流项目质量管理的概念及
　　　　 职能......................................186
6.2 物流项目质量规划......................187
　　6.2.1 物流项目质量规划的概念...187
　　6.2.2 物流项目质量规划的
　　　　 前提条件..............................187
　　6.2.3 制定物流项目质量规划的
　　　　 方法和技术..........................188
　　6.2.4 物流项目质量规划工作的
　　　　 成果......................................189
6.3 物流项目质量保障......................190
　　6.3.1 物流项目质量保障的概念与
　　　　 工作内容..............................190
　　6.3.2 物流项目质量保障的依据与
　　　　 方法......................................192
6.4 物流项目质量控制......................193
　　6.4.1 物流项目质量控制的概念...193

　　6.4.2 物流项目质量控制的依据和
　　　　 方法......................................193
　　6.4.3 物流项目质量控制的结果...196
本章小结..197
习题..198

第7章 物流项目成本管理......................201

7.1 物流项目成本管理的概念..........203
　　7.1.1 物流项目成本管理的含义...203
　　7.1.2 物流项目成本管理的内容...203
　　7.1.3 物流项目成本构成及其
　　　　 影响因素..............................204
7.2 物流项目资源计划......................206
　　7.2.1 物流项目资源计划的概念...207
　　7.2.2 物流项目资源计划编制的
　　　　 依据......................................207
　　7.2.3 物流项目资源计划编制的
　　　　 方法......................................208
7.3 物流项目成本估算......................209
　　7.3.1 物流项目成本估算的概念...209
　　7.3.2 物流项目成本估算的方法...209
　　7.3.3 物流项目成本估算的结果...211
7.4 物流项目成本预算......................212
　　7.4.1 物流项目成本预算的概念...213
　　7.4.2 物流项目成本预算的依据...213
　　7.4.3 物流项目成本预算计划的
　　　　 编制......................................213
　　7.4.4 物流项目成本预算计划的
　　　　 方法......................................214
　　7.4.5 物流项目成本预算计划的
　　　　 编制步骤..............................215
7.5 物流项目成本控制......................216
　　7.5.1 物流项目成本控制的概念...216
　　7.5.2 物流项目成本控制的依据...217
　　7.5.3 物流项目成本控制的方法...217
　　7.5.4 物流项目不确定性
　　　　 成本的控制..........................218
　　7.5.5 物流项目成本控制的结果...219
7.6 挣值分析方法..............................220
　　7.6.1 挣值的定义..........................220
　　7.6.2 挣值分析方法的内涵..........220

本章小结 223
习题 223

第8章 物流项目招标投标与合同管理 229

8.1 物流项目招标投标概述 231
    8.1.1 物流项目招标投标的概念 ...231
    8.1.2 物流项目招标投标的特点 ...231
8.2 物流项目招标 232
    8.2.1 物流项目招标的方式和方法 232
    8.2.2 物流项目招标的基本程序 ...233
8.3 物流项目投标 243
    8.3.1 物流项目投标活动的特点 ...243
    8.3.2 物流项目投标的准备工作 ...243
    8.3.3 物流项目投标的实施步骤 ...243
    8.3.4 物流项目投标书 244
8.4 物流项目合同管理 244
    8.4.1 物流项目合同管理概述 244
    8.4.2 物流服务项目合同 246
本章小结 247
习题 248

第9章 物流项目风险管理 251

9.1 物流项目风险和物流项目风险管理 252
    9.1.1 物流项目风险的概念 252
    9.1.2 物流项目风险管理的概念 ...256
9.2 物流项目风险的识别 258
    9.2.1 物流项目风险识别的概念 ...259
    9.2.2 物流项目风险识别所需的信息和依据 259

9.2.3 物流项目风险识别的方法 ...260
9.2.4 物流项目风险识别的结果 ...263
9.3 物流项目风险估计 264
    9.3.1 物流项目风险估计的内涵 ...264
    9.3.2 物流项目风险估计的常用定性方法 265
    9.3.3 物流项目风险估计的常用定量方法 265
    9.3.4 物流项目风险识别与风险估计的过程 267
9.4 物流项目风险应对措施的制定 269
    9.4.1 物流项目风险应对措施的概念 269
    9.4.2 物流项目风险应对的主要措施 269
    9.4.3 制定物流项目风险应对措施的依据 274
    9.4.4 物流项目风险应对措施制定的结果 275
9.5 物流项目风险控制 275
    9.5.1 物流项目风险控制的概念 ...275
    9.5.2 物流项目风险控制的目标和依据 276
    9.5.3 物流项目风险控制方法的步骤与内容 276
本章小结 278
习题 278

附录 某煤炭物流中心项目可行性研究报告 284

参考文献 303

第1章 物流项目与物流项目管理概述

【本章教学要点】

知识要点	掌握程度	相关知识	应用方向
项目的定义、特征	熟悉	美国、英国的定义,狭义与广义的定义,一次性、独特性、整体性及与环境的相互制约性等特征	项目识别、项目计划、利益相关者识别
项目生命周期	熟悉	项目启动、计划、执行和收尾4个阶段,各阶段如何划分及特点	项目分阶段管理
项目管理知识体系	掌握	项目管理知识体系的九大领域及主要内容	项目管理人员选拔与培训
物流项目特殊性	理解	物流项目与一般项目的差别和特点	物流项目基础管理、风险识别
物流项目的新发展	理解	电子商务物流、服务化物流、绿色物流、再生资源物流项目的兴起和发展趋势	物流新项目开发

【关键词】

项目、项目管理、物流项目、物流项目管理

项目名称：西太华商厦及商品交易配送中心

项目业主：某工贸集团股份有限公司

项目内容：该项目位于兰州西站东北角繁华地段，占地面积22.1亩①，建筑总面积92 678m²，共计12层，其中地下1层，地上11层。该项目是集商品直销、配送、餐饮、娱乐、办公、商住于一体的大型综合性工业品直销市场。该中心建成后将成为西北地区的大型综合工业品集散地。

市场预测：由于国家产业政策向西部倾斜和国内外资金大量涌入西部地区，使得西部商业门店、卖场发展迅速，因此迫切需要在西北交通枢纽——兰州选址建设一个物流配送中心。兰州西站交通发达，购物、配送潜力每日为550万元，配送中心预计可占36.3%，为200万元以上。

投资估算：总投资为3.659亿元，其中自筹1亿元，吸收社会投资1.159亿元，其余通过贷款或引资解决。

经济效益：该项目建成后，预计年销售额15.5亿元，年利税6 450万元，投资回收期7～8年。

(资料来源：缪桂根，http://www.doc88.com/p-245652250877.html。)

思考：该项目属什么样的物流项目？有什么特点？

随着物流产业的高速发展，项目管理这种当今世界上较为先进的管理模式逐渐在物流行业中得到广泛的应用。自项目管理制引入物流行业到被物流界认可，物流项目管理已经成为物流管理与创新的一种重要方式。在宏观上，成功的物流项目能够提高国家或地区物流竞争力；在微观上，物流项目管理能够降低物流成本，提高组织物流运作效率和顾客满意度，为物流企业提供在新的平台上运作的条件。

目前，我国物流行业的发展迎来了前所未有的良好机遇，政府对物流行业重视程度日益增加，并出台了各种相关规划。可以说，要振兴我国的物流行业，不实施物流项目管理是难以想象的。国家物流战略发展、物流区域和园区规划、物流网络和核心枢纽建设需要物流项目，供应链企业物流流程重组、物流一体化、信息化、智能化需要物流项目，企业物流管理层需要具备物流项目管理的知识和能力，正确地策划、组织和实施物流项目。物流项目管理已成为社会和企业物流实践的一个重要方面。

1.1 项目概述

人类社会形成以来，一直存在着各类有组织的活动，这些有组织人类活动的存在和不断分化，是人类社会存在和发展的基础。它们一般可以分为两类：一类是循环往复、不断重复的活动，该类活动整个过程的不确定性很小，一致性较高，往往有比较成型的标准性参考依据，我们称之为"运作"或"作业"，如企业生产线日常的产品加工活动、交通运输企业的日常运营活动等；另一类是临时性、特殊性、一次性的活动，这种活动往往带有一定的创新性或创造性，不确定性较高，一致性较低，缺少现成的标准性参考依据，我们称之为"项目"，如修建一座大桥、开发一套软件、企业的技术改造、设备大修与安装、举办一次庆典活动等。

---

① 1亩≈666.67m²。

为了促进社会的不断进步和发展，组织的各类创新性活动日益频繁，其对社会进步与组织发展所产生的促进作用不断加强，这类创新性活动不确定性和复杂性不断增加的现实，促进了项目与项目管理的不断推广与普及，项目管理已成为组织战略实施和调整的主要手段。

当前，"项目"已成为人们使用日益频繁的词汇，成为一种普遍的社会现象，是社会进步与组织创新的基本单元。只要有创新、有变化，就会有项目，项目是创新的载体，是投资与资金的载体，工程是项目的一种表现形式，资金则是项目的血液。好的项目已成为国家、地区和企业发展的支柱。项目的作用表现为以突变与跳跃的方式获得收益，推动组织发展与社会进步。

1.1.1 项目的定义

项目的定义有很多，其中比较有代表性的有两种：一种是由美国项目管理协会(Project Management Institution，PMI)给出的定义，即项目是一种被承办的旨在为创造某种特定产品或服务的临时性努力；另一种是由英国项目管理协会(Association of Project Management，APM)给出的定义，即项目是为了在规定的时间、费用和性能参数下满足特定目标而由一个人或组织所进行的具有规定的开始和结束日期，相互协调的独特的活动集合。该定义被国际标准化组织(International Organization for Standardization，ISO)采用(ISO 10006)。

其他许多相关组织和学者都给项目下过定义。例如，项目是在一定时间、资源、环境等约束条件下，为达到特定的目标所做的一次性任务或努力。项目是在一定的组织机构内，利用有限的资源(人力、物力、财力)在规定时间内完成任务，该任务要达到一定性能、质量、数量、技术指标等要求。项目是指一系列独特的、复杂的并相互关联的活动，这些活动有着一个明确的目标或目的，必须在特定的时间、预算、资源限定内，依据规范完成。项目参数包括项目范围、质量、成本、时间、资源。

哈罗德·科兹纳(Harold Kerzner)博士认为，项目是具有下列特征的一系列活动和任务。
(1) 有一个依据某个计划书来完成的特定目标。
(2) 有确定的开始和结束时间。
(3) 有经费限制。
(4) 消耗人力和非人力资源。
(5) 多职能。

这些定义都从不同的程度和角度提示了项目的本质特征，项目可以是一个组织中各个层次的任务或努力，可以只涉及一个人，也可以涉及数万人，有的项目仅用很少的工时即可完成，而有的需要成千上万工时。

项目是普遍存在的，新建一个水电站为工程建设项目，研究一个课题为科研项目，研制一项设备也可称为一个项目。在生产实践中到处可发现不同的项目。

项目侧重于过程，是一个动态的概念。例如，可以把一条高速公路的建设过程称为项目，但不可以把高速公路本身称为项目。

任何项目的设立都有其特定的目标，这种目标从广义的角度看，表现为预期的项目结束之后所形成的"产品"或"服务"。如果把产品或服务做最大范围的理解，那么用美国项目管理专业资质认证委员会主席保罗·格雷斯的话："21世纪的社会，一切都是项目，一切也将成为项目。"

综合以上各种观点，本书对项目的定义为：项目是在一定的时间、资源和环境约束条件下，为实现某种特定的产品生产、服务提供或思想知识创造等目标而进行的一系列系统的、连续的、协调的及有指标要求的组织或个人活动的集合。

1.1.2 项目的特征

虽然各类项目具有不同的特征，但作为一个项目一般具有以下几个典型特征。

1. 一次性

一次性是项目与日常运作的最大区别。项目有明确的开始时间和结束时间，只有一个起点和一个终点。项目在此之前从来没有发生过，而且将来也不会在同样的条件下再发生，而日常运作是无休止或重复的活动。一个配送中心的建设是一个项目，但配送中心建成后的日常配送作业则不再属于项目管理的范畴。正因为项目管理的一次性，项目的实施和管理没有完全相同的先例可遵循，项目的管理大都带有创新的性质。

2. 独特性

每个项目都有自己的特点，每个项目都不同于其他的项目。项目所产生的产品、服务或完成的任务与已有的相似产品、服务或任务在某些方面有明显的差别。项目自身有具体的时间期限、费用和性能质量等方面的要求。因此，项目的过程和成果具有自身的独特性。

3. 目标的明确性和多元性

每个项目都具有约束性目标(如时间、成本、质量等)和明确的成果目标，为了在约束目标下达到成果目标，项目经理在项目实施以前必须进行周密的计划。事实上，项目实施过程中的各项工作都是为项目的预定目标而进行的，项目的多目标性还表现在项目要满足各种利益相关者的不同需要，这些需要既有明示的，又有隐含的。

4. 整体性

项目是为实现目标而开展的任务的集合，它不是一项项孤立的活动，而是一系列活动的有机结合，是一个完整的过程。强调项目的整体性就是强调项目的过程性和系统性。

5. 与环境的相互制约性

项目能否通过立项、顺利实施和交付使用，总是受当时当地的环境条件的制约，项目在其寿命全过程中又会对环境产生积极和消极两方面的影响，从而形成对周围环境的制约。

6. 组织的临时性和开放性

项目开始时需要建立项目组织，项目组织中的成员及其职能在项目的执行过程中将不断地变化，项目结束时项目组织将会解散，因此项目组织具有临时性。一个项目往往需要多个甚至成百上千个单位共同协作，它们通过合同、协议以及其他的社会联系组合在一起，可见项目组织没有严格的边界。

1.1.3 项目的分类

项目按不同的分类标准可划分为不同的类型，如表1-1所示。

表1-1 项目分类

分类依据	项目管理
项目规模	大型项目、中型项目、小型项目
复杂程度	复杂项目、简单项目
项目结果	产品、服务
所属行业	农业项目、工业项目、投资项目、教育项目、社会项目
用户状况	有明确用户的项目、无明确用户的项目

其中项目按规模也可分为宏观项目、中观项目和微观项目。例如，全国交通路网建设项目可以看做宏观项目，而某城市的物流基础设施建设可以看做中观项目，某企业的仓库改造则可看做微观项目。

另外，项目还有其他分类标准。例如，项目按作用可分为进取型项目与守成型项目，如某第三方物流企业的运输工具改造，就是一个守成型项目，而进行整体信息系统建设，或者提供新的物流服务业务则可以认为是进取型项目。又如，项目按物理形态则可分为硬项目和软项目，如修建一条输油管道是硬项目，开发一套物流软件则可以看做软项目。再如，项目按所属的主体可分为私营项目和公共项目；项目按周期可分为长周期项目和短周期项目；项目按风险可分为高风险项目、中度风险项目和低风险项目等。

1.1.4 项目利益相关者

项目利益相关者是指积极参与项目或其利益会受到项目执行或完成情况影响的个人或组织。项目利益相关者对项目的目的、实施过程和结果施加影响。一般来说，项目利益相关者有以下几类(见图1.1)。

图1.1 项目利益相关者构成

(1) 客户：购买或使用项目产品的个人或组织。项目的客户可能会有若干层次。例如，一个配送中心的客户包括开展配送业务的受委托方企业——第三方物流企业、委托方企业和购买该配送中心产品的顾客。在一些应用领域，客户和用户的意思是一样的，而在其他领域，客户是指采购项目产品或服务的实体，用户是指真正使用项目产品或服务的组织或个人。

(2) 项目发起人：发动项目的个人或者团体，往往为项目提供财务资源。早在项目刚开始构思时，发起人即为项目提供支持，包括游说更高层的管理人员，以获得组织的支持，并宣传项目将给组织带来的利益。在整个项目选择过程中，发起人始终领导着项目，直到项目得到正式批准。发起人对制定项目初步范围与章程也起着重要的作用。

(3) 项目经理：负责项目管理的个人，负责项目组织、计划及实施全过程，以保证项目目标的实现。项目经理在项目管理过程中起着关键作用，是决定项目成败的关键角色。

(4) 供应商：为项目提供所需的原材料、设施设备、工具、动力或服务的个人或组织。供应商的信用以及供应保障水平直接影响项目的进程和结果。

(5) 承约商：又称被委托人，即项目的承建方。承约商在承接项目以后，根据客户的需要，从项目的启动、规划到实施与收尾对整个项目负直接责任。

(6) 分包商：承约商在获得项目总承包合同后，把项目中的某些工作分包给其他公司，实施分包工作的承包商称为"分包商"。承约商对业主负责，分包商对承包商负责。

(7) 其他利益相关者：其他与项目实施有直接或间接利益关系的个人和群体，如政府、信贷机构、咨询机构、媒体、社会公众等。

项目的不同利益相关者所关注的目标和重点往往差异很大，在项目发起或实施以前，项目管理团队必须识别项目干系人，分析他们的需求和期望，尽可能地加以协调和沟通，管理与需求相关的影响，以获得项目的成功。

1.1.5 项目生命周期

1. 项目生命周期的阶段划分

为便于管理和控制，可以把项目从开始到结束划分为若干阶段，这些不同的阶段先后衔接起来便构成了项目的生命周期。每个项目都会经历这些阶段，否则就不是一个完整的项目。常见的项目生命周期是四阶段划分法，即把项目划分为启动(概念)(Conceive)阶段、计划(规划)(Develop)阶段、执行(实施)(Execute)阶段和收尾(结束)(Finish)阶段，各阶段主要内容如表1-2所示。

表 1-2 项目各阶段比较

名 称	主 要 内 容	里 程 碑	可交付成果
启动阶段	确定需求目标；估算投资；建立项目组织；确定项目经理等	批准可行性报告	可行性报告
计划阶段	项目基本预算和进程的制定；为项目的执行做准备	批准项目计划	项目计划文件
执行阶段	实施项目	项目完工	有待交付的完工产品或文件、软件等
收尾阶段	评价、总结项目目标的完成程度；项目交接	项目交接	完工产品和项目文件

在表1-2中，里程碑通常指一个主要的可交付成果的完成，它是项目进程中的重要标志，既不占用时间，也不消耗资源。可交付成果是指为完成项目或其中的一部分，而必须完成的可以度量的、有形的及可以验证的任何事项或工作结果。例如，启动阶段结束时，批准可行性研究报告是一个里程碑，其可交付成果是可行性研究报告。

项目阶段划分具有以下特点。

(1) 项目阶段完成以可交付成果为标志。

(2) 审查交付物是项目阶段结束的标志。

(3) 用事先确定的标准衡量交付物。

2. 项目生命周期的特点

(1) 项目资源投入：资金和人员等资源的投入分布是低—高—低。
(2) 项目面临风险程度：成功的概率随时间推移上升。
(3) 外界因素对项目的影响程度：项目利益相关者影响随时间沿着项目阶段下降。

项目生命周期资源投入和风险特点如图 1.2 所示。

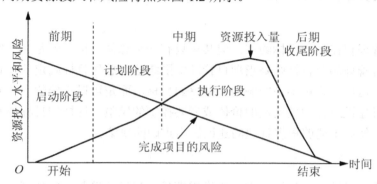

图 1.2　项目生命周期资源投入和风险特点

1.2　项目管理概述

项目管理(Project Management，PM)的直观概念就是"对项目进行管理"，项目管理的对象就是项目。项目管理目前已经发展成为具有成熟的理论体系和丰富实践验证的一门管理学的分支学科。项目管理在项目活动中使用专门的知识、技能、工具和方法，按照一定的时间和逻辑顺序，运用系统和综合的思想，协调项目中相对独立的模块活动，如进度、质量和成本管理等，使项目在预定的时间内完成目标，达到或超过项目利益相关者的期望。万事万物是相互联系、相互依存的。只有用普遍联系的、全面系统的、发展变化的观点观察事物，才能把握事物发展规律。这也是贯彻落实党的二十大报告中提出的"必须坚持系统观念"的要求。

1.2.1　项目管理的概念

随着项目管理实践与理论体系的不断发展，"项目管理"一词的内涵也在扩展，它包括了两方面的含义：一方面指有意识地按照项目的特点进行规划和组织管理的活动，即项目管理实践活动；另一方面指一门管理学科，即以项目管理活动为研究对象的理论体系。

PMI 在其项目管理知识体系(Project Management Body Of Knowledge，PMBOK)中把项目管理解释为："项目管理就是把各种系统、方法和人员结合在一起，在规定的时间、预算和质量目标范围内完成项目和各项工作。"

综合国内外不同的项目管理定义，本书对项目管理的解释：项目管理是在一定的环境和资源约束下，通过项目管理者的努力，运用系统的观点、方法和理论，对项目涉及的全部资源和工作进行有效地管理，即从项目开始到项目结束的全过程进行计划、组织、指挥、协调、控制和评价，以实现项目目标的管理理论体系和管理过程。

项目管理研究的主要内容是 PMBOK、项目管理工作职能体系与项目管理工具方法体系。

1.2.2 项目管理的基本特征

1. 普遍性

基于项目的普遍性，项目管理也具有普遍性。项目管理普遍性的另一个意思是指虽然不同的项目在其具体管理方法上具有不同的特点，但都适用于项目管理的基本理论。

2. 目的性

虽然项目管理存在多元目标约束，但其实只有一个总体目标，就是完全实现业主的建设目标。而项目管理的分目标则是指项目管理中围绕这个总体目标制定的在管理中体现出来的控制目标，这样的目标不是空洞的、抽象的目标，而是可以实施的、明确的目标，每个目标就是项目建设过程中要实现的价值或者要控制的风险，这样的目标要具体到时间和预算的框架中，使业主能够根据管理的建议做出正确的决策。

3. 体系性

由于项目绝大多数具有投资额大、建设周期长、建设环境复杂的特征，所以应该把项目作为一个系统工程进行管理，从方便控制的角度，努力去繁就简，根据项目管理生命周期特征，把项目从管理上分成若干个可控制的步骤，并把每个流程设计成若干个子流程，针对每个子流程制定实施和控制步骤，预先制定专家方案，努力使管理工作能够量化到指标上。通过这样的方法，既能保证项目在专家的管理控制下，又能使复杂的管理方案明确到可以实施的步骤和过程，也有利于业主和管理公司内部考评项目方案和管理绩效，避免项目管理工作方案和实践脱离。

4. 协作性

任何项目都是在一个特定的环境中建设的，根据业主构成特征和项目的工作范围，项目将要和政府、投资人、建设人及社会大众发生千丝万缕的联系，这里涉及的每个环节和联系都可能对项目建设周期和成本造成潜在的影响，有的甚至直接影响到项目建设的总体目标。在国外，项目管理通常分为内部协作和外部协作，内部协作指项目管理团队、项目合同人、业主之间和他们自己内部的协作；外部协作指项目和政府、行业、项目未来的消费者及社会大众的协作。项目管理要针对每个协作环节制定协作方案，设立协作的控制流程，使这些方案都能围绕项目建设的总体要求。

5. 风险性

风险作为项目管理目标的最破坏性的因素，一直是项目管理中的主要控制对象之一，项目管理一般应对项目的每个环节收集专家意见，把项目实施中可能出现的风险尽可能地找出来，针对每个风险因素提出解决或者应急方案，同时先评估风险可能对项目造成的影响和成本，并列入项目预算成本。

6. 价值性

项目必须给客户带来其所看重的价值，价值管理并不是指对项目的预算进行管理控制，而是指通过项目管理如何给客户带来额外管理价值。

7. 科学性

科学性是现代项目管理的显著特点,体现在项目管理的理论、方法、手段的科学化。

(1) 现代管理理论的应用。例如,系统论、控制论、信息论、行为科学等在项目管理中的应用奠定了现代项目管理理论体系的基石。可以说,项目管理方法实质上就是这些理论在项目实施过程中的综合运用。

(2) 现代管理方法的应用。例如,预测技术、决策技术、网络技术、数理统计方法、线性规划、排队论等可以用于解决各种复杂的项目问题。

(3) 管理手段的现代化。较显著的管理手段是计算机的应用以及现代图文处理技术、多媒体技术的使用等。由于各种复杂的项目有大量的信息,数据需要动态管理,为提高工作效率,就必须使用先进的方法和工具,包括使用项目管理软件。

1.2.3 项目管理的"六大要素"和"五个过程"

项目管理的要素,从以前的成本、进度、质量三要素,发展到成本、进度、质量和范围四要素,在此基础上增加项目组织作为项目管理的第五要素,但成功的项目管理一般还要考虑客户的满意度,它们合起来称为项目管理的六要素,如图 1.3 所示。

项目管理过程是关于描述和组织项目工作的过程,项目管理过程在大多数情况下可以用于大多数的项目,一般而言,项目管理过程可以划分为五个模块化的阶段,即启动过程、计划过程、执行过程、控制过程以及收尾过程。其关系如图 1.4 所示,其中,计划、执行和控制又被称为项目管理中的"三大关键过程",计划用于指导任务的执行,而在执行阶段应时常检查项目的进展情况,与计划进行对比,评估执行情况,进行项目控制,控制的结果可以调整执行,甚至调整计划。

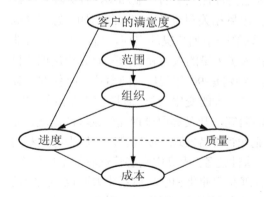

图 1.3 项目管理的"六大要素"

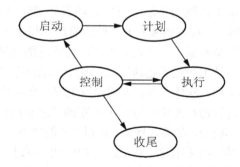

图 1.4 项目管理的"五个过程"和"三大关键过程"

1.2.4 项目管理的发展

1. 项目管理发展概况

(1) 潜意识的项目管理萌芽阶段:项目管理作为一种管理活动,其历史十分悠久,自从人类开始有组织的活动,就在执行着不同规模的项目。项目管理的实践可以追溯到古代的一些主要基础设施和伟大工程之中,如中国长城,古埃及金字塔,古罗马供水渠,欧洲的古教堂、道路、城堡等。

(2) 传统项目管理阶段：工程领域的大量实践活动极大地推动了项目管理的发展，传统的项目管理主要起源于建筑行业，这是因为建筑项目相对于其他项目来说其组织实施更为复杂。20 世纪 10 年代亨利·甘特(Henry Gantt)发明了甘特图，并在后人的改善下一直沿用至今，但它仍然具有局限性，主要用于工作任务的安排。

(3) 项目管理的发展阶段：真正意义上的现代项目管理一般认为开始于 20 世纪 40 年代第二次世界大战(以下简称"二战")中，由大型国防工业发展催生。例如，当时美国把研制第一颗原子弹的任务命名为"曼哈顿计划"，将其作为一个项目来管理。1957 年，美国杜邦公司发明了"关键路径法(Critical Path Method，CPM)"，将生产线的检修时间由原来的 125 小时缩短到 78 小时，同一时期，美国开始研制北极星导弹，采用"计划评审技术(Program Evaluation and Review Technique，PERT)"将工期由预计的 6 年缩短了 2 年，完成了这一庞大复杂的军工项目，CPM 和 PERT 的出现标志着项目管理的突破性成就。60 年代，这些方法在"阿波罗"载人登月计划中应用并取得了极大的成功，在该计划中同时还开发了"矩阵管理技术"，之后，"图示评审技术(Graphical Evaluation and Review Technique，GERT)"、工作分解结构(Work Breakdown Structure，WBS)、挣值管理(Earned Value Management，EVM)、计划项目预算体系(Planning Programming Budgeting System，PPBS)及绩效管理等相继出现，项目管理有了系统科学的方法。

20 世纪七八十年代，项目管理从新产品开发领域扩展到了企业，越来越多的企业引入了项目管理，将其灵活地运用于企业管理的各项活动中，项目管理的应用也从传统的军事、航天领域逐渐拓广到建筑、石化、电力、水利等行业。项目管理的方法和技术得到了进一步的发展与完善，被公认为一种有生命力的、能实现企业复杂目标的优秀管理思想和方法，成为政府和企业日常管理的重要工具。

(4) 现代项目管理阶段：20 世纪 80 年代后，随着全球性竞争的日益加剧，各类项目日益复杂，项目数量急剧增加，项目团队规模不断扩大，项目相关利益者冲突不断增加，急需降低项目成本的压力不断上升以及项目外部环境变化频繁等一系列情况的出现，迫使作为项目业主、客户、项目实施者的一些政府部门与企业先后投入了大量的人力和物力去研究和认识项目管理的基本原理，开发和使用项目管理的具体方法。特别是 90 年代后，随着信息时代的来临和高新技术产业的迅速发展，项目管理的特点也发生了巨大的变化。这一时期，信息系统工程、网络工程、软件工程、大型建设工程及高科技项目的研究与开发等项目管理新领域的出现，促使项目管理在理论和方法上不断地发展和现代化。企业管理者发现，项目管理可以很好地利用内外部资源，在关系复杂、时间紧迫的情况下完成一次性任务，提高中高层管理者的工作效率，于是其纷纷采用这一有效的管理模式。同时，项目管理在职业化和学科体系化方面也得到空前的发展，职业分工逐步细化，形成了一系列项目管理的专门职业，诞生了一系列的项目管理职业资格认证体系。国际上有许多大学相继建立和完善了项目管理专业的本科生和研究生教育体系。在这一阶段有许多项目管理的研究机构先后建立了起来，这些研究机构、大学、国际和各国的项目管理专业协会以及一些大型企业共同开展了大量的项目管理理论与方法的研究，并取得了丰硕的成果。例如，PMI、美国造价工程师协会(American Association of Cost Engineers，AACE)等组织提出的 PMBOK、项目全面造价管理(Total Cost Management)、项目风险造价管理、已获价值管理(Earned Value Management)、项目合作伙伴式管理(Partnering Management)等都是在这一阶段创立和发展起来的。通过这一阶段的学术发展，今天的现代项目管理已经形成了专门的理论和方法体系，发展成为独立的学科体系和管理学的重要分支。

2. 国际项目组织及其发展

世界各地的项目管理学术组织的纷纷成立也是项目管理从经验走向科学的标志，其发展也从某种角度反映了项目管理的发展历程。当前，国际上最有代表性和权威性的项目管理组织是国际项目管理协会(International Project Management Association，IPMA)和美国项目管理协会(Project Management Institute，PMI)。

IPMA创建于1965年，注册地为瑞士，是国际上成立最早的非营利性项目管理专业组织，其目的是促进国际间项目管理的交流。

IPMA于1967年在维也纳召开了第一届国际会议，项目管理从那时起即作为一门学科不断发展，截至2006年10月在我国上海召开的年会，IPMA已经分别在世界各地召开了20次年会，主题涉及项目管理的各个方面。

IPMA的成员主要是各个国家的项目管理协会，共有美国、英国、法国、德国、中国等40多个成员国组织，这些国家的组织以本国语言服务于本国项目管理的专业需求，IPMA则以广泛接受的英语作为工作语言，提供国际层次的需求服务。对IPMA的成员国组织来说，它们的个人和团体会员自动成为IPMA的会员，对那些本国没有项目管理组织或其项目管理组织未加入IPMA的个人和团体，可以直接申请加入IPMA作为国际会员。

IPMA的正式会刊是《国际项目管理杂志》，每年向其个人会员刊发6期，其内容涵盖了项目管理的各个方面，为全世界的项目管理专业人员提供了一个了解项目管理技术、实践和研究领域的场所，也为读者提供了一个分享项目管理经验的论坛。

国际项目管理专业资质认证(International Project Management Professional，IPMP)是IPMA在全球推行的四级项目管理专业资质认证体系的总称，是对项目管理人员知识、经验和能力水平的综合评估证明，能力证明是IPMP考核的最大特点。根据IPMA等级划分获得IPMP各级项目管理认证的人员，将分别具有负责项目组合、大型项目、一般项目和从事项目管理专业工作的能力。

PMI创建于1969年，其在推进项目管理知识和实践的普及中扮演了重要角色。PMI的成员以企业、大学、研究机构的专家为主，现有会员4万多名。它卓有成效的贡献是开发了一套PMBOK。20世纪六七十年代，从事项目管理的人们都是在实践方面进行总结，1976年有人提出：能否把这些具有共性的实践经验进行总结，形成标准？1981年PMI组织委员会批准了这个项目，组成了一个10人小组进行开发，1983年该小组发表了第一份报告，将项目管理中的基本内容划分为6个领域。1984年PMI批准了进一步开发项目管理标准的项目并组成了开发小组，提出增加项目管理的框架、风险管理和合同/采购管理3个方面的内容，1987年该小组发表了题为"项目管理的知识体系"的研究报告，此后几年，此报告经过不断修订和完善，成为现在项目管理的知识体系。

PMI的资格认证制度从1984年开始，称为"项目管理专业人员资格认证(Project Management Professional，PMP)，目前已有数万人通过认证。PMP同IPMP的资格认证有所不同，它虽然有项目管理能力的审查，但更注重知识的考核，必须参加并通过包括200个问题的考试。

3. 中国项目管理的发展

1) 中国项目管理的主要发展历程

20世纪60年代初期，华罗庚教授引进并推广了网络计划技术，称为"统筹法"。1965年，

《人民日报》发表了华罗庚的统筹方法,这标志着我国项目管理学科的起源,我国现代项目管理学科就是由于统筹法的应用而逐渐形成的。

20世纪80年代,现代管理方法在我国的推广应用,进一步促成了统筹法在项目管理过程中的应用,项目管理有了科学的系统方法,但主要应用范围仅在建筑业和国防,主要管理要素是进度、成本和质量3个方面。同时,我国开始吸收利用外资,伴随着项目的引进,现代项目管理模式也随之应用于中国。1984年,在我国利用世行贷款建设的鲁布革水电站工程中,日本建筑企业运用项目管理方法取得了良好效果,这给当时的我国整个建设投资领域带来了巨大的冲击和影响。基于该工程的经验,1987年原国家计委、原建设部等有关部门联合通知,要求在一批试点企业和建筑单位中采用项目管理施工方法,并开始建设中国的项目经理认证制度。

20世纪90年代,我国项目管理日趋成熟,进行了大量项目管理的组织、制度、培训、普及等建设工作。1991年,原建设部提出把试点工作转变为全行业全面推进的综合改革,全面推广项目管理和项目经理负责制。此后在一些大型工程项目,如二滩水电站、三峡水利枢纽工程等建设中,都采用了项目管理的有效手段,取得了良好的效果。1991年6月,在西北工业大学等单位的倡导下,我国成立了第一个跨地区、跨行业的项目管理专业学术组织——中国项目管理研究委员会(Project Management Research Committee China,PMRC),其上级组织为中国优选统筹法与经济数学研究会,该组织的成立是中国项目管理学科体系开始走向成熟的标志。1992年,原建设部制定了《施工企业项目经理资质管理试行办法》。1994年,我国开始举办项目管理师培训班,并在此基础上,于1995年12月成立了以清华大学为负责单位,以天津大学、同济大学、上海财经大学、西安交通大学为成员的项目管理培训网,1996年末,开始编写项目管理系列教材。

21世纪,现代项目管理在我国得到了进一步的发展和应用。例如,2000年,PMI的项目管理专业人员认证引入,到2003年6月已有近千人进行认证。2001年下半年,IPMA的IPMP引入中国,当年11月管理认证300多人。目前,我国许多行业纷纷成立了项目管理组织,如中国建筑业协会工程项目管理委员会、中国工程咨询协会项目管理指导工作委员会等,这些都是项目管理学科在中国得到应用与发展的体现。

2) 中国项目管理的现状和成就

(1) 学科体系逐步成熟:基于IPMA和PMI在PMBOK方面的建设成就,PMRC于2001年7月正式推出了《中国项目管理知识体系》(C-PMBOK),并建立了符合中国国情的《国际项目管理专业资质认证标准》(C-NBC),C-PMBOK和C-NBC的建立标志着中国项目管理学科体系的成熟。与其他国家的PMBOK相比较,C-PMBOK的突出特点是以项目生命周期为主线,以模块化的形式来描述项目管理所涉及的主要工作及其知识领域。

(2) 项目管理应用领域向多元化发展:建筑工程和国防工程是我国较早应用项目管理的行业领域,如今,随着科技的发展和市场竞争的日益激烈,项目管理的应用已渗透到各行各业,软件、信息、机械、石化、钢铁和文化等领域的企业更多地采用项目管理的管理模式。

(3) 项目管理的规范化和制度化:一方面中国项目管理为了适应日益频繁的国际交往需要,必须遵守通用的国际项目管理规范;另一方面中国项目管理的应用也促使政府出台相应的制度和规范，如原建设部关于项目经理资质的要求和关于建设工程项目管理规范的颁布等，不同的行业领域都出台了项目管理规范，招标投标法的实施也大大促进了中国项目管理的规范化发展。

(4) 学历教育和非学历教育结合：项目管理与其他学科较大的差异在于应用层面，项目经理多是各行业的技术骨干，他们需要较长时间的实践和学习才能成为合格的项目管理者。基于此，项目管理的非学历教育走在了学历教育的前面，我国这种现象更为明显，如各种类型的项目管理培训班随处可见。非学历教育的发展也极大地促进了学历教育的发展，原国家教育委员会已于 2003 年在清华大学等 5 所高校进行了项目管理本科的教育试点，并批准了超过 90 家的项目管理硕士培养单位，项目管理方向的硕士点和博士点在许多学校已经设立。

(5) 项目管理资质认证迅速发展：自 1991 年原建设部将项目经理资格认证工作纳入企业资质就位管理后，经过 20 多年的发展，全国已有 100 多万名项目经理通过培训，超过 60 万人取得了项目经理资格证。PMP 于 2000 年登陆中国并掀起了项目管理培训的热潮，在 PMRC 的推动下，IPMP 也于 2001 年被正式引入我国，IPMP 符合中国国情，同时可与国际接轨，在中国获得 IPMP 证书也能得到世界各国的承认。2003 年原劳动保障部正式推出了"中国项目管理师(China Project Management Professional，CPMP)"资格认证，说明我国政府对项目管理重要性的认同，项目管理的职业化方向发展已成为必然。

1.2.5 项目管理的知识体系

PMBOK 的概念是在项目管理学科和专业发展进程中 PMI 首先提出的，它是指项目管理领域中知识的总和。

项目管理是管理科学的一个分支，同时又与项目相关的专业技术领域密不可分，项目管理专业领域涉及的知识极为广泛。目前国际项目管理界普遍认为，PMBOK 的知识范畴主要包括三大部分，即项目管理所特有的知识、一般管理知识和项目相关应用领域的知识，由图 1.5 可以看出，项目管理学科的知识体系与其他学科的知识体系在内容上有所交叉，但又有自己独特的知识内容，项目管理所特有的知识是其核心，这也符合独立学科和专业的要求及学科发展的一般规律。

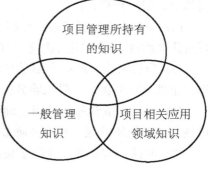

图 1.5 PMBOK 的范畴

就其概念而言，PMBOK 应该包括项目管理专业领域相关的全部知识，但由于项目管理是一门实践性强的交叉学科，涉及不同应用领域中各具特色的项目，加之学科和专业本身不断发展的特性，要建立一个完全的 PMBOK 文件是不可能的，因而 PMBOK 研究与开发的核心是解决"为什么要建立 PMBOK 文件"、"哪些知识应该被包括在 PMBOK 中"以及"如何将这些知识组织成一个有机的体系"这 3 个问题上。

目前，PMBOK 把项目管理科学地划分为需求确定、项目选择、项目计划、项目执行、项目控制、项目评价和项目收尾 7 个阶段，并根据各阶段的特点和所面临的问题，系统归纳了项目管理的九大知识领域(见图 1.6)：范围管理、时间管理、成本管理、人力资源管理、风险管理、质量管理、采购管理、沟通管理和综合管理(集成管理)，并对各领域的知识、技能、工具和技术做了全面总结。实践证明，PMBOK已真正成为项目管理专业人士的指南，被国际项目管理界公认为一个全球性的标准。

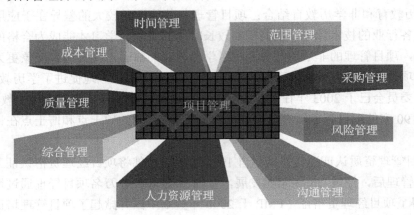

图1.6 PMBOK九大领域

(1) 项目范围管理：包括成功地完成项目所需的全部工作，介绍了确保达到上述要求所执行的各个过程。它由如下项目管理过程组成：范围规划、范围定义、制定工作分解结构、范围核实、范围控制。

(2) 项目时间管理：介绍了确保项目按时完成所需的各项过程，包括活动定义、活动排序、活动资源估算、活动持续时间估算、制订进度计划以及进度控制。

(3) 项目成本管理：介绍了确保项目按照规定预算完成必须进行的各项过程，包括费用估算、费用预算、控制。

(4) 项目人力资源管理：介绍了组织和管理项目团队的各个过程，包括人力资源规划、项目团队组建、项目团队建设、项目团队管理。

(5) 项目风险管理：介绍了与项目风险管理有关的过程，包括风险管理规划、风险识别、定性风险分析、定量风险分析、风险应对规划以及风险监控。

(6) 项目质量管理：介绍了确保项目达到既定质量要求所需实施的各项过程，包括质量规划、实施质量保证和实施质量控制。

(7) 项目采购管理：介绍了采办或取得产品、服务或成果以及合同管理所需的过程，包括采购规划、采购合同、采购管理以及采购收尾。

(8) 项目沟通管理：介绍了为确保项目信息及时而恰当地提取、收集、传输、存储和最终处置所需要实施的一系列过程，包括沟通规划、信息发布、绩效报告和项目干系人管理。

(9) 项目综合管理：介绍了将项目管理各种不同要素综合为整体的过程和活动。它由下列项目管理过程组成：制定项目章程、制定项目初步范围说明书、制订项目管理计划、指导与管理项目执行、监控项目工作、整体变更控制、项目收尾。

项目管理的九大知识领域相对独立，但又是密不可分的一个整体，项目管理的关键就是在充分了解项目资源约束和内外环境的条件下，建立协调项目各利益相关者的目标体系，通过项目管理的三大关键过程，即计划、执行和控制，将这九大领域进行系统的组织和协调，以完成项目目标其内容和联系，如表1-3所示。

表 1-3 项目管理九大领域的内容和联系

知识领域	管理目标	管理内容
综合管理	保证项目有良好的整体规划、执行和控制	进行整体规划、执行和控制
范围管理	保证项目完善地进行，且只做该做的事情	明确定义项目该做的事情，并进行控制
时间管理	保证项目按进度计划完成	定义最详细的计划，并进行控制
成本管理	按预算完成	估算项目费用预算，并进行控制
质量管理	保证项目成果的质量	确定项目的质量标准，执行标准，检验工作
人力资源管理	保证项目人员最有效地被利用	规划项目的组织结构、招聘人员、组建团队
沟通管理	保证项目有良好的信息沟通	规划并进行项目信息的收集、发布，评估项目
风险管理	保证项目受到的风险损失最小	识别、分析风险，并制定应对措施，监控风险
采购管理	保证项目能以合理的价格取得质量合格的产品或服务	询价、供应商选择、合同管理

1.3 物流项目概述

随着 20 世纪 80 年代物流管理从国外引入，并在我国得到迅速发展，物流作为第三利润源的作用、提高顾客满意度的作用，以及对采购、生产、营销等环节的支持作用日益彰显，物流项目也成为社会和企业经常实施的一种普遍项目。物流项目作为项目中的一类，具有项目的普遍特征，但也具有不同于其他项目的特点，正确和充分地认识物流项目类型和特点是实施物流项目管理的前提。

1.3.1 物流项目的定义

物流项目是物流组织在一定的环境和资源约束条件下，为了创造某一唯一的物流产品或服务的一次性工作。例如，设计提供一项新的物流产品或服务，改变一个物流组织的结构、人员配置或组织类型，开发一种全新的或是经过修正的物流管理信息系统(软件系统的开发)，修建一个配送中心，开展一次物流宣传活动，完成一项新的物流手续或程序，物流技术、设备的改造与更新等都属于物流项目。

1.3.2 物流项目的特点

1. 周期较长

因物流本身具有系统性的特点，即环节众多，要求物流、商流、信息流、资金流的结合，大多数物流项目的建设需要经历较长的周期，少则几年，多则十多年、几十年。同时，由于物流项目往往前期投资较大，因此其运营周期和资金回收周期也比较长。

2. 费用较大

物流项目建设往往需要较多的固定资产投资,如购置车辆、征地、建设或租赁房屋和建筑物、购买或租赁物流设施设备等,导致物流项目投资额较大。例如,一般规模的配送中心建设投资费用往往上亿元,更大规模的则高达几十亿元。一架波音 737 型客机售价在 50 亿元人民币左右。

3. 涉及面广

涉及面广一是指物流项目建设和运营牵涉的利益相关者众多,如政府相关部门、企业各部门、项目投资者、承包商、供应商、项目管理人员、社会公众等;二是指物流项目往往跨行业、跨地区,需要协调各行业、地区中分散的资源和职能及各种专业和复合型人才;三是指物流项目内容复杂,大的物流项目往往由许多小项目组合而成。物流项目的这个特点要求对物流项目的管理应充分考虑各方面的关系和利益,实现多部门、多行业、多职能、多项目、多技术的联动。

4. 不可再造

物流投资项目的建设要耗费大量资金、物资和人力等宝贵资源,且一旦建成,就难于更改。

5. 项目风险较大

物流项目具有涉及面广、投资大、周期长等特点,导致物流项目比一般项目具有更大的风险。在物流项目的工程建设和营运过程中,经常要受到多种因素的影响与干扰,而这些因素又大多具有相当的不确定性。因此,从事物流项目投资必须认真识别风险、设法控制风险,以提高投资的成功率,相对于一般项目而言,物流项目的风险尤为值得关注。

1.3.3 物流项目的分类

由于项目的发起人、目标、内容、涉及面和顾客等的不同,物流项目可以按不同的标准进行分类,一般来说主要有以下几种分类方法。

1. 按层次分类

物流项目按层次分为宏观项目、中观项目和微观项目。

(1) 宏观项目:一般指涉及国家、社会范围内的战略层次的物流项目,这些项目关系整个国家物流布局和物流产业的发展,涉及面广、规模大、历时长,往往由政府发起和协调,如全国性公共物流节点网络的布局、国家物流基地规划、全国物流中心规划等。

(2) 中观项目:这类项目往往为区域性、行业性物流项目或宏观物流项目的子项目,规模中等,如我国西部国际工业物流港建设、川东北物资供应储备中心项目等。

(3) 微观项目:这类项目一般为企业物流项目,解决某一企业或供应链上的物流具体环节的问题,如某企业配送中心规划项目等。

2. 按客户类型分类

物流项目按照客户类型分为企业物流项目和社会物流项目。

(1) 企业物流项目:指为某一个或若干个客户企业提供的专门的物流服务项目。该类项目可由企业自营，也可委托给第三方物流供应商，如宝供为宝洁提供的日用品国内配送项目。

(2) 社会物流项目：指向多个客户或社会公众提供的物流项目，如联邦快递为全球200多个国家的个人和组织提供的快递服务项目。

3. 按项目成果分类

物流项目按照项目成果分为工程类项目和非工程类项目。

(1) 工程类项目：指形成实物资产的物流项目，如某企业仓库建设项目、某地区高速公路建设项目等。

(2) 非工程类项目：指不形成实物资产，而以提供物流服务为目的的物流项目，如物流咨询项目、物流培训项目、物流信息服务项目等。

4. 按照货物性质分类

物流项目按照货物性质分为一般货物项目、特种货物项目、液态货物物流项目、散货物流项目。其中特种货物项目又可分为大型货物项目、危险货物项目、生鲜货物项目等。

5. 按照实施主体分类

物流项目按照实施主体分为自营项目、第三方物流项目、合作物流项目。

6. 按项目的主要内容分类

物流项目按项目的主要内容分为仓储项目、配送项目、物流信息系统项目、流通加工项目。

7. 按项目涉及的区域分类

物流项目按项目涉及的区域分为全球物流项目、洲际物流项目、国际物流项目、国内物流项目、城际物流项目、市内物流项目。

1.3.4 典型的物流企业项目

对物流企业来说，可以实施的物流项目多种多样，比较典型的项目有以下几类。

1. 新服务产品开发

物流本身是一种服务，具有无形性、不可分性、不一致性和不可储存性等特点。物流服务是第三方物流企业获得市场份额、提高竞争力的有力手段。买方市场的形成、竞争的激烈化、顾客要求的日益多样化和苛刻化，使物流企业必须不断地推出新的服务产品以保持自身的地位和维系与顾客的关系。因此，新的物流服务开发就成为物流企业项目中较常见的项目之一。例如，增加物流服务品种、提供一体化物流、实施供应链管理物流服务、提供物流信息咨询和方案设计、提供物流增值服务等都属于这一类。

2. 信息系统开发

由于物流信息系统的重要性，现代许多物流企业越来越重视企业自身和与供应链其他节点的信息沟通与共享，许多成功的物流模式中，信息技术的开发、信息平台的建设和使用效率往往是其中的关键因素。例如，戴尔电脑的定制直销模式，远远低于行业平均水平的库存就是依靠完善的网上交易平台、信息处理以及与上千家零配件供应商的信息共享，从而实现准时制(Just In Time，JIT)生产和配送而实现的。而联邦快递从建立之初就十分重视物流信息化建设，每年投入巨资完善信息网络、开发相关产品和技术，先后开发和使用了数码支援分发系统、条码技术、互联网电子商务业务、"数码笔(AnotoPen)"、网上全球货运时测系统(GTT)、"掌上宝"——无线掌上快件信息处理系统、客户服务信息系统中的自动运送软件、线上作业系统(Customer Operations Service Master On-line System，COSMOS)、网络业务系统 VirtualOrder 等。联邦快递通过这些信息系统的运作，建立起了全球的电子化服务网络，利用信息系统强大的订单处理、包裹分拣运送与追踪查询、信息储存、账单寄送、在线服务等功能实现了其快递服务的快速准确、低成本和高服务水平。

我国的物流企业要想成功地实施供应链管理，提高物流效率和服务水平，降低物流成本，信息化是必由之路，现代物流信息技术的高度发展也为物流企业提供了良好的技术环境。物流企业通过实施物流信息系统项目，采用新的物流信息技术，完善物流信息网络，提高自身甚至供应链的信息化水平则是唯一的选择。

3. 单件生产

某些特殊的大型物流产品具有一次性单件生产的特征，如上海磁悬浮列车轨道梁运输、秦山核电站废料运输、三峡水电站大型发电机组运输等。这些运输任务是由用户提出详细的运输地点、批量要求，有具体的交货时间和预算费用。这类服务一旦完成，一般利润较高，但一旦失败，风险也很大。因此，这类项目宜采用项目管理的方式组织和实施，可充分发挥企业集体智慧和技术优势，最大限度地避免因失误造成的损失。

4. 物流咨询

物流企业会面对很多现实的物流问题，如成本、库存、资金占用等，同时物流企业还会面临很多看不见的物流问题，如增值服务、供应链优化、流程再造等。由于企业本身具有内部循环的特点，这个特点屏蔽掉了很多企业解决问题的能力，所以企业需要借助于外部的物流咨询项目来解决这类问题，其中的一个主要原因是专业能力问题。物流咨询项目因此成为并列于企业战略咨询、人力资源咨询、法律咨询以及金融咨询等咨询业的一个独立的咨询门类，它可以针对物流与供应链各环节进行专业化的咨询服务。物流咨询以项目的形式实施，更体现了咨询范围中的行业性和专业性。物流咨询项目涉及整体物流方案的策划设计以及相应的程序支持，提供国际、国内贸易和保税区、物流园区的政策咨询等，物流咨询项目可以调集和管理组织自身及具有互补性服务提供的资源、能力和技术，以提供一个综合的供应链解决方案。

5. 设施设备的技术改造与更新

物流设施设备的技术改造和更新是物流管理中的重要内容，随着使用时间的延长、新技术的出现、市场状况和顾客需求的变化，物流企业需要适时地对原有的设备进行技术性能、生产能力等方面的改进，如对旧有仓库的现代化改造、普通货车改造为冷藏运输车、配置新的拣取系统和电子货位管理等。这些改造往往需要从各方面进行深入论证，特别是经济评价、方案优选等。因此，使用项目管理模式是最合适的模式。

除了以上几种常见的、典型的物流企业项目外，还有其他一些物流活动也可以采用项目管理的模式。不仅在物流企业，在整个物流领域中，项目管理也有着广泛的应用前景。

1.4 物流项目管理概述

正因为物流项目具有与一般项目不同的特点，同时物流管理是一门专业性强、涉及面广的学科，因此物流项目管理既需要项目管理中的普遍原理和方法技术，又需要结合物流管理专业领域的知识，需要从物流的采购、运输、库存、装卸搬运、流通加工、回收、信息处理等环节入手，并考虑供应链各企业和节点的结构和功能，实施物流各环节以及整个流程和供应链的优化。只有深谙项目管理和物流管理的综合性管理人员，才能了解物流项目管理的特殊性，实施有效的物流项目管理。

1.4.1 物流和供应链管理的产生和发展

物流管理的发展经历了配送管理、物流管理和供应链管理3个层次。物流管理起源于二战中军队输送物资装备所发展出来的储运模式和技术。战后，这些技术被广泛应用于工业界，并极大地提高了企业的运作效率，为企业赢得了更多客户。当时的物流管理主要针对企业的配送部分，即在成品生产出来后，如何快速而高效地经过配送中心把产品送达客户，并尽可能维持最低的库存量。美国物流管理协会那时称为实物配送管理协会，而加拿大供应链与物流管理协会则称为加拿大实物配送管理协会。在这个初级阶段，物流管理只是在既定数量的成品生产出来后，被动地去迎合客户需求，将产品运到客户指定的地点，并在运输的领域内去实现资源最优化使用，合理设置各配送中心的库存量。准确地说，这个阶段物流管理并未真正出现，有的只是运输管理、仓储管理和库存管理。物流经理的职位当时也不存在，有的只是运输经理或仓库经理。

现代意义上的物流管理出现在20世纪80年代。人们发现利用跨职能的流程管理的方式去观察、分析和解决企业经营中的问题非常有效。通过分析物料从原材料运到工厂，流经生产线上每个工作站，产出成品，再运送到配送中心，最后交付给客户的整个流通过程，企业可以消除很多看似高效率，实际上却降低了整体效率的局部优化行为。因为每个职能部门都想尽可能地利用其产能，没有留下任何富余，一旦需求增加，则处处成为瓶颈，导致整个流程的中断。又如，运输部作为一个独立的职能部门，总是想方设法降低其运输成本，但若其因此而将一笔必须加快的订单交付海运，而不是空运，这虽然省下了运费，却失去了客户，导致整体的失利。所以传统的垂直职能管理已不适应现代大规模工业化生产，而横向的物流管理却可以综合管理每一个流程上的不同职能，以取得整体最优化的协同作用。

在这个阶段，物流管理的范围扩展到除运输外的需求预测、采购、生产计划、存货管理、配送与客户服务等方面，以系统化管理企业的运作，达到整体效益的最大化。高德拉特(Goldratt)所著的《目标》一书风靡全球制造业界，其精髓就是从生产流程的角度来管理生产。相应地，美国实物配送管理协会在20世纪80年代中期改名为美国物流管理协会，而加拿大实物配送管理协会则在1992年改名为加拿大物流管理协会。

现代物流不仅单纯地考虑从生产者到消费者的货物配送问题，而且还考虑从供应商到生产者对原材料的采购，以及生产者本身在产品制造过程中的运输、保管和信息等方面，全面地、综合性地提高经济效益和效率的问题。因此，现代物流是以满足消费者的需求为目标，把制造、运输、销售等市场情况统一起来考虑的一种战略措施。这与传统物流把它仅看做"后勤保障系统"和"销售活动中起桥梁作用"的概念相比，在深度和广度上又有了进一步的含义。

一个典型的制造企业，其需求预测、原材料采购和运输环节通常称为进向物流，原材料在工厂内部工序间的流通环节称为生产物流，而配送与客户服务环节称为出向物流。物流管理的关键则是系统管理从原材料、在制品到成品的整个流程，以保证在最低的存货条件下，物料被畅通地买进、运入、加工、运出并交付到客户手中。对于有着高效物流管理的企业的股东而言，这意味着以最少的资本做出最大的生意，产生最大的投资回报。

物流管理的第三个层次是供应链管理，早期的供应链观点认为供应是制造企业的一个内部过程，它指将采购的原材料和收到的零部件，通过生产、转换和销售等环节传递到企业用户的一个过程。而现代的供应链概念更注重围绕核心企业的网链关系，如核心企业与供应商、供应商的供应商及至一切前向的关系，与用户、用户的用户及至一切后向的关系，通过对供应链中信息流、物流、资金流的设计、规划、控制与优化，从采购原材料开始，制成中间产品以及最终产品，最后由销售网络把产品送到消费者手中的将供应商、销售商、分销商、零销商，直到最终用户连成一个整体的网链结构和模式。

供应链管理的核心在于运用系统的观点，寻求供、产、销等企业以及与客户间的战略合作伙伴关系，最大限度地减少内耗与成本，实现供应链整体效率的最优化。供应链管理的最根本目的是增强企业竞争力，其压倒一切的目标是提高顾客满意度。供应链管理的实现，是把供应商、制造商、分销商、零售商等在一条供应链上的所有节点企业都联系起来进行优化，使生产资料以最快的速度，通过生产、分销环节变成增值的产品，到达有消费需求的消费者手中。成功的供应链应该能协调并整合供应链中的所有活动，最终成为无缝连接的一体化过程，供应链管理的主要作用在于以下3个方面。

(1) 有效地消除重复、浪费与不确定性，减少库存总量，创造竞争的成本优势。

(2) 优化链上成员组合，加快客户反应，创造竞争的时间和空间优势。

(3) 通过建立成员之间战略合作伙伴关系，充分地发挥链上企业的核心能力，创造竞争的整体优势。

1.4.2　物流项目管理的定义

物流项目管理即指对物流项目的管理，是运用项目管理和物流与供应链管理的理论、方法和技术，通过对物流项目进行有效的计划、组织、实施及控制等环节，以实现物流项目目标的综合管理实践及过程。

1.4.3　物流项目管理的特殊性

正因为物流项目和物流管理具有与一般项目和管理不同的特点，物流项目管理也具有其自身的特殊性。

1. 项目管理队伍专业化

由于物流项目涉及范围广，除项目技术性内容外，在项目策划与设计中，还会用到经济、法律、商贸等方面的专业知识。因此，项目团队中不仅需要有经验丰富的项目管理人员，还需要有熟悉业务的技术人员和具备相关财务和法律知识的专业人士。一专多能的复合型人才是物流项目管理最合适的人才。无论是对生产型企业或者商贸型企业，还是提供物流服务的物流供应商,为了保证物流项目的顺利展开,达到预期的目标,必须拥有一支专业的项目管理队伍,这是物流项目管理必不可少的人力资源基础。

2. 项目管理需求个性化

物流项目一般都需要根据顾客的特殊要求进行设计和执行。由于物流项目要素组成的多样性,每一个物流项目都是以前不曾遇到过的问题,需要专门设计项目管理的程序或方法,因而充满着挑战。物流项目管理的复杂性和创新性由此体现。因此,物流项目管理是对物流项目管理人员的考验,同时也吸引了许多有识之士加入到物流项目管理的行列之中。

3. 项目管理结束人为化

物流项目一般必须经过操作实践才能证明项目的效果。界定物流项目结束有时较为困难。特别是当项目被执行中,项目组的成员以及外界环境条件已发生了较大的变化或者项目组无论做何努力,项目成功的希望也渺茫时,需要项目参与各方人为地界定项目结束的标志,以防止无休止的项目出现。

4. 项目管理控制全程化

由于物流项目结果存在着较大的不确定性,从而造成物流项目的投资风险较高。特别是有固定资产投入的物流中心、大型停车场、物流信息系统等项目,在追求物流高收益的同时,也伴随着项目失败的高风险。因此,需要加强项目的进度计划控制和监督,实现项目管理过程的全程控制,以保证项目按预定的目标推进,同时必须建立风险预警机制,当项目出现偏差时,及时提醒项目管理者,进行调整或结束此项目,以减少项目带来的损失。

综上所述,物流项目管理的关键在于物流项目管理的各方本着友好合作的精神,从实际出发,从落实项目、完成项目的目标出发,结合具体物流项目的特点,认真落实项目管理的每一项要求,才能保证物流项目目标的顺利实现。

1.4.4 现代物流项目管理的新趋势

1. 电子商务物流项目

电子商务(Electronic Commerce,EC)是在Internet开放的网络环境下,基于浏览器/服务器的应用方式,实现客户和企业之间的信息沟通、网上购物、电子支付的一种新型的运作方式。

电子商务作为数字化生存方式,代表未来的贸易方式、消费方式和服务方式。因此要求整体生态环境要完善,要求打破原有物流行业的传统格局,建设和发展以商品代理和配送为主要特征,物流、商流、信息流有机结合的社会化物流配送中心,建立电子商务物流体系,使各种流畅通无阻,才能达到最佳的电子商务境界。

现代电子商务的发展依赖于物流的强力支撑,著名咨询机构DDC的调研表明:2009年电子商务为我国物流业带来了400亿元的收入,而2011年我国电子商务交易额已经接近6万亿元人民币,按物流成本占10%计算,电子商务物流收入已接近6 000亿元人民币,短短两年时间就翻了几番。当前,电子商务发展中遇到的最大障碍就是物流配送。电子商务的发展不仅使得企业和顾客及相互之间能直接交易,而且他们的信息能相互直接流通与共享。要做到这一点,整个物流系统,包括外购材料供应物流与产品配送物流必须快速、稳定、准确地进行,而在经济全球化、生产专业化的今天,物流环节通常要涉及跨国运输、经过海运、陆运、空运等不同的运输方式以及运输、装卸、仓储、包装、流通加工、信息流通等物流环节，要求其能在准确的时间、准确的地点以准确的数量、完好的质量、适当的价格将原材料送到生产车间，产品递交给客户。整个运输过程中，外购材料和产品都能被实时跟踪。要做到这一切，对物流服务商来说是极大的考验和挑战。

另外在电子商务模式下，需求商与供应商、消费者与生产商直接交易虽然少了中间环节从而降低了成本，但却产生了这样一个问题：由于需求商往往需要多批次、少批量的货物，而消费者所购的更是少而单一，而且供求双方所在地也可能相距甚远，所以要想快速、低廉地将产品交付，除非供需双方距离很近，否则是很难做到的。解决这个问题的办法是建立一整套能够进行集成化、规模化的运输配送体系。

基于电子商务对物流体系和企业的要求，实施电子商务物流项目则会成为未来物流项目的一个重点。这要求物流企业要尽快地融入电子商务平台，以项目管理的方式实施网络规划，建立起合理的网络配送体系，建立高效化的物流网络信息系统和电子商务系统，从而提供高质量、高水平的电子商务环境下的现代物流配送服务。

2. 服务化物流项目

服务化物流是以满足消费者的需求为目标，组织货物的合理流动。具体而言就是把商品的采购、运输、仓储、加工、整理、配送、销售和信息等方面有机地结合起来，选择最佳的方式与路径，以最低的费用和最小的风险，保质、保量、适时地将货物从供方运到需方，为消费者提供多功能、一体化的综合性服务。

物流服务项目的动力来源：①消费者物流机能的扩大；②零售业物流机能的扩大；③多样化的物流服务需求；④国际供应链一体化；⑤信息革命；⑥全球经济可持续发展的要求。

随着以上趋势的进一步加强，服务化物流项目将成为今后物流项目发展的一个亮点，并将对物流企业的管理产生深远的影响：①从产品管理转向顾客管理；②从企业间的交易性管理转向关系性管理；③从物质管理转向信息管理。

3. 绿色物流项目

不可否认的是，物流管理在我国得到快速、良好发展的同时，在只注重经济效益而忽视环境和社会效益的观念下，许多物流项目对环境造成了严重的负面影响，主要有以下几方面。

(1) 运输作业中交通运输工具的燃料能耗、有害气体的排放、噪声污染等。

(2) 保管过程中的非绿色因素污染和对周边环境的破坏。

(3) 搬运过程中的噪声污染，因搬运不当或商品本身因素破坏商品实体时而造成的资源浪费和环境污染等。

(4) 包装作业中，不易降解、可耗竭资源型包装或不可再生资源材料的使用，过度包装或重复包装、非标准化包装及不合理包装等均可能影响生态平衡，造成环境污染等。

这些问题对可持续性发展提出了严峻的挑战，我们已经没有足够的资源来支撑高消耗、高污染的经济增长方式，因此必须强化全民的资源环境危机意识，发展循环经济以提高资源使用效率，同时应发展清洁生产以降低生产过程中的污染成本以及发展绿色消费以减少消费过程对生态的破坏，发展绿色物流项目以减少商品流动过程中对环境的污染、对资源的消耗。这是 21 世纪物流发展的必然趋势，图 1.7 揭示了在经济与物流发展的不同阶段不同的物流环境理念。

所谓绿色物流项目，是指在物流过程中减少对环境造成的损害，实现物流环境的净化，使物流资源得到最充分利用的物流项目。其目标是将环境管理导入物流业的各个系统,加强物流业中保管、运输、包装、装卸搬运、流通加工等作业环节的环境管理和监督,有效地遏止物流发展造成的污染和能源浪费。具体说来,绿色物流项目的目标不同于一般的物流项目。一般的物流项目主要是为了实现物流企业的盈利、满足顾客需求、扩大市场占有率等,这些目标最终均是为了实现某一主体的经济利益。而绿色物流项目除追求上述经济利益目标之外,还追求节约资源、保护环境这一既具经济属性又有社会属性的目标。科学地讲,绿色物流项目是指在物流过程中抑制物流对环境造成危害的同时,实现对物流环境的净化,使物流资源得到最充分的利用。当代资源的开发和利用必须有利于下一代环境的维护以及资源的持续利用。开发绿色物流项目已逐渐成为物流企业在未来发展中不可回避的选择,它不仅对企业自身的发展有利,而且对整个社会的发展也有利,同时满足经济效益和社会效益目标,实现企业和社会的"双赢"。

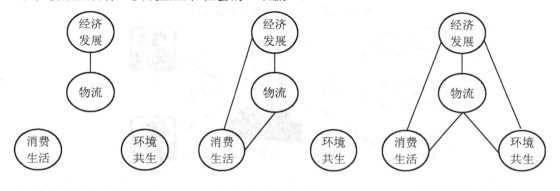

(a) 高度经济成长期的物流　　(b) 如今的物流系统　　(c) 21世纪的物流发展方向

图 1.7　物流发展各阶段的不同环境理念

企业发展绿色物流项目的常用途径如下。

(1) 通过车辆的有效利用减少车辆运行,提高配送效率和积载率。

(2) 通过制订订发货计划,实现其均衡比和配送路线的最优化,减少往返载货车,减少退货运输和错误配送,争取实现运输配送的效率化和现代化。

(3) 通过同产业共同配送、异产业共同配送、地域内共同配送或由第三方物流企业统一发货,实现运输配送的合理化与最优化。

4. 再生资源(回收)物流项目

再生资源是可以再生利用资源的总称,是生产、加工、制造过程中尚未形成使用价值的排放物,或生活过程中已完成一次使用价值的排放物中全部或一部分可再转化成有用物的一类资源。

再生资源具有以下几种分类。

(1) 再生资源按物理形态分为固体再生资源、液体再生资源和气体再生资源。

(2) 再生资源按来源产业分为工业排放物、农业排放物和生活排放物。

(3) 再生资源按来源行业细分为钢铁冶炼工业资源、煤炭工业资源、电力工业资源、木材加工业资源、玻璃生产工业资源、纺织工业资源、机械加工工业资源、粮食加工业资源。

几种再生资源的物流项目：以废玻璃瓶为代表的回送复用物流项目(见图1.8)、以废纸为代表的收集物流项目(见图1.9)、以粉煤灰为代表的联产供应物流项目、以废玻璃为代表的原厂复用物流项目。

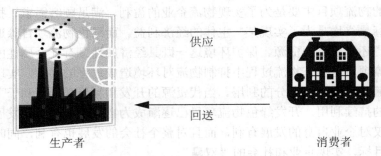

图1.8　废玻璃瓶回送复用物流项目

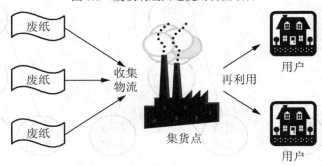

图1.9　废纸收集物流项目

1.4.5　我国物流项目管理的误区

在我国，项目管理制引入物流行业只有近10年的时间，被物流界认可也只有短短7年左右，许多物流企业还停留在原始的营销管理或者传统的管理模式中，并没有完全按照项目管理的理念和流程去管理物流项目。大部分物流企业组织管理架构中并没有项目管理的职能和设置。没有项目部、组织架构的重叠和垂直化等现实是造成项目管理发展的最大障碍，目前我国物流项目管理领域还存在诸多误区，失败的物流项目也不少。

(1) 别的物流企业能做物流项目管理，我也能做。能否实施物流项目管理不仅取决于物流企业的性质和组织管理架构，而且取决于物流企业的文化和管理理念。就目前多数国内民营物流企业而言，时机还不成熟，如果民营物流企业不规模化、不走出家族式模式或者不能对目前物流市场有充分的认识，很难真正做好物流项目管理。

(2) 营销人员就是项目经理，就可以做项目经理。营销人员是否为项目经理，对照项目经理人所具备的条件即可明了。但实际上，很多物流企业中某个营销人员在找到物流项目后就成了该项目的项目经理。其实项目经理是由公司高层领导集体研究确定的，是经过一定授权的，其权力仅次于总经理或者直属董事会领导，其对人才、资金等资源有一定的调配权力。

(3) 物流项目是项目经理的事情，或者是项目部的事情，与其他人员和部门无关。这样做本身就在物流企业内部"人为"地制造了不和谐的因素，不利于沟通交流。物流项目管理部门是一个跨部门、跨职能的团队，其项目成员由分布在各部门各岗位的精英组成。

物流项目管理是大家的事情，是整个公司的事情，不是哪个人或部门的事情。

(4) 物流项目需求分析、立项报告、调研阶段可以简化或者省去。物流项目需求分析、立项报告、调研阶段不是"花架子"和"作秀"，而是物流项目流程的重要环节，不能简化和省去，而且前期准备得越充分，后期运作得越有利。一些物流公司在获取一个物流项目时匆忙报价，而不做科学详尽的全面分析，最终只能是造成对物流项目的判断失误。

(5) 写好物流解决方案就可以做好物流项目。解决方案很重要，但前期的物流项目需求分析、物流项目立项报告、物流项目实地调研和数据收集这 3 个环节同样重要。只有上述 3 个环节做好了，物流解决方案才能贴近客户，才能适合客户，以后的物流项目实施方案和报价才能进行得很顺利。

(6) 物流解决方案和实施方案是物流专家的事情。这种思维的结果就是方案出台后不适用客户。还有人认为解决方案是物流项目经理的事，最终导致了项目经理花费大量的时间写方案，耽误了物流项目整体的管理和策划。

(7) 物流项目合同签下来就没有事了。物流项目合同签订只是物流项目成功的第一步。物流是服务行业，物流项目的合同签署少则一年，多则几年，这是一个连续的服务过程，后期对物流项目的管理和控制也非常重要。

(8) 物流项目经理经常流失或轮换。物流项目经理的流失最终会影响整个项目体系。虽然看似不影响公司的发展，不影响公司的运作，但这种现象一旦在物流界形成影响后，就会造成好的、有经验的物流项目经理招不进来，经过企业辛苦培养的物流项目经理又没有留住的现象。

本 章 小 结

项目是被承办的旨在为创造某种特定产品或服务的临时性努力。项目具有一次性、独特性、目标的明确性和多元性、整体性、与环境的相互制约性、组织的临时性和开放性等特征。项目利益相关者主要包括客户、项目发起人、项目经理、供应商、承约商、分包商、其他利益相关者。

项目的生命周期一般分为启动、计划、执行和收尾 4 个阶段，各阶段在项目资源投入、项目风险等方面具有不同的特点。

项目管理是一种先进的管理思想和方法，它具有普遍性、目的性、体系性、协作性、风险性、价值性和科学性等特点。项目管理的六大要素包括成本、进度、质量、范围、组织、客户的满意度，五大过程包括启动过程、计划过程、执行过程、控制过程以及收尾过程。

项目管理知识体系是指项目管理领域中知识的总和。PMBOK 系统归纳了项目管理的九大知识领域：范围管理、时间管理、成本管理、人力资源管理、风险管理、质量管理、采购管理、沟通管理和综合管理(集成管理)。

物流项目是物流组织在一定的环境和资源约束条件下，为了创造某一唯一的物流产品或服务的一次性工作。它具有周期较长、费用较大、涉及面广、不可再造、风险较大等特征。物流项目管理的特殊性体现在项目管理队伍专业化、项目管理需求个性化、项目管理结束人为化、项目管理控制全程化等方面。物流项目可按不同的标准进行分类。典型的物流企业项目有新服务产品开发、信息系统开发、单件生产、物流咨询、设施设备的技术改造与更新等。

物流项目管理应用广泛，是物流企业、行业和国家提升物流水平的重要模式。目前，物流项目管理呈现出向电子商务物流项目、服务化物流项目、绿色物流项目和再生资源物流项目管理发展的新趋势。

导致物流项目失败的原因很多，目前我国的物流项目管理尚存在八大误区。

习 题

一、名词解释

项目生命周期　　项目管理知识体系　　电子商务物流项目　　绿色物流项目

二、选择题

(1) 项目与日常运作最大的区别是(　　)。
   A．一次性　　　B．目标性　　　C．整体性　　　D．组织的临时性
(2) 典型的项目生命周期一般分为(　　)个阶段。
   A．2　　　　　B．3　　　　　C．4　　　　　D．5
(3) 项目的利益相关者不包括(　　)。
   A．顾客　　　　B．发起人　　　C．供应商　　　D．竞争者
(4) 以下可以称为项目的是(　　)。
   A．都江堰　　　B．物流园区开发　C．北京奥运会　　D．三峡工程
(5) 项目管理的基本特征有(　　)。
   A．目的性　　　B．风险性　　　C．价值性　　　D．科学性
(6) 项目管理的六大要素不包括(　　)。
   A．进度　　　　B．质量　　　　C．范围　　　　D．计划
(7) 国际项目管理协会的英文缩写是(　　)。
   A．PMA　　　　B．IPMP　　　　C．IPMA　　　　D．PMRC
(8) 项目管理的九大知识领域不包括(　　)。
   A．综合管理　　B．采购管理　　C．风险管理　　D．流程管理
(9) 物流项目的特点有(　　)。
   A．周期较长　　B．费用较大　　C．风险高　　　D．涉及面广
(10) 典型的物流项目有(　　)。
   A．新物流服务开发　　　　　　B．物流信息系统开发
   C．物流咨询　　　　　　　　　D．库存管理
(11) 物流项目管理的特殊性有(　　)。
   A．项目管理队伍专业化　　　　B．项目管理需求个性化
   C．项目管理结束人为化　　　　D．项目管理控制全程化
(12) 现代物流项目发展的新趋势包括(　　)。
   A．电子商务物流项目　　　　　B．绿色物流项目
   C．物流设备改造项目　　　　　D．服务物流项目

三、简答题

(1) 什么是项目？它有哪些特征？
(2) 项目生命周期可分为哪几个阶段？各阶段的特点是什么？
(3) 项目管理的五大过程和六大要素是什么？
(4) PMBOK 项目管理的知识体系包括哪几个方面？主要内容是什么？
(5) 物流项目与一般项目相比，其特殊性何在？
(6) 常见的物流项目有哪些？各举一例。
(7) 现代物流项目发展有哪些新趋势？
(8) 我国物流项目管理存在的主要误区有哪些？

 案例分析

德国施多特公司的物流服务项目

德国的施多特(Stute)公司主要从事运输及运输代理、旅游、仓储及技术服务等业务，在其经营的物流领域方面属于典型的第三方物流经营者。公司员工只有 400 人，年营业额却达 4 亿德国马克①，在国内设有 20 多个分公司。分析和总结这个公司成功地经营物流服务的经验，其秘诀之一是利用自己的运输与仓储优势，为用户设计物流服务项目。

(1) 施多特公司与 KHD 公司的合作。KHD 公司在科隆波投资建造了一家现代化的柴油发动机厂，施多特公司闻讯后经过认真分析和研究，在征得 KHD 公司赞同并愿意与其合作的情况下，在距柴油发动机工厂 10 余千米处建造了一座与之配套的仓储中心，全面负责该厂生产所需要的全部物品(主要是零配件)的分送及集中作业；为 KHD 公司在科隆波的生产经营提供了强有力的后勤保障服务，使其运输、运输代理、仓储及技术服务等业务特长得以充分发挥。

(2) 施多特公司与奥宝汽车公司的合作。施多特公司按照奥宝公司凯萨劳腾分厂生产的特点，投入 1 300 万德国马克设计建造了一座面积达 9 000 m² 的仓储中心。仓储中心负责汽车分厂零配件集散，主要工作是对协作厂运到的零配件进行验收、存储等后勤保障工作。该分厂的协作厂、供应商达 300 家，与交货有关的服务都交由仓储中心负责。收货后将零配件重新包装并装入特制的箱内，通过运载工具送到工位，由工人组装车辆。奥宝公司生产分厂的仓储中心对供货有严格的要求。由于两个单位的生产和业务运作都由电子计算机相互连接成网络进行控制作业，所以，当奥宝公司分厂的电子计算机发出指令后，仓储中心两小时左右就会供货到工位，衔接非常紧密，从未出现过差错。生产厂家享用这样的物流服务系统，可以专门致力于组装式生产，而不需要自己建立耗资巨大的仓库，仓储及配送业务均由物流企业为之服务。供需双方各自专业化经营，在互为依存中，彼此相得到益处。

(资料来源：http://china.findlaw.cn/info/wuliu/wlzs/20110311/230488.html。)

思考：

(1) 施多特公司实施的是什么物流项目？有什么特点？
(2) 这些项目的利益相关者有哪些？他们从项目中得到什么好处？
(3) 施多特公司是如何识别和设计物流项目的？

---

① 1 德国马克≈5 元人民币，现已退出流通领域，被欧元代替。

第 2 章　物流项目前期策划

【本章教学要点】

知识要点	掌握程度	相关知识	应用方向
物流项目前期策划	熟悉	物流项目前期策划的主要工作、注意事项	物流项目策划
物流项目识别与构思	理解	识别的概念、过程，构思的过程和方法	物流项目方案设计与选择
物流项目可行性研究	掌握	可行性研究的阶段、内容、经济评价	物流项目论证与审批
物流项目不确定性分析	掌握	盈亏平衡分析、敏感性分析、概率分析	物流项目风险判断与防范

【关键词】

物流项目识别与构思、可行性研究、经济评价、不确定性分析、物流项目融资

 导入案例

A 烟草集团公司组建 20 年以来，累计生产卷烟 1 749 万箱，销售卷烟 3 595 万箱，实现税利 432 亿元，各项主要经济指标在全国烟草行业中均名列前茅。2002 年 A 烟草集团公司市场占有率和卷烟入网销售率均达到 99%，已经初步形成比较完善的覆盖全省城乡的卷烟销售网络。

随着中国加入世界贸易组织，作为国民经济重要组成部分的中国烟草产业面临着前所未有的严峻挑战。2004 年取消外国香烟的零售特种许可证后，A 烟草集团公司面临更加激烈的市场竞争。任何一个烟草公司或卷烟厂想赢得竞争优势，都必须要加强与原材料供应商、其他烟草公司和卷烟厂、卷烟零售户的联盟，依靠供应链之间的竞争来实现。

物流发展战略是支持 A 烟草集团公司发展的重要支柱之一，物流配送网络建设是 A 烟草集团公司实现物流发展战略的重要部署，直接关系到整个业务体系的运行效率和经营成败。项目实施的目的是通过构建一个在存货可得性、递送及时性、交付一贯性及运行成本等方面的表现处于行业较高水平的物流网络，从而获取市场竞争优势。

目前，A 烟草集团公司还未建立起覆盖全程的供应链体系，与零售户、其他烟草公司和卷烟厂之间信息传递并不通畅，工厂库存较大，交易成本较高。为此，A 烟草集团公司计划采用先进的管理理念和管理手段，建立现代物流体系，降低成本、增加盈利、提升客户的满意度、增加产品的附加价值、形成供应链战略联盟，积极地打造物流企业品牌和服务品牌，增强核心竞争力，率先跨入烟草强企业行列。

在此项目背景下，A 烟草集团公司决定启动省级和市级烟草物流配送中心规划与建设项目。新物流配送中心的规划与集成顾问工作涉及以下内容。

(1) 物流配送中心选址确认及园区布置规划。
(2) 数据与工艺流程分析。
(3) 物流配送中心策略访谈。
(4) 物流量定义与 DC 物流能力定义。
(5) 基于不同概念的方案开发。
(6) 效率与成本因素分析，实施方案确定。
(7) 方案细部规划。
(8) 物流信息系统实施与系统集成顾问等物流配送中心全过程服务工作。

(资料来源：http://www.aflux.com.cn。)

思考：A 烟草集团公司是如何识别项目需求的？该项目的前期策划主要包括哪些方面的内容？

物流项目的前期策划阶段是指一个物流项目从构思到批准正式立项的过程。物流项目前期策划可以说是物流项目的孕育阶段，虽然其所耗费的时间和费用在整个物流项目管理中来看只占较少的比例，但却是决定物流项目命运的关键时期，是必不可少的重要阶段。它说明了为什么要实施某物流项目，此物流项目的实施在政策、经济、环境和技术等方面是否可行，前景如何，以及项目实施的总体目标、思路和规划，为接下来的项目计划和执行指明正确的方向，奠定坚实的基础。

2.1 物流项目前期策划的主要工作和注意事项

物流项目前期策划的主要工作是根据物流需求识别、构思物流项目，寻找并确立物流项目的目标，定义物流项目，并对物流项目进行详细的技术经济论证，使整个物流项目建立在可靠、坚实、优化的基础之上。物流项目的前期策划工作有一定的逻辑顺序，即要经历识别需求、设立项目目标、构思项目方案、进行项目的可行性研究等阶段，当然这种工作顺序不是绝对的，而是一个交织和不断反馈的过程。例如，物流项目的可行性研究表明该物流项目不可实施，则可能重新进行物流项目方案的构思，甚至重新识别物流项目的目标或需求。

正因为物流项目的前期策划十分重要，物流项目管理者必须对该阶段引起足够的重视。有些物流项目经理认为该阶段可有可无，为节约时间和资金将该阶段省略或是将物流项目可行性研究视为获取项目立项的例行程序，可行性研究报告如绣花枕头，形式上十分完美，却没有依据事实进行科学分析等，诸如此类不重视物流项目前期策划的态度均可能给项目带来难以挽回的巨大损失，因此物流项目前期策划需要特别注意以下几个问题。

1. 确定物流项目的正确方向

方向错误，必然导致整个物流项目的失败。物流项目的方向取决于项目构思和项目目标。图2.1所示为物流项目各阶段的用时、投资及对项目的影响关系，可见物流项目前期策划虽然费用投入较少，但其确定的项目发展方向对项目影响最大。

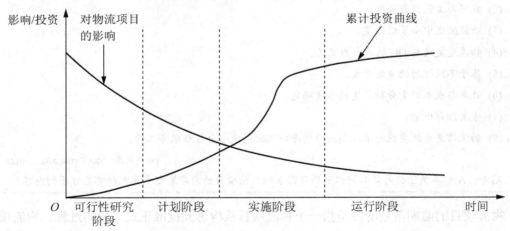

图 2.1　物流项目不同阶段的用时、投资及对项目的影响

2. 重视物流项目失误的恶果

物流项目的目标决定了物流项目的任务，进而决定了技术方案和实施方案或措施，再由技术方案产生一系列的工程活动，进而形成一个完整的物流项目系统和管理系统。

如果目标设计失误或项目论证不全面，不但无法实现物流项目的效益，而且会产生以下恶果。

(1) 物流项目建成后无法正常运行，达不到使用效果。例如，一些国有物流企业经出国考察与专家调研，认为应做好物流营销，于是建立了物流客户关系管理系统，但系统运行后并未使企业营销业绩有明显改观，反而由于客户关系管理系统与企业信息门户数据不能动态共享，部分信息和数据传递需要重新录入系统而增加了很多"额外"工作。

(2) 虽然项目可以运行，但其产品或服务没有市场。例如，一些地区参照日、欧经验，纷纷建设高标准的物流园区，占地数百亩，投资上亿元，建成后却陷入了"有库无货"的尴尬境地，最主要的原因是中国的物流市场远未达到国外的发达程度，中小企业较多，物流园区不能形成集聚效应。

(3) 项目运营费用高，没有效益，没有竞争力。例如，一些企业片面追求形象，不切实际地上马自动化仓库建设项目，费用相当高昂，但由于企业经营规模有限、信息系统不健全等，根本不能发挥自动化仓库的应有效益。

3. 应考虑全局的影响

要考虑物流项目利益相关者的相关利益，使物流项目的建设符合国家、地方的总体发展布局和要求，符合物流产业发展规划，综合考虑社会利益、环境利益和经济利益，充分重视物流项目建设和实施后可能的后果，平衡物流项目的各级目标。如果一个物流项目未能解决上层系统当前发展中的问题，过于超前，就可能成为上层系统的包袱。例如，物流园区选址不当或建设过于超前，非但不能解决城市物流不畅、物流成本过高的问题，反而因为设施的闲置造成浪费，使企业背上沉重的债务，使银行产生呆账。

4. 项目的不断完善和优化

物流项目策划中，要不断地进行环境调查，并对环境发展趋向进行合理预测，针对环境的变化，不断地对物流项目进行调整、修改和优化。环境是确定项目目标、进行项目定义、分析可行性的最重要的影响因素，是进行正确决策的基础。当环境条件变化较大时，应放弃原定的物流项目构思、目标或方案。物流项目的确立过程是一个多重反馈过程。

5. 物流项目选择过程的分阶段决策策略

设立几个决策点，为阶段工作的总结和选择创造条件，以降低物流项目失败的风险。例如，物流项目构思形成时，需要进行一次反思，在对环境情况再次调查的基础上，做出下一步决断。目标设计和定义完成后，还应做一次市场调查，以确定物流项目建设的必要性、模式与阶段，从而产生物流项目建议书。物流项目可行性研究结果仅给决策部门提供了物流项目实施可行的建议，决策者仍可以对物流项目进行取舍。若上马，则正式下达项目任务书，若此时条件发生较大变化，决策部门可中止物流项目。通过反馈过程，进行物流项目调整或放弃。物流项目的分阶段决策如图2.2所示。

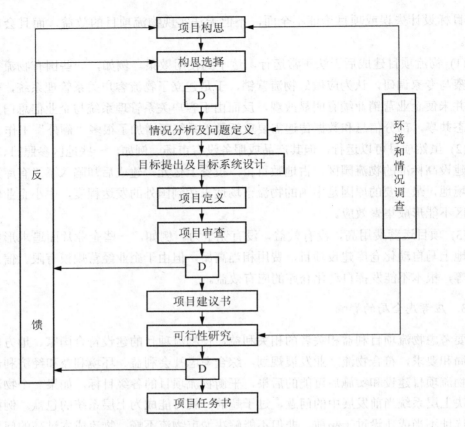

图 2.2 物流项目的分阶段决策

注：D 表示决策点。

2.2 物流项目识别与构思

在物流项目管理中，提出一个物流项目并不难，但是要找出既能满足物流企业和社会物流需求，又具有现实操作性的物流项目却并不容易。在最初产生物流项目构想后，物流项目需求识别可以帮助顾客了解到底需要什么样的物流产品或服务，清晰地描述物流项目的目标、大致范围、主要交付物及限制条件。根据顾客的物流项目需求识别，物流项目承约商可以通过项目构思，产生各种项目创意，并最终通过物流项目识别、辨识什么样的物流项目具备实施的条件，并可以更好地满足物流客户的需要。

物流项目识别与构思是物流项目前期策划的起点阶段，物流项目需求来源多种多样，面对物流客户的需求，物流项目承约商和管理者必须进行详细的市场调研，分析项目的内外部环境，集思广益，产生较好的项目构想，选择具有经济、社会和环境价值的物流项目。因此物流项目识别与构思也是产生物流项目雏形的阶段。

2.2.1 物流项目需求识别与物流项目识别

1. 物流项目需求识别的概念

物流项目需求识别是物流项目启动阶段的首要工作，是指物流客户发现问题或机会，从而产生物流项目需求并识别、描述这种需求的过程，需求识别结束于需求建议书的发布。

2. 需求识别的过程

物流项目需求识别的过程如图2.3所示。

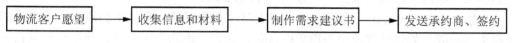

图2.3 物流项目需求识别的过程

(1) 物流客户萌发了一个愿望，感觉缺少了什么，但这只是一个模模糊糊的想法，他还不知道什么东西能够满足其愿望，他所期望的还只是一个范围。

(2) 开始收集各种信息和材料，进行调查研究，以确定到底什么样的一种物流产品或服务能够满足自己的这个愿望。当然他还要具体考虑一些约束条件，有的时候也可以与物流项目承约商接触，请承约商帮助定夺，因为承约商在这方面是专家，见多识广。

(3) 充分调查研究之后，就要着手制作物流项目需求建议书。需求建议书应该全面、详细地描述自己所期望的目标，这个目标实质上就是物流项目目标的雏形。

(4) 需求建议书准备完毕之后，物流客户的工作就是向可能的物流项目承约商发送物流项目需求建议书，然后从承约商回复的物流项目申请书中挑选出自己最为满意的承约商与之签约。这时需求识别过程宣告结束。

物流项目需求识别的过程和作用对于物流项目和物流项目管理来说是非常重要的。一份良好的物流项目需求建议书是物流客户与物流项目承约商沟通的基本前提条件，也是物流项目成败的关键。

在一些情况下，物流客户并不十分清楚或不能清晰地描述自身的物流需求。例如，当看过所列出的物流需求后，他们不知道哪些是他们所需要的。又如，他们表面上说十分清楚他们需要什么样的物流产品或服务，实际上可能并不知道。如果物流客户没有准确地认识到他们真正的物流需求，随着物流项目可交付成果的发展和呈现出的具体形式，物流客户看到了各种新的可能，并想使物流项目也因此改变，就往往导致物流项目出现重大的变更，致使项目前功尽弃或做出重大调整。在这种情况下，物流项目承约商必须认真对待客户，并帮助物流客户进行物流项目需求识别，因为当物流项目成果不被物流客户使用或降低使用或被误用时，此物流项目便可认为是失败的。

3. 物流项目需求建议书的主要内容

物流项目需求建议书是物流客户向物流项目承约商发出的用来说明如何满足其已识别需求的书面文件，一般应包括以下基本内容。

(1) 物流项目的工作：工作陈述中，物流客户必须明确物流项目的工作范围，概括说明要求物流项目承约商做的主要工作任务和任务范围。例如，对于一个物流中心规划项目，首先要让承约商清楚该物流中心的位置、计划建造的规模、主要的服务货类和功能、需要配套的道路、供水、供电等基础设施要求等。

(2) 物流项目的目标与规定：物流项目的目标即交付物。交付物是物流项目承约商所提供的具体内容。例如，一个物流中心的规划项目，承约商最终的交付物是"规划报告和设计图纸与技术文件"。

(3) 物流项目范围的规定：物流客户要求物流项目承约商所提出的物流项目解决方案能满足规定的物理参数和操作参数。例如，对于物流中心，规划的方案应能充分地体现出物流客户对物流中心的大小(如分种类的仓储面积、建筑层次)、布局(仓库区、加工区、停车区、商务办公区位置与相互关系等)、功能(满足仓储、加工、配送、交易等)、外观(包括建筑的颜色、绿地率、绿化率及绿化方案)等目标要求。

(4) 物流客户供应条款：物流客户供应主要涉及物流项目实施中物流客户应提供的保障及物资供应等，如提供物流中心地块的方位、面积、地块作用现状、与城市基础设施衔接条件等。

(5) 物流客户付款方式：这是物流项目承约商最为关心的内容。物流项目的付款有分期付款，也有一次性付款，视物流项目的性质、规模而定。物流客户在需求建议书中要明确采用哪一种支付方式。例如，物流中心规划项目签约后，支付给承约商(负责规划的单位)50%的约定金，作为物流项目启动费和初期工作费；待物流项目初步方案提交后，再支付30%的约定金；整个物流项目结束后，再支付剩余20%的约定金。

(6) 物流项目进度计划：物流项目的进度通常是物流客户关注的重要方面，因为物流项目进度的拖延将直接影响物流客户的利益，甚至打乱物流客户的整体战略部署。因此物流客户一般都在需求建议书中对物流项目的进度做出明确的要求。例如，自签约起6个月内提交正式的物流中心规划方案报告。

(7) 物流项目的评估标准：指对交付物的评价标准。物流项目实施的最终标准是物流客户满意。这种满意可以是定性指标，也可以为定量指标。例如，物流中心规划的定性指标为理念先进、布局合理、功能齐全、环境协调，并要求规划方案能通过专家的技术评定。

(8) 其他相关事宜：按期、保质、保量交付物流项目是项目约定的重要内容。需求建议中还应包含一定的违约责任处罚内容。一旦承约商未达到物流客户的满意要求，将面临一定的经济损失。

当物流项目需求建议书准备完毕之后，物流客户剩下的工作就是向可能的承约商发送需求建议书。物流项目承约商的挑选经常采用物流项目招标、投标的方式。

4. 物流项目识别

所谓物流项目识别就是面对物流客户已识别的需求，物流项目承约商从备选的物流项目方案中选出一种可能的项目方案来满足这种要求。物流项目识别与物流项目需求识别的区别就在于物流项目需求识别是物流客户的行为(承约商可以帮助客户识别需求)，物流项目识别则是承约商的行为。当然有可能是物流企业发现自身的问题或机会并自营物流项目，此时的需求识别和项目识别的主体则是统一的。物流项目识别需要在发现宏观和微观环境中的机会和威胁、了解市场和物流客户需求、评价企业自身实施物流项目的条件等基础上，初步判断可以实施的物流项目，因此物流企业项目识别的过程也是对物流项目的选择过程，需要从来源众多的物流项目中识别能给企业带来价值的可实施的物流项目。

物流项目的来源很多，一般有以下几种。

1) 宏观环境的要求

(1) 经济发展：一个国家和地区需要不断发展经济和生产力，而物流发展水平是经济发展水平的重要标志，物流产业在第三产业中所占的比重和第三产业在国民经济中所占的比重往往能判断某个国家或地区的经济发展阶段，物流产业的发展能够刺激经济、改善产业结构、增强可持续发展能力。为适应经济发展的需要，国家、地方政府往往加大物流基础设施的投入，建设物流园区和信息平台，开发新的物流技术，制定物流行业的标准等，这些为政府部门、企业和其他组织提供了承办物流项目的机会。

(2) 提升综合国力：综合国力体现在政治、经济、军事、科技、教育和文化等方面。例如，军事后勤物流可能带来一系列的科研与试验、物流模式改进等物流项目。

(3) 技术进步：各种新的物流技术，特别是物流信息技术的产生与推广将带来物流领域的技术革命，迫使企业采用新的技术以适应竞争和提高物流效率，这将使企业在物流管理思想、运作流程、物流组织、物流业务等方面产生新的项目需求。

(4) 战略规划：国家和地区的政策及规划往往预示着物流行业发展的契机。例如，2009年我国出台的《物流业调整和振兴规划》将物流产业列为十大重点发展行业，同时在政策、法律法规等方面也将给予配套和扶持，良好的政策环境土壤将孕育出更多更好的物流项目。

2) 组织自身的需要

(1) 物流战略：实施物流战略需要开展相应的项目。例如，某家电企业基于对核心能力的界定，实施物流外包战略，则需要实施相应的物流外包项目。

(2) 提高竞争力：为保持和提升企业的竞争力而开展物流项目。例如，制造企业为降低库存成本而实施JIT配送，零售企业为加快市场反应速度、简化业务而实施VMI项目等。

(3) 组织变革和扩展业务：如股份制改造成立新的物流企业、物流流程再造、传统的自营物流拓展为自营和第三方物流，传统的运输企业拓展为一体化物流运营商等会引发诸多物流项目。

(4) 摆脱困境：物流组织为解决当前的问题，走出困境，需要开展相应的物流项目，如物流服务项目调整、物流市场营销项目等。

3) 供应链竞争和顾客需求

当今物流企业之间的竞争已经逐步转化为供应链之间的竞争，伴随着供应链客户需求的变化，物流企业需要对原有的物流流程或业务进行调整，建立供应链战略联盟，进行供应链协调与集成，并实施一系列项目进行供应链优化，如联合库存、共同配送、供应链信息共享等，以应对竞争需求，提高顾客满意度和市场响应速度。

2.2.2 物流项目构思

物流项目构思又称物流项目创意，就是针对物流客户的需求，在物流项目需求建议书所规定的条件下提出各种各样的实施设想，向物流客户推荐最佳方案。因此，物流项目构思的目标就是以更好的物流产品或更佳的物流服务来满足物流客户提出的需求，赢得更多的效益。物流项目构思在很大程度上可以说是一种思维过程，是对所要实现的物流项目目标进行的一系列想象和描绘。

1. 物流项目构思的特点

(1) 物流项目构思是一种创造性活动，无固定的模式或现成的方法可循，需要具体情况具体分析。

(2) 物流项目构思是指对未来物流项目的目标、功能、范围以及物流项目涉及的各主要因素和大体轮廓的设想与初步界定。它是一种创造性的探索过程，是物流项目策划的基础和重要步骤，其实质在于挖掘企业可能捕捉到的市场机会。物流项目构思的好坏，不仅直接影响到整个物流项目策划的成败,而且关系到物流项目策划过程的繁简、工作量的大小等。

(3) 任何物流项目都从构思开始,物流项目构思常常来自于物流项目的上层系统(即国家、部门、企业等)的现存需求、战略、问题和可能性。

2. 物流项目构思的过程

1) 准备

物流项目构思的准备阶段即进行物流项目构思的各种准备工作,一般来说它包括以下一些具体的工作和内容。

(1) 明确拟订构思的物流项目的性质和范围。

(2) 调查、研究、收集资料和信息。

(3) 进行资料、信息的初步整理,去粗取精。

(4) 研究资料和信息,通过分类、组合、演绎、归纳、分析等方法,从所获取的资料和信息中挖掘出有用的信息和资源。

2) 酝酿

酝酿阶段一般包括潜伏、创意出现、构思诞生 3 个小过程。潜伏过程实质上就是把所拥有的资料和信息与所需构思的物流项目联系起来,经过全面的、系统的反复思考,进行比较、分析。创意的出现就是在大量思维过程中所出现的与物流项目有关的、具有一定的独特新意,但又不完全成熟或全面的某些想法或构思。这事实上也可以看做以人大脑中的信息、知识和智力为基础,通过综合、类比、借鉴、推理而得出某些想法和构思的逻辑思维过程,只不过在这一逻辑思维中,有关物流项目构思的某些细节还不十分清晰,有时有关物流项目的一些想法和构思只是灵机一闪,往往不能被人的意识捕捉,因此,创意出现是物流项目构思这种有意识的活动中逻辑思维和非逻辑思维的一种结果。构思诞生是指通过多次多方面的创意出现和反复思考,形成了物流项目的初步轮廓,并用语言、文字、图形等可记录的方式明确地表现出来。物流项目构思的酝酿阶段是整个物流项目规划的基础,也是物流项目构思进一步深入的切入点。在这一阶段中,物流项目构思者能否捕捉到思维过程中随机出现的"灵机一闪"异常重要,许多成功的物流项目的构思者在后来的回忆中说,有时这一瞬间之念往往决定着整个物流项目的蓝图,或为整个物流项目的构思指明了方向。

3) 完善

物流项目构思的调整完善阶段就是从物流项目初步构思的诞生到物流项目构思完善的这一过程。它又包含发展、评估、定形 3 个具体的小阶段。所谓物流项目构思的发展,就是将诞生的构思进行进一步的分析和设计,在外延和内涵上做进一步补充,使整个构思趋于完善;评估就是对已形成的物流项目构思进行分析、评价,或是对形成的多个构思方案进行评价、筛选。在这一过程中,需要从物流项目组织中,甚至需要从外部聘请一些有关方面的技术专家、顾问,进行集体的会商和研究,力求使已形成的物流项目构思尽可能地完善或符合客观实际条件;定形阶段则是对已通过发展和评估的物流项目构思,做进一步的调查、分析,如是否能达到物流客户的满意、是否适合实际环境、资源是否充足、成本是否合理、实施后的物流项目能否取得预定的经济效益等。在此基础上,将物流项目的构思细化成具体可操作的物流项目方案。在细化过程中,如发现有不完善或不合理之处,应立即进行改进、修正和完善，至此，整个物流项目构思或物流项目方案得以定型。

物流项目构思的如上 3 个阶段若干个步骤，体现了一个渐进发展的过程，只有每一个阶段、每一个步骤的工作做得扎实了，才能达到理想的目标。

3. 物流项目构思方法

1) 物流项目组合法

把两个或两个以上物流项目相加，形成新的物流项目，这是物流项目构思时常采用的最简单的方法。投资者(或物流客户)为适应市场需要，提高物流项目的整体效益和市场竞争力，依据物流项目的特征和自身条件，往往将企业自有或社会现有的几个相关物流项目联合相加形成一个新物流项目，如将城区的路网改造项目与自身的物流配送优化项目组合为物流配送网络优化项目。此种构思方法适用于在市场上已经取得了很好效果的物流项目，因而不需要做太多的市场调查。另外实施该物流项目的企业是规模和实力相对较大的企业。

2) 比较分析法

这种物流项目构思方法是指物流项目策划者通过对自己所掌握或熟悉的某个或多个特定的物流项目，既可以是典型的成功物流项目，又可以是不成功的项目，进行纵向分析或横向联想比较，从而挖掘和发现物流项目投资的新机会。例如，依据已经成功的全球卫星定位项目，开发物流企业运输车辆的定位跟踪和远程控制项目。这种方法是将现在的项目从内涵和外延上进行研究和反复思考，因而比组合法要复杂些，而且要求物流项目策划者具有一定的思维深度，并掌握了大量有价值的信息。

3) 头脑风暴法

头脑风暴法又称脑力刺激法、智力激励法。创造过程的中心是"发现设想，提出新构思"。开展这种集体创造活动时，需要召集较多的人，一般 6～12 人为最好，共同畅谈讨论，畅谈会需要遵循 4 个原则。

(1) 讨论者应自由地表达自己的想法，任何人暂时不要对每个人的想法做任何评价，以使发言者畅所欲言。

(2) 大量的想法中必定包含有价值的内容，畅谈会后要进行全面、综合的评析，认真归纳总结，从中找出有价值和新颖的设想。

(3) 尽可能地发挥想象，提出各种想法，重数量而不是质量。

(4) 见解无专利，鼓励综合数种见解或在他人见解上进行发挥，集思广益，发挥团队思维的叠加性。

4) 集体问卷法

集体问卷法又称德尔菲法(Delphi Technique)，即给每位参加集体构思创造的人一份罗列与物流项目构思相关的主要问题的问卷，要求每个人在一定的时间内将问题的解决办法以及对物流项目的某些设想和看法记录在问卷上，然后将问卷收回，将内容汇集整理，并加以总结，再提交集体讨论，做进一步地研究、比较和筛选，如此重复几轮后最终形成一致的方案。这种方法将意见调查法和头脑风暴法结合进行，效果较好，常被采用。

德尔菲法包括以下实施过程。

(1) 拟订决策提纲。先把决策的项目写成几个提问的问题，问题的含义必须提得十分明确，不论谁回答，对问题的理解都应相同，而且最好只能以具体、明确的形式回答。

(2) 选定决策专家。选择的专家一般是指有名望的或从事该项工作多年的专家，最好包括多方面的有关专家，选定人数一般以20～50人为宜，一些重大问题的决策可选择100人以上。

(3) 征询专家意见。向专家邮寄第一次征询表，要求每位专家提出自己决策的意见和依据，并说明是否需要补充资料。

(4) 修改决策意见。决策的组织者将第一次决策的结果及资料进行综合整理、归纳，使其条理化，发出第二次征询表，同时把汇总的情况一同寄出去，让每一位专家看到全体专家的意见倾向，据此对所征询的问题提出修改意见或重新做一次评价。

(5) 确定决策结果。征询、修改以及汇总反复进行三四轮，专家的意见就会逐步集中和收敛，从而确定出专家们趋于一致的决策结果。

德尔菲法也可理解为组织集体思想交流的过程。该方法具有以下几个特点。

(1) 匿名性。征询和回答是用书信的形式"背靠背"进行的，应答者彼此不知道具体是谁，这就可以避免相互的消极影响。

(2) 反馈性。征得的意见经过统计整理，重新反馈给参加应答者。每个人可以知道全体的意见倾向以及持与众不同意见者的理由。每一个应答者有机会修改自己的见解，而且无损自己的威信。

(3) 收敛性。征询意见过程经过几轮(一般为4轮)重复，参加应答者就能够达到大致的共识，甚至比较协调一致的共识。也就是说，统计归纳的结果是收敛的，而不是发散的。

4. 物流项目建议书

物流项目识别和构思的结果是形成物流项目建议书，它是对该结果具体的书面表达，一般包括以下内容。

(1) 物流项目的必要性论述。

(2) 物流项目产品或服务的市场预测：包括国内外市场的现状和发展趋势预测、市场价格分析。

(3) 物流产品方案、物流项目规模和用地的设想。

(4) 物流项目建设必需条件、已具备和尚不具备的条件分析。

(5) 物流项目投资估算和资金筹措的设想。

(6) 物流项目经济效果和投资效益的估计。

(7) 物流项目实施的环境：包括项目需要动用的人力、财力和物力，以及这些资源耗用对其他组织或活动的影响，物流项目完成后对外部环境的影响。

(8) 物流项目风险：将在物流项目识别时意识到的物流项目风险纳入项目建议书中。

(9) 物流项目制约和限制条件：明确地表述物流项目在实施时是否会受到限制，如何寻求支持来解决受限问题。

2.3　物流项目可行性研究

物流项目可行性研究是继项目识别、项目目标确定和项目构思后物流项目前期策划的一项最重要的内容。许多物流项目同时也是大型的工程建设项目，依据我国法律及国际惯例，必须进行可行性研究。物流项目可行性研究也是继批准物流项目建议书后的一项物流项目审批、立项的重要程序。大型物流项目的可行性研究往往需要进行机会研究、初步可行性研究和详细可行性研究等阶段。物流项目的可行性研究在投资决策前对拟建的物流项目进行全面的环境、经济和技术论证,为物流项目的投资决策和实施提供科学的依据。

2.3.1 物流项目可行性研究的概念及其作用

1. 物流项目可行性研究的概念

物流项目可行性研究是指对拟实施的物流项目在技术上的先进性、适用性,经济上的合理性、盈利性,环境上的安全性以及实施上的可能性、风险性等进行全面、科学的综合分析,为项目决策提供客观依据的一种分析研究活动,是项目正式立项的基础。可行性研究更强调对物流项目进行论证的客观性、科学性与规范性,"先论证,后决策"是现代物流项目管理的基本原则。物流项目的可行性研究必须具备完整、可靠的资料数据,科学的方法,先进的工具,相应的研究人才和资金等条件,并且需要回答以下问题。

(1) 物流项目建设有无必要?
(2) 物流项目在技术上是否可行?
(3) 物流项目在经济上是否有生命力?财务上是否有利可图?
(4) 物流项目对社会与环境是否有益?会造成什么影响?
(5) 物流项目需要多少资金?能否筹集到以及通过何种渠道筹集到足够资金?
(6) 物流项目的建设周期有多长?
(7) 物流项目需要多少资源?
(8) 物流项目实施有什么风险?风险程度如何?如何规避和防范?

2. 物流项目可行性研究的作用

物流项目可行性研究对于项目成败与价值具有十分重要的意义,其主要作用表现在以下方面。

(1) 物流项目能否实施的依据。
(2) 物流项目资金筹措的依据。
(3) 物流项目审批、申请有关建设许可文件的依据。
(4) 与利益各方合作、签订各种协议和合同的依据。
(5) 物流项目进行工程设计、施工、物流设备购置等工作安排的依据。
(6) 物流项目基础资料及国家计划部门编制发展计划、固定资产投资、技术改造投资的依据。
(7) 物流项目考核和后评估的依据。

2.3.2 物流项目可行性研究的工作阶段

物流项目的可行性研究按其研究深度一般可分为机会研究、初步可行性研究与详细可行性研究,当然并非所有的物流项目都必须完成这几种研究,对于一些较大的物流项目,由于详细可行性研究需要耗费大量的时间和资金,因此可以先进行机会研究和初步可行性研究,以剔除那些明显不可行的项目。而对于一些小型物流项目来说,可能一开始就进入到详细可行性研究的阶段。

在许多物流项目中,形成项目建议书的过程其实就是机会研究的过程。机会研究主要是用来分析、鉴别投资的机会和物流项目的设想，一般是相当粗糙的，更多的是依靠总的估计数据，而不是详细的分析研究。机会研究通常分地区研究、部门(行业)研究和以资源为基础的研究3类。

初步可行性研究又称预可行性研究，是对物流项目进行初步的论证和估计，对物流项目投资机会是否有前途、对投资者是否有吸引力和在商业上是否有盈利等方面做出评价，以确定拟建物流项目是否能成立、是否需要进行进一步的详细可行性研究。初步可行性研究被视为一个介于机会研究和详细可行性研究之间的一个中间研究阶段。它与详细可行性研究之间的主要区别在于所获取的资料的详细程度不同，最后提出的结果也不尽相同。

详细可行性研究又称最终可行性研究，它是对物流项目有关工程、技术、经济、文化、环境及政策条件做详尽、系统的全面调查、研究与分析，对各种可能的方案进行选择，评价物流项目的各种效益和风险，对最佳投资方案和最终决策提出建议。

物流项目的可行性研究是一个连续的过程，一般可分为以下6个步骤，如图2.4所示。

(1) 明确可行性研究的目标和范围。
(2) 收集并调查、分析相关资料。
(3) 拟订多种可行的并且能够相互替代的方案。
(4) 多方案分析、比较，选择最优方案并进一步论证。
(5) 编制项目可行性研究报告。
(6) 编制资金筹措与项目实施进度等计划。

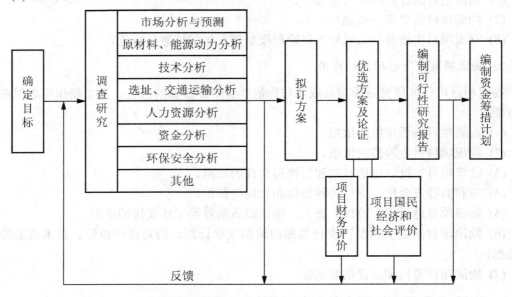

图2.4　物流项目可行性研究的工作过程

2.3.3　物流项目可行性研究报告的主要内容

各类物流项目可行性研究报告内容的具体侧重点有所不同，但一般应包括以下内容。

1. 总论

总论是物流项目可行性研究报告的综述，一般包括以下内容。

(1) 物流项目背景，如物流项目基本信息、承办单位概况、项目提出的理由及过程。

(2) 物流项目概况，如项目建设规模与目标、主要建设条件、总投入资金及效益、主要经济技术指标。

(3) 存在的问题与建议，如资金来源问题、在论证过程中曾有的重要争论问题和不同的意见等。

(4) 可行性研究报告编制的依据。

2. 物流产品或服务的市场需求

物流产品或服务的市场需求主要内容包括以下几点。

(1) 国内外物流市场近期需求状况。

(2) 对未来物流市场需求趋势进行预测，包括进行物流产品销售预测、价格分析，判断物流产品或服务的市场竞争能力及进入国际市场的前景，对国内现有物流服务商服务能力进行估计等。

在市场经济条件下，在进行投资前必须对企业物流产品前景有深入的分析。在可行性研究报告中，市场分析程度的深浅、销售战略的制定情况，对以后投资成败起至关重要的作用。实际上，许多财务数据，如运输量、服务价格等因素，都是在市场分析的基础上得出。而对一般物流项目而言，这两个因素恰恰是投资的敏感性因素。许多可行性研究认为可行而实践中不可行的项目，都是因为高估了市场容量或物流产品服务价格。因此，对市场分析不能不慎重对待。

3. 项目选址

物流项目地址的选择关系到物流服务的成本、便捷性和环境影响等方面，其主要包括以下内容。

(1) 物流项目需要利用的各种资源的种类、数量、消耗量等，如土地、水电、燃料等。

(2) 物流项目对道路、站点、通信、网络、服务等基础设施的要求。

(3) 待选地址的地理位置；与供应商、顾客和产品市场的距离；根据物流项目的技术要求，地址的区位、气象、水文、地质、地形条件、地震、洪水情况和社会经济现状进行调查研究，收集基础资料，了解当地交通运输、通信设施及水、电、气、热的现状和发展趋势；物流项目占地面积，总体布置方案，建设条件、地价、拆迁及其他工程费用情况；对备选地址进行多方案的技术经济分析和比选，提出选择意见。

4. 建设规模与技术方案

(1) 物流项目建设规模，如配送中心的正常流通量、最高流通量等。

(2) 物流项目的技术方案。

对需要工程施工的物流项目而言，技术方案由物流技术方案、工程技术方案和设备技术方案组成，其中物流技术方案的选择较为关键，它又包括信息、包装、装卸搬运、运输、仓储、流通加工等技术方案。

工程方案包括总平面图布置、辅助工程等，在某些项目中还应有防震、防洪、排洪等技术说明。

设备技术方案包括设备的种类、型号、技术参数、使用维修、设备来源和比较选择等。

5. 原材料、燃料供应

说明物流项目所需要的原材料和燃料的取得途径、供应商情况、原材料和燃料的价格及市场比较、原材料和燃料的运输贮存等。对许多物流项目来说，该部分的内容十分重要，如物流包装项目、运输项目等，原材料和燃料的供应和价格直接影响到物流项目的经营效益。

6. 节能

节能内容包括物流项目的能源指标及分析、节能措施综述和单项节能工程等。

7. 环境影响及保护

环境保护报告目前已成为可行性研究报告中的重要组成部分，因环保状况不符合有关要求，许多有经济效益的物流项目不能投产。而不符合环保要求且已投产的物流项目，也会因影响周边群众生活，同时又无力治理而被迫停产。因此，必须贯彻执行国家有关环境保护和职业安全卫生方面的法律法规。一般而言，环保报告包括以下内容。

(1) 备选地址的环境现状。
(2) 拟建物流项目的主要污染源和污染物，对主要污染源的描述和污染物及浓度的计算。
(3) 物流项目拟采用的环境保护和排放标准。
(4) 治理环境的方案。
(5) 环境监测制度的建议。
(6) 环境保护投资估算。
(7) 环境影响评价结论。

8. 物流组织机构、人员及培训

在物流组织机构部分，要说明物流组织机构的设置原则、组织形式及工作制度；在人员部分说明物流从业人员类别；工资及福利费等，另附人员培训方案。

9. 建设方式及进度计划

物流项目实施一般有项目可行性研究、设计、建设准备、实施、项目验收等建设阶段。在可行性研究报告中，应分别确定项目各阶段所需的时间，编制进度计划表。

10. 投资估算与资金筹措

物流项目总投资由固定资产投资、固定资产投资借款建设期利息、固定资产投资方向调节税及流动资金组成。在投资估算过程中，应对上述每一项进行详细估算，并以此作为下一步经济评价工作的基础。

在物流项目可行性研究工作中，资金筹措是指根据对物流项目投资估算的结果，研究落实资金来源渠道和资金筹集方式，从中选择条件优惠、成本低廉的资金，以提高项目的投资效益。

11. 项目经济评价

物流项目经济评价是可行性研究与评价的核心内容，它是采用现代经济分析方法，对拟建物流项目建设期、生产期内投入、产出诸多经济因素进行调查、预测、研究、计算和验证，比较选择，优选出最佳方案，作为物流项目决策的重要依据。它包括微观经济评价(即财务评价)和宏观经济评价(即国民经济评价)。

12. 社会效益评价

(1) 项目对社会影响的分析。

(2) 项目与所在地互相适应性分析。
(3) 社会评价结论。

13. 项目风险分析

项目风险分析主要包括以下内容。
(1) 物流项目未来可能面临的主要风险,如分析物流项目的政策、市场、社会和环境、金融、技术等方面的风险。
(2) 风险评估,对可能的主要风险评估其风险程度和对物流项目的影响。
(3) 风险防范,提出防范及降低风险的相应策略。

14. 其他

物流项目其他需要说明的地方,如劳动安全、卫生、消防等。

15. 综合评价结论及建议

综合上述的经济评价、环境影响分析、社会效益评价和风险分析等内容对物流项目进行全面分析评价,包括对推荐的拟建物流项目的建设条件、产品方案、工艺技术、经济效益、社会效益、环境影响的结论性意见,对主要的对比方案进行说明,对可行性研究中尚未解决的主要问题提出解决办法和建议,对应修改的主要问题进行说明,提出修改意见,对不可行的物流项目,提出不可行的主要问题及处理意见等。

16. 必要的附件和附图

必要的附件和附图包括物流项目建议书(初步可行性报告)、物流项目立项批文、地址选择报告书、资源勘探报告、贷款意向书、环境影响报告、合营各方的营业执照副本、法定代表人证明书、合营各方的资产、经营情况资料、上级主管部门的意见等。

2.4 物流项目的财务评价

物流项目的财务评价是物流项目可行性研究中的重要内容,属于物流项目经济评价的一部分。它是从物流项目自身的角度出发,通过对物流项目建设期和运营期内财务资料和数据的收集、分析及预测,识别物流项目生命周期内的收益和费用,编制物流项目的各类财务报表,选取合适的财务评价指标,对物流项目的财务效益及财务风险进行分析、评价,为物流项目的投资、融资、资金使用和平衡以及物流项目方案选择提供依据的评价方法和过程。财务评价结果的准确性建立在物流项目财务数据的正确选取和预测、财务评价指标体系的合理性之上。物流项目财务评价的结果是确定物流项目的经济效益,结合项目的国民经济评价结果,判定物流项目在经济上的可行性。

2.4.1 资金时间价值理论

1. 资金时间价值

把资金投入到社会生产或流通领域,就会得到资金的增值,这种资金随着时间的推移而发生增值的现象就称为资金的时间价值。在物流项目的经济评价中有静态评价和动态评价的区别，考虑了资金的时间价值的评价方法称为动态评价法。在动态评价法下，不同时点、不同数值的资金可能具有相同的价值。利用等值的概念，可把一个时点的资金额换算成另一时点的等值金额，通过比较同一时点现金流的终值或现值，可以科学地判断方案在经济上的优劣。

2. 资金时间价值的计算方法

1) 基本参数

现值(P)、终值(F)、等额年金或年值(A)、利率、折现或贴现率、收益率(i)、计息期数(n)。

2) 基本公式

(1) 一次支付类型：又称整付，也就是在 $i>0$ 的情况下一次投资、一次回收。

① 复利终值公式（一次支付终值公式，已知 P，求 F）如下。

$$F=P(1+i)^n=P(F/P,i,n) \tag{2.1}$$

② 复利现值公式（一次支付现值公式，已知 F，求 P）如下。

$$P=F(1+i)^{-n}=F(P/F,i,n) \tag{2.2}$$

(2) 等额年金类型：从第 1 年末至第 n 年末每年均收入(支出)金额为 A 的等额现金流量。

① 等额分付终值公式（等额年金终值公式，已知 A，求 F）如下。

$$F=A\cdot\left[\frac{(1+i)^n-1}{i}\right]=A(F/A,i,n) \tag{2.3}$$

② 等额分付偿债基金公式（已知 F，求 A）如下。

$$A=F\cdot\left[\frac{i}{(1+i)^n-1}\right]=F(A/F,i,n) \tag{2.4}$$

③ 等额分付现值公式（已知 A，求 P）如下。

$$P=A\cdot\left[\frac{(1+i)^n-1}{i(1+i)^n}\right]=A(P/A,i,n) \tag{2.5}$$

④ 等额分付资本回收公式（已知 P，求 A）如下。

$$A=P\cdot\left[\frac{i(1+i)^n}{(1+i)^n-1}\right]=P(A/P,i,n) \tag{2.6}$$

【例 2-1】某物流企业计划自筹资金建设一座仓库，总投资 1 500 万元，分 3 次投资，即于第 1、2、3 年年初分别支付 500 万元、400 万元和 600 万元。若该企业于第 1 年年初筹集资金并存入银行，以后即以该笔资金支付仓库建设工程款，银行年利率为 8%，每年计息一次，问该企业第 1 年年初应存入多少资金？

解： 根据题意，年利率为 8%，第 1、2、3 年年初支付款项的计息期数 n_1、n_2、n_3 分别为 0、1、2，则第 1 年年初的现值(应存入银行的资金数)为

$$P=500+400\times(1+8\%)^{-1}+600\times(1+8\%)^{-2}$$
$$=500+400\times 0.925\ 9+600\times 0.857\ 3=1\ 384.74(万元)$$

【例 2-2】某物流项目第 1、2 年年初分别投资 2 000 万元和 1 000 万元，第 3 年试运行，可于年末获净收益 200 万元，项目计划于第 4 年开始正式运行，如果剩余投资于正式运行期(共 8 年)内等额回收，问从第 4 年年末到第 11 年年末每年应获取净利润多少万元？(折现率为 10%)

解：根据题意，第 3 年年末(第 4 年年初)尚未回收的投资额为

$I_3 = 2\,000 \times (1+10\%)^3 + 1\,000 \times (1+10\%)^2 - 200 = 2\,000 \times 1.331 + 1\,000 \times 1.210 - 200$
$= 3\,672(万元)$

根据公式(2.6)得

$$A = I_3 \times \frac{10\% \times (1+10\%)^8}{(1+10\%)^8 - 1} = 3\,672 \times 0.187\,4 = 688.29(万元)$$

从第 4 年年末到第 11 年年末每年应等额回收 688.29 万元的净利润。

2.4.2 物流项目财务评价的含义

财务评价又称财务分析，是从微观投资主体(企业)角度对物流项目进行的经济分析，是企业物流项目投资决策的基础。财务评价从微观角度，根据财税制度、价格及有关法律规定，预测物流项目的经济效益，评价物流项目财务可行性，分析物流项目的投资风险。

财务评价的作用体现在衡量物流项目的盈利能力和清偿能力；物流项目资金规划的重要依据；为协调企业利益和国家利益提供依据。

2.4.3 物流项目财务评价的取价原则

(1) 财务分析应采用以物流产品或服务的市场价格为基础的预测价格。

(2) 盈利能力分析考虑相对价格变化，偿债能力分析要同时考虑相对价格变化和价格总水平的影响，可做如下简化。

① 物流项目建设期间，既要考虑价格总水平变动，又要考虑相对价格变化。在建设投资估算中，价格总水平变动是通过涨价预备费来实现的。

② 物流项目运营期内，一般情况下盈利能力分析和偿债能力分析可采用同一套价格，即预测的运营期价格。

③ 物流项目运营期内，预测的运营期价格可根据具体情况，选用固定价格(项目经营期内各年价格不变)或考虑相对价格变化的变动价格(项目运营期内各年价格不同，或某些年份价格不同)。

④ 当有要求或价格总水平变动较大时，物流项目偿债能力分析采用的价格应考虑价格总水平的变动因素。

(3) 物流项目投资，包括建设投资、流动资金和运营期内的维持运营投资的估算，应采用含增值税价格。

(4) 物流项目运营期内投入与产出采用的价格可以是含增值税的价格，也可以是不含增值税的价格。

(5) 在计算期内同一年份，无论是有项目还是无项目的情况，原则上同种(物流产品或服务无差异)产出或投入的价格应取得一致。

2.4.4 物流项目财务评价的内容和步骤

1. 财务评价内容

(1) 在对物流投资项目的总体了解和对市场、环境、技术方案充分调查与掌握的基础上，收集预测财务分析的基础数据。这些基础数据主要包括预计的物流产品或服务的销售

量及各年度产量、价格及价格变动幅度以及在此基础上估算的销售收入;总投资及固定资产、流动资产投入及其他投入估算;成本费用及其构成估算,财务预测的结果通过投资估算表、折旧表、成本费用表、损益表等反映。

(2) 编制资金规划与计划。对可能的资金来源与数量进行调查和估算,如可筹集到的银行贷款种类、数量,可能发行的股票、债券,企业可能用于投资的自有资金数量;计算逐年债务偿还额。在此基础上编制出物流项目生命周期内资金来源与运用计划。这个计划可以用资金来源与运用表(资金平衡表)来表示。一个好的资金规划不仅能满足资金平衡的要求,而且要在各种可行的资金筹集、运用方案中选优。

(3) 计算和分析财务效果。根据财务基础数据和资金规划,编制财务现金流量表,据此可计算出财务分析的经济效果指标。

2. 财务评价的步骤

财务评价的步骤如图 2.5 所示。

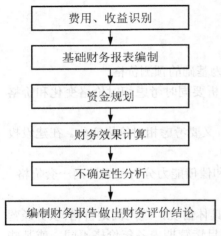

图 2.5　财务评价的步骤

(1) 费用、收益识别。收益主要有物流产品和服务收入、资产回收和补贴等。费用主要有投资,包括固定资产投资(含工程费用、预备费用及其他费用);固定资产投资方向调节税;无形资产投资;建设期借款利息;流动资金投资及开办费等;销售税金及附加;经营成本。

(2) 基础财务报表编制。基础财务报表包括投资估算表(固定资产投资估算、流动资金投资估算、无形资产投资估算及其他投资估算)、投资计划与资金筹措表(显示各年度分类投资使用额及资金来源)、折旧与摊销估算表(包括物流设施设备等固定资产折旧估算、无形资产及递延资产摊销估算)、债务偿还表、成本费用估算表、损益表、资金来源及运用表、现金流量表、资产负债表、具有外汇收支的外汇平衡表等。

(3) 资金规划。其主要考虑投资的资金来源、资金结构与财务风险、资金平衡、债务偿还。资金结构是指物流项目所使用的资金来源及数量构成,财务风险是指与资金结构有关的风险。不同的资金来源所付出的代价是不同的。自有资金与借款比例结构将会放大自有资金收益率与全部投资收益率的差别,称为财务杠杆效应,对全部投资收益率大于贷款利率的物流项目可以选择较高的债务比进行借款,但同时应关注由此而增加的财务风险。

(4) 财务效果计算。其主要有全部投资财务效果评价和自有资金财务效果评价,对资金平衡与偿债能力以及经济效果进行分析说明。

(5) 不确定性分析。对于规模较大的比较重要的物流项目,需要进行物流项目不确定性分析,具体为物流项目的盈亏平衡分析、敏感性分析和概率分析,以评价物流项目的市场适应能力和抗风险能力。不确定性分析的具体内容将在 2.7 节介绍。

(6) 编制财务报告,做出财务评价结论。综合财务效果计算和不确定性分析的结果,做出项目财务评价的结论。

2.4.5 物流项目财务评价指标计算

物流项目财务评价效果的好坏，一方面取决于基础数据的可靠性；另一方面则取决于选取的评价指标体系的合理性。只有选取正确的评价指标体系，财务评价的结果才能与客观实际情况相吻合，才具有实际意义。在物流项目财务评价中，常用的财务评价指标体系如图 2.6 所示(各指标的具体计算方法可参见其他教材)。

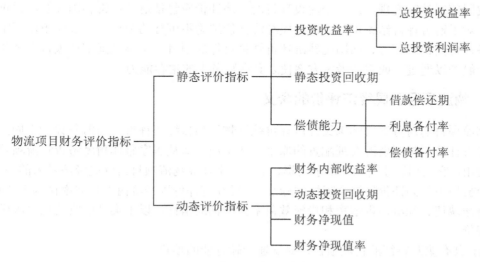

图 2.6 财务评价的指标体系

物流项目财务评价指标，按其是否考虑时间因素可分为两大类：静态评价指标(不考虑时间因素)和动态评价指标(考虑时间因素)。

静态评价指标的最大特点是计算简便。所以在对方案进行粗略评价，或对短期投资物流项目进行评价，以及对于逐年收益大致相等的物流项目，静态评价指标还是可采用的。

动态评价指标强调利用复利方法计算资金时间价值，它将不同时间内资金的流入和流出，换算成同一时点的价值，从而为不同方案的经济比较提供了可比基础，并能反映方案在未来时期的发展变化情况。

按物流项目所反映的经济性质可将指标划分为反映项目资金回收速度的时间指标(投资回收期)、项目的盈利能力指标(净现值、净年值、累计净现金流量等)和反映项目资金使用效率的比率性指标(投资利润率、内部收益率、效益费用率)。

总之，在物流项目财务评价时，应根据评价深度要求、可获得资料的多少以及评价方案本身所处的条件，选用多个不同的指标，从不同侧面反映评价方案的财务评价效果。

2.5 物流项目国民经济评价

项目的国民经济评价是我国在 20 世纪 70 年代末从西方发达国家引进的。原国家计委分别于 1987 年和 1993 年出版并修订了《建设项目经济评价方法与参数》一书，赋予国民经济评价在项目评价中的重要地位。几十年来，国民经济评价在合理配置国家资源、推进投资决策科学化中发挥了重要的作用。

国民经济评价又称费用效益分析，它是按照资源合理配置的原则，从国家整体角度考查项目的效益和费用，采用与财务评价不同的经济参数，分析、计算项目对国民经济的净贡献，评价项目的经济合理性。国民经济评价与财务评价的主要区别在于二者的评价角度和立场不同。国民经济评价的理论基础是福利经济学，福利经济学从生产资源的有效率配置和国民收入在社会成员之间的分配两个方面来研究一个国家实现最大的社会福利所需具备的条件和国家为了增进社会福利应有的政策措施。

我国现行的制度规定：一个建设项目的经济评价应包括财务评价和国民经济评价两大部分，对于财务评价结论可行、而国民经济评价结论不可行的项目，一般应予以否定；对于财务评价结论不可行、而国民经济评价结论可行的项目，主要是基础性项目和公益性项目，一般予以通过，或重新考虑方案使之具有财务上的生存能力。

2.5.1 物流项目国民经济评价的含义

物流项目的财务评价和国民经济评价统称物流项目经济评价，与财务评价不同的是，国民经济评价是按照资源合理配置的原则，从宏观，即从国家整体角度考查物流项目的效益和费用，它采用影子价格、影子工资、影子汇率计算物流项目给国民经济带来的净效益，以社会折现率作为评价经济合理性的标准。国民经济评价以经济内部收益率作为主要指标，以经济净现值、经济净现值率和投资效益率作为辅助指标。以下类型的物流项目应做国民经济评价。

(1) 具有垄断特征的物流项目，如交通运输行业的项目。
(2) 产出具有公共产品特征的物流项目，如公共物流信息平台建设项目。
(3) 外部效果显著的物流项目，如 EMS 的快递服务网络建设项目。
(4) 资源开发型物流项目，如油气输送管道、煤炭开采运输项目等。
(5) 涉及国家经济安全的物流项目，如重要港口及航道建设项目。
(6) 受过度行政干预的物流项目，如某城市大型工业物流园区规划项目。

对这些物流项目来说，国民经济评价应与财务评价同时进行，只有财务评价和国民经济评价都可行才允许建设。当两种评价的结果发生矛盾时，应按国民经济评价的结论考虑物流项目的取舍。

2.5.2 物流项目国民经济评价与财务评价的联系与区别

物流项目国民经济评价与财务评价的共同之处：首先，它们都是物流项目的经济效果评价，使用基本的经济评价理论和方法，寻求以最小的投入获取最大的产出，都要考虑资金的时间价值，采用内部收益率、净现值等经济盈利性指标进行经济效果分析；其次，两种分析都要在完成物流产品和服务需求预测、工艺技术选择、投资估算、资金筹措方案选择等基础上进行。

物流国民经济评价与财务评价的区别见表 2-1。

表 2-1 财务评价与国民经济评价的区别

比 较 项 目	财 务 评 价	国民经济评价
基本出发点	从企业或项目角度考查盈利能力和清偿能力	从国家整体角度考查项目的费用和贡献

续表

比较项目	财务评价	国民经济评价
费用和效益含义及划分范围	实际收支和直接发生费用	社会资源与效益,还包括间接效益和费用
评价采用的价格	现行价格	影子价格
主要参数	官方汇率和行业基准收益率	影子汇率和社会折现率

(1) 两种评价的基本出发点不同。财务评价是从物流企业或物流项目财务角度考查货币收支和赢利状况及借款偿还能力,以确定投资行为的财务可行性。国民经济评价是从国家整体的角度考查物流项目需要付出的代价和对国家的贡献,即国民经济效益,用于确定投资行为的宏观可行性。因此,又将国民经济评价称为"宏观评价"。

(2) 费用和效益的含义和划分范围不同。财务评价是根据物流项目的实际收支确定物流项目的效益和费用,税金、利息等均计为费用。国民经济评价着眼于项目对社会提供的有用物流产品和服务及物流项目所耗费的全社会的有用资源来考查物流项目的效益和费用,故税金、国内借款利息和补贴等不计为物流项目的效益和费用。财务评价只计算物流项目直接发生的效益与费用,国民经济评价对物流项目引起的间接效益与费用,即外部效果也要进行计算和分析。

(3) 所使用的价格体系不同。财务评价对投入物和产出物采用现行价格,国民经济评价采用根据机会成本和供求关系确定的影子价格。

(4) 两种评价使用的参数不同。财务评价采用的是官方汇率,并以因行业而异的基准收益率作为折现率;国民经济评价采用由国家统一测定的影子汇率和社会折现率。

鉴于上述区别,两种评价有时可能导致相反的结论。例如,某物流运输项目所用燃料可以出口,其运输服务也可以出口。由于该燃料的国内价格低于国际市场价格,其运输服务的国内价格又高于国际市场价格,从财务评价考虑,企业利润很高,该运输项目是可行的;如果进行国民经济评价,采用以国际市场价格为基础的影子价格来计算,该运输项目就可能对国民经济没有那么大贡献。又如,某些低附加值的物流服务国内价格偏低,企业利润很少,财务评价的结果可能不易通过,如果用影子价格对这些国计民生不可缺少的物流项目进行国民经济评价,则该类物流项目对国民经济的贡献可能很大,就能通过。

2.5.3 物流项目国民经济评价的内容和步骤

1. 国民经济评价内容

1) 对物流项目的经济效益和费用从国民经济的角度进行划分

物流项目的费用与效益的划分因项目的类型及其评估目标的不同而有所区别。物流项目国民经济效益评估应从整个国民经济的发展目标出发,考查物流项目对国民经济发展和资源合理利用的影响。应注意对转移支付的处理,并对外部效果进行重点鉴定和分析。

2) 对计算费用与效益所采用的影子价格以及一些国家参数进行分析

物流项目国民经济效益评估中,最关键的就是要确定物流项目产出物和投入物的各种合理的经济价格。要选择能反映资源本身的真实社会价值、供求关系、稀缺物资的合理利用和符合国家经济政策的经济价格(如影子价格),按照国家规定和定价原则,合理选用和确定投入物与产出物的影子价格和国家参数,并对其进行鉴定和分析。

然后根据已确定的经济效益与费用的范围，采用影子价格、影子工资、影子汇率和社会折现率来替代财务效益评价中的财务价格、工资、汇率和折现率，计算物流项目的经济效益和费用。因此，确定影子价格是国民经济效益评价的主要内容。

3) 对物流项目经济效益和费用按照影子价格进行调整

把物流项目的效益和费用等经济基础数据，按照已确定的经济价格(即影子价格)进行调整，重新计算物流项目的服务收入、投资和物流成本的支出，以及物流项目固定资产残值的经济价值。鉴定与分析调整的内容是否齐全和合理，调整的方法是否正确，是否符合国家规定。

4) 编制国民经济评估报表

在对物流项目效益和费用等项目调整的基础上，编制经济现金流量表(全部投资)，利用外资的物流项目还应编制经济现金流量表(国内投资)和经济外汇流量表等基本报表。在评估时，应复核这些国民经济效益评价报表的表格设置、编制内容及数据计算是否正确。

5) 计算国民经济效益指标

国民经济效益评估就是从国民经济整体角度考查物流项目给国民经济带来的净效益(净贡献)，主要是物流项目国民经济盈利能力评估、外汇效果评估，以及对不能直接用货币价值量化的外部效果做定性分析评估。

6) 对物流项目不确定性的分析

不确定性分析的评估一般应包括对盈亏平衡分析和敏感性分析进行的鉴定，在有条件时才对概率分析进行鉴定，以确定物流项目投资在财务上和经济上的可靠性和抗风险能力。

7) 结论与建议

得出国民经济评价的结论。对物流项目经济评估中反映的问题和对物流项目需要说明的问题及有关建议应加以明确阐述。物流项目结论与建议要简明扼要，观点要明确。

2. 国民经济评价的步骤

综上所述，国民经济评价的一般步骤如图 2.7 所示。

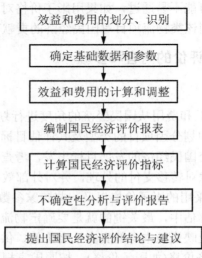

图 2.7　国民经济评价的一般步骤

2.5.4 物流项目国民经济效益和费用分析

1. 国民经济效益与费用的内容

国民经济效益指物流项目对国民经济所做的贡献,可分为直接效益和间接效益;国民经济费用指国民经济为物流项目所付出的代价,同样可分为直接费用和间接费用。

其中,直接效益指由物流项目产出物直接生成,并在物流项目范围内计算的经济效益。其表现为增加物流项目产出物或者服务的数量以满足国内需求的效益;替代效益较低的相同或类似企业的物流产出物或者服务,使被替代企业减产(停产)从而减少国家有用资源耗费或者损失的效益;增加出口或者减少进口从而增加或者节支的外汇等。

直接费用指由物流项目使用投入物形成,并在物流项目范围内计算的费用。其表现为其他部门为本物流项目提供投入物,需要扩大生产规模所耗用的资源费用;减少对其他物流项目或者最终消费投入物的供应而放弃的效益;增加进口或者减少出口从而耗用或者减少的外汇等。

间接效益与间接费用指物流项目对国民经济做出的贡献与国民经济为物流项目付出的代价中,在直接效益和直接费用未得到反映的那部分效益和费用。

转移支付:物流项目的某些财务收益和支出,从国民经济角度看,并没有造成资源的实际增加或者减少,而是国民经济内部的"转移支付",不计做物流项目的国民经济效益与费用。转移支付主要包括以下内容。

(1) 国家和地方政府的税收。
(2) 国内银行借款利息。
(3) 国家和地方政府给予物流项目的补贴。

2. 国民经济效益和费用分析的过程

物流项目国民经济效益和费用分析既可以在物流项目财务分析的基础上进行,又可以直接进行。

在物流项目财务分析的基础上进行物流项目国民经济效益费用分析,应首先剔除在财务分析中已计算为效益或费用的转移支付,并识别在财务效益分析中未反映的间接效益和间接费用,然后用影子价格、影子工资、影子汇率和土地影子费用等,替代财务效益分析中的现行价格、现行工资、官方汇率和实际征地费用,对固定资产投资、流动资金、经营成本和销售收入(或收益)等进行调整,编制物流项目国民经济效益分析基本报表,最后以此为基础计算物流项目国民经济分析指标。

3. 国民经济效益与费用的估算

1) 市场定价物流产品和服务的影子价格

随着我国市场经济发展和贸易范围的扩大,大部分物流产品和服务的价格由市场形成,市场价格可以近似地反映其真实价值。进行国民经济评价可将这些物流产品和服务的市场价格加上或者减去国内运杂费等,作为投入物或者产出物的影子价格。

外贸货物影子价格:以口岸价为基础,乘以影子汇率加上或者减去国内运杂费和贸易费用。

投入物影子价格(物流项目投入物的到厂价格)＝到岸价(CIF)×影子汇率＋国内运杂费
　　　　　　　　　　　　　　＋贸易费用 (2.7)

产出物影子价格(物流项目产出物的出厂价格)＝离岸价(FOB)×影子汇率－国内运杂费
　　　　　　　　　　　　　　－贸易费用 (2.8)

贸易费用是指外经贸机构为进出口货物所耗用的、用影子价格计算的流通费用，包括货物的储运、再包装、短途运输、装卸、保险、检验等环节的费用支出，以及资金占用的机会成本，但不包括长途运输费用。

$$贸易费用＝货物的口岸价×贸易费率 \quad (2.9)$$

贸易费率由项目评价人员根据项目所在地区流通领域的特点和项目的实际情况确定。

非外贸货物影子价格：以市场价格加上或者减去国内运杂费作为影子价格。投入物影子价格即到厂价，产出物影子价格即出厂价。

2) 政府调控价格的物流产品或服务的影子价格

有些物流产品或者服务不完全由市场机制形成价格，而是由政府调控价格。例如，铁路运输价格由政府发布指导价、最高限价和最低限价等。这些物流产品或者服务的价格不能完全反映其真实价值。在进行国民经济评价时，应对这些物流产品或者服务的影子价格采用特殊的方法确定。确定影子价格的原则：投入物按机会成本分解定价；产出物按消费者支付意愿定价。

电价作为物流项目投入物的影子价格，一般按完全成本分解定价，电力过剩时按可变成本分解定价。电价作为物流项目产出物的影子价格，可按电力对当地经济边际贡献率定价。

铁路运价作为项目投入物的影子价格，一般按完全成本分解定价，运能富裕的地区按可变成本分解定价。

水价作为物流项目投入物的影子价格，按后备水源的边际成本分解定价，或者按恢复水功能的成本计算。水价作为物流项目产出物的影子价格按消费者支付意愿或者按消费者承受能力加政府补贴计算。

注意：

(1) 完全成本(销售成本、全部成本)为生产和销售一定种类和数量的产品所发生的费用总和。

(2) 边际成本：每增加一个单位的产量所增加的总成本。

(3) 机会成本：为了完成某项任务而放弃了完成其他任务所造成的费用。

(4) 支付意愿：消费者愿意为某一最终产品或服务支付的金额。

(5) 成本分解法：确定非外贸货物影子价格的一个重要方法。对某种货物的成本进行分解并用影子价格进行调整换算。分解成本是指某种货物的制造生产所需耗费的全部社会资源的价值，包括各种物料投入以及人工、土地投入、资本投入所应分摊的机会成本费用。

3) 特殊投入物的影子价格

物流项目的特殊投入物主要包括物流项目在建设和运营中使用的劳动力、土地和自然资源等。这些特殊投入物影子价格的确定方法如下。

(1) 劳动力的影子价格，即影子工资。影子工资是指国民经济为物流项目使用的劳动力所付出的真实代价，由劳动力机会成本和劳动力转移而引起的新增资源耗费两部分构成。劳动力机会成本是指若劳动力不就业于该物流项目，而从事其他生产经营活动所创造的最大效益。新增资源耗费是指物流项目使用的劳动力由于就业或迁移而增加的城市管理费和城市交通等基础设施投资费用。

(2) 土地的影子价格。土地用于某拟建物流项目后，就不能再用于其他用途。土地的影子价格就是指由于土地不能用于其他用途而放弃的国民经济效益，以及国民经济为其增加的资源消耗。值得注意的是，物流项目占用的土地不论是否支付费用，均应计算影子价格。物流项目占用的农业、林业、牧业、渔业以及其他生产性用地，其影子价格应按照其未来对社会可提供的消费产品的支付意愿及改变土地用途而发生的新增资源消耗进行计算；物流项目所占用的住宅、休闲用地等非生产性用地，若市场完善，应根据市场交易价格估算其影子价格，无市场交易价格或市场机制不完善的，应根据支付意愿价格估算其影子价格。

(3) 自然资源的影子价格。物流项目使用的矿产资源、水资源、森林资源等都是对国家资源的占用和消耗。物流项目投入的自然资源，无论在财务上是否付费，在经济费用效益分析中都必须测算其经济费用，即影子价格。矿产等不可再生资源的影子价格按资源的机会成本计算，水和森林等可再生资源的影子价格按资源再生费用计算。

4. 国民经济评价报表和评价指标

1) 国民经济评价报表

进行国民经济评价应在经济费用效益估算的基础上编制项目国民经济费用效益流量表(或称项目投资经济费用效益流量表)，如表 2-2 所示。

表 2-2　项目国民经济费用效益流量表

序 号	项 目	合 计	计 算 期					
			1	2	3	4	……	n
1	效益流量							
1.1	项目销售(营业)收入							
1.2	回收固定资产余额							
1.3	回收流动资金							
1.4	项目间接费用							
2	费用流量							
2.1	建设投资							
2.2	流动资金							
2.3	经营费用							
2.4	项目间接费用							
3	净效益流量(1—2)							

2) 国民经济评价指标

(1) 经济净现值(ENPV)。经济净现值是指按照社会折现率将计算期内各年的经济净效益流量折现到建设期初的现值之和，其计算公式为

$$\mathrm{ENPV} = \sum_{t=1}^{n} (B-C)_t (1+i_s)^{-t} \qquad (2.10)$$

式中，B——国民经济效益流量；

C——国民经济费用流量；

$(B-C)_t$——第 t 年的国民经济净效益流量；

i_s——社会折现率；

n——计算期。

(2) 经济内部收益率(EIRR)。经济内部收益率是指项目在计算期内净效益流量的现值累计等于零时的折现率，它表示项目占用资金所获得的动态收益率。其计算公式为

$$\sum_{t=1}^{n}(B-C)_t(1-\text{EIRR})^t=0 \tag{2.11}$$

(3) 经济效益费用比(R_{BC})。经济效益费用比是指在计算期内效益流量的现值与费用流量的现值的比率，是国民经济费用效益分析的辅助评价指标。其计算公式为

$$R_{BC}=\frac{\sum_{t=1}^{n}B_t(1+i_s)^{-t}}{\sum_{t=1}^{n}C_t(1+i_s)^{-t}} \tag{2.12}$$

式中，R_{BC}——效益费用比；

B_t——第 t 期的经济效益；

C_t——第 t 期的经济费用。

2.6 物流项目社会评价

物流项目的社会评价旨在系统调查和预测拟建物流项目的建设、运营产生的社会影响与社会效益，分析物流项目所在地区的社会环境对物流项目的适应性和可接受程度，通过分析物流项目涉及的各种社会因素，评价物流项目的社会可行性，提出物流项目与当地社会协调关系，规避社会风险，促进物流项目顺利实施，保持社会稳定的方案。

2.6.1 物流项目社会评价的概念

一个物流项目在建设和运营过程中，不仅会产生一定的经济效益，而且会形成一定的社会、环境效益和影响。对物流项目的经济效益进行考查与评价，就是前面谈到的物流项目经济评价；对物流项目的环境效益和影响进行考查与评价就是物流项目的环境评价；而对物流项目的社会影响进行考查和评价，就是物流项目的社会评价。

进行社会评价具有以下意义。

(1) 有利于国民经济发展目标与社会发展目标的协调一致，防止单纯追求物流项目的经济效益。

(2) 有利于物流项目与所在地区利益协调一致，减少社会矛盾和纠纷，促进社会稳定。

(3) 有利于避免或减少物流项目建设和运营的社会风险，提高投资效益。

2.6.2 物流项目社会评价的内容

1. 社会影响分析

物流项目社会影响分析主要是分析物流项目对社会环境、社会经济方面可能产生的正

面影响(即社会效益)和负面影响(即社会成本)。社会影响分析内容如表2-3所示。

表2-3 项目社会影响分析的内容

社会因素	分析内容
物流项目对所在地居民收入的影响	分析由于物流项目实施可能造成当地居民收入增加或者减少的原因、范围和程度;收入分配是否公平,是否扩大贫富收入差距;提出促进收入公平分配的措施建议
对居民生活水平和生活质量的影响	分析物流项目实施后居民居住水平、消费水平、消费结构、人均寿命的变化及其原因
对居民就业的影响	分析物流项目的建设和运营对当地居民就业结构和就业机会的正面和负面影响
对不同利益群体的影响	分析物流项目的建设和运营将使哪些人受益或受损,以及对受损群体的补偿措施和途径
对脆弱群体的影响	分析物流项目的建设和运营对当地妇女、儿童、残疾人利益的正面和负面影响
对地区文化、教育、卫生的影响	分析物流项目可能引起的当地文化教育水平、卫生健康程度的变化,以及对当地人文环境的影响
对地区基础设施、社会服务容量和城市化进程的影响	分析物流项目是否可能会增加占用当地的基础设施,以及产生的影响
对少数民族习俗习惯和宗教的影响	分析物流项目是否符合国家的民族和宗教政策,是否充分考虑了当地民族风俗习惯、生活方式或者宗教信仰,是否会引发民族矛盾、宗教纠纷等

2. 互适性分析

互适性分析是分析物流项目能否为当地的社会环境、人文条件所接纳,以及当地政府、居民支持物流项目存在与发展的程度,考查物流项目与当地社会环境的相互适应关系。分析内容主要包括以下几点。

(1) 分析与物流项目直接相关的利益群体对物流项目建设和运营的态度及参与程度,选择可以促进物流项目成功的各利益群体的参与方式,对可能阻碍物流项目存在与发展的因素提出防范措施。

(2) 分析物流项目所在地区的各类组织对物流项目建设和运营的态度,可能在哪些方面、在多大程度上对物流项目给予支持和配合。

(3) 分析、预测物流项目所在地区现有技术、文化状况能否适应物流项目的建设和发展。

3. 社会风险分析

物流项目社会风险分析是对可能影响物流项目的各种社会因素进行识别和排序、选择影响面大、持续时间长,并容易导致较大矛盾的社会因素进行预测,分析可能出现这种风险的社会环境和条件。

2.6.3 物流项目社会评价的方法

物流项目社会评价涉及的内容比较广泛,面临的社会问题比较复杂,能够量化的尽量进行定量分析，不能量化的则要根据项目地区的具体情况和物流项目本身的特点进行定性分析。对于社会经济和环境方面的评价，现在已经形成了一套比较系统的数量评价指标，而对社会影响方面的评价，则主要还是以定性分析为主。下面主要介绍社会影响评价中常用的一些分析方法。

(1) 有无对比分析法：首先要调查在没有拟建物流项目的情况下，项目地区的社会状况，并预测物流项目建成后对该地区社会状况的影响，通过对比分析，确定拟建物流项目所引起的社会变化，即各种效益与影响的性质和程度。

(2) 逻辑框架分析法：社会评价用逻辑框架分析法分析事物的因果关系，通过分析物流项目的一系列相关变化过程，明确物流项目的目标及其相关联的先决条件，来改善物流项目的设计方案。

(3) 利益群体分析法：利益群体是指与物流项目有直接或间接的利害关系，并对物流项目的成功与否有直接或间接影响的所有有关各方，如物流项目的收益人、受害人与物流项目有关的政府组织和非政府组织等。利益群体分析法首先要确定物流项目利益群体一览表，然后评估利益群体对物流项目成功所起的重要作用，并根据物流项目目标对其重要性做出评价，最后提出在实施过程中对各利益群体应采取的措施。

2.7 物流项目不确定性分析

由于物流项目的建设和运营周期一般较长，在此期间，物流项目会面临包括社会、环境、市场、自然、项目自身等方面的不确定因素，这些因素大大地增加了物流项目实施的风险。相对于一般项目，物流项目的不确定性(风险)分析更应引起项目管理者的高度重视。

物流项目的不确定性分析(Uncertainty Analysis)是指对物流项目方案受到各种事前难以准确预测的内外部因素变化与影响所进行的研究和评价。它是物流项目决策分析中常用的一种方法。通过该分析可以尽量弄清和减少不确定性因素对物流项目经济效益的影响，预测物流项目对某些不可预见的政治与经济等风险的抗冲击能力，从而证明物流项目投资的可靠性和稳定性，避免项目实施后不能获得预期的利润和收益。一个全面细致的不确定性分析所做出的比较可靠、接近客观实际的估计或预测，将对决策者和未来的经营者具有十分重要的参考价值。通常物流项目的不确定性分析可分为盈亏平衡分析、敏感性分析和概率分析。

2.7.1 物流项目结果产生不确定性的原因

物流项目评估中所采用的数据，如物流设施设备投资支出、建设工期、年设计物流服务能力、物流产品和服务价格、经营成本、计算期等都来自预测和估算，它们的实际结果很可能与预测有很大的差别，因此有一定程度的不确定性。不确定性的来源主要有以下几个方面。

(1) 物价变动。物价变动从多个方面影响物流项目，是最主要的不确定性因素。其中，投入物价格上升会使物流项目建设成本上升，从而造价增大，投资额增加；物流项目投产后原材料、燃料动力和劳动力价格上升会使物流成本上升，从而减少盈利；产出物价格上升则会增加销售收入，提高盈利水平。这些变化都是无法准确预知的，会对物流项目效益产生影响。

(2) 物流能力利用率的变化。物流能力利用率的变化主要是指物流能力达不到项目设计的物流能力对项目经济效益产生的影响。物流项目达不到设计的物流能力可能有两方面的原因，既可能是市场的需求量不足，又可能是在建设过程中存在一些问题，这些都会使物流项目的规模效益下降、减少盈利甚至造成亏损。

(3) 工艺技术方案更改。在物流项目执行或投产过程中，有时会出现一些新的要求，从而必须重新进行设计，此时会对企业的经济效率和经营成本发生影响，从而引起投资效益指标的变化。

(4) 建设工期与资金的变化。建设工期延长会增加物流项目贷款利息，提高建设成本。建设资金或经营资金结构变动，如自有资金比重下降、债务资金比重上升等情况的发生，都会影响建设成本或经营成本，最终反映在投资效益指标上。

(5) 物流项目经济寿命变动。物流项目经济寿命是指物流项目在经济上的最佳使用年限。物流项目评估中的很多指标都是以项目整个寿命期为基础计算的，但随着科学技术的进步，物流项目所采用的一些工艺、技术、设备等很可能提前老化，从而使物流项目的寿命期缩短，影响物流项目的经济效益。

(6) 汇率的波动。在与外汇有关的物流项目中，汇率是物流项目的成本或收益波动的一个主要因素，对投资效益指标有重要影响，在评估中需认真分析。

(7) 国内外政策和规定的变化。国家的现行法规制约或影响着物流项目的经济效益，包括税收制度、金融制度、财政制度、价格体制等；另外，外国政府对华经济贸易政策的变化，也影响着涉及进出口及外资物流项目的效益。

(8) 其他不可预测的意外事件，如自然灾害、战争、突发事件的发生等。

2.7.2 物流项目不确定性分析的含义与作用

为了估计不确定性因素的变化对物流项目经济效益影响的程度，运用一定的方法对影响物流项目效益的不确定性因素进行计算分析，称为不确定性分析。在物流项目评估中进行不确定性分析，目的是测定物流项目经济效益的变动范围，提高物流项目决策的可靠性和科学性。不确定性分析具有以下4方面的作用。

(1) 明确不确定性因素对投资效益的影响范围，了解物流项目投资效益变动的大小。不确定性因素多种多样，其对投资效益指标的影响也不一样。通过不确定性分析，可以确定各种因素及其作用力度的大小对投资效益指标影响的范围，从而了解物流项目总体效益变动的大小。

(2) 确定物流项目评估结论的有效范围。在明确不确定性因素的变动及其作用力度的大小对投资效益指标的影响及物流项目总体效益变动的大小以后，就可以确定按典型情况测定的物流项目评估结论的有效范围，以便使物流项目决策者和执行人员充分了解不确定性因素变动的作用界限，尽量避免不利因素的出现。

(3) 提高物流项目评估结论的可靠性。经过不确定性分析，依据不确定性因素变动对物流项目投资效益影响的大小和指标变动范围，可以进一步调整物流项目的评估结论，以提高评估结论的可靠性。

(4) 寻找在物流项目效益指标达到临界点时，变量因素允许变化的极限值。由于不确定性因素的影响，导致物流项目经济效益指标在某一范围内变动，当这些效益指标的变动达到使物流项目发生从可行到不可行的本质变化时，称此效益指标达到了临界点，与这一临界点相应的不确定性因素的变化值就是这一变量因素允许变化的极限值。寻找这一极限值，有利于投资者在物流项目执行和经营过程中，尽量把握住这种因素的变动幅度，避免物流项目经济效益的下降。

2.7.3 物流项目不确定性分析的内容与方法

1. 盈亏平衡分析

盈亏平衡分析是分析、研究物流项目成本与收益之间平衡关系的方法。其研究的内容主要是在一定的市场和生产能力条件下，分析物流产品或服务的产量、成本、收入之间的相互关系，找出物流项目盈利与亏损的临界点，即盈亏平衡点(BEP)，以此了解不确定性因素允许变化的最大范围，寻求最大盈利的可能性。

2. 敏感性分析

在物流项目执行或经营过程中，当不确定性因素发生变化时，物流项目的经济效益会发生相应变化，其变化的大小反映了不确定性因素的敏感程度。选取敏感性强的因素来预测物流项目效益的变动幅度，即敏感性分析。这种分析主要用于测定物流项目评估结论的稳定性和可靠性。

3. 概率分析

当物流项目不确定性因素的变动值偏离正常值较大并常具有偶然性时，用盈亏平衡分析和敏感性分析已难以对项目的变动度进行测定，而需要运用概率分析的方法进行预测。概率分析的内容在于根据经验设定各种情况可能发生的概率，进而求得在不确定变量下的最大期望值，以及取得此效益的可能性。这种分析又称简单风险分析。

4. 风险决策分析

当不确定性因素发生的概率能够用一定的方法事先予以估计时，对物流项目效益变动性的分析就变为风险分析。但在实际中，不确定性和风险往往难以区分，所以常把风险分析也归入不确定性分析的内容。

2.7.4 盈亏平衡分析

盈亏平衡分析是在一定的市场、生产能力的条件下，研究拟建物流项目成本与收益平衡关系的方法，物流项目的盈利与亏损有个转折点，称为盈亏平衡点。在这一点上，项目总收入等于总成本，项目刚好盈亏平衡。盈亏平衡分析就是要找出盈亏平衡点。盈亏平衡点越低，物流项目盈利的可能性就越大，造成亏损的可能性就越小。

根据物流项目成本及经营收入与产量(销售量)之间是否呈线性关系，盈亏平衡分析又可进一步分为线性盈亏平衡分析和非线性盈亏平衡分析。

1. 线性盈亏平衡分析

1) 线性盈亏平衡分析的前提条件
(1) 产量等于销售量。
(2) 产量变化、单位可变成本不变，从而总生产成本是产量的线性函数。
(3) 产量变化、销售单价不变，从而销售收入是销售量的线性函数。

(4) 只生产单一物流产品,或者生产多种物流产品,但可换算为单一物流产品计算。

2) 线性盈亏平衡分析的步骤

必须先将物流项目成本分为固定成本和可变成本。

年总成本的计算公式为

$$C_T = C_F + C_V = C_F + C_n \cdot N \tag{2.13}$$

式中,C_T——年总成本;

C_F——年总固定成本;

C_V——年总可变成本;

C_n——单位产品可变成本;

N——年总产量。

扣除销售税金后的销售收入计算公式为

$$S' = PN(1-t') \tag{2.14}$$

式中,S'——扣除销售税金后的销售收入;

P——产品销售单价;

t'——销售税率。

当盈亏平衡时,收入与支出相等,即 $S' = C_T$,有

$$C_T = C_F + C_n N^* = PN^*(1-t')$$

式中,N^*——盈亏平衡时的年产量。

即

$$\text{BEP(产量)} = N^* = C_F/(P - C_n - Pt') \tag{2.15}$$

令 $t = Pt'$,则有

$$\text{BEP(产量)} = N^* = C_F/(P - C_n - t) \tag{2.16}$$

式中,t——单位产品销售税金。

公式(2.16)两边都除以 N_0 得到以生产能力利用率表示的 BEP。

令 $T = N_0 \times t$,

$$\text{BEP(生产能力利用率)} = N^*/N_0$$
$$= C_F/[N_0(P - C_n - t)] \tag{2.17}$$
$$= C_F/(S - C_V - T)$$

式中,T——年销售税金;

N_0——设计年生产能力;

S——销售收入。

对于有技术转让费、营业外净支出的物流项目,在公式 2.17 的分母中应扣除这些费用。

盈亏平衡点还可用其他形式表示,即

$$\text{BEP(单位产品售价)} = P^* = \frac{C_F}{N} + C_n + t \tag{2.18}$$

$$\text{BEP(单位产品可变成本)} = C_n^* = P - t - \frac{C_F}{N} \tag{2.19}$$

$$\text{BEP(总固定成本)} = C_F^* = N(P - C_n - t) \tag{2.20}$$

用相对值表示时则有

$$\frac{N^*}{N} = \frac{C_F}{S-C_V-T} \quad (2.21)$$

$$\frac{P^*}{P} = \frac{1}{P}\left(\frac{C_F}{N} + C_n + t\right) \quad (2.22)$$

$$\frac{C^*}{C_n} = \frac{1}{C_n}\left(P - t - \frac{C_F}{N}\right) \quad (2.23)$$

$$\frac{C_F^*}{C_F} = \frac{N(P-C_n-t)}{C_F} \quad (2.24)$$

如果分别以 1 减去各盈亏平衡点的相对值，便可得各预测值的允许降低(增加)率。

【例 2-3】某物流包装项目财务评估数据如下：正常年份每年的产量为 52 万件，销售收入为 336.52 万元，可变成本为 111.51 万元，销售税金为 15.78 万元，年固定成本为 108.94 万元，求盈亏平衡点。

解：盈亏平衡分析如图 2.8 所示。

$$BEP(生产能力利用率) = \frac{C_F}{S-C_V-T} \times 100\%$$

$$= \frac{108.94}{336.52-111.51-15.78} \times 100\%$$

$$= 52.07\%$$

盈亏平衡点的产品产量为

$$52 \times 52.07\% = 27.08(万件)$$

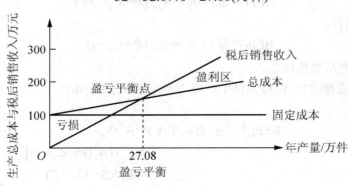

图 2.8 盈亏平衡分析

2. 非线性盈亏平衡分析

在实际工作中常常会遇到物流产品的年总成本与产量不成线性关系，物流产品的销售也会受到市场和用户的影响，销售收入与产量也不呈线性变化。这时要用非线性平衡分析。物流产品总生产成本与产量不再保持线性关系的原因可能是当物流经营扩大到某一限度后，正常价格的原料、动力已不能保证供应，企业必须付出较高的代价才能获得，正常的生产班次也不能完成生产任务，不得不加班加点，增加了劳务费用，设备的超负荷运行也带来了磨损的增大、寿命的缩短和维修费用的增加，规模经济导致产品的成本有所降低等，因此成本函数不再为线性而变成了非线性。此时，通常用一条二次曲线来表示非线性的成本函数，即

$$C_T = C_F + dN + eN^2 \tag{2.25}$$

式中，d、e——常数；
　　　N——年产量。

在物流产品的销售税率不变的条件下，市场需求关系以及批量折扣，也会使销售净收入与产量不成线性关系，也可用一条二次曲线表示即

$$S = fN + jN^2 \tag{2.26}$$

式中，f、j——常数。

在盈亏平衡点下，$C_T - S = 0$，即$(e-j)N^2 + (d-f)N + C_F = 0$，可得

$$N = \frac{-(d-f)}{2(e-j)} \pm \sqrt{\frac{(d-f)^2 - 4(e-j)C_F}{2(e-j)}} \tag{2.27}$$

总成本曲线和销售净收入曲线有两个交点，即转亏为盈点和转盈为亏点。

利润最大时，有

$$\frac{d(C_T - S)}{dN} = 2N(e-j) + (d-f) = 0 \tag{2.28}$$

所以利润最大时的产量是

$$N_{利润最大} = \frac{-(d-f)}{2(e-j)} \tag{2.29}$$

【例2-4】某物流包装项目总成本及销售净收入表达式为$C_T = 180\,000 + 150N - 0.02N^2$，$S = 350N - 0.04N^2$。试计算盈亏平衡点的产量。

解： 在盈亏平衡点有$C_T - S = 0$，所以，$0.02N^2 - 200N + 180\,000 = 0$。$N(BEP_1) = 1\,000$件，$N(BEP_2) = 9\,000$件。

当$1\,000 \leqslant N \leqslant 9\,000$时，即该物流项目年总包装件数在$1\,000 \sim 9\,000$件范围内时盈利，$N < 1\,000$或$N > 9\,000$时，即年总包装件数小于$1\,000$件，或大于$9\,000$件时亏损。

$$N_{利润最大} = 200/(2 \times 0.02) = 5\,000(件),$$

此时有最大利润$R = S - C_T = 200N - 0.02N^2 - 180\,000 = 320\,000(元)$。

盈亏平衡分析是对拟建物流项目进行不确定性分析的方法之一。因为这时一方面需要对项目的一些主要参数，如销售量(产量)、售价、成本等做出决定，而另一方面某些经济数据还不易确定，如总投资、收益率等，用盈亏平衡分析法粗略地对高度敏感的产量、售价、成本、利润等因素进行分析，有助于了解项目可能承担风险的程度。

盈亏平衡分析法的缺点：它建立在生产量等于销售量的基础上，即产品能全部销完而无积压。此外，它用的一些数据是某一正常生产年份的数据。由于物流项目是一个长期的过程，所以用盈亏平衡分析法很难得到一个全面的结论。

但由于该方法计算简单，可直接对物流项目的关键因素(盈利性)进行分析，因此仍被广泛采用。

2.7.5　敏感性分析

敏感性分析是研究物流项目主要因素发生变化时，项目经济效益发生的相应变化，以判断这些因素对物流项目经济指标的影响程度。这些可能发生变化的因素称为不确定因素。敏感性分析就是要找出物流项目的敏感因素，并确定其敏感程度，以预测物流项目承担的风险。

敏感性分析可应用于方案选择。在经济效益相似的情况下，应选择敏感性小的方案，即风险小的方案。

1. 敏感性分析的步骤

(1) 选择需要分析的不确定性因素。主要因素有物流产品产量(生产负荷)、售价、主要原材料价格、燃料或动力价格、可变成本、固定资产投资、建设期及汇率等。

(2) 确定分析指标。常用分析指标有净现值、内部收益率、投资回收期、贷款清偿期等。

(3) 计算各不确定性因素对分析指标的影响程度。

(4) 确定敏感性因素，判断物流项目的风险程度。

根据物流项目经济指标，如经济净现值或经济内部收益率所做的敏感性分析称为经济敏感性分析。

根据物流项目的财务指标所做的敏感性分析称为财务敏感性分析。

根据每次变动因素的数目不同，敏感性分析可以分为单因素敏感性分析和多因素敏感性分析。

2. 单因素敏感性分析

每次只变动一个因素，而其他因素保持不变时所进行的敏感性分析，称为单因素敏感性分析。

因素的变化可以用相对值或绝对值表示。相对值是使每个因素都从其原始取值变动一个幅度，如±20%、±10%等，根据不同因素变化对经济评价指标影响的大小可得到每个因素的敏感性程度。用绝对值表示可得到同样的结果。

敏感性分析还应求出导致物流项目由可行变为不可行的不确定因素变化的临界值。临界值可以通过敏感性分析图求得。

具体做法：将不确定因素变化率作为横坐标，以某个评价指标，如内部收益率为纵坐标，由每种不确定因素的变化可以得到内部收益率随之变化的曲线(取点范围小时近似于直线)。每条曲线与基准收益率线的交点称为该不确定因素变化的临界点，该点对应的横坐标为不确定因素变化的临界值，即该不确定因素允许变动的最大幅度，或称极限变化。不确定因素的变化超过了这个极限，物流项目就由可行变为不可行。将这个幅度与估计可能发生的变化幅度比较，若前者大于后者，则表明物流项目经济效益对该因素不敏感，项目承担的风险不大。

在物流项目评价中，一般对项目内部收益率或净现值等评价指标进行敏感性分析，必要时也可对投资回收期和借款偿还期等进行敏感性分析。

【例 2-5】 一物流项目基本方案的全部投资内部收益率为12.78%，净现值为22 265万元。考虑固定资产投资、物流产品价格以及燃料价格变动的影响，分别对这3个因素进行单因素敏感性分析，则可得到如表2-4所示的单因素敏感性分析结果。

表 2-4 某物流项目单因素敏感性分析表

序 号	不确定因素	产品价格的变化率	全部投资内部收益率	净现值/万元
	基本方案		12.78%	22 265
1	固定资产投资	+10%	11.99%	18 911
		−10%	13.71%	25 619

续表

序 号	不确定因素	产品价格的变化率	全部投资内部收益率	净现值/万元
2	物流产品价格	+10%	15.51%	40 545
		-10%	9.72%	3 985
3	主要燃料价格	+20%	10.08%	6 022
		-20%	15.23%	38 508

另外，可绘制敏感性分析图(见图 2.9)，并确定不确定因素临界值。其中，基准收益率为 9%。

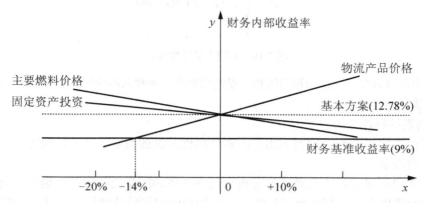

图 2.9 单因素敏感性分析

图中，全部投资财务内部收益率随不确定因素变化而发生的变化由 3 条直线表示。基本方案的全部投资内部收益率(12.78%)、基准收益率(9%)已画出。

由敏感性分析结果可以看出，财务内部收益率对物流产品价格的变化最为敏感(该直线斜率绝对值最大)。当财务基准收益率为 9%时，产品价格降低约 14%时达到临界点，此时，财务内部收益率等于基准收益率。

3. 多因素敏感性分析

进行多因素敏感性分析的假定条件是同时变动的因素互相独立。

1) 双因素敏感性分析

一次改变一个因素的敏感性分析可以得到一条曲线——敏感曲线。而分析两个因素同时变化的敏感性时，可以得到敏感面。

【例 2-6】设某物流项目固定资产投资(I_0)为 170 000 元，年销售收入(S)为 35 000 元，年经营费用(C)为 3 000 元，项目寿命期为 10 年，固定资产残值(SV)为 20 000 元。其基准收益率为 13%。试就最关键的两个因素——初始投资和年销售收入，对项目的净现值 NPV 进行双因素敏感性分析。

解：设 X 表示初始投资变化的百分数，Y 表示同时改变的年销售收入的百分数，则

$$\text{NPV}(13\%) = -170\,000(1+X) + 35\,000(1+Y)(P/A, 13\%, 10) - 3\,000(P/A, 13\%, 10) + 20\,000(P/F, 13\%, 10)$$

如果 NPV(13%)≥0，即 9 531.6 − 170 000X + 189 918.5Y ≥ 0，

化简为 $Y \geq -0.050\,5 + 0.895\,1X$。

将不等式用图表示，如图 2.10 所示。

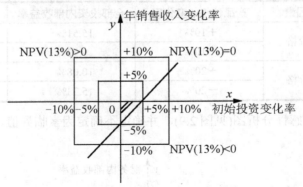

图 2.10 双因素敏感性分析

可以看出项目对投资的增加相当敏感。投资增加和销售收入减少时，对应的 NPV(13%)≥0 的区域是极狭窄的。

2) 三因素敏感性分析

如果因素扩大到 3 个，则需列出三因素敏感性分析的数学表达式，也可以采用降维的方法来简单地表示。

【例 2-7】对例 2-6 进行双因素敏感性分析后已知，敏感因素的排列顺序是销售收入、初始投资、年经营费用支出。假设年销售收入、初始投资和年经营费用 3 个因素同时改变，试对项目净现值的影响进行敏感性分析。

解：设 Z 表示年经营费用变化的百分数。从一般式 $NPV(13\%)=-170\,000(1+X)+35\,000(1+Y)(P/A,13\%,10)-3\,000(1+Z)(P/A,13\%,10)+20\,000(P/F,13\%,10)$ 出发，按例 2-6 中对双因素变化时的分析，可以得到：当 $Z=-1$ 时，$Y\geqslant0.895\,1X-0.078\,9$；当 $Z=-0.5$ 时，$Y\geqslant0.895\,1X-0.035\,5$；当 $Z=0.5$ 时，$Y\geqslant0.895\,1X+0.093\,0$；当 $Z=1$ 时，$Y\geqslant0.895\,1X+0.135\,9$，如图 2.11 所示。

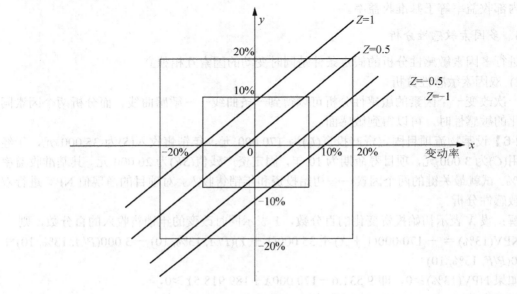

图 2.11 三因素敏感性分析

对应不同经营费用以上的区域，NPV(13%)＞0；以下的区域，NPV(13%)＜0，显示了经营费用以某个幅度变化时，其他因素允许变动的幅度。

通过敏感性分析，可以找出影响物流项目经济效益的关键因素，使评价人员注意这些因素，必要时可对某些最敏感的关键因素重新预测和估算。

2.7.6 概率分析决策

通常情况下，物流项目投资可以仅从两方面进行风险分析，即盈亏平衡分析和敏感性分析，但有时可以对物流项目投资进行概率分析。

1. 概率的客观估计与主观估计

1) 客观概率与主观概率

客观概率的计算方法有两种：根据大量实验，用统计的方法进行计算；根据概率的古典定义，将事件分解为基本事件，用分析的方法进行计算。这两种方法得到的数值都是客观存在的，不依计算者或决策者的意志而转移，称为客观概率。计算客观概率需要足够的信息、数据及对事件的了解和分析。

但是实际工作中，不可能获得足够的信息，不可能做大量实验，又因事件是将来发生的，不可能做出准确分析，难以计算出客观概率。只好退而求其次，由决策者或专家对事件的概率做出一个主观估计，这就是主观概率。主观概率是用较少信息量做出估计的一种方法。主观概率是根据对某事件是否发生的个人观点用一个0～1的数来描述此事件发生的可能性，此数即称为主观概率。

2) 3种估计

(1) 客观估计：用客观概率对风险进行分析。

(2) 主观估计：用主观概率对风险进行分析。

(3) 第三种估计：介于主客观估计之间。

我们可由各组成部分的概率推算出整个事件的概率。

【例 2-8】 一项投资成功依赖于以下3个条件：市场需求预测准确的概率；投资资金筹措能力估计的准确性；对竞争对手估计，从而确保市场价格估计的准确性，则

$$P = P_1 \times P_2 \times P_3 \tag{2.30}$$

式中，P——投资成功的概率；

P_1——市场需求预测准确的概率；

P_2——资金筹措估计准确性；

P_3——市场价格估计的准确性。

2. 主观概率的量化

前述专家评价法包含了主观概率法，这里不再赘述。此外还有前推法、后推法和旁推法。

(1) 前推法是根据历史经验和数据推断未来事件发生的概率。

(2) 后推法是当没有直接的历史经验数据可借用时，把未知的事件及后果与某一已知事件及后果联系起来，将未来风险事件归算到有数据可查的造成这一风险事件的一些起始事件上，在时间序列上，也就是由前向后推算。

(3) 旁推法是利用不同的但却是类似的其他行业、地区的资料对本地区本项投资进行外推。

3. 风险投资的决策方法

风险投资决策方法有最大损益值法、期望值法和决策树法等。现就前两种方法举例说明。

【例 2-9】某物流运输项目的市场预测有 3 种情况：Q_1(好)、Q_2(一般)、Q_3(差)，其概率分别为 $P(Q_1)=0.3$，$P(Q_2)=0.5$，$P(Q_3)=0.2$，可供选择的方案也有 3 种，即大批量运输(A_1)、中批量运输(A_2)、小批量运输(A_3)，运输量和市场情况不同，可能获利也可能亏损，每年损益值如表 2-5 所示。

表 2-5　每年损益值

状态及概率 损益值 方案	Q_1 $P(Q_1)=0.3$	Q_2 $P(Q_2)=0.5$	Q_3 $P(Q_3)=0.2$	期望值	风险度
A_1	30	23	−15	17.5	0.945
A_2	25	20	0	17.5	0.515
A_3	12	12	12	12	0

要对这一风险事件做出评价与决策，综合起来可以看出，这类问题具有以下 4 个条件：存在着决策者希望达到的目标，或者收益大，或者损失小；存在着两个或两个以上的可供选择的行动方案，如 A_1、A_2、A_3；存在两个或两个以上不以决策者意志为转移的客观环境，如 Q_1、Q_2、Q_3；对各事件的风险有明确的估计。

1) 最大损益值法

肯于冒险的决策者会选择损益值最大的方案，如 30 万元的 A_1 方案，但过于冒险，一般很少采用。

另一种较稳妥的方法是选择最可能状态中损益值最大的方案，即选 $P(Q_2)=0.5$ 中的 23，即 A_1 方案，但该方法在各种概率差不多时，要担当较大的风险。

以上两种方法只是考虑一种状态，虽然简单，但从风险分析的角度来看却不是可取的。

2) 期望值法

计算出每年损益值的平均值，即数学期望值，按期望值的大小进行决策。

$$E(A_1)=30\times0.3+23\times0.5+(-15)\times0.2=17.5$$
$$E(A_2)=25\times0.3+20\times0.5+0\times0.2=17.5$$
$$E(A_3)=12\times0.3+12\times0.5+12\times0.2=12$$

简单的决策方法是选择平均损益值最大的方案，本例中选 A_1、A_2。但是 A_1 和 A_2 的两个方案的概率分布是不同的，可计算 A_1、A_2 的风险度。

$$FD(A_1)=\frac{\delta}{E(A_1)}=\frac{\sqrt{\sum(X_i-E(A_1))^2 P_i}}{E(A_1)}$$
$$=\frac{\sqrt{(30-17.5)^2\times0.3+(23-17.5)^2\times0.5+(17.5-15)^2\times0.2}}{17.5}=0.945,$$

同理，$FD(A_2)=0.515$，$FD(A_3)=0$。

A_1 风险度偏大，决策者不选择 A_1 而是 A_2，保守者取 A_3。

2.7.7 综合案例

A 物流企业为了拓展加工业务，建立了自动化包装流水线，为 H 超市提供分包装/配送服务。该项目预计初始投资 100 万元，寿命期 10 年，期末残值 10 万元，年设计包装能力为 50 万件。预测包装收费标准为 1.5 元/件，包装一件物品的变动成本(含税金)为 0.6 元/件，年平均固定成本(含维修基金)18 万元，其中折旧费用 8 万元。要求如下(计算结果保留小数点后两位)。

(1) 若年均包装量为 45 万件，行业基准收益率 i 取 10%，计算该项目的投资回收期、投资利润率、净现值和内部收益率，并对该项目进行初步判别。

(2) 求盈亏平衡点处的包装作业量，判断项目该方面的抗风险能力。

(3) 若初始投资、包装收费、包装可变成本、固定成本、包装产量的可能变动范围为 ±10%，试就该 5 项因素对该项目的净现值 NPV 进行单因素敏感性分析(风险尺度取 10%)。

(4) 当初始投资和营业收入同时变动时，对其做双因素敏感性分析。

(5) 假定市场会出现变差、正常、变好 3 种情况，发生概率分别为 0.2、0.6、0.2，而对应这 3 种情况的营业收入分别为悲观值(变差 20%)、最大可能值(正常值)和乐观值(变好 10%)，按 NPV 指标对该项目风险做概率分析。

(资料来源：周立新. 物流项目管理. 上海：同济大学出版社，2004. 有改动。)

解：

(1) 首先分析项目寿命期内各年现金净流量。

第 0 年年末：−100 万元。

第 1~9 年年末：(1.5−0.6)×45−18+8=30.5(万元)。

第 10 年年末：30.5+10=40.5(万元)。

现金流量表如表 2-6 所示(折现系数取行业收益率 10%，单位为万元)。

表 2-6 现金流量表

时间/年	0	1	2	3	4	5	6	7	8	9	10
净现金流量	−100	30.5	30.5	30.5	30.5	30.5	30.5	30.5	30.5	30.5	40.5
累计净现金流量	−100	−69.5	−39	−8.5	22	52.5	83	113.5	144	174.5	215
折现系数	1	0.909 1	0.826 4	0.751 3	0.683 0	0.620 9	0.564 5	0.513 2	0.466 5	0.424 1	0.385 5
现值	−100	27.73	25.21	22.91	20.83	18.94	17.22	15.65	14.23	12.94	15.61
累计现值	−100	−72.27	−47.07	−24.15	−3.32	15.62	32.83	48.49	62.71	75.65	91.26

各指标的计算如下。

① 投资回收期：静态投资回收期为 3+8.5/30.5=3.28 年，动态投资回收期为 4+3.32÷18.94=4.18 年。

② 投资利润率：30.5÷100×100%=30.5%。

③ 净现值：根据公式(2.31)，查年金现值表知：$(F/A, 10\%, 10)=6.144$，$(P/F, 10\%, 10)=0.385\ 5$，则 NPV=−100+30.5×6.144+10×0.385 5=91.25(万元)。

从现金流量表中可直接查知 NPV=91.26 万元，误差是由于小数取舍造成的。

④ 内部收益率(IRR)：可采用插值法，经计算，折现系数取 25% 时，NPV＝9.99 万元，取 30% 时，NPV＝－4.97 万元，则

$$IRR = 25\% + \frac{|9.99|}{|9.99| + |-4.97|} \times (30\% - 25\%) = 28.34\%$$

根据以上指标可知：项目的投资回收期小于经营期，投资利润率较高，净现值为正，内部收益率大于要求的行业基准收益率，该项目目前财务上可行。

(2) 根据 $BEP(产量) = N^* = C_F/(P - C_n) = 18 \div (1.5 - 0.6) = 20 (万件)$，

可知，$BEP(生产能力利用率) = BEP/N_0 \times 100\% = 40\%$，

即该项目盈亏平衡点的产量为 20 万件，只需达到设计生产能力的 40% 的生产量就可保本，由此可见项目的抗风险能力较强。

(3) 分别计算初始投资、包装收费、包装可变成本、固定成本、包装产量增加和减少 10% 时 NPV 的值和变动幅度，可得到表 2-7。

表 2-7 单因素敏感性分析表

序号	敏感因素	变动幅度	净现值/万元	与基准情况差异
0	基准情况	0%	91.25	0%
1	初始投资	10%	81.25	10.96%
		－10%	101.25	－10.96%
2	包装收费	10%	132.72	45.45%
		－10%	49.78	－45.45%
3	包装可变成本	10%	74.66	－18.18%
		－10%	107.84	18.18%
4	固定成本	10%	80.19	－12.12%
		－10%	102.31	12.12%
5	包装产量	10%	116.13	27.27%
		－10%	66.36	－27.28%

绘制敏感性分析图(见图 2.12)，并确定不确定因素的临界值。基准方案净现值为 91.25 万元。

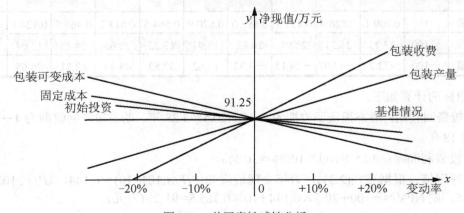

图 2.12 单因素敏感性分析

可以看到，当这 5 项因素单独变动时，包装收费对净现值的影响幅度最大(斜率绝对值最大)，包装收费变动 10%时，相应的净现值变动幅度达到 45.45%，包装收费变动的临界值约为 20%(即包装收费减少 20%时净现值为 0)。因此包装收费为该项目的最敏感因素，可以根据市场情况和企业策略制订尽可能高的包装收费计划，以使项目获得更大的收益。

第二敏感因素为包装产量，当包装产量变动 10%时，对应的净现值变动幅度为 27.28%，由于该项目还有较大的生产利用空间，所以应提高包装线生产利用率并保证销售。

最不敏感的因素是初始投资，初始投资变动 10%时，项目净现值变动幅度为 10.96%，两者变动幅度相当。

(4) 设 X 表示初始投资变化的百分数，Y 表示年营业收入变化的百分数，则
$$\text{NPV} = -100(1+X) + [(1.5-0.6) \times 45 \times (1+Y) - 18 + 8] \times 6.144 + 10 \times 0.385\,5$$
化简得
$$\text{NPV} = -100X + 248.8Y + 91.26$$
若 NPV≥0，即 $\text{NPV} = -100X + 248.8Y + 91.26 \geq 0$，
化简得
$$Y \geq 0.4X - 0.37$$
双因素敏感性分析如图 2.13 所示。

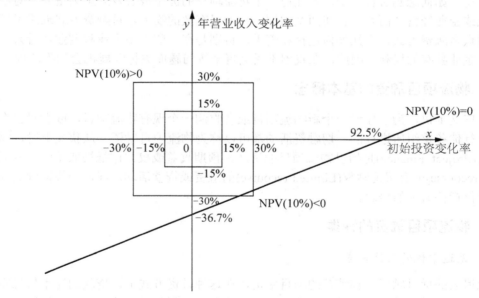

图 2.13 双因素敏感性分析

可见，项目对这两个因素的变化具有较强的抗风险能力，特别是对初始投资的变化，在初始投资和营业收入同时变化，且初始投资增加不超过 92.5%、营业收入减少不超过 36.7%时，项目的净现值仍然大于零。

(5) 首先计算在 3 种市场情况下的营业收入。

① 市场正常：营业收入为正常值 $(1.5-0.6) \times 45 = 40.5$ 万元，净现金流量为 $40.5 - 18 + 8 = 30.5$ 万元，$\text{NPV} = -100 + 30.5 \times 6.144 + 10 \times 0.385\,5 = 91.25$ 万元。

② 市场变差：营业收入为 $40.5 \times (1-20\%) = 32.4$ 万元，净现金流量为 $32.4 - 10 = 22.4$ 万元，$\text{NPV} = -100 + 22.4 \times 6.144 + 10 \times 0.385\,5 = 41.48$ 万元。

③ 市场变好：营业收入为 40.5×(1+10%)=44.55万元，净现金流量为 44.55－10=34.55万元，NPV＝－100+34.55×6.144+10×0.385 5=116.13万元。

由于已知 3 种市场情况的概率分别为 0.2、0.6、0.2，故

净现值的数学期望 E(NPV)=91.25×0.6+41.48×0.2+116.13×0.2=86.27。

净现值的方差 D(NPV)=(91.25－86.27)^2×0.6+(41.48－86.27)^2×0.2+(116.13－86.27)^2×0.2=594.43。

净现值的标准差 $\sqrt{D}$=24.38。

可见该项目的期望净现值大于零，标准差(即平均偏离程度)小于期望净现值，从概率分析的结果看，项目可行。

2.8 物流项目融资

项目融资作为物流项目的一种重要的筹资方式，以物流项目本身良好的经营状况和项目建成、投入使用后的现金流量作为还款保证。它不需要以投资者的信用或有形资产作为担保，也不需要政府部门的还款承诺，贷款的发放对象是专门为项目融资和经营而成立的项目公司。如何融到必备资金，对任何一个物流项目的诞生或者发展至关重要。对中国物流企业或企业经营者而言，存在两个问题，一是对有效的物流项目融资方式缺乏了解；二是面对众多融资方式，不知如何选择和着手，特别是在一些中小企业和创业者看来，融资只是大企业独有的权利。因此，在我国不乏因资金等问题而失掉发展机会的物流项目。

2.8.1 物流项目融资的基本概念

从广义上讲，为了建设一个新物流项目或者收购一个现有物流项目，或者对已有物流项目进行债务重组所进行的一切融资活动都可以称为物流项目融资。从狭义上讲，物流项目融资(Project Finance)是指以物流项目的资产、预期收益或权益作抵押取得的一种无追索权(No-recourse)或有限追索权(Limited-recourse)的融资或贷款活动。我们一般提到的物流项目融资仅指狭义上的概念。

2.8.2 物流项目融资的种类

1. 无追索权的项目融资

无追索的项目融资又称纯粹的项目融资，在这种融资方式下，贷款的还本付息完全依靠物流项目的经营效益。同时，贷款银行为保障自身的利益必须从该物流项目拥有的资产取得物权担保。如果该物流项目由于种种原因未能建成或经营失败，其资产或收益不足以清偿全部的贷款时，贷款银行无权向该物流项目的主办人追索。

无追索权项目融资在操作规则上具有以下特点。

(1) 项目贷款人对项目发起人的其他项目资产没有任何要求权，只能依靠该项目的现金流量偿还。

(2) 项目发起人利用该项目产生的现金流量的能力是项目融资的信用基础。

(3) 当项目风险的分配不被项目贷款人接受时，由第三方当事人提供信用担保将是十分必要的。

(4) 该项目融资一般建立在可预见的政治与法律环境和稳定的市场环境基础之上。

2. 有限追索权项目的融资

除了以贷款项目的经营收益作为还款来源和取得物权担保外，贷款银行还要求有物流项目实体以外的第三方提供担保。贷款行有权向第三方担保人追索。但担保人承担债务的责任，以他们各自提供的担保金额为限，所以称为有限追索权的项目融资。

物流项目融资的有限追索性表现在 3 个方面。

(1) 时间的有限性，即一般在物流项目的建设开发阶段，贷款人有权对物流项目发起人进行完全追索，而通过"商业完工"标准测试后，物流项目进入正常运营阶段时，贷款可能就变成无追索性的了。

(2) 金额的有限性。如果物流项目在经营阶段不能产生足额的现金流量，其差额部分可以向物流项目发起人进行追索。

(3) 对象的有限性。贷款人一般只能追索到物流项目实体。

2.8.3 物流项目融资同其他融资的差别

物流项目融资用来保证贷款偿还的依据是物流项目未来的现金流量和物流项目本身的资产价值，而非物流项目投资人自身的资信，其具有以下特点。

1. 有限追索或无追索

在其他融资方式中，投资者向金融机构的贷款尽管是用于项目，但是债务人是投资者而不是项目，整个投资者的资产都可能用于提供担保或偿还债务；也就是说债权人对债务有完全的追索权，即使项目失败也必须由投资者还贷，因而贷款的风险对金融机构来讲相对较小。而在物流项目融资中，投资者只承担有限的债务责任，贷款银行一般在贷款的某个特定阶段(如物流项目的建设期)或特定范围可以对投资者实行追索，而一旦物流项目达到完工标准，贷款将变成无追索。

无追索权物流项目融资是指贷款银行对投资者无任何追索权，只能依靠物流项目所产生的收益作为偿还贷款本金和利息的唯一来源，该方式最早在 20 世纪 30 年代美国得克萨斯油田开发项目中被应用。由于贷款银行承担风险较高、审贷程序复杂、效率较低等原因，目前已较少使用。

2. 融资风险分散，担保结构复杂

由于物流项目融资资金需求量大、风险高，所以往往由多家金融机构参与提供资金，并通过书面协议明确各贷款银行承担风险的程度，一般还会形成结构严谨而复杂的担保体系。

3. 融资比例大，融资成本高

物流项目融资主要考虑物流项目未来能否产生足够的现金流量偿还贷款以及物流项目自身的风险等因素，对投资者投入的权益资本金数量没有太多要求，因此绝大部分资金是依靠银行贷款来筹集的，在某些物流项目中甚至可以做到100%的融资。

由于物流项目融资风险高，融资结构、担保体系复杂，参与方较多，因此前期需要做大量协议签署、风险分担、咨询顾问的工作，需要发生各种融资顾问费、成本费、承诺费、律师费等。另外，由于风险的因素，物流项目融资的利息一般也要高出同等条件抵押贷款的利息，这些都导致物流项目融资成本比其他融资方式高。

4. 实现资产负债表外融资

实现资产负债表外融资即物流项目的债务不表现在投资者公司的资产负债表中。资产负债表外融资对于物流项目投资者的价值在于使某些财力有限的公司能够从事更多的投资，特别是一个公司在从事超过自身资产规模的投资时，这种融资方式的价值就会充分体现出来。

2.8.4 物流项目融资的参与者

由于物流项目融资的结构复杂，因此参与融资的利益主体比传统的融资方式多。其概括起来主要包括以下几种：项目公司、项目投资者、银行等金融机构、项目产品购买者、项目承包工程公司、材料供应商、融资顾问、项目管理公司等。

项目公司是直接参与物流项目建设和管理，并承担债务责任的法律实体，也是组织和协调整个物流项目开发建设的核心。物流项目投资者拥有项目公司的全部或部分股权，除提供部分股本资金外，还需要以直接或间接担保的形式为项目公司提供一定的信用支持。金融机构(包括银行、租赁公司、出口信贷机构等)是项目融资资金来源的主要提供者，可以是一两家银行，也可以是由十几家银行组成的银团。

物流项目融资过程中的许多工作需要具有专门技能的人来完成，而大多数的项目投资者不具备这方面的经验和资源，需要聘请专业融资顾问。融资顾问在物流项目融资中发挥重要的作用，在一定程度上影响到物流项目融资的成败。融资顾问通常由投资银行、财务公司或商业银行融资部门来担任。

项目产品的购买者在物流项目融资中发挥着重要的作用。物流项目的产品和服务提供一般通过事先与购买者签订的长期销售协议来实现。而这种长期销售协议形成的未来稳定现金流构成银行融资的信用基础。特别是当物流项目的产品和服务受到国际、国内市场需求变化影响、价格波动较大时，能否签订一份稳定的、符合贷款银行要求的产品长期销售协议往往成为物流项目融资成功实施的关键。

2.8.5 物流项目融资的程序

物流项目融资一般要经历融资结构分析、融资谈判和融资执行3个阶段。

(1) 融资结构分析阶段：通过对物流项目深入而广泛的研究，项目融资顾问协助投资者制定出融资方案，签订相关谅解备忘录、保密协议等，并成立项目公司。

(2) 融资谈判阶段：融资顾问将代表投资者同银行等金融机构接洽，提供物流项目资料及融资可行性研究报告。贷款银行经过现场考察、尽职调查及多轮谈判后，将与投资者共同起草融资的有关文件。同时，投资者还需要按照银行的要求签署有关销售协议、担保协议等文件。整个过程需要经过多次的反复谈判和协商，既要在最大限度上保护投资者的利益，又要为贷款银行所接受。

(3) 融资执行阶段：融资银行由于承担了物流项目的风险，因此会加大对物流项目执行过程的监管力度。通常贷款银行会监督物流项目的进展，并根据融资文件的规定，参与部分物流项目的决策程序，管理和控制物流项目的贷款资金投入和现金流量。通过银行的参与，在某种程度上也会帮助物流项目投资者加强对物流项目风险的控制和管理，从而使参与各方实现风险共担、利益共享。

随着国内资源企业走出去的步伐加快，物流项目融资的多元融资和风险分担优势越发显现出来，因此物流企业有必要尽快了解物流项目融资的特点、优势，并不断摸索、掌握物流项目融资的流程和步骤，提高融资能力，为新的物流服务顺利开发及自身的迅速发展获取资金保障。

2.8.6 物流项目融资的资金成本

1. 融资成本的含义和构成

物流项目融资成本是指物流项目为筹集和使用资金而支付的各项费用，包括资金筹集成本和资金占用成本。

资金筹集成本是指物流项目在资金(资本金)筹集过程中所支付的各项费用，如物流项目融资谈判费用、签订物流项目融资协议费用、发行物流项目债券手续费、交纳的物流项目融资保证金等。资金筹集成本一般属于一次性费用，筹资次数越多，资金(资本金)筹集成本也就越大。

资金占用成本是指使用资金过程中发生的经常性费用，主要包括支付给股东的各种股息和红利、向债权人支付的贷款利息以及支付给其他债权人的各种利息费用等。资金占用成本一般与所筹集的资金多少以及使用时间的长短有关，具有经常性、定期性的特征，是融资成本的主要内容。

2. 融资成本的计算

1) 融资成本计算的一般形式

资金成本通常用资金成本率表示。资金成本率是指使用资金所负担的费用与筹集资金净额之比，其公式为

$$K=\frac{D}{P-F} \tag{2.31}$$

式中，K——资金成本率；

D——资金占用成本；

P——筹集资金总额；

F——资金筹集成本。

或

$$K=\frac{D}{P(1-f)} \tag{2.32}$$

式中，f——资金筹集成本率。

资金成本是选择资金来源、确定融资方案的重要依据。个别资金成本是比较各种筹资方式优劣的一个尺度；加权平均资金成本是进行资金结构决策的基本依据。边际资金成本是比较、选择追加筹资方案的重要依据。

资金成本也是评价物流项目、比较投资方案的主要经济标准。一般而言，物流经营性项目只有在其财务内部收益率高于资金成本时才可接受，否则将无利可图，甚至会发生亏损。在物流项目的财务分析中，通常将加权平均资金成本作为贴现率的基础(还应考虑物流项目的风险系数)，用以计算各投资方案的净现值，以比较不同方案的优劣。

2) 各种资金来源的融资成本率

(1) 权益资金成本。权益资金成本是企业的所有者投入企业资金的成本,包括企业的优先股、普通股以及留存收益等的资金成本。权益成本包括两部分:一是投资者的预期报酬率;二是筹资费用。权益资金的成本计算具有较大的不确定性,这是由于投资报酬不是事先规定的(优先股除外),完全由企业的经济效益决定。另外,与债务利息不同,权益资金报酬,也就是股利,是以税后利润支付的,因此不会减少企业上缴的所得税,通常在各种资金来源中,权益资金成本要高于债务资金成本。

① 优先股资金成本计算公式为

$$K_p = \frac{D_p}{P_0(1-f)} \tag{2.33}$$

式中,K_p——优先股资金成本;

D_p——优先股年股利;

P_0——优先股筹资总额;

f——筹资费率。

② 普通股成本:可采用资本资产定价模型法、税前债务成本加风险溢价法和股利增长模型法等方法进行估算,也可直接采用投资方的预期报酬率和既有企业的净资产收益率进行估算。

a. 采用资本资产定价模型法的计算公式为

$$K_s = R_F + \beta(R_m - R_F) \tag{2.34}$$

式中,K_s——普通股资金成本;

R_F——社会无风险投资收益率;

β——项目的投资风险系数;

R_m——社会平均投资收益率。

b. 税前债务成本加风险溢价法:根据"投资风险越大,要求的报酬率越高"的原理,投资者的投资风险大于提供债务融资的债权人的风险,因而会在债权人要求的收益率上再要求一定的风险溢价。据此,权益资金的成本为

$$K_s = K_b + RP_c \tag{2.35}$$

式中,K_b——税前债务资金成本;

RP_c——投资者比债权人承担更大风险所要求的风险溢价。

风险溢价是凭借经验估计的。一般认为,某企业普通股风险溢价对其自己发行的债券来讲,为3%~5%,当市场利率达到历史性高点时,风险溢价较低,在3%左右;当市场利率处于历史性低点时,风险溢价较高,在5%左右;通常情况下,一般采用4%的平均风险溢价。这样,权益资金的成本为

$$K_s = K_b + 4\% \tag{2.36}$$

例如,对于税前债券成本为6%的企业,其权益资金成本为$K_s=6\%+4\%=10\%$。

c. 股利增长模型法:股利增长模型法是依照股票投资的收益率不断提高的思路来计算权益资金成本的方法。一般假定收益以固定的增长率递增,其权益资金成本的计算公式为

$$K_s = \frac{D_1}{P_c(1-f)} + g \tag{2.37}$$

式中，D_1——普通股第一年股利；
P_c——普通股筹资总额；
g——预期股利年增长率。

③ 留存收益成本：留存收益是项目在经营过程中所创造的，由于经营发展的需要或由于法定的原因等，没有分配给所有者而留的盈利，是项目从历年实现的利润中提取或留存的内部积累。它来源于项目的生产经营活动所实现的净利润，包括企业的盈余公积和未分配利润两个部分。留存收益实质上是对项目的追加投资，它的成本其实是一种机会成本，如果项目的盈利率高于留存收益的成本，项目就应该尽量减少留存收益。留存收益资金成本的计算除了无筹资费用外，基本同于普通股成本。

a．普通股股利固定情况下，留存收益资金成本的计算公式为

$$K_s = \frac{D_c}{P_c} \tag{2.38}$$

式中，K_s——留存收益资金成本；
D_c——普通股年股利。

b．普通股股利以固定增长率递增情况下，留存收益资金成本的计算公式为

$$K_s = \frac{D_1}{P_c} + g \tag{2.39}$$

式中，g——普通股年股利增长率。

(2) 税后债务资金成本。税后债务资金成本由债务资金筹集费和债务资金占用费组成。债务资金筹集费是指债务资金筹集过程中支付的一次性费用，如承诺费、发行手续费、担保费、代理费等；债务资金占用费是指使用债务资金占用过程中发生的经常性费用，如贷款利息和债券利息。

债务资金成本分析应通过分析各种可能的债务资金的利率水平、利率计算方式(固定利率、浮动利率)、计息(单利、复利)和付息方式，以及宽限期和偿还期等，计算债务资金的综合利率，并进行不同方案的比选。

① 债券成本率的计算公式为

$$K_b = \frac{I(1-T)}{B(1-f)} \tag{2.40}$$

式中，K_b——债券成本率；
I——债券年利息；
T——所得税税率；
B——债券筹资总额。

② 银行借款成本率的计算公式为

$$K_g = \frac{I(1-T)}{G-F} \tag{2.41}$$

式中，K_g——银行贷款成本率；
G——银行贷款总额；
F——银行贷款费用。

(3) 融资成本的加权平均(融资总成本)率。由于受多种因素的制约，多数物流项目不可

能只使用某种单一的筹资方式。为了比较不同融资方案的资金成本，需要计算加权平均资金成本。整个融资方案的加权平均资金成本应在计算个别的权益资金成本和债务资金成本的基础上进行。加权平均资金成本一般是以各种资金占全部资金的比重为权数，对个别资金成本进行加权平均确定，其计算公式为

$$K = \sum_{i=1}^{n} \omega_i \times K_i \tag{2.42}$$

式中，K——融资加权资金成本(融资总成本)率；

K_i——第 i 种融资方式的成本率；

ω_i——第 i 种融资方式的权重。

本章小结

物流项目的前期策划阶段是指一个物流项目从构思到批准正式立项的过程，物流项目前期策划的主要工作是根据需求识别与构思项目，寻找并确立项目目标、定义项目，并对项目进行详细的技术经济论证，使整个项目建立在可靠的、坚实的、优化的基础之上。

物流项目需求识别是项目启动阶段的首要工作，是从顾客的角度发现问题或机会，从而产生物流项目需求并识别、描述这种需求的过程。而物流项目识别则是从承约商的角度，对客户已识别的需求，通过项目构思产生各种可能的备选方案，并从备选的项目方案中选出一种可能的项目方案来满足这种要求的过程。物流项目需求识别的结果是需求建议书，物流项目识别的结果是项目建议书。

物流项目可行性研究是继项目识别和构思后物流项目前期策划的一项最重要的工作内容。它是指对拟实施的物流项目及方案从技术、经济、社会和环境等方面进行全面科学的综合分析和论证，为项目决策提供客观依据的一种活动，是项目正式立项的基础。

可行性研究报告是可行性研究的书面结果，不同的项目，其报告的内容和重点不完全一致，但一般应包括一些基本内容。其中，项目的经济评价是可行性研究的核心内容，它是指对项目在经济上的盈利性进行的分析。经济评价可分为财务评价和国民经济评价，财务评价是从微观，即企业的角度分析项目的盈利性；国民经济评价是从宏观，即社会的角度分析项目的经济性。物流项目不确定性分析也是可行性研究的重要内容，是为了估计项目实施过程中不确定性因素的变化对项目经济效益影响的程度，运用一定的方法对影响项目经济效益的不确定性因素进行计算分析的过程。不确定分析的主要方法有盈亏平衡分析、敏感性分析、概率分析和风险决策分析等。

物流项目融资是指以项目的资产、预期收益或权益作抵押取得的一种无追索权或有限追索权的融资或贷款活动。它是以项目本身良好的经营状况和项目建成、投入使用后的现金流量作为还款保证来融资的，与其他的融资方式有显著区别。物流项目融资有多种方式，对融资方式的选择不仅关系到融资成本，也关系到融资的难易程度、融资数量及项目资金结构等，对项目的诞生和发展至关重要。

习 题

一、名词解释

物流项目识别　　物流项目可行性研究　　物流项目经济评价　　物流项目融资

二、选择题

(1) 物流项目需求识别的主体是(　　)。
　　A. 顾客　　　　B. 承约商　　　C. 供应商　　　D. 政府
(2) 物流项目识别的主体是(　　)。
　　A. 顾客　　　　B. 承约商　　　C. 咨询机构　　D. 发起人
(3) 物流项目构思的过程主要有(　　)。
　　A. 准备　　　　B. 酝酿　　　　C. 完善　　　　D. 反馈
(4) 物流项目构思的方法主要有(　　)。
　　A. 项目组合法　B. 比较分析法　C. 头脑风暴法　D. 德尔菲法
(5) 物流项目可行性研究报告的内容不包括(　　)。
　　A. 总论　　　　B. 项目选址　　C. 经济评价　　D. 需求建议
(6) 物流项目财务评价的主要指标有(　　)。
　　A. 净现值　　　　　　　　　　B. 内部收益率
　　C. 总投资利润率　　　　　　　D. 动态投资回收期
(7) 以下不属于物流项目财务评价动态指标的有(　　)。
　　A. 内部收益率　　　　　　　　B. 总投资收益率
　　C. 净现值　　　　　　　　　　D. 借款偿还期
(8) 财务评价与国民经济评价的主要区别有(　　)。
　　A. 费用和效益的含义和划分范围不同
　　B. 所使用价格体系不同
　　C. 使用的参数不同
　　D. 基本出发点不同
(9) 物流项目不确定分析包括(　　)。
　　A. 盈亏平衡分析　B. 敏感性分析　C. 概率分析　D. 市场价格分析
(10) 采用股利增长模型法，普通股的融资成本可表示为(　　)。
　　A. $K_s = \dfrac{D_c}{P_c}$　　　　　　　　B. $K_s = \dfrac{D_1}{P_c(1-f)} + g$
　　C. $K_s = R_F + \beta(R_m - R_F)$　　　D. $K_s = K_b + RP_c$

三、简答题

(1) 什么是物流项目前期策划？其主要工作阶段和内容有哪些？
(2) 物流项目需求识别与物流项目识别有什么联系和区别？
(3) 物流项目构思的主要过程和方法有哪些？

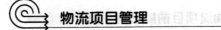

(4) 什么是物流项目可行性研究？其主要阶段有哪几个？
(5) 物流项目可行性研究报告的一般内容应包括哪些？
(6) 什么是物流项目经济评价？项目财务评价与国民经济评价的联系及区别有哪些？
(7) 物流项目财务评价的动态和静态经济指标分别有哪些？如何计算？
(8) 物流项目不确定性分析的主要方法有哪几种？
(9) 什么是物流项目融资？它主要有哪几种方式？
(10) 不同融资方式的资金成本如何计算？

西安地铁项目融资

西安市的地铁项目是国内北京、上海、广州、深圳等发达城市的地铁项目实施或运行之后的立项项目，它们的融资模式为西安地铁的项目融资提供了可借鉴的经验，更提供了融资模式创新的空间。西安市作为中国西部的中心城市之一，是中国政府确定的西部大开发的西北中心，国家政策的倾斜性和西安无可替代的科技和旅游资源为商家的投资提供了很高的预期，为地铁项目的融资提供了市场。

1. 该项目融资模式和投资结构分析与设计

西安地铁项目融资的首选模式是BOT方式。鉴于西安市的实际情况，具体方案设计如下。

1) 项目可行性分析、立项

通过立项之后，成立由政府高层和各方面专家组成的项目咨询委员会，由西安市政府进行招标。综合考虑项目成本和风险，通过公开竞标，选择一些信誉比较高、融资能力较强、基础设施建设经验丰富的国际财团和银团组成西安地铁项目公司，作为独立法人进行项目建设和经营，西安市政府委托西安市建设局进行项目的质量和进度控制。

2) 确定项目设计施工路线

项目设计施工路线为莲湖路—五路口—长乐路，全长为20km的单项直线铁路，建设工期为3年，计划总投资为25亿元人民币，投资公司经营时间为20年，之后交由西安市政府经营和管理。

3) 投资方式

西安地铁项目公司有组建方，以资金入股形式确定股份，由于基础设施项目具有稳健的收益，可以采取负债经营，既可以避免经营的过度分散，又可以获得税收等政策上的优惠。根据惯例，确定负债比率可以为80%，由于融资规模较大，可以采用银团贷款等方式进行项目公司内部的融资。

4) 项目的建设与经营

项目建设由西安地铁项目公司全权负责，建设完成之后，由西安地铁项目公司根据合同约定经营管理20年，其收入所得归西安地铁项目公司，用以偿还项目投资并作为项目公司的利润收入。

5) 项目的移交

项目公司经营期满后，收回利润，并将地铁转交西安市政府进行经营和管理，项目公司退出。

2. 融资成本的估算

BOT模式融资的融资成本主要包括银团的贷款利息成本、自有资金要求的收益率和项目融资时的各种咨询费用、谈判费用、担保费用等手续费。银团贷款融资的成本为利息费用和其他费用(估算总费用为贷款总额的 5.6%)，该项目的贷款总额为 $25 \times 0.8 = 20$ 亿元；年等额偿还本息为 $20 \times (A/P, 5.6\%, 20)$ $= 20 \times 0.083 = 1.66$ 亿元，所以银团贷款的融资总成本为 $1.66 \times 20 - 20 = 13.2$ 亿元。自有资金20年后一次性偿还本金，每年付息的融资成本为 25×0.2×2.48%×20＝2.48 亿元。综上可得，融资总成本为 13.2＋2.48＝15.68 亿元。

3. 项目风险和规避措施

1) 完工风险

完工风险的规避措施：选择有实力、信誉好的承包商，合理规划工期，加强进度控制。

2) 金融风险

(1) 利率风险的规避措施：合理预期，通过掉期、汇率互换等手段进行风险规避。

(2) 汇率风险的规避措施：与政府协商，建立外汇储备账户，合理预期，通过掉期、汇率互换等手段进行风险规避。

3) 政治法律风险

政治法律风险的规避措施：与政府建立良好的沟通，及时了解政策动向，并适时调整经营策略。

4) 通胀风险

通胀风险的规避措施：根据经济态势，认真分析经济形势，做出正确的判断。

5) 工程技术风险

工程技术风险的规避措施：采用精良的设备和技术，认真调研，进行严格的质量控制，并积极投保。

6) 成本预算风险

(1) 成本超支。

(2) 资金筹措。

二者的规避措施：尽可能地考虑周全，准确预算，尽量取得股东的支持，进行严格的成本控制。

7) 运行维护风险

运行维护风险的规避措施：合理估算运营成本。

8) 其他风险

(1) 环境因素的规避措施：通过沟通，取得环保部门的支持。

(2) 不可抗力的规避措施：充分考虑风险因素，积极投保。

(3) 其他风险的规避措施：充分预测、用投保的方法进行解决。

(资料来源：http://www.doc88.com/p-41988011552.html，有改动。)

思考：

(1) 西安地铁项目融资采用的是什么形式？这种形式有什么优缺点？

(2) 该项目的融资成本是如何计算的？

(3) 如何规避项目融资的风险？

(4) 结合案例以及党的二十大报告，讨论西安是如何"实施城市更新行动，加强城市基础设施建设，打造宜居、韧性、智慧城市"的？

第3章 物流项目实施计划与控制

【本章教学要点】

知识要点	掌握程度	相关知识	应用方向
物流项目实施计划	理解	物流项目实施计划的含义、作用、主要内容及编制过程	物流项目实施计划的编制与调整
物流项目目标	熟悉	物流项目目标的制定原则和过程	物流项目目标体系建立
物流项目范围计划	掌握	项目范围计划的含义、编制过程，项目范围定义和工作分解，责任分配矩阵	物流项目范围规划、工作分解
其他项目子计划	理解	物流项目进度计划、成本计划、质量计划、采购计划和沟通计划等子计划的主要内容	制订物流项目子计划
物流项目控制	理解	物流项目控制的过程和内容、主要形式和类型、控制策略、项目变更	制定物流项目控制策略和方法

【关键词】

项目实施计划、项目目标、范围计划、工作分解结构、物流项目控制、物流项目变更

导入案例

中国烟草行业是一个行政色彩比较浓的行业,实行统一领导、垂直管理和专卖专营的管理体制,在其经营管理中也体现出鲜明的行业特色,常德卷烟厂也不例外。常德卷烟厂由于受国家限制较严、企业主要原料是农产品等行业特殊性的影响,成品产量、原材料采购的计划性很难根据生产、库存情况确定,致使库存积压过多,库存成本加大。同时,由于生产环境和生产工艺的复杂和多变,也使生产管理难度加大,存在生产成本核算不准确的问题。

常德卷烟厂当前的主要矛盾是现代化的物流与缺乏相配套的管理方法和工具之间的矛盾。要从根本上解决这一矛盾,就必须按科学的业务流程划分职能部门,进行业务管理,调整现有某些部门的工作职能,规范相关业务流程,建立一套销售、库存、采购、生产计划、制造控制、成本核算与成本分析、财务核算与预算控制相互集成的企业信息管理系统方案。

物流和生产管理解决方案:结合供应链管理和 JIT 的现代化管理思想,确定物流和生产管理的解决方案。此方案包括销售管理(销售订单管理、销售提货管理)、生产数据管理、生产计划管理(主生产计划、物料需求计划)、生产制造管理(连续生产作业管理和车间任务式管理)、采购计划管理(请购单处理)、材料采购管理(采购订单处理、采购收货处理)、库存管理(材料库存与成品库存管理)的运作过程。

其项目实施如下。

(1) 实施组织:为了保证项目的顺利实施,常德卷烟厂组建了严密的项目实施队伍。整个队伍分两层,上层为包括厂领导和各部门经理的实施领导小组,主要负责项目的进展、人员的动员、协调等工作;下层为实施小组,负责系统实施的数据准备、人员培训、系统调试等工作,每个小组包括实施项目负责人、各部门的主要领导和业务骨干。这支强大的实施队伍与常德卷烟厂项目小组精诚合作,是项目得以成功的坚实保障。"三分技术,七分管理",这在常德卷烟厂项目实施中得到了充分的体现。

(2) 整体规划、分步实施:项目组针对常德卷烟厂的现状,经过全面系统的调研,结合多年在企业实施的丰富经验,对常德卷烟厂项目制订了整体规划、分步实施、稳步推进的实施策略。本着先基础、后提高的原则,在实施阶段的安排上,采用"先物流,后生产"的实施顺序,逐步展开,最大限度地避免项目实施的风险性,保证项目能够取得最后的成功。

整个项目经历了企业系统调研、为企业提供解决方案书、进行企业不同层次人员的系统培训、企业基础数据准备指导、软件模型的建立、系统初始化、客户化及手工账与系统应用的切换等阶段。在双方领导的大力支持、双方实施人员和企业业务管理人员的共同努力下,项目实施顺利完成。

(资料来源:http://www.topoint.com.cn,有改动。)

思考:常德卷烟厂的 ERP 项目在实施前是如何根据外部限制和内部条件制订实施计划的?该计划主要包括了哪些方面的内容?

在一些著作中,将项目的进度计划等同于实施计划,也有人认为项目计划就是实施计划。本书中的项目实施计划的内涵比进度计划广,而比项目计划窄。项目实施计划是指继项目前期策划后,具体指导项目实施的,包括进度计划在内的一系列行动规划。它描述了在项目立项后,项目在范围、进度、资金、质量、成本、采购、风险等方面的具体安排,既是项目如何实施的总体规划,又是这一系列相互关联的子计划的集合。

物流项目实施计划制订后,接下来的工作就是根据计划实施项目。但因为项目实施计划是在对项目内外部环境和条件合理预测的基础上制订的,而在项目的实施过程中,项目的内外部环境和实施条件总是处于不断的变化中,这就使得项目往往不能完全按照计划进行，导致项目实施的具体情况与实施计划总会出现或多或少的偏差。物流项目控制的作用就在于在项目实施的过程中，定期与不定期地检查项目的执行情况，分析项目实施与计划的偏差，并找出偏差发生的原因，根据计划及时地调整项目执行情况，保证项目按正常的轨道运行。同时，如果发现项目实施的内外部环境发生了较大的变化时，甚至可能会修改或重新制定项目目标和项目实施计划，以保证项目获得成功。

3.1 物流项目实施计划综述

1. 物流项目实施计划的含义

计划是为完成一个目标而进行的系统的任务安排。物流项目实施计划是为完成物流项目目标，对项目实施工作所需进行的各项活动做出周密安排，系统地确定物流项目的整体规划，协调项目资金、质量、进度、成本、资源保障等方面，编制各种预算，为项目的实施和控制提供依据。

物流项目实施计划属于狭义的项目计划，广义的项目计划包括从物流项目前期策划阶段——物流项目的识别和构思、初步和详细的可行性研究等开始，到物流项目的立项、实施、控制，最后到物流项目的完成验收，乃至物流项目的后评估的整个阶段中所做的计划。一般把物流项目的前期策划和论证称为物流项目决策计划，而把物流项目立项后为达到前期确定的项目目标，从物流项目的整体及各个方面进行的规划称为物流项目实施计划，如图 3.1 所示。物流项目实施计划在项目实施阶段的前期完成，为物流项目管理服务，主要是确定物流项目怎么建的问题。

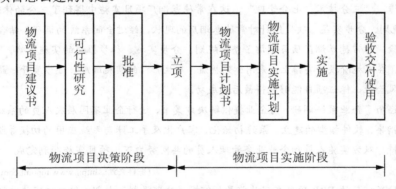

图 3.1 物流项目决策阶段和实施阶段

2. 物流项目实施计划涉及的问题

(1) 物流项目做什么：项目经理与项目团队应该完成哪些工作。
(2) 怎么做：各项工作需要完成哪些具体活动。
(3) 谁来做：各项工作的具体负责人、执行者是谁。
(4) 何时做：各项工作需要多少时间，应该何时开始、何时结束。
(5) 花费多少：物流项目的各项工作及物流项目总体需要多少经费。
(6) 做到什么程度：各项工作应该达到什么样的质量标准。
(7) 如何协调：各项工作需要多少资源，如何保障以及成员间如何沟通。

(8) 物流项目实施有何风险,如何控制和应对。

以上的(1)、(2)、(3)属于物流项目范围计划的内容,通过范围计划,可以界定物流项目应该完成的工作,进行范围定义和工作分解,建立工作责任分配矩阵。(4)属于物流项目进度计划的内容,进度计划制定了物流项目的总工期及各项目工作的具体作业时间。(5)、(6)、(7)、(8)分别属于物流项目成本计划、物流项目质量计划、物流项目沟通和信息管理计划及物流项目风险管理计划。

3. 物流项目实施计划的作用

古语云:谋定而动。"谋"就是做计划,也就是做任何事情之前,都要先计划清楚。项目管理也一样,有人说项目管理就是制订计划、执行计划、监控计划的过程。项目管理泰斗哈罗德·科兹纳所说的话更是一针见血:不做计划的好处,就是不用成天煎熬地监控计划的执行情况,直接面临突如其来的失败与痛苦。可见项目计划在项目管理中的重要性。特别是在大型物流项目中,物流项目实施计划的制订是一件非常重要但又非常有难度的事情。

物流项目实施计划是一种协调工作、交流思想和分析变化影响的工具。它是为方便物流项目的实施、协商、交流和控制而设计的。它将便于高层管理部门与项目经理、职能经理、项目组成员及项目委托人、承包商等之间的交流沟通。物流项目实施计划具有以下作用。

(1) 指导物流项目实施。通过物流项目实施计划能科学合理地协调各工种、各单位、各专业之间的关系,能充分利用时间和空间,保证各项工作能够井然有序地开展。通过各种技术、经济比较和优化,提高物流项目的整体效益。由于物流项目是一次性的、唯一的,物流项目的实施成果评价困难大,从而实施计划就成为非常重要的物流项目进展的评价尺度或基准。

(2) 把物流项目计划编制所采用的假设和前提编写成书面文件。
(3) 将有关已选定方案的物流项目决策编写成书面文件。
(4) 促进物流项目有关各方之间的沟通,明确职责,加强项目控制,降低项目风险。
(5) 对物流项目内容、范围和时间安排的关键性问题进行审查。
(6) 为进度测量和物流项目控制提供基准计划,可以作为分析、协商记录和变更的基础。

3.2 物流项目实施计划的编制

物流项目实施计划的编制是一个既重要又复杂的系统工程,需要在确定物流项目目标、考虑项目限制约束条件、确定项目计划衡量标准以及选择相关分析技术的基础上进行。物流项目实施计划的编制要求收集详细的、合适的物流项目数据资料,如销售和客户订货数据、运输数据、相关成本和时间数据等,并在成本收益分析、风险评价的基础上确定最佳的实施计划。物流项目实施计划的编制可以分为核心过程和辅助过程,编制完成后的实施计划可以作为物流项目实施和控制的具体依据。在实施的过程中,也可能面临对计划的不断反馈和调整。

3.2.1 物流项目实施计划编制的过程

物流项目实施计划的编制过程及各个过程之间的关系如图 3.2 所示。在该图中,实施计划的编制过程分成两类。

1. 核心过程

核心过程各子计划之间有着清楚的依赖关系。前一个过程不结束，后一个过程就无法开始。例如，在活动定义后才能进行进度计划的编制和成本估算。对大多数物流项目来说，要求这些计划编制过程以基本相同的顺序进行。某些核心计划编制过程在物流项目的任何阶段可能会重复多次。

2. 辅助过程

实施计划编制过程中，辅助过程也是极为重要的过程。虽然辅助计划的编制过程依赖于核心过程，但却是一个完整的物流项目实施计划必不可少的一部分，辅助过程计划的编制可以根据需要在物流项目实施计划编制过程中陆续、间歇性的进行。

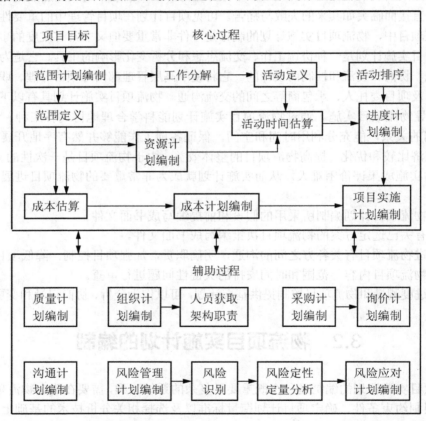

图 3.2　物流项目实施计划的编制过程及与各个过程之间的关系

3.2.2　物流项目实施计划编制的原则

1. 可行性

物流项目实施计划要符合实际，具有可行性、可操作性。以物流配送中心建设项目为例，一个切实可行的实施计划表现在以下方面。

(1) 符合环境条件。物流配送中心项目必然受到环境的制约，如建设用地、现存的建筑、基础设施、周边环境要求等。充分利用已有的资源条件(如当地的人力、市场、政策等)，才能使项目的实施具备相应的条件，而不是让计划成为一个宏伟的、却无法实现的设想。

(2) 符合项目本身的客观规律性。按工程规模、复杂程度、质量水平、工程自身的逻辑性来做计划，不能过于强调压缩工期和降低费用。

(3) 反映项目各参与者的实际情况。它包括业主的支付能力、设备供应能力、管理和协调能力、资金供应能力；承包商的施工能力、劳动力供应能力、设备装备水平、生产效率和管理水平；设计单位、供应商、分包商的能力等。

所以，要制订具有可操作性的实施计划，项目管理者必须经常与业主和其他参与者交流和沟通，安排工作和具体实施过程。切不可"闭门造车"。由实施者制订相关的实施计划会更有效。

2. 经济性

物流项目实施计划的一个重要目标就是要求项目不仅进度快、质量达到要求，而且应该具有较高的整体经济效益，同时要求物流项目财务上平衡，保证资金按时到位。因此，在制订实施计划时，应提出多个可替代的方案进行经济分析和优化。

3. 系统性

物流项目实施计划本身是一个较复杂的系统，由一系列相互关联的子计划组成，各个子计划彼此之间相对独立，又紧密相关。因此必须运用系统的思维和方法，考虑计划系统的目的性、相关性、层次性、适应性、整体性等基本特征，运用全局最优的评价原则来制订实施计划，使物流项目实施计划形成有机协调的整体。

4. 灵活性

这是由物流项目的生命周期决定的。一个物流项目的生命周期短则数月，长则数年、数十年。实践表明，计划在实际执行中，项目环境经常变化，项目实施会受到许多方面，如市场变化、资金和设备供应等的干扰，这些变化会影响或延误物流项目正常的实施过程，使计划的实施偏离项目基准计划。因此在物流项目实施计划中必须适当地留有余地，为物流项目计划在实施过程的必要调整提供方便，特别是对于一些缺乏历史资料又无法准确估计的计划，更应体现出足够的弹性。

5. 适合性

这是指物流项目实施计划的详细程度应该适合于它的使用者，对不同层次的项目管理者和成员，物流项目实施计划的内容、详尽程度应该合适，对高层管理者来说，应该制订较全面的、体现整个物流项目实施要点的、较粗的框架性计划，对执行者则应制订某方面相对较细的、明确的工作计划。

6. 前瞻性

物流项目实施计划应该事前对物流项目实施过程可能出现的问题做好充分估计，考虑到物流项目实施的风险和困难，并制定好相应的预防和应对措施。

3.3 物流项目目标和范围计划

制定一个明确清晰、可实现、可衡量的物流项目目标往往是成功的物流项目实施计划的开始。由于物流项目利益相关者对物流项目的关注点和期望可能偏差很大,因此物流项目目标常常具有多重性、多层次性、冲突性等特点,寻求一个被各方认同的、层次分明、结构完整、相互协调支撑的物流项目目标体系影响到物流项目实施计划制订的各个方面。在物流项目目标体系确立后,物流项目实施计划的一个重要方面和子计划就是制订物流项目的范围计划,正所谓"有所不为才能有所为",物流项目范围计划明确了项目所必须进行的各项工作,通过工作分解和责任落实,将项目目标变成一项项可操作的具体活动,并为物流项目的进度及成本等子计划的制订打下基础。

3.3.1 物流项目目标

明确物流项目目标是制订物流项目实施计划的第一步。虽然在物流项目的前期策划中已经有了物流项目目标的概念,而且在可行性研究中往往有物流项目实施方案的设计,但前期的工作侧重于对物流项目能否实施进行经济、技术、社会效益等方面的论证,此时的物流项目目标还是粗犷的,没有进行目标分解和责任落实,还不具有现实的可操作性,因此在物流项目制订实施计划阶段,需要进一步明确物流项目目标。

物流项目目标(Project Objectives)简单地说就是实施物流项目所要达到的期望结果,即物流项目所能交付的成果或服务。从一定意义上说,物流项目的实施过程实际就是一种追求预定目标的过程。制定正确的、清晰的物流项目目标,是最终成功实现物流项目预期目的的首要保证。

1. 制定项目目标的原则

1) SMART 原则

SMART 原则是 Specific(明确性)、Measurable(可衡量性)、Achievable(可实现性)、Relevant(相关性)、Time-based(时限性)的简称,它说明了对项目目标的具体要求。

(1) Specific:项目的目标应该是明确具体的,要用具体的语言清楚地说明要达成的行为标准。明确的目标几乎是所有成功团队的一致特点。很多团队不成功的重要原因之一就因为目标定得模棱两可,或没有将目标有效地传达给相关成员。

如"增强物流服务的客户意识",这种对目标的描述就很不明确,因为增强物流服务的客户意识有许多具体的做法,如减少客户投诉、提升服务的速度、使用规范礼貌的用语、采用规范的服务流程等。不明确就没有办法评判、衡量。如果把目标改为"我公司将在年底前把市内的快件送货速度控制在 3 小时以内"就会清楚很多。

(2) Measurable:指应该有一组明确的量化标准,作为衡量是否达成目标的依据。如果项目管理团队对是否已经实现了项目目标产生了分歧,关键原因就在于项目目标不具备可衡量性。遵循该原则,要求项目目标"能量化的量化,不能量化的质化",使制定人与考核人有一个统一的、标准的、清晰的可度量的标尺,杜绝在目标设置中使用形容词等概念模糊、无法衡量的描述。对于目标的可衡量性可以从数量、质量、成本、时间、上级或客户的满意程度等方面来进行。例如，一个物流配送项目的目标可以从配送范围、配送频次、配送及时性、配送可达性、配送准确性等方面进行度量。如果仍不能进行衡量，可考虑将目标细化成分目标或者将完成目标的工作进行流程化分解。

(3) Achievable：目标通过项目成员的努力是可以达到的，既不能定得太低而失去激励作用，又不能定得太高使成员失去信心。遵循该原则，要求目标设置要坚持员工参与、上下左右沟通，使拟订的工作目标在组织及个人之间达成一致。既要使工作内容饱满，又要具有可达性。

(4) Relevant：指实现物流项目目标要与其他物流项目目标以及物流项目成员的工作职责、权力相关联，实现该目标既有助于实现物流项目的其他目标，又与物流项目成员的权力、职责、奖励等对应。

(5) Time-based：指目标实现是有时间限制的，不能无限期地延长。要根据工作任务的权重、事情的轻重缓急，拟订出完成目标的具体时间要求，定期检查物流项目的完成进度，及时掌握物流项目进展的变化情况，以方便对下属进行及时的工作指导或及时地调整工作计划。

2) 多目标平衡原则

物流项目的基本特征之一就是多目标性。对一个物流项目而言，希望通过物流项目的实施实现一系列的目标，满足多方面的需求。但是很多时候不同目标之间存在着冲突，因此制定物流项目目标的过程其实就是一个多目标协调的过程，包括同一个层次目标的协调，不同层次目标的协调以及物流项目目标和物流企业战略目标的协调等。

物流项目的主要分目标是时间、成本和质量，三者是一个相互联系又相互矛盾的"三角形"，如果其切面圆面积(项目的总要求)不变，增加任何一边的长度都会导致另外一边或两边缩短。

3) 层次原则

物流项目目标的层次性体现在物流项目既有总目标——物流项目的最终产品或服务，又有分目标——物流项目总目标的各层次分解。对物流项目目标的描述需要有最高层次的战略目标，也要有较低层次的具体目标。通常制定物流项目目标时可按其意义和内容不同表示为一个递阶层次结构(Project Breakdown Structure，PBS)，下层目标完成，则上一层目标就可实现，层次越低的目标描述应该越清晰、具体。项目目标 PBS 示例如图 3.3 所示。

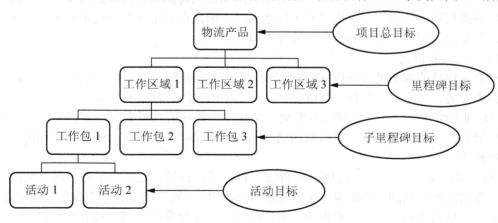

图 3.3　项目目标 PBS 示例

4) 优先原则

物流项目的不同目标在物流项目的不同阶段，根据不同需要，其重要性也不一样。例如，在启动阶段，可能更关注技术性能；在实施阶段，主要关注成本；在验收阶段关注时间进度。对于不同的物流项目，关注的重点也不一样。例如，单纯的物流软件项目可能更关注于技术指标和软件质量。当物流项目的目标之间发生冲突的时候，成功的项目管理者会采取适当的措施进行权衡，确定目标的优先次序。

2. 物流项目目标的确定过程

规模大而复杂的物流项目，其目标确定经常采用系统工作方法。从物流项目的背景情况分析开始，通过问题的定义、找出目标因素、形成目标系统、研究目标系统各因素的关系等项工作，完成物流项目目标的最终定义。

1) 物流项目情况分析

目标设计是以环境和系统上层状况为依据的。情况分析是对环境和上层系统状况进行调查、分析和评价，是目标设计的基础的、前导工作。项目实践证明：正确的项目目标设计和决策需要熟悉和掌握大量的信息。

(1) 拟建物流项目所提供的服务或产品的市场现状和趋势分析。在历史数据和现阶段调研分析的基础上，对物流项目提供给市场的产品或服务有一个合理的估计。

(2) 上层系统的组织形式，物流企业的发展战略、状况及能力，上层系统存在的问题。物流项目的目标离不开上层系统的制约。物流企业从长远战略发展出发，往往注重于物流项目的总体目标和物流项目运行的结果。

(3) 企业所有者或业主的状况。一个较大的物流项目往往有着较长的建设工期和较大的前期资金的投入。物流项目发起人(或合伙人)当前的经济实力和状况，会直接影响未来物流项目的进展。

(4) 能够为物流项目提供合作的各个方面和上层系统中的其他子系统及其他项目的情况。对于通过物流项目融资实施的物流项目，合资者、资金提供者、设备供应商、工程承包商、产品购买者等方面的状况以及合同兑现程度，对物流项目实施的效果会产生较大的影响。

(5) 环境及其制约因素。自然环境(如地形、地貌、气候及交通等条件及限制)、社会文化环境、经济、技术及政治和法律等环境是制约和影响物流项目目标的重要因素。例如，由于经济落后地区的物流需求明显低于发达地区，因此在确定一个物流中心项目的规划目标时，其要求的规模和功能等都会有显著不同。

2) 物流项目问题界定

对物流项目的情况进行分析后，发现是否存在影响物流项目开展和发展的因素和问题，并对问题分类、界定。分析得出物流项目问题产生的原因、背景和界限。

(1) 问题结构分析：对问题进行罗列、结构化，即物流项目有哪些大问题，一个大问题又可能由几个小问题构成。根据问题之间的逻辑关系，采用层次分析法，构造出问题的层次结构关系。

(2) 问题原因分析：可采用因果分析法，将症状、背景、起因联系在一起。例如，造成第三方物流企业利润下降的原因可能是燃料油涨价、工人工资上涨等造成运营成本升高；由于装卸作业设备落后，造成货损率上升，增加了营业外费用；或者物资库存水平过高导致库存成本过高等。

(3) 问题影响分析：分析这些问题将来发展的趋势和对完成物流项目目标的影响。有些问题会随着时间的推移逐渐减轻或消失，而有些问题却会逐渐严重。例如，装卸作业的货损率可能随着装卸设备的更新而降低，而燃料油价格却可能随着世界石油价格的波动继续上升。

3) 确定物流项目目标因素

根据物流项目当前问题的分析和定义，确定可能影响物流项目发展和成败的明确、具体、可量化的目标因素，如物流项目风险大小、资金成本、物流项目涉及的领域、通货膨胀、回收期等。由于目标因素的复杂性，在确定目标因素时应注意合理取舍和优化，不宜确定过多的目标因素，否则将使物流项目目标的控制和评价变得十分困难。

常见的物流项目目标因素有以下几种。

(1) 问题解决程度，即物流项目建成后所能实现的功能或达到的运行状态。其主要有产品市场占有率、年产量或增加量、新产品开发达到的销售量、生产量、竞争力、仓库的面积、利用率、物流服务应达到的标准等。

(2) 物流项目自身的目标，包括生产能力指标(生产规划、仓储容量、包装加工能力等)、经济指标(物流项目投资规模、结构、效用、运营费用、产值和利润、投资收益率等)、时间性指标(短期即项目建设期、中期即产品生命周期、偿还期、长期即设施使用年限)等目标。

(3) 其他目标因素，包括工程的技术标准、劳动生产率提高水平、生产机械化、自动化水平、增加就业人数、对环境的影响、国民经济指标等。

接下来，将目标因素用时间、成本、产品数量和特性指标来表示，使之明确、具体，尽可能量化。

4) 建立物流项目目标体系

按照目标因素的性质进行分类、排序、归纳、选择、分解和结构化，形成协调一致的目标系统，以确定物流项目相关各方面的目标和各层次的目标(见图 3.4)，并对物流项目目标的具体内容和重要性进行表述。一般对于较大的、复杂的物流项目，其目标系统可以按照系统目标、子目标、执行目标等进行多层次分解，对较小的物流项目，分解的层次较少。

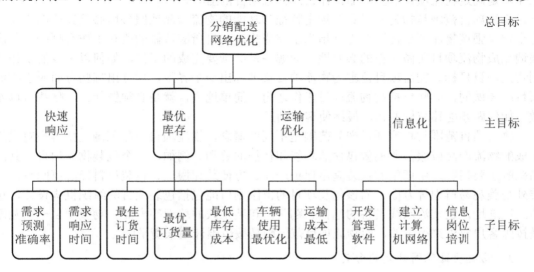

图 3.4 目标层次结构示意图

5) 各目标的关系确认

对目标按强制性目标、期望目标分类，确认各目标的性质。认清各目标之间的联系和矛盾，并有效地协调它们之间的关系。例如，强制性目标与期望目标发生矛盾时，应首先满足强制性目标；强制性目标之间存在矛盾时，需要调整目标结构和逻辑关系；期望目标之间存在矛盾时，应在优先顺序的基础上寻求解决方法。

3. 物流项目目标描述

对已形成的项目目标可以从以下几个方面进行描述。

(1) 交付成果。交付成果是预期的项目周期内的输出，是项目管理中的阶段或最终交付物，是为完成某一过程、阶段或项目而必须交付的任何独特、可验证的产品、成果或提供服务的能力。

在项目管理中，始终都非常关注交付成果。完成全部交付成果，就意味着覆盖了全部的项目范围，所有的项目活动、项目资源，都是为了有效完成这些交付成果而发生的，交付成果在很大程度上反映了项目目标的要求。

每一个项目的可交付成果都是不一样的，一般在达成项目合作前项目各方都会达成协议，定义最终的可交付成果。因此，可交付成果的形式也是多种多样的，有些是有形的，可直接验证；而有些却是无形的、抽象的服务。

(2) 物流项目总体进度计划(里程碑)、物流项目周期、开始及完成时间。

(3) 物流项目预计总成本或总费用。

3.3.2 物流项目范围计划

1. 物流项目范围的含义

如本书前面章节所述，影响物流项目成功的因素有很多。其中的许多因素，如用户的参与、清晰的业务目的、最小的范围、明确的基本需求，都是物流项目范围管理的组成要素。美国凯勒管理研究生院的项目经理威廉·莱班(William Leban)认为，缺少正确的项目范围界定是导致项目失败的主要因素之一。因此物流项目管理最重要，也是最难做的一件工作就是确定物流项目范围。那么什么是物流项目范围呢？

物流项目范围是指为交付具有规定特征和功能的物流产品或服务所必须完成的工作。这个定义强调物流项目范围首先是指为了完成物流项目所应该做的所有工作有哪些，其次强调完成物流项目所做工作的必要性，即哪些是必须要完成的工作，如何以最少的工作达到物流项目目标？物流项目范围为物流项目管理标出一个界限，划分出哪些方面属于物流项目应该做的，哪些包括在物流项目工作之内。简单地说，就是必须做什么，哪些可以不做，如何做才能移交标的物，最终使客户满意。

物流项目范围与物流项目产品范围是不同的概念，物流项目产品范围是指客户对最终完成的物流产品或服务所期望包含的功能和特征的总和。例如，一个包装物流项目，其产品范围主要指客户所期望的包装满足保护产品、方便装卸搬运、包装材料经济可回收、包装外观美观易辨识等方面。而该包装项目的范围则可能包括包装项目的组织机构设计、包装工厂选址、包装流水线设备的选择、购买、包装工人的培训等方面。物流项目产品范围是按照客户要求来衡量的，而物流项目范围则是按范围计划来衡量的。

2. 物流项目范围计划的含义

物流项目范围计划编制是编制一个物流项目范围的书面说明，形成各种文档，作为将来物流项目决策的基本单元。物流项目范围计划编制是将完成物流项目产品或服务所需要进行的项目工作(项目范围)逐步明确和归纳的过程,包括用以衡量一个物流项目或物流项目阶段是否已经顺利完成的标准等。

3. 物流项目范围计划的编制

1) 物流项目范围计划编制的依据

(1) 物流产品或服务描述(物流项目产品范围)。物流产品或服务描述是前面所指的物流项目产品范围,是描述物流项目产品或项目所提供服务应具有的功能和特征的文档。在物流项目早期阶段,项目产品描述一般不详细,须在项目后续阶段随着产品特征的逐步明确而细化。物流项目产品描述包括产品要求和产品设计,其中产品要求应反映已经达成共识的客户要求,而产品设计要满足上述产品要求。此外,产品描述中应含有产品的商业需求或其他导致物流项目产生的原因等内容。虽然物流项目产品描述的形式和内容可能发生变化,但应足够详细,以便后续的物流项目计划编制。在卖方根据合同为买方工作的情况下,物流项目产品描述应该由买方提供。例如,一个配送中心的建设项目,项目承包商要根据业主所提供的设计图纸、设计说明等资料,编制施工计划。

(2) 物流项目章程。物流项目章程是正式确认物流项目存在的文档。物流项目章程应当由项目以外的负责人发布,其地位要根据物流项目的需要而定。物流项目章程应该直接或通过参引其他文件中包含物流项目所需要满足的商业需求、产品描述等。当物流项目在合同环境下执行时,所签订的合同常被作为承约方的项目章程。物流项目章程粗略地规定了物流项目的范围,是物流项目范围管理后续工作的重要依据。物流项目章程中还规定了项目经理的权利以及项目组中各成员及其他干系人的职责,这也对在以后的物流项目范围管理工作中各个角色如何做好本职工作有一个明确的规定,以致后续工作可以更加有序地进行。

(3) 约束条件。约束条件是制约物流项目管理队伍选择的因素。例如,事先确定的项目预算很可能限制物流项目队伍范围、人员配备及进度计划的选择。物流项目在合同环境下被执行时,其合同条款通常成为约束条件。再比如,要求物流项目产品具有社会、经济、环境的可持续性,也会对物流项目范围、项目人员配备和进度计划产生影响。

(4) 假定。假定影响物流项目计划的各个方面,这些假定是渐进明细的一部分。物流项目组织常通过确定、归档和验证所用的假定,并作为它们计划编制的一部分。例如,如果一个关键人物能够参加物流项目的具体日期不确定,那么物流项目组织可能要假定一个具体的开始时间。假定通常包含一定程度的风险。

2) 物流项目范围计划编制的内容和结果

物流项目范围计划编制的工作内容如表 3-1 所示。

表 3-1 物流项目范围计划编制的内容

输 入	处 理 工 具	输 出
物流项目产品范围	产品分析	物流项目范围说明书
物流项目章程	收益/成本分析	范围计划详细依据
约束条件	备选方案识别技术	物流项目范围管理计划
假定	专家评定	

物流项目范围计划编制的结果是形成物流项目范围说明书、范围计划详细依据和物流项目范围管理计划。

(1) 物流项目范围说明书。范围说明书在物流项目有关各方之间确认或建立一个对物流项目范围的共识，作为未来物流项目决策的基准文档。随着物流项目的进展，物流项目范围说明可能需要根据物流项目范围的变更而进行修改或细化。物流项目范围说明书的主要内容包括物流项目的合理性说明，即解释为什么要进行这一物流项目；物流项目成果的简要描述；物流项目可交付成果；物流项目目标的实现程度。

(2) 范围计划详细依据。详细依据是包括物流项目有关假定和约束条件的文档，物流项目管理的其他过程可能会使用该文档，如物流项目范围变更控制。详细依据的数量随应用领域的不同而变化。

(3) 物流项目范围管理计划。物流项目范围管理计划应该包括的内容有如何管理物流项目范围以及如何将变更纳入物流项目的范围之内；物流项目范围稳定性的评价，即物流项目范围变化的可能原因、频率和幅度；如何识别物流项目范围变更以及如何对其进行分类。

3) 物流项目范围计划编制的方法

(1) 产品分析。产品分析是为了对物流项目产品或服务有一个更好的理解，可使用多种技术来进行这项工作，包括产品分解分析、系统工程、价值工程、价值分析、功能分析、质量函数等技术。

(2) 收益/成本分析。收益/成本分析就是对各种物流项目和产品方案可见的或潜在的成本和收益进行估算，然后用投资收益率或投资回收期等财务指标来评价各方案的相对优越性。

(3) 备选方案识别技术。各选方案识别技术泛指可供识别、确定方案的所有技术，常用的有头脑风暴法、横向思维法等。

(4) 专家评定。可请专家对各方案进行评定，这些专家可能来自项目执行组织内的其他部门，也可能来自咨询公司、行业或专业团体、技术协会等。

4. 物流项目范围定义与工作分解结构

1) 范围定义的含义和作用

在完成物流项目范围计划工作之后，为便于开展物流项目的其他工作，尚需进一步明确物流项目工作任务，即需进行物流项目范围定义。范围定义又称项目分解，就是把主要的项目可交付成果分解成较小的、更易管理的单元。

进行物流项目分解的原因主要有以下几个。

(1) 明确和准确说明物流项目的范围，保证物流项目的系统性和完整性，使物流项目概况及组成明白、清晰。

(2) 有利于界定职责和权限，便于划分和分派责任。

(3) 为物流项目计划、成本、进度、质量、安全和费用等控制奠定共同的基础。

(4) 针对各相对独立的单元，进行时间、费用和资源需要量的估算，提高时间、费用和资源估算的准确度。

(5) 是信息沟通的基础。通过工作任务的界定，无需繁杂的协调，物流项目团队成员就能知道自己相应的职责和权利，从而进行有效的沟通。

因此，物流项目分解有助于把无数的工作单元组织起来，最终形成一个完善的物流项目实施计划。可为绩效测量与控制定义一个基准计划，以便于进行明确的职责分工。恰当的范围定义对物流项目成功来说是十分关键的。当物流项目范围定义不明确时，变更就不可避免地出现，破坏物流项目的节奏，造成返工，延长物流项目工期，降低工作人员的生产效率和士气，使物流项目最后的成本大大超出预算。

2) 物流项目范围定义的工具——工作分解结构

物流项目范围定义的常用工具是工作分解结构。它是将物流项目按可交付成果、内在结构或实施过程的顺序等进行逐层分解而形成的结构示意图。它可以将物流项目分解到相对独立的、内容单一的、易于成本核算与检查的工作单元，并将各工作单元在物流项目中的地位与构成直观地表示出来。工作分解结构有助于归纳和定义物流项目的整个工作范围，界定完成物流项目目标所需的所有工作元素或工作活动。

在物流项目管理实践中，工作分解结构是极重要的内容，总是处于计划过程的中心，也是制订进度计划、资源需求、成本预算、风险管理计划和采购计划等的重要基础。工作分解结构同时也是控制物流项目变更的重要基础。可以说，工作分解结构不仅是物流项目工作分解的工具，而且是一个物流项目的综合管理工具。

工作分解结构有两种常用表达形式：一种是清单式，以直接明了的项目活动清单或表格表示项目分解结构，如图 3.5 所示，这种方式应用较普遍，特别是在项目管理软件中；另一种是图形式，即由一个由粗到细的、分级的树形结构图来表示，如图 3.6 所示。树形结构图的工作分解结构结构性强、层次清晰、非常直观，但不是很容易修改，对于大、复杂的项目也很难表示出项目的全景，一般在小的、适中的项目中使用较多。

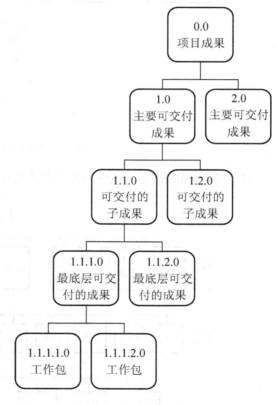

0.0	项目成果
1.0	主要可交付成果
1.1	
1.2	
1.3	
1.1.0	可交付的子成果
1.1.1	
1.1.2	
1.1.3	
1.1.1.0	最底层可交付的成果
1.1.1.1	
1.1.1.2	
1.1.1.3	
1.1.1.1.0	工作包
1.1.1.1.1	
1.1.1.1.2	
1.1.1.1.3	

图 3.5　基于可交付成果的清单式项目
工作分解结构示例

图 3.6　基于可交付成果的图形式项目
工作分解结构示例

运用工作分解结构的方法较多，下面介绍几种常用的方法。

(1) 基于可交付成果的划分。很多情况下，工作分解结构以可交付成果为导向对项目要素进行分组，上层一般为可交付成果，下层一般为可交付成果的工作内容。图 3.5 和图 3.6 就是两种基于可交付成果的项目分解示意图。

(2) 基于工作过程的划分，即按照项目的阶段进行划分，上层按照工作的流程分解，下层按照工作的内容划分，如图 3.7 所示。

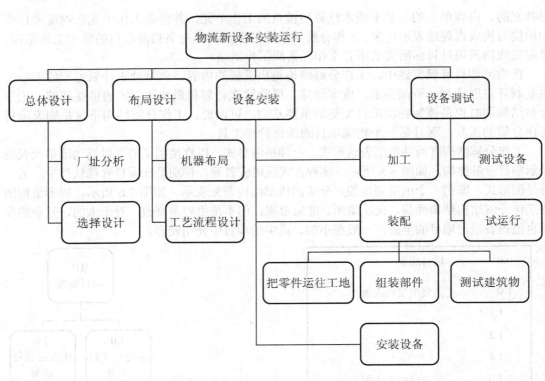

图 3.7 基于工作过程的项目工作分解结构示例

(3) 基于产品结构的划分——按产品本身的物理结构或功能结构进行划分,如图 3.8 所示。

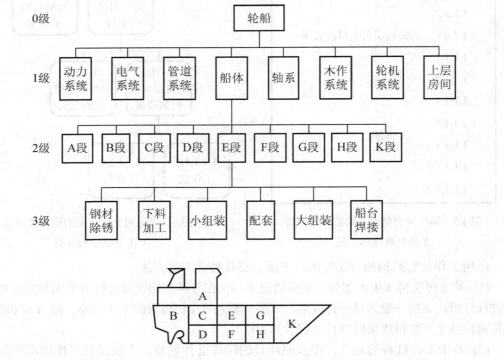

图 3.8 基于产品结构的项目工作分解结构示例

除上述的划分方法外,还可以按物流项目的地域分布、部门职能等方法进行划分。物流项目的工作分解可与任务表(见表 3-2)一同进行。

表 3-2 物流项目工作分解任务表

项目名称:		项目负责人:	
单位名称:		制表日期:	
工作分解结构			
任务编码	任务名称	主要活动描述	负责人
1000	总体设计		
1100	选址分析		
1200	选择设计		
……			
项目负责人审核意见:			
签名:		日期:	

工作分解结构的具体编制方法可以采用自上而下法,即从物流项目的最终产品开始分解到中间产品,然后至更低层次的元素,以便于管理和综合控制;自下而上法,即从明确物流项目所涵盖的所有可交付成果(或工作包)开始,将相关联的工作包(或可交付成果)进行分组,并汇集到上一个层次,直至所有子元素均被汇集以形成物流项目的交付物;组织标准法,即在物流项目管理成熟度较高的组织中,往往制定工作分解结构的标准,如一系列创建工作分解结构应遵循的原则、格式、编码系统、命名方式等;工作分解结构模板法,即虽然每个物流项目都是独一无二的,但许多物流项目彼此之间存在着某种程度的相似之处,在对一个物流项目进行分解时,可以参考过去类似物流项目的工作分解结构。在一些领域,有标准或半标准的工作分解结构作为样板,将每个不同级别的元素填入对应层次的工作分解结构"模板容器"则可形成分解结构。当然,在物流项目实践中,对物流项目进行分解时不存在万能公式,应该遵循以下一些原则。

① 分解后的活动结构清晰,从树根到树叶,一目了然,尽量避免盘根错节。
② 逻辑上形成一个大的活动,集成所有的关键因素,包含里程碑和监控点。所有活动全部被定义清楚。分解后的任务应该是可管理的、可定量检查的、可分配任务和独立的,最底层工作的人员、时间和资金投入需要细化。
③ 工作分解结构中某项任务的内容是其下所有工作分解结构项的总和,某项任务应该在且只在工作分解结构中的一个地方出现,不表示各任务的顺序关系。
④ 一个工作分解结构项的责任人只有一个,即使许多人都可能在其中工作。
⑤ 工作分解结构必须与实际工作中的执行方式一致。
⑥ 应让项目团队成员积极地参与创建工作分解结构,以确保工作分解结构的一致性。
⑦ 每个工作分解结构项都应正确编码并文档化,以确保准确地理解已包括和未包括的工作范围。

由于物流项目本身复杂程度、规模大小等各不相同,相应的物流项目分解的层次和详尽程度也不尽相同。在一些物流项目的工作分解结构中,可能仅需要 3 级,另外一些物流项目的工作分解结构则可能需要10级或更多的层次。在确定物流项目分解结构的层次和详细程度时一般要考虑以下因素。

① 分解对象。如果分解的是大而复杂的物流项目，最高层次的分解可为粗略分解。逐级往下时，则层次越低分解越详细；若分解的是较小而简单的物流项目，则可分解的层次较少，但分解得更细。

② 使用者。对物流项目经理的分解不必过细，只需让他们从总体上掌握和控制计划即可；对执行者，则就分解得较细。

③ 编制者。编制者对物流项目的专业知识、信息、经验掌握得越多，则越可能使计划的编订粗细程度符合实际要求。

注意：

工作包——工作分解结构的最底层次的项目可交付成果称为工作包(Work Package)。它具有以下特点。

① 工作包可以分配给另一位项目经理进行计划和执行。

② 工作包可以通过子项目的方式进一步分解为子项目的工作分解结构。

③ 工作包可以在制订项目进度计划时，进一步分解为活动。

④ 工作包可以由唯一的一个部门或承包商负责，用于在组织之外分包时，称为委托包(Commitment Package)。

⑤ 工作包的定义应考虑80小时法则(80-Hour Rule)或两周法则(Two-Week Rule)，即任何工作包的完成时间应当不超过80小时。在每个80小时或少于80小时结束时，只报告该工作包是否完成。通过这种定期检查的方法，可以控制项目的变化。

5. 工作责任分配

根据物流项目工作分解结构(Logistics Work Breakdown Structure，LWBS)和项目组织结构表，将工作列表中的各项工作按工作性质与项目组织职能部门或人员建立对应关系。工作责任分配的结果是形成责任分配矩阵。责任分配矩阵是一种矩阵结构图，一般以组织单元为行，工作单元为列；矩阵中的符号表示项目工作人员或工作部门在每个工作单元中的参与角色或责任。

在责任分配矩阵中，用来表示工作参与类型的符号有多种形式，如字母式、几何图形式或数字式等，一般可以自定义含义，只要组织内部能够对其含义达成共识即可，但为了使项目管理更具有通用性和标准性，常采用字母式。项目管理中的工作类型(角色或责任)通常有8种，分别为X——执行工作；D——单独决策(参与决策)；P——控制进度；T——需要培训；C——必须咨询；I——必须通报；A——可以建议。当然，若物流项目不存在多种语言交流的问题，为了使责任分配矩阵更加明了，也可以直接用文字表示。

责任矩阵简单明了，可用于物流项目工作分解结构的各个层次，如处于物流项目战略层次的里程碑责任矩阵、子项目矩阵、工作包责任矩阵、活动责任矩阵等。责任矩阵示例如表3-3所示。

表3-3 某物流信息系统软件开发项目的里程碑责任矩阵

工作分解结构	责任者	物流项目经理	系统工程师	编程员	测试工程师	行销策划师
市场调研		D	X			XI

续表

责任者 工作分解结构	物流项目经理	系统工程师	编程员	测试工程师	行销策划师
产品设计	PA	DI		A	A
编程	P	D	X		
测试	PA	A		DI	
制作手册	PA	A	A		D
产品打包	DP	A	X	XA	A

3.4 其他物流项目子计划

除物流项目范围计划外，物流项目的实施计划中还有其他一些重要的模块，包括项目进度计划、项目成本(费用)计划、项目质量计划、项目采购计划、项目沟通计划等，由于在本书的后面章节中将详细地对这些内容进行阐述，为避免重复，这里只对这些计划做简单的介绍。

1. 物流项目进度计划

物流项目进度计划是在物流项目工作分解结构的基础上对物流项目活动做出的一系列时间安排，它表示了物流项目的总工期、各项工作的预计开始和完成时间及工作之间的先后顺序和逻辑关系。物流项目进度计划还有协调资源、优化时间和费用、预测不同时间上所需资金以便合理安排、保证按严格的时间完工等作用。

物流项目进度计划一般通过活动定义、活动排序、活动时间估算、计算各种时间参数、编制和优化网络计划等过程来制订。

2. 物流项目成本(费用)计划

物流项目成本计划包括资源计划、成本估算和成本预算3个子计划。在编制资源需求说明书，列出物流项目要求使用的资源类型、数量后，结合进度计划中各工作的持续时间，考虑各种资源的价格或参考历史信息，采用自上而下、自下而上、参数模型、计算机(项目管理软件)工具等方法，可以对物流项目进行成本估算。最后，在成本估算的基础上把整个成本分配到各个工作单元上，形成成本预算。成本预算应该包括在各时间段上各工作包的累计预算成本。有些物流项目中，成本计划还应包括资金筹集、使用计划、现金流量(资金平衡)计划等。

3. 物流项目质量计划

物流项目质量管理不仅针对物流项目的管理，也针对物流项目的产品或服务的管理。任何方面没能满足质量要求，都将对部分或全部物流项目相关者造成严重的后果。物流项目质量管理的方法与国际标准化组织的方法是符合的。物流项目管理人员应该意识到物流项目质量管理的基本宗旨是质量出自于计划，而非出自于检查。

物流项目质量计划的过程主要有认真参照范围说明书和产品说明书，制定质量方针与质量目标，制定工作标准和规则等。常用的工具有收益/成本分析、基准比较、因果分析图、试验设计等。完整的质量计划还应该包括质量计划实施说明、质量检查表等。

4. 物流项目采购计划

采购在物流项目开展中占有特别重要的地位。采购管理工作是物流项目管理的重要组成部分，它决定着物流项目的物质基础，是物流项目成功的关键之一。这不仅仅是因为采购费用往往占一个物流项目费用相当大的部分，更重要的是物流项目的设计和规划也必须体现在采购之中。如果采购设备、货物的进程不能满足物流项目在时间上的要求，必然会影响物流项目的进度；如果采购到的服务不符合物流项目设计和规划的要求，必然会降低物流项目的质量。采购方面的严重问题甚至会导致物流项目的失败。

物流项目采购计划是物流项目决定采购什么、采购多少及何时采购的安排。物流项目采购一般可以采用公开竞争性招标采购、有限竞争性招标采购、询价采购和直接采购等方式。采购计划通过自制、外购分析，短期租赁或长期租赁分析，专家意见，合同类型选择等工具来制定。物流项目采购计划一般包括合同类型、评估标准、采购工作说明等内容，它与询价计划、采购渠道及合同管理等一起构成物流项目采购管理的重要内容。

5. 物流项目沟通计划

由于物流项目涉及多个专业领域、多个单位和人员，为了实现共同的项目目标，就必须进行有效的沟通和协调，以保证在多变的内外部环境中项目仍然能够满足甚至超过各方面的期望。

物流项目沟通计划包括对物流项目有关各方面的沟通需求分析，确定其所需要的信息，在什么时间、由什么人员(组织)、采取什么样的方式来提供信息。制订物流项目沟通计划需要考虑物流项目利益相关者的多样性、物流项目组织的层次特点和物流项目工作分解结构，并说明物流项目沟通的目标、对象、内容、时间、地点、相关技术、信息提供者及沟通的原因等具体内容。

3.5 物流项目控制

物流项目控制是为了保证物流项目按预定的计划进行的一系列管理工作，包括根据计划标准，检查和监督项目的各个环节的工作，判断工作结果与计划是否存在偏差；如果存在偏差，则要分析偏差产生的原因以及偏差产生后对物流项目的影响；在此基础上，制定并实施纠正偏差的措施，以确保计划的顺利进行和物流项目目标的实现。本节讲述了物流项目控制的原理、方法和策略，并简要总结了物流项目进度控制、费用控制和质量控制的要点。

3.5.1 物流项目控制的意义

1. 物流项目计划存在偏差

一般而言，物流项目计划只是对物流项目全过程的一种设想、预测、谋划和主观安排。物流项目的实际过程在规划时不可能都被预料到。由于物流项目的独特性，所以其难以完全按照计划实现。

前面关于物流项目前期策划和实施计划的章节已经讲到，项目团队在制订计划时，不得不做出种种假设。这些假设在物流项目实施过程中有可能成立，也可能不成立。例如，在编制费用计划时，项目经理和团队成员在无法确定物流设备当时的进口价格时，只能采用诸如将上一年的参考价格乘以通货膨胀系数等方法来确定。

2. 物流项目偏差存在的原因

(1) 物流项目的环境总是变化的。

(2) 随着物流项目的开展，项目有关各方对物流项目的要求和期望会越来越具体，有些要求甚至会使物流项目计划发生根本性的变化。

(3) 物流项目团队在制订各方面的计划时难免有疏漏和错误。另外，物流项目规划不可能像数学那样精确，同一个物流项目，不同的人会做出不同的项目计划来。

3. 物流项目实施需要控制

物流项目计划付诸实施后，一定会有种种原因，使项目不能按照原计划轨道进行，因而出现偏差。正因为如此，项目经理和项目团队就需要对物流项目过程进行监督控制。

在物流项目的实施过程中，项目团队必须定期或不定期地测量物流项目的实施情况，找出偏离计划之处，并实施有关的控制过程。如果偏差很显著，则须通过有关的规划过程，对计划做出调整。控制还包括对物流项目的风险采取相应的预防措施。

3.5.2 物流项目控制的过程和内容

物流项目控制包括多个控制子过程，这些子过程又分为核心过程和保证性过程。各控制子过程之间的关系如图3.9所示。

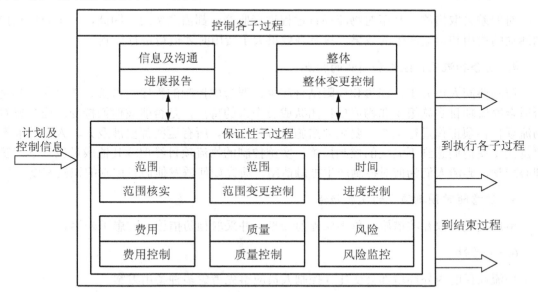

图 3.9 项目控制各子过程之间的关系

(1) 整体变更控制：协调贯穿整个项目的变更。

(2) 范围核实：正式认可项目的范围。

(3) 范围变更控制：控制项目范围的变更。

(4) 进度监督控制：控制项目进度计划的变更。

(5) 费用监督控制：控制项目预算的变更。

(6) 质量监督控制：监督具体的项目结果，确定它们是否符合有关的质量标准，找出造成不满意后果的原因及消除或减轻该原因及后果的方法。

(7) 进展报告：收集和分发进展情况信息，其中包括状态报告、进展测量和预测。

(8) 风险监视与控制：跟踪已识别的风险、监督残余风险、识别新风险，确保执行风险应对计划，评价其减轻风险的有效性。

另外，物流项目计划中的某些方面在付诸实施后才会发现无法实现，即使勉强实现，也要付出很高的代价。遇到这种情况，就必须对物流项目计划进行修改，或重新规划。在物流项目实施过程中要进行规划(Plan)、实施(Do)、检查(Check)和行动(Act)的循环。

3.5.3 物流项目控制的必要条件

物流项目控制要真正有效，就必须做到以下几点。

1. 目的明确

物流项目控制的基本目的就是保证实现物流项目在范围、进度、质量、费用、风险、人力资源、信息与沟通、合同等方面的目标。

2. 及时

必须及时发现偏差，迅速报告项目有关利益相关者，使其能及时做出决策，采取措施加以调整，否则，就会延误时机，造成难以弥补的损失。

3. 考虑代价

对偏差采取措施，甚至对物流项目过程进行监督，都需要费用。因此，一定要比较控制活动的费用和可能产生的效果。只有当效果大于费用时才值得进行控制。

4. 适合物流项目组织和团队的特点

控制要同人员分工、职责和权限结合起来。要考虑控制的程序、做法、手段和工具是否适合物流项目实施组织和物流项目团队成员个人的特点，是否能被他们接受。控制要对物流项目各项工作进行检查，要采取措施进行纠正等。所有这些都要涉及人。人们一般不愿意接受使他们感到不愉快的控制措施。实施控制的物流项目经理或其他成员应当学习管理心理学，弄清人们为何对控制产生抵触情绪，研究如何诱发他们对控制的积极态度。

5. 注意随时预测项目的发展趋势

事后发现采取补救措施，总不如提前预见，并采取预防措施，防患于未然。

6. 灵活性

物流项目的内外环境都会变化。控制人员应事先考虑多种备用方案。

7. 要有重点

物流项目工作千头万绪，不能事无巨细。一定要抓住对实现物流项目目标有重大影响的关键问题和关键时点。例如，在物流项目进度管理中，就要抓住里程碑。抓住重点，可大大地提高控制工作的效率，同时意味着把注意力集中在异常情况上，一般的正常情况无需多加关照。

8. 要便于物流项目各利益相关者了解情况

向这些人员介绍情况，经常要使用数据、图表、文字说明、数学公式，甚至录音、录像等。物流项目管理人员一定要保证这些手段直观、形象，一目了然。口头介绍时，要语言通俗易懂、重点突出、简明扼要。

9. 要有全局观念

物流项目的各个方面都需要控制，要防止头痛医头、脚痛医脚，需要从全局来考虑控制效果。例如，在进度拖延时，不考虑其他后果，简单地靠增加投入来赶进度，恐怕会损害费用控制的目标。

3.5.4 物流项目控制的形式和类型

控制可以采取多种形式和类型，可以从不同的角度划分。

1. 正规控制和非正规控制

(1) 正规控制。正规控制通过定期和不定期的进展情况汇报和检查会以及物流项目进展报告进行。根据物流项目进展报告，与会者讨论物流项目可能遇到的问题，找出和分析问题的原因，研究和确定纠正与预防的措施，决定应当采取的行动。正规控制要利用物流项目实施组织或物流项目团队建立起来的管理系统进行控制，如物流项目管理信息系统、变更控制系统、物流项目实施组织财务系统、工作核准系统等。

(2) 非正规控制。非正规控制是项目经理频繁地到物流项目管理现场，同物流项目管理人员交流，了解情况，及时解决问题。

许多物流项目经理一有时间就到现场观察物流项目进展，同人们交谈。这就是一种非正规控制。有人称之为"走动管理"。非正规控制有若干好处：了解的情况多而及时；现场的人们要比在办公室里坦率、诚恳；物流项目管理人员在工作岗位上时要比不在时更愿意向他人介绍自己的工作和成就，这时候物流项目经理若表示赞许，则能激发他们的干劲和创造精神；如果物流项目要出问题，则容易在其酝酿阶段就发现；物流项目经理到现场会产生多方面的微妙感受，能够觉察出许多潜伏的问题；到了现场，容易缩小物流项目经理和团队成员之间的距离，彼此之间更易接近，讨论问题的气氛更融洽，更容易找出解决问题的方法。

2. 预防性控制和更正性控制

预防性控制就是在深刻地理解物流项目各项活动，预见可能发生的问题的基础上，制定出相应的措施，防止不利事件的发生。制定规章制度、工作程序，进行人员培训等都属于预防性控制。更正性控制是由于未能或者根本无法预见物流项目会发生什么问题，只能在问题出现后采取行动，纠正偏差。对于物流项目控制，更正性控制要比预防性控制用得多。利用反映过去情况的信息指导现在和将来，即为(信息)反馈控制。更正性控制往往借助信息反馈来实现，其关键是信息准确、及时、完整地送达物流项目经理或其他决策者手中。

3. 预先控制、过程控制和事后控制

预先控制是在物流项目活动或阶段开始时进行，可以防止使用不合要求的资源，保证物流项目的投入满足规定的要求，如对进场的物流设备和材料进行检查。过程控制对进行过程中的物流项目活动进行检查和指导。过程控制一般在现场进行。过程控制一定要注意物流项目活动的控制对象的特点。很多物流项目活动是分散在不同的空间和时间中进行的，如何进行过程控制，则需要物流项目经理多下工夫。事后控制在物流项目的活动或阶段结束后或临近结束时进行。生产企业的质量控制可以采取事后控制，但物流项目控制不宜采取事后控制，因为不利的偏差已经造成损害，再也无法弥补。

4. 直接控制和间接控制

直接控制着眼于偏差本身，而间接控制着眼于产生偏差的根源。物流项目活动的一次性常常迫使项目团队采取直接控制。物流项目经理直接对物流项目活动进行控制属于直接控制；不直接对物流项目活动，而对项目团队成员进行控制，具体的物流项目活动由项目团队成员去控制，属于间接控制。

3.5.5 物流项目控制的策略

物流项目控制要讲策略。以下策略可供物流项目团队参考。

1. 物流项目管理软件

使用物流项目管理软件是物流项目控制的高效方法，尤其对于比较复杂的物流项目管理。项目管理软件几乎成为不可缺少的工具。它一方面可以极大地降低物流项目管理工作的复杂性，减轻费时费力的工作量，提高物流项目管理的质量和可靠性；另一方面可以在某种程度上指导人的工作，提供参考意见与经验借鉴，从而帮助物流项目管理人员提高工作水平。

2. 不要丢掉控制权

物流项目实施过程中，具体工作要由团队成员去做，要把必要的权限交给他们，但在完成任务后应把相应的权限及时收回。在把工作委托给下属，将权限交给他们时，下属的自我控制能力就变得非常重要。遇到难题或不利的局面时，需要请物流项目团队和有关的利益相关者讨论，提出建议。有些人可能企图控制局面，要求按照他们的建议办，这时物流项目经理一定要保持清醒的头脑，不要在咄咄逼人的气势中放弃控制。为了保持对物流项目的控制，一定要有多种备选方案，对于团队成员的工作多给予指导和帮助。

3. 让决策者及时了解情况

物流项目管理团队可支配的资源以及权限都是有限的。对于一些重大问题，必须争取项目实施组织上层决策者的支持，提前将重大问题通报给他们，使其能够根据及时、准确和可靠的信息做出决定。不能事先不通气，搞突然袭击。需要上层决策者批准的问题，也要提前准备好有关资料和文件，包括问题的来龙去脉和有关背景。这样，他们就能够及时地给予批准，不影响物流项目的进展。向他们通报情况时，务必实事求是，不能掩盖事实真相，弄虚作假。

4. 充分利用决策层的协调能力加强控制

在进行控制时，往往需要物流项目团队以外的有关职能部门配合。尽管物流项目团可以同他们商量，请其协助，但是在许多情况下，请物流项目实施组织的决策者出面，可以加强对物流项目的控制。请决策者出面，不是"挟天子以令诸侯"，而是因为他们能够统率全局。

5. 加强沟通

加强物流项目内外和上下的沟通，使信息交流顺畅，做到下情上达，上情下达，是实行物流项目控制的基本条件。物流项目团队应当建立起完善的沟通网络、信息反馈环和定期报告评价系统。

6. 根据修改后的计划进行控制

控制的基本依据是物流项目计划，但是物流项目计划随时可能修改，所以物流项目控制的标准、方法和策略也要不断更新，不能固守不变。

3.5.6 物流项目变更控制

由于物流项目一般具有较强的创新性，利益相关者的需求随着时间的推移和环境的变化往往会发生各种可能的变化，物流项目所需的各种资源价格、种类也可能发生各种变化，物流项目的实施将面对各种风险，物流项目在启动以后存在着很强的不确定性。

物流项目相关各方常常由于各种原因要求对物流项目计划进行修改，甚至重新规划。这一类修改或变化称为变更。物流项目变更发生在物流项目的范围、进度、质量、费用、风险、人力资源、沟通、合同等方面，并将影响到其他方面。对物流项目变更进行有效的控制和管理，对物流项目既定目标的实现具有重要意义。

1. 物流项目变更对项目的影响

物流项目变更对项目的进程和成果产生影响，一般会影响到以下几个方面。

1) 物流项目变更的影响

(1) 项目目标。主要是对项目进度、质量和费用等目标带来影响。

(2) 项目资源。项目变更会带来资源消耗或消耗结构的变化。

(3) 项目组织。项目变更引起项目组织人员、结构以及任务的变化。

2) 物流项目变更的原因

物流项目变更的原因主要有以下几个方面。

(1) 物流项目利益相关者引起的变更。主要是物流项目利益相关者，如政府、投资者、用户、物流项目组织、物流项目决策者等由于新的需求或决策，对物流项目进行变更。

(2) 计划不完善引起的变更。由于物流项目计划过程中考虑的因素不全面或是不合理，随着物流项目的实施发现了新问题，引起物流项目的变更。

(3) 不可预见事件引发的变更。自然条件或是风险事件导致了物流项目的变更。

2. 物流项目变更控制

1) 物流项目变更控制的含义与前提

(1) 物流项目变更控制的含义。物流项目变更控制是指为使项目向着有益的方向发展而采取的各种监控和管理措施。物流项目经理和项目团队必须对变更进行控制。物流项目变更有影响物流项目全局和局部两大类变更。对于影响物流项目全局的变更更要特别重视。物流项目控制的很大部分就是控制变更。

(2) 物流项目变更控制的前提。对物流项目变更进行有效的管理和控制，必须掌握物流项目工作分解、提供物流项目实施进展报告，提交变更请示并参考物流项目计划。

为了对物流项目变更进行控制，应由物流项目实施组织、项目管理班子或两者共同建立变更控制系统。变更控制系统就是一套事先确定的修改物流项目文件或改变物流项目活动时应遵循的程序，其中包括必要的表格或其他书面文件，责任追踪和变更审批制度、人员和权限。此外，若有必要和可能还可以成立一个变更控制委员会，负责批准或拒绝变更请求。变更控制系统应当明确规定变更控制委员会的责任和权力，并由所有的物流项目相关各方认可。大型、复杂的物流项目可能要设多个变更控制委员会，担负不同的责任。变更控制系统还应当有处理自动变更的机制。自动变更又称现场变更，是不经事先审查即可批准的变更。多数自动变更是由意外紧急情况造成的。

变更控制系统可细分为整体、范围、进度、费用和合同变更控制系统。变更控制系统应当同物流项目管理系统一起通盘考虑，形成整体。

2) 物流项目变更控制的基本要求

物流项目变更控制的任务包括查明物流项目内外存在哪些造成变更的因素，必要时设法消除，以及查明物流项目是否已经发生变更和在变更实际发生时对其进行管理。各方面的变更控制必须紧密结合起来。

物流项目变更的基本要求有以下几个方面。
(1) 事先签订有关物流项目变更方式、过程等问题的补充协议。
(2) 谨慎对待变更请求，严密判断与计划。
(3) 规范变更实施过程。明确新目标，优选变更方案，做好变更记录，及时发布变更信息。
(4) 及时总结经验教训。

本 章 小 结

物流项目实施计划是为完成物流项目目标对项目实施工作所需进行的各项活动做出周密安排，系统地确定项目的整体规划，协调项目资金、质量、进度、成本、资源保障等方面，编制各种预算，为物流项目的实施和控制提供依据的过程。物流项目实施计划属于狭义的项目计划，在项目实施阶段的前期完成，为项目管理服务，主要确定物流项目怎么建的问题。

物流项目实施计划的编制可分为核心过程和辅助过程，包括综合性计划和各种项目子计划，其中主要的子计划有项目范围、进度、成本等计划，其他辅助子计划有项目质量、组织、采购、沟通和风险控制计划等。

物流项目目标的制定必须符合 SMART 原则，并理解物流项目目标的多样性、系统性和层次性，制定合理的目标体系并确定各目标的优先等级。

物流项目范围是指为交付具有规定特征和功能的物流产品或服务所必须完成的工作。物流项目范围计划编制是编制一个物流项目范围的书面说明，是将完成物流项目产品所需要进行的项目工作(项目范围)逐步明确和归纳的过程，包括用以衡量一个物流项目或项目阶段是否已经顺利完成的标准等。物流项目范围计划的制订主要是进行物流项目范围定义和工作结构分解并确定工作责任分配。

物流项目控制是为了保证物流项目按预定的计划进行的一系列管理工作，包括根据计划标准，检查和监督项目的各个环节的工作，判断工作结果与计划是否存在偏差，分析偏差产生的原因以及对物流项目的影响，制定并实施纠正偏差的措施等过程。物流项目控制分为核心过程和保证性过程，控制的类型主要有正规控制和非正规控制，预防性控制和更正性控制，预先控制、过程控制和事后控制，直接控制和间接控制。

习 题

一、名词解释

物流项目实施计划　　项目范围　　工作分解结构　　SMART 原则
物流项目变更

二、选择题

(1) 物流项目范围计划中的主要工作包括(　　)。
　　A．项目范围定义　　　　　　　　B．项目工作结构分解
　　C．活动时间估计　　　　　　　　D．活动排序
(2) 物流项目目标须符合 SMART 原则是指项目目标应具有(　　)。
　　A．明确性　　　B．可衡量性　　　C．可实现性　　　D．最优性
(3) 物流项目范围计划编制的依据有(　　)。
　　A．产品描述　　B．项目章程　　　C．约束条件　　　D．假定
(4) 编制工作分解结构时可采用的主要方法有(　　)。
　　A．基于项目成果的划分　　　　　B．基于工作过程的划分
　　C．基于项目产品结构的划分　　　D．基于部门职能的划分
(5) 编制项目进度计划时可能进行的工作有(　　)。
　　A．活动定义　　　　　　　　　　B．活动排序
　　C．活动时间估算　　　　　　　　D．活动重要性估算
(6) 物流项目控制的主要内容包括(　　)。
　　A．整体变更控制　　　　　　　　B．范围核实
　　C．进度监督控制　　　　　　　　D．费用监督控制
(7) 物流项目控制策略包括(　　)。
　　A．采用物流项目管理软件　　　　B．让决策者及时了解情况
　　C．加强沟通　　　　　　　　　　D．根据修改后的计划进行控制

三、简答题

(1) 什么是物流项目实施计划？它有什么作用？其主要内容有哪些？

(2) 什么是项目范围？如何进行范围定义？
(3) 什么是项目工作分解结构？制定工作分解结构的常用方法有哪些？
(4) 物流项目实施计划编制的核心过程和辅助过程分别是什么？
(5) 简述物流项目目标制定的 SMART 原则。
(6) 物流项目实施计划中的子计划通常有哪些？其主要内容是什么？
(7) 什么是物流项目控制？其核心过程和保证性过程包括哪些内容？
(8) 物流项目控制的形式和类型主要有哪些？各有什么优缺点？
(9) 什么是物流项目变更？如何进行物流项目变更控制？

四、分析题

试分析现实生活中的一个中小型物流项目，绘制其工作分解结构示意图。

案例分析

物流项目目标描述

某物流公司业务碰头会，讨论过程如下。

总经理说："近两个月来，经常发生顾客投诉，说我们不能按时将货物送到，看来我们要好好地找找原因，想办法解决这一问题。"

物流部主任说："运输方面不存在运力和仓储容量不足的问题。缺货的主要原因是到货量不够，引起库存不足而脱销，这主要是计划采购部门的责任。"

计划采购部主任说："最近市场情况有些变化，本部门原先的采购和进货的小批量多次订货的计划需要做一些调整。虽然，多订一些货会避免脱销问题，但库存量的增加会增加库存的成本和流动资金的占用。这两方面的矛盾需要协调。"

营销部主任说："本部门与这个问题也有一定的关系。如果能及时、准确地掌握市场行情的变化，事先准确地估计到哪些货会脱销，哪些货会滞销，并将此信息及时通报给计划采购部，就可以减少缺货情况的发生。但靠现有的手工报表式的信息管理手段，难以实现。建议公司尽快地建立计算机网络，开发计算机信息管理系统，改善信息处理落后于生产发展的被动局面。"

信息部主任说："我非常赞同这一观点。当前很多企业都已装备了物流信息计算机管理系统，并取得了一定的效果。有了计算机工具，可以根据需要随时对产品的销售和其他方面的情况进行分析，并做出必要的预测，非常有利于营销部门及时应对市场的变化，同时还可以向计划采购部提出采购建议。"

总经理总结说："今天大家所谈情况都很好，看来信息管理成为我们进一步发展的主要障碍。要优化我们分销配送网络，一方面需要各部门间信息的沟通，另一方面需要完善企业的信息处理系统。请发展部就今天所谈的情况，组织各部门有关人员进行一次调研，以确定下一步行动方案，争取在 6 个月内使该问题得到明显的改善。"

以发展部为主，信息部、营销部、物流部、计划采购部、计划财务部等派员参加，经过一周的调研，最后，构思出一个"物流配送系统改善(优化)项目"。该项目以信息系统建设为中心，各部门强化管理为手段，实现企业物流配送系统作业效率与水平上一个新台阶。按此想法，总体目标描述的思路如下。

(1) 可交付成果：企业物流计算机信息管理系统。

(2) 工期：自立项起，计划在 6 个月内，系统能够投入实际使用。
(3) 费用：整个系统开发费用和人员培训费合计 300 万元。

(资料来源：http://wenku.baidu.com/view/12494c0316fc700abb68fc70.html。)

思考：
(1) 该物流项目的目标满足 SMART 原则吗？为什么？
(2) 该物流项目是如何进行情况分析、问题界定、寻找目标因素的？
(3) 为了完成该物流项目总目标，可能会形成哪些分目标？它们之间如何协调？
(4) 最后的物流项目目标描述符合要求吗？为什么？

第 4 章 物流项目组织管理

【本章教学要点】

知识要点	掌握程度	相关知识	应用方向
物流项目组织类型	掌握	各种组织类型的特点，不同的物流项目适合的组织类型	物流项目组织设计
物流项目经理	掌握	物流项目经理的责任、权力、素质、能力	挑选物流项目经理
物流项目团队	掌握	项目团队的概念、特征；如何构建及管理；常用的项目团队决策方法	物流项目团队的建设及管理
物流项目冲突管理	熟悉	冲突作用的理解、冲突特点的掌握、解决冲突的程序及策略	物流项目冲突的解决

【关键词】

物流项目组织、物流项目团队、物流项目经理、项目冲突

某物流公司拥有一支自己的营运车队,一直从事单纯的运输业务,业绩蒸蒸日上,取得了不错的发展。公司总经理决定拓展业务范围,从事仓储、配送一体化物流服务,于是租用了一个颇具规模的半自动化仓库。很快公司便联系上了一个新项目——为当地某连锁超市提供仓储配送服务。该公司设有财务部、市场部、人力资源部、运输部、仓储部5个部门,为了使上述的新项目很快步入正轨,公司总经理决定成立独立的项目团队。项目经理通过向公司内外公开招聘,最终确定用运输部的第二负责人;项目组其他成员从各部门抽调。然而在项目实施过程中常常遇到类似的问题:当去寻求项目组外其他人员的意见或是调用其他部门资源时,总是遭到抵触或不愿合作的情绪,导致项目运作的绩效一直提不上去,客户满意度不高。

(资料来源:作者编写。)

思考:
(1) 项目组为何会出现遭遇抵触或不愿合作的情绪?
(2) 项目经理应当如何解决这类问题?

物流项目确定以后,管理工作需要由精干的组织去进行。根据不同的物流项目的特点,构建适合的组织构架,组建良好的工作团队,方能顺利地完成项目目标。本章主要介绍物流项目组织的特点及构建、物流项目经理的选拔、物流项目团队的建设以及物流项目中冲突的管理方式。

4.1 物流项目组织

物流项目组织主要的工作是根据物流项目的特点,设计合适的组织结构、组织规模、组织部门、管理幅度及管理层次。

4.1.1 物流项目组织的定义与特点

物流项目组织是指实施物流项目的组织,它是由不同部门、不同专业的一组个体成员为完成一个具体项目目标而建立起来的协同工作的队伍。物流项目组织与传统组织一样,包括人员、职位、职责、关系、信息等组织结构要素。但是,与传统组织最大的区别在于项目组织具有临时性,更强调负责人的作用,更强调团队协作精神,其组织形式具有更大的灵活性和柔性。

与传统的职能组织相比,项目组织具有一些不同的特点。

(1) 临时性特征。物流项目组织最显著的特征就是它的临时性,通常为任务而设立。例如,为上海磁悬浮铁路建设而临时筹备的钢轨运输项目服务组,其组织便在运输任务结束以后解散。与物流项目一样具有生命期,物流项目组织是一个建立、发展和解散的过程。根据项目周期的长短,项目组织可能存在一天,或存在数年。在它的生命周期中,包括5个重要的阶段:形成、磨合、规范、正常和解体。

(2) 柔性特征。项目组织没有明显的边界,项目的利益相关者之间的契约关系决定了项目具有机动灵活的组织形式和用人机制，讲求专业化与复合化的统一。在物流园区的建设项目中，一些临时性的工作，如某批材料的卸载等，一般采用临时聘任的方式。

(3) 注重协调和沟通的特征。由于项目具有较高的不确定性和风险性特征，大力协作与充分沟通、发挥集体决策的作用是减少突发性问题的有效手段。特别是如供应链综合管理设计项目、物流信息平台设计项目等，必须充分与各利益相关者进行沟通，关注客户要求，方能取得项目的顺利进展。

(4) 注重借助外部资源。对于一些大型的、综合性较强的物流项目，如大型物流配送中心的建设项目，借助外部资源是项目管理的基本手段，也是降低风险、提高项目成功率的重要方式。

(5) 注重团队精神作用。由于项目组织为临时性组织，项目成员的忠诚度不够，应注重团队精神的培养，这是项目管理组织发挥有效作用的基础。

(6) 跨职能部门的特征。物流项目一般都是综合的系统，需要的知识技能的领域跨度广，因而项目组织内部需要多领域专业人员的协助与分工，拥有多种技能，项目成员来源于多个部门，注重跨职能部门的横向协调。

4.1.2　物流项目组织结构的类型

物流项目管理的组织结构实际上决定了项目组织实施项目获得所需资源的可能的方法与相应的权利，不同的项目组织结构对项目的实施产生不同的影响。组织结构的基本形式有职能型组织结构、项目型组织结构和矩阵型组织结构等。

现实中，很多公司的项目组织结构形式中往往同时具有职能型、项目型或矩阵型两种以上的组织结构形式；在一些较大型的项目中，其组织结构形式也会包含上述两种结构以上的模式，如项目型组织结构中的子项目采取职能型组织结构等。在选择项目组织结构时，公司通常根据项目的具体特点和公司的具体情况来确定，而不受现有规模的限制，从而能方便灵活地发挥项目优势与人力资源优势。

1. 职能型组织结构

职能型组织结构如图4.1所示。

职能型组织形式是一种把不同的管理机构，按职能从上到下分层次进行组织管理的形式。一旦项目开始运行，项目各个组成部分就由各职能部门承担，各部门负责完成其分管的项目内容。职能型组织结构通过在所实施项目的组织内部建立一个由各个职能部门相互协调的项目组织来完成某个项目目标。

一些规模小、复杂程度低、资源需求较为单一、周期短的物流项目适合使用职能型的组织结构。例如，某物流公司负责某一施工项目的建筑材料运输服务项目。有关运输设备使用及调度安排的工作由物流部的运输部负责；运输方案设计由物流部的运作部负责；财务分析部分由财务部负责；人员调用由人力资源部和各部门经理商议决定，如图4.1所示。

职能型组织结构的优点在于，有利于提升企业技术水平，资源利用灵活且成本低，团队在项目结束后的职业生涯有保障，有利于公司项目发展与管理连续性；缺点在于，项目管理没有正式的权威性，资源使用不均，不利于不同职能部门的团队成员之间沟通，项目发展空间容易受到限制。

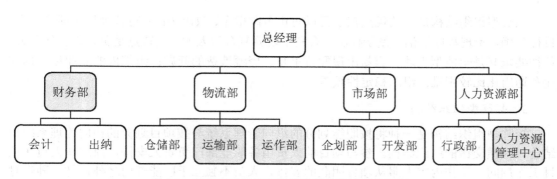

图 4.1 采用职能型组织结构类型的物流项目示例

注：有底纹方框代表参与物流项目运作的部门。

2. 项目型组织结构

项目型组织结构就是将物流项目的组织独立于公司职能部门之外，其工作部门一般是综合的、按项目进行设置的，这种部门相对于企业传统职能部门来说更具有针对性，且机动灵活，有些部门在整个项目运行过程中都存在，而有些部门则可能只是阶段性的存在。这种组织结构按物流项目来配置组织的所有资源，属于横向划分组织结构；组织经营业务由一个个项目组合构成，每个项目之间相对独立。项目的具体工作主要由项目团队负责，项目的行政事务、财务、人事等在公司规定的权限内进行管理。

项目型的组织结构适用于规模大、复杂程度高、资源需求多样化、周期长的物流项目。图 4.2 所示为某物流项目公司的组织结构图。该结构图为比较典型的项目型组织结构，企业对经营业务进行项目式管理。各个项目之间相互独立，公司总裁是整个项目负责人。公司总裁由公司总部研究决定，团队成员由公司内外部成员共同构成，分派到不同的项目工作部门。项目中可能会独立出一些子项目。例如，图 4.2 中所示的 A 城物流中心建设项目中，各种建筑的修建工作可能会外包给一些劳务公司负责，由工程监理部总负责；项目的初始阶段，整个项目的方案设计工作为项目的主要工作，主要由设计部完成，该阶段设计部需要大量团队成员，进入项目实施阶段后，设计部成员会被精简，被派给其他项目工作部门，或者调到公司其他项目中去。

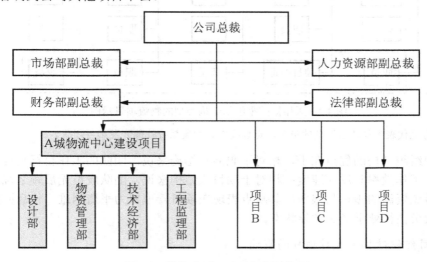

图 4.2 某物流项目公司组织结构图

项目型组织结构最大的优点在于可以防止多源指令、政出多门；对各种物流项目来说，目标明确，管理程序简洁，便于控制；有利于培养复合型人才。其缺点是负责人责任重大，往往要求其是全能型人才；容易出现配置重复、资源浪费的问题；组织内的专业化、标准化和通用化比较困难；组织稳定性较差。

3. 矩阵型组织结构

矩阵型组织结构是一种将按职能划分的纵向管理系统与按项目划分的横向管理系统相结合、纵横交错的组织结构。参与项目的人员由各职能部门负责人安排，而这些人员在项目工作期间，工作内容上服从项目团队的安排，人员不独立于职能部门之外，是一种暂时的、松散的组织结构形式，项目团队成员之间的沟通不需要通过其职能部门领导，项目经理往往直接向公司领导汇报。根据项目中项目经理和职能经理权限大小，可以将矩阵型组织结构分为弱矩阵式、平衡矩阵式和强矩阵式组织结构。弱矩阵式接近于职能型，强矩阵式接近于项目型，平衡性居中。

一些规模适中、复杂程度一般、资源需求较为单一、周期不太长的物流项目可采用矩阵型的组织结构。该项目中，项目经理由流程设计研发部选拔出的某职员担任，项目其他成员从其他各部门产生。图4.3描述了某软件开发公司为某制造型企业开发物流系统软件项目的组织结构图。市场部与流程设计研发部职员承担与客户企业及其他相关部门沟通的工作；同时流程设计研发部与程序开发部职员负责物流系统软件的技术研发工作；财务部职员负责资金核算，人力资源部职员负责绩效考核和激励工作。项目经理直接向公司总经理汇报项目进展情况，项目团队成员在项目执行期间承担项目有关工作，受项目经理派遣。

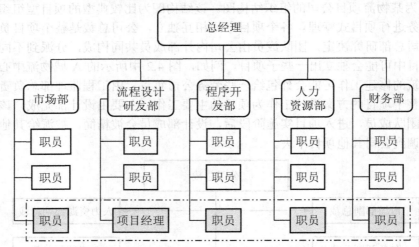

图4.3 采用矩阵型组织结构类型的物流项目示例

注：有底纹方框代表参与项目活动的员工，点划线内为物流系统软件开发项目团队。

矩阵型组织结构的优点在于，相对于职能式结构来说，团队的工作目标与任务比较明确，提高了工作效率与反应速度；相对于项目式结构来说，团队成员无后顾之忧，可在一定程度上避免资源的囤积与浪费。其缺点表现在项目管理权力平衡困难，信息回路比较复杂，项目成员往往处于多头领导状态。

4. 项目组织结构形式对项目的影响

不同的项目组织结构形式会影响到各部门之间的工作关系以及项目成员的工作性质，

从而影响到项目实施的效果。表 4-1 列出了不同的项目组织结构对项目成员的影响。

表 4-1 不同的项目组织结构形式对项目成员的影响

组织形式 特 征	职能型	矩阵型			项目型
		弱矩阵	平衡矩阵	强矩阵	
项目经理的权限	很少或没有	有限	小到中等	中等到大	很高，甚至全权
全职工作人员的比例	几乎没有	0~25%	15%~60%	50%~95%	85%~100%
项目经理投入时间	半职	半职	全职	全职	全职
项目经理常用头衔	项目协调员	项目协调员	项目经理	项目经理	项目经理
项目管理行政人员	兼职	兼职	半职	全职	全职

就项目经理的权限而言，职能型组织结构中项目经理的权限最低，一般只是起着项目协调员的作用；矩阵型组织结构次之；而项目型组织结构中，项目经理的权限最大，一般都是全权负责整个项目，如图 4.4 所示。

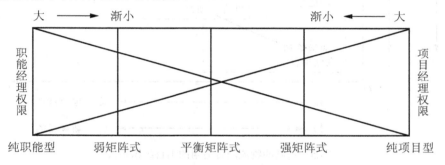

图 4.4 矩阵类型与经理权限关系图

4.1.3 物流项目组织结构的选择

组织结构设计的影响因素很多，主要取决于生产力水平和技术进步，也受组织规模的影响，组织规模越大，专业化程度越高，分权程度也越高。表 4-2 比较详细地列出了不同的项目因素对项目组织结构类型选择的影响。

表 4-2 项目组织结构选择考虑的关键因素

组织结构 因 素	职能型	项目型	矩阵型
项目风险程度	小	大	大
项目采用的技术	标准	创新性强	复杂
项目复杂程度	低	高	适中
项目持续时间	短	长	适中
项目投资规模	小	大	适中
客户的类型	多	单一	一般
对公司内部的依赖性	弱	强	适中
对公司外部的依赖性	强	弱	适中
对项目经理能力的要求	一般	高	高

通常情况下，物流项目组织形式的选择可以从新项目的发生频率、项目的规模和工期、项目的复杂程度四个方面进行考虑。图4.5描述了不同的物流项目适用的项目组织形式。一般的运输和仓储类项目通常都比较类似，具有项目持续时间短、新项目发生时间间隔短、复杂性小、规模小的特征，因而职能型的组织结构比较适合。物流中心建设项目则具有项目持续时间较长、新项目发生时间间隔较长、复杂性较大、规模较大的特征，因而采用强矩阵型的组织结构比较合适。供应链综合管理项目则更适合采用项目型的组织结构。

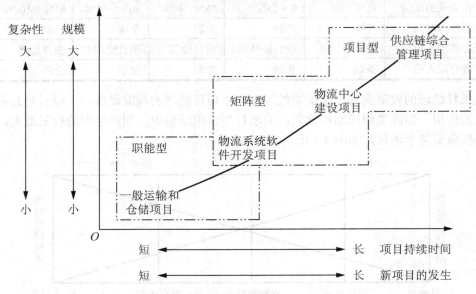

图4.5 不同的物流项目适用的项目组织形式

4.2 物流项目经理

物流项目经理是物流项目的负责人，负责项目的组织、计划、实施及控制的全过程，以保证项目目标的成功实现。成功的项目都反映了项目管理者的卓越管理才能，而失败的项目同样也说明了项目管理者的重要性。项目管理者在项目及项目管理过程中起着关键的作用。因而项目经理就是一个项目全面管理的核心和焦点。物流项目经理作为一种职业，已成为企业人才培养的一个重要方向，优秀的物流项目经理在人才市场上是稀缺资源。

4.2.1 物流项目经理的责任与权力

1. 物流项目经理的责任

(1) 保证项目目标的实现。在项目进行中，项目经理需根据项目进度及具体情况及时与项目客户或委托方进行沟通，调整项目方向、工作重点和工作进度等，确保项目的实施成果能满足客户或委托方的需求，保证项目目标的实现。

(2) 对项目进行有效的日常管理。作为项目的第一负责人，项目经理对项目的各种事务进行全面、细致的管理。通过对项目实施计划、监督与控制，确保所执行的项目按照计划的时间，在给定的项目预算内、达到项目预期目标。在日常管理中，项目经理要充分发挥项目团队成员的主观能动性，同时，要加强对成员在项目工作中的指导，对项目运行中可能出现的问题做出准确的预测与判断。

（3）进行项目具体事务决策。项目在进行过程中经常会遇到许多问题，并且需要当机立断，决定在何时采用何种具体行动，以及行动的具体方案。项目经理是项目的具体决策者与指挥者，在一定程度上相当于公司法人代表在项目中的代理人。对于项目运行中出现的矛盾，项目经理需及时处理，进行决策，必要时还得请示上级决策者。一般情况下，需要项目经理决策的问题包括计划进度的调整、项目工作方案的变更、项目团队人员分工的改变、项目技术方案的修改等。

2. 物流项目经理的权力

在项目管理中，项目经理可以使用多种权力，较常见的 5 种权力类型是法定权力(Legitimate Power)、奖励权力(Reward Power)、专家权力(Expert Power)、惩罚权力(Coercive Power)和仗势权力(Referent Power)。

（1）法定权力：在项目管理中，项目经理有发号施令的权力，这种权力来自于项目经理在组织中的正式地位。

（2）奖励权力：对在项目中做出贡献的人们进行奖励的权力。

（3）专家权力：项目经理在专业领域的知识和经验受到人们的尊敬，拥有很高的声望。

（4）惩罚权力：指对不服从安排的项目团队成员进行解雇、降职和减薪的权力。这种权力虽然有力，但会在团队中造成很坏的气氛。

（5）仗势权力：项目经理会依仗一个更有权威的人行使权力。

在项目管理过程中，项目经理要正确使用自己的权力。项目经理在使用权力时，要力求当好激励者，而不是以势压人。在以上几种权力类型中，应优先使用专家权力与奖励权力。

4.2.2 物流项目经理的素质与能力

1. 物流项目经理的素质要求

（1）物流项目经理应具备以下品格特征。

① 性格品质：性格开朗，胸襟豁达，善于交往和沟通；坚强的意志，能经受挫折和暂时的失败；既有主见，不优柔寡断，果断行事，又遇事沉着、冷静、不冲动、不盲从；既有灵活性和应变能力，又不违背基本原则，不固执，不钻牛角尖。

② 道德品质：诚实、正直、善解人意、奉献精神、责任心。

（2）物流项目经理应具备的知识技能：较深入地掌握物流专业技术知识、具有广泛的综合知识、具有较高的管理知识水平。

（3）物流项目经理应具备的素质特征：有管理经验，是一个精明而实际的管理者；与高层经理有良好的关系；有丰富的工作经验，有广泛的人际关系，便于展开工作；具有创造性思维。

2. 物流项目经理的能力要求

（1）总体把握项目目标的能力。好的物流项目经理最重要的能力是选择正确的物流项目，若项目经理在没有对项目充分了解的基础上接任项目经理的工作，是非常危险的，就像一位既不知己又不知彼的统帅。因此，物流项目经理应该在立项过程中，参与项目的前期工作，充分了解项目的时间目标、交付结果、成本预算、技术目标等，并能够平衡它们之间的关系。如果项目存在特别的风险，或者项目经理认为项目必须具备一定的前提，则在立项(企业与客户签订服务合同前)就与公司高层领导沟通，在项目执行时才能得到相关的支持。

物流项目经理管理项目的目标是多样化的，如项目的时间目标、技术目标、成本目标、客户满意度目标等。这些目标在物流项目中相互作用，是一种权衡关系，在项目执行过程的不同阶段，其相对重要性不同。例如，项目初期，技术性能目标相对重要；在项目中期，成本目标相对重要；在项目后期，时间目标相对重要。物流项目经理必须同时完成物流项目的多个目标，在这些目标之间权衡相互关系，保证项目在预算范围内、按照计划时间实现技术目标和客户满意。

(2) 领导和管理的能力。物流项目经理作为物流项目的管理者，必须具备领导和管理的能力。项目经理必须清楚项目的目标是什么，而且是值得实现的目标；必须很明确地与项目成员沟通，激励项目成员完成在项目中承担的工作。管理能力是项目经理的核心能力，包括计划、人力资源管理、项目预算、进度安排及其他控制技术。

(3) 组织和建设项目团队的能力。物流项目经理一旦被挑选出，接下来的首要工作就是根据物流项目的特点设计项目管理运作组织，挑选项目成员，组建项目团队。项目的人员安排是一个复杂的问题，往往不能全部与理想的计划一致。

(4) 人际交往及沟通技巧。由于物流项目往往涉及跨部门、跨行业领域的工作，作为管理者的物流项目经理就必须具备出色的协调与沟通能力，还有面对责难时需要表现出良好的心理素质。例如，在承担物流配送项目中，若遇到顾客投诉的情况，遭受批评的往往是物流项目经理。若是大型物流项目的物流经理，那么有时候会作为招标人而与第三方物流公司打交道，于是又变成了备受尊重的人物。作为物流项目经理，经常要面临身份的转变，诸如接受批评与批评别人，恳求别人与被人恳求，有时候一天就会遭遇悲喜两重天。显然，如果不能很好地把握自己的角色定位，有效地控制情绪，掌握好沟通与协调的技能，这个职位就十分容易让人迷失方向。

(5) 预测风险的能力。风险贯穿项目的始终。作为优秀的物流项目经理，必须具有预测风险的能力。例如，技术储备是否满足项目需要，信息通道是否流畅，项目预算够不够等。

(6) 应对危机和管理冲突的能力。物流项目的执行过程潜伏着各种各样的危机，如资源危机、人员危机等。项目经理必须了解危机的存在并具有对风险和危机的评判能力，尽早预见问题、发现问题，做好应对准备。

同样，项目中也存在着各种冲突，如项目成员之间、项目组织与公司其他部门之间、公司与合作伙伴之间、项目组与客户之间时刻都有不一致，必然产生冲突。如果冲突不能有效解决，将影响项目的实施。项目经理需要深刻理解冲突的两面性，弄清楚产生的冲突是具有建设性的还是破坏性的，了解冲突发生的原因并有效地加以解决。同时在适当的时机用适当的手段激发建设性的冲突，提高项目团队工作张力也是项目经理的工作。

(7) 工作创新的能力。由于物流项目具有一次性特点，面对激烈的市场竞争，物流项目经理必须具备一定的创新能力。例如，传统的运输、仓储等企业在运作现代物流市场开拓项目时，项目经理则需要有创新意识，以满足客户物流供应链式管理需求为目标，重新设计项目业务流程和信息管理系统。

(8) 决策能力。做出决策几乎成了项目经理的日常工作。在制订物流项目计划时，项目经理需带领团队对项目的长期目标、短期目标、目标困难程度、项目进度安排等做出决策；在项目组织过程中，项目经理需要对组织的集中程度、职务设计、职务权限设计、何时进行改组等做出决策；在团队领导过程中，项目经理需要确定如何对待缺乏积极性的项目成员、不同的情况下什么样的领导方式最有效、何时激发冲突等；在项目控制过程中，项目经理又需要关注组织中哪些活动需要控制、如何控制这些活动、绩效偏差到什么程度才算严重、组织应建立哪种管理信息系统等。决策的普遍性与多样性要求项目经理必须熟悉决策的程序及相关知识，具有丰富的决策经验以及果断的行事风格。因而，决策能力是项目经理综合能力的最重要体现。

(9) 行业和技术的概念能力。对于物流项目经理而言，跨部门、跨行业领域的广泛知识面是不可或缺的，然而正由于物流项目涉及的知识领域过于广泛，各领域的知识、技术等研究也随着社会发展不断深入，物流项目经理不太可能深入地掌握各门知识技能。因而要求现代的物流项目经理不一定是相关行业和技术领域的专家，而是具有基本的技术和行业背景，了解市场，对项目和企业所处的环境有充分的理解。此时物流项目经理需要综合各方面技术专家的建议并进行项目决策，项目经理的行业和技术概念能力成为关键要素。

4.2.3 物流项目经理的挑选与培养

项目经理的选择与培养很重要。如果说一个优秀的团队是项目成功的一半，那么一个好的项目经理就是一个优秀团队的一半。由于物流项目具有灵活性及多学科参与的特点，项目经理不仅仅要求深入掌握物流知识，更重要的要是一个复合型人才。

1. 物流项目经理的挑选

(1) 挑选原则。挑选的原则主要有两个：一是要在挑选物流项目经理以前，充分考虑物流项目的特点、性质、复杂程度，以及重要性等因素对物流项目经理的要求；二是对物流项目经理候选人的能力、素质和经验等方面进行客观全面的考查，必要时可设定权重，进行量化打分。

(2) 挑选渠道。物流项目经理的主要挑选渠道包括内部聘用和外部聘用两种渠道。这两种渠道各有优缺点。从企业内部选拔出的物流项目经理对公司的情况比较了解，如公司的组织、政策、程序等，对公司的人员也比较熟悉，但培养一名合格的物流项目经理需要花费很长的时间，有的物流项目经理需要 10 年的时间进行培养。从外部招聘的物流项目经理不需要花费很长的时间进行培养，不会与企业内的各个部门有很大的干系，可以公平地对待项目，但他需要花费一定的时间熟悉公司的运作、认识公司的员工、了解公司的政策和程序。

(3) 挑选程序。分析物流项目要求及特点；确定选聘标准；发布选聘信息；登记和物色候选人；进行民意测验；绩效考核；素质和能力测评；综合评价；择优录用物流项目经理。

2. 物流项目经理的培养

(1) 基本知识培养，主要是对涉及项目管理的基本知识进行学习，包括物流管理理论、管理学、经济学、行为科学、系统工程、价值工程、计算机、英语等基础应用学科的学习。可通过在职培训或学历教育方式培养。

(2) 项目管理共性体系培养，主要包括物流项目管理知识体系、工作职能体系和工具方法体系的学习。可通过在职培训、学历教育和专业资格认证的方式培养。

(3) 项目实践培养。从事物流项目管理实践，首先以物流项目管理者助理的身份进行一个时期的基层工作实践，再独立主持单项目或小型项目管理工作，最后视其发展情况，决定是否成为物流项目经理。

4.2.4 物流项目经理的激励与薪酬设计

1. 物流项目经理的激励

物流项目经理的工作责任感与主动性对物流项目的成败具有重要影响。建立科学有效的物流项目经理激励机制，对发挥物流项目经理的创造性、激发其责任感，具有重要意义。激励机制不仅要有有形的薪酬系统提供动力，更要有物流项目经理行为规范和企业文化来深化有形的薪酬的影响，在给予物流项目经理合理的报酬、福利的同时，以企业文化的培养、渗透、融合、创造使物流项目经理的内在薪酬得到满足。对物流项目经理的激励措施一般包含目标激励、精神激励和薪酬福利激励3个部分。

(1) 目标激励。组织目标是组织成员受同一思想、信仰的推动，以共同的价值观念作维系，共同负责一定专业，朝一致方向协调努力与奋斗，所要获得的最后组织成就或成果。物流项目经理作为复合型的管理人才，往往具有强烈的事业心和成就动机，希望能够发挥自己的专长，因此，明确组织的战略和经营目标，规划组织的共同愿景，使物流项目经理产生与组织目标相一致的价值观和追求，对激发其事业心和创造精神，具有首要作用。目标激励分为组织发展目标激励与个人发展目标激励两个方面。

对物流项目经理进行目标激励，能够使其准确掌握自己的岗位责任，工作有准备；使物流项目经理有自我实现感、有信心、参与感强；有利于物流项目经理职业生涯规划设计和自我规划。

(2) 精神激励。精神激励是通过给予物流项目经理各种精神奖励和荣誉，理解与支持其工作，对物流项目经理给予应有的信任和宽容，并充分承认其价值和鼓励创新，以达到对物流项目经理激励的目的。对物流项目经理来说，精神激励的效果往往优于薪酬激励的效果。

(3) 薪酬福利激励。物流项目经理的薪酬福利体系是企业从人力投资和激励机制的角度出发为物流项目经理提供有形的与无形的酬劳总和，除了静态工资、动态工资、各种福利，还有物流项目经理相应的股权效益——股份期权、人性化的企业文化、良好的工作环境、发展机会等。

2. 项目经理的薪酬设计

一个有效的薪酬管理体系必须解决以下4个问题：奖励应当奖励的员工；奖励应当奖

励的事情；以适当的程度奖励员工；以适当的方式奖励员工。

(1) 设计原则。组织的薪酬设计，一般原则是对外具有竞争力、对内具有公平性、对个人具有激励性、易于管理；对于物流项目经理的薪酬福利设计还应在注重绩效考评的基础上，充分考虑项目成果对组织的重要性和项目成果的运行价值；除了考虑适当的货币形式收入外，可以针对项目的收益实行股权、期权分配机制，实行"项目股份化"，具体有收入股份化、管理股、设置股份期权等手段。虽然项目具有实施的一次性特点，具有一定的短期性，但项目成果往往具有长期性，因此实施项目股份化是激励经营管理者与员工共同努力、克服各种困难、达到项目目标的有效手段。实施项目股份化能使委托人和代理人的目标最大限度地达成一致；能减轻企业日常支付现金的负担，节省大量营运资金，有利于企业的财务运作；能避免企业人才流失，为企业吸引更多的优秀人才。

(2) 物流项目经理的薪酬结构。现代物流项目管理中，物流项目经理的薪酬体系结构中包括直接货币收入与非直接货币收入两个部分。在今后的发展中，直接的货币收入所占比重会逐渐下降，而非直接的货币收入所占比重将逐渐上升。这种变化体现出物流项目管理对物流项目成果的价值重视程度不断提高。

4.3 物流项目团队

作为一种先进的组织形式，最先引入团队概念的是20世纪70年代的沃尔沃、丰田、通用食品等公司，到90年代在很多国际著名大公司中，团队方式都是他们的主要运作形式。近年来"团队"一词变得越来越时髦，每当我们谈起工作或组织目标时必称团队，管理专家建议重新构建组织，以便利团队工作，组织的领导者也向组织阐述团队工作方法的重要性，高级管理人员勉励其所属部门搞好团队工作。80年代经营管理方面的流行术语是组织文化(Organizational Culture)，90年代团队工作则成了管理方面的流行概念。

4.3.1 物流项目团队的概念及特征

1. 物流项目团队的概念

团队是一种为了实现某种共同目标而由相互协作、共同遵守同一规范的若干个体组成的工作群体。具体而言，它是一群人以任务为中心，互相合作，每个人都把个人的智慧、能力和力量贡献给自己正在从事的工作。

物流项目团队如同项目本身，组成的规模有大有小，存在时间有长有短，有些组织结构相对复杂，有些却比较简单；有些动态性强，人员要经常更换，而有些却相对稳定。例如，前面图4.2中提到的A城物流中心建设项目中，项目团队的动态性很强，在不同的项目阶段，项目团队的主要构成有所变化，且在该物流项目中整个项目团队是由多个子团队构成的。

2. 高效项目团队的特征

一般而言，一个高效的物流项目团队需要有清晰的项目目标；项目成员的技术和能力有机结合，且具备合作的品质；项目成员具有和项目目标一致的共同目标；项目成员之间高度理解、信任和合作互助；成员之间以及项目成员与客户或其他相关部门能进行良好的沟通；团队的领导者具有较高的领导能力，能够鼓舞团队、坚定信心，最大限度地调动和发挥每个成员的潜能。另外良好的内外部支持环境也是高效团队的必要条件。图 4.6 列出了高效团队的特征。

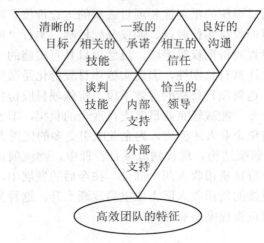

图 4.6　高效团队的特征示意图

4.3.2　物流项目团队的建设

1. 物流项目团队建设原则

(1) 合理确定团队规模。最好的工作团队一般规模较小，其成员应控制在 12 人以内，如果团队成员很多，会妨碍交流与讨论，难以形成凝聚力、忠诚和信赖感。如果一个物流项目的工作单位本身较大，而又希望达到团队的效果，那么可以考虑把群体分解成几个小的工作团队。

(2) 完善成员技能。要有效地运作一个物流项目团队，一般需要 3 种不同技能类型的成员。第一，需要具有物流及先关领域技术专长的成员。第二，需要具有解决问题和决策技能的成员。第三，需要善于聆听、反馈、解决冲突及其他人际关系技能的成员。对具有不同技能的人进行合理搭配是极其重要的。但在团队形成之初，并不需要以上 3 个方面的成员全部具备。在必要时，需要一个或多个成员去学习团队所缺乏的某种技能，从而使团队充分发挥其潜能。

(3) 合理分配成员角色。物流项目经理作为团队管理者，有必要了解个体能够给团队带来贡献的个人优势，使工作任务分配与成员偏好的风格一致。研究发现，团队不成功的原因很多时候在于人员搭配不当，导致在某些领域投入过多，另一些领域过少。例如，具有"创造者—革新"偏好的人富有想象力，善于提出新观点或新概念，他们独立性较强，喜欢自己安排工作时间，按自己的方式、节奏进行工作。这种项目成员不适合成为项目管理者或者项目信息沟通者，但是可以担任顾问的角色，他们往往在立项时期或者物流项目遇到难以解决的瓶颈时提出具有创造性的"金点子"，让物流项目朝着成功的方向发展。

(4) 树立共同目标。共同目标能够为团队成员指引方向和提供动力，目标会使个体提高绩效水平，目标也使群体充满活力。当然，成功的团队会把他们的共同目标转变成具体的、可以衡量的、现实可行的绩效目标。目标会使个体提高绩效水平，目标也能使群体充满能力。具体的目标可以促进沟通与合作，还有助于团队把自己的精力放在达成有效的结果上。

(5) 明确领导与结构。目标决定了团队最终要达成的结果。但高绩效团队还需要领导和结构来提供方向和焦点。例如，确定一种成员认同的方式，就能保证团队在达到目标的手段方面团结一致。

(6) 建立绩效评估与激励体系。个人绩效评估、个人激励等与高绩效团队的开发是不同的。因此，除了根据个体的贡献进行评估和奖励之外，管理者还应考虑以群体为基础进行绩效评估、利润分享、小群体激励及其他方面的变革，来强化团队的进取精神和承诺。

(7) 培养相互信任的精神。管理者和团队领导对于团队的信任气氛具有重大影响。因此，管理人员和团队领导之间首先要建立起信任关系，然后才是团队成员之间的相互信任关系。

培养信任感的方法有：表明既为自己又为别人的利益工作；用语言和行动来支持自己的团队；表明指导自己决策的基本价值观是一贯的；开诚布公；公平；说出自己的感觉；保密；表现出自己的才能。

2. 物流项目团队建设的途径

(1) 人际关系途径。人际关系途径是在团队成员之间形成较高程度的社会意识及个人意识。例如，通过帮助团队成员学会如何相互倾听，或者如何了解团队中其他成员的经历，更好地理解彼此的个性以及彼此进行有效的交流，将有助于团队成员共同工作。它会使团队成员把其他成员看做"我们"，而不是仅仅看成不得不与之工作的一群人。

(2) 角色界定途径。角色界定途径需明确每个人对自己的期待、整个群体的规范以及不同成员所分担的责任。在建立过程中需注意以下原则。

① 每个团队成员既承担一种功能，又担任一种团队角色。

② 一支团队需要在功能与角色之间找到平衡，这取决于团队的任务。

③ 团队的绩效取决于团队成员认同团队内的各种相关力量，以及按照各种相关力量进行调整的程度。

④ 有些成员比另一些成员更适合某些团队角色，这取决于他们的个性与智力。

⑤ 一个团队只有在具备了范围适当、平衡的团队角色时，才能充分发挥其技术资源优势。

(3) 价值观途径。价值观途径也是要发展团队成员间的相互理解，但重点是成员对其正在做的事的整体立场，以及他们所采取的价值观，而不是组成团队的个人的性格或他们所担当的角色。在这一模式中，团队管理最基本的特征是形成明确的"任务说明"，由所有参加团队的人进行协商。通过确保团队中的每个人都拥有共同的价值观，确保团队的工作目的反映这些价值观，团队成员就能够有效地共同工作，并且能够感知到自己的个人行为是如何为团队的共同目标做出贡献，并如何反映团队的共同价值观念的。

(4) 任务导向途径。这一途径强调团队的任务以及每个成员能够对任务的完成所做贡献的独特方式。在这一途径中，重点不是关于人们是什么样子的，而是关于人们所拥有的技能以及这些技能如何对整体做出贡献。因此，这一途径十分强调团队成员之间的信息交流。它也强调根据完成任务所需的资源、技能以及步骤对团队的任务进行分析。

4.3.3 常用的物流项目团队决策方法

项目一旦成立，项目团队在努力完成项目目标的过程中便会遇到各种例常性的或突发性的问题与矛盾，使得决策变得极为普遍和频繁。项目团队工作效率和效果取决于其决策质量的高低。项目团队的决策要体现集思广益、知识与能力的合成。

根据出现问题的类型,可以将项目决策分为程序化决策和非程序化决策。程序化决策是相对简单的,并且在很大程度上依赖以前的解决方法。非程序化决策往往是独一无二的,是不重复发生的,这种决策没有事先准备好的解决方法可循,需要决策者具有相当的经验和能力方可解决。由于项目具有临时性和一次性特征,项目管理中所涉及的决策往往是非程序化的决策,这便增加了项目团队决策的难度。

几种常用的项目团队决策方法有头脑风暴法、德尔菲法、名义群体法、电子会议法、标准日程法、点式计划法、解决问题九步法等。头脑风暴法和德尔菲法已在前面内容中详细说明,此处不再赘述。

1. 名义群体法

名义群体法要求名义群体在决策制定过程中限制讨论,出席成员必须都是独立思考的。具体来说,名义群体法遵循以下步骤。

(1) 成员集合成一个群体,但在进行任何讨论之前,每个成员独立地写下其对问题的看法。

(2) 经过一段沉默后,每个成员将自己的想法提交给群体,然后逐个向大家说明自己的想法,直到每个人的想法都表述完并记录下来为止(通常记在一张活动挂图或黑板上)。在所有想法都记录下来之前不进行讨论。

(3) 群体开始讨论,以便把每个人想法搞清楚,并做出评价。

(4) 每一个群体成员独立地把各种想法排出次序,最后决策时选择综合排序最高的想法。

这种方法的优点在于,使群体成员正式开会但不限制每个人的独立思考,而传统的回忆方式往往做不到这点。

2. 电子会议法

电子会议法发将名义群体法和计算机技术相结合。参会人员利用计算机表达自己的观点,并且显示在投影的屏幕上供其他与会人员分享。电子会议法的优点在于匿名、诚实和快速。决策参与者不透露姓名地打出自己所要表达的任何信息,因而能无所顾虑地表达自己的想法。另外还能消除闲聊和讨论偏题,且不必担心打断别人的"讲话"。

3. 标准日程法

标准日程法是将解决问题的过程严格地分成7个步骤,以解决问题为目标,严格按照流程进行,具体包括以下步骤。

(1) 了解团体面临的问题,确定解决问题的期限,确定资源的约束条件。

(2) 分析问题的原因、实质和位置,准确定义问题。

(3) 收集信息,充分沟通,分析信息。

(4) 树立标准,寻找并分析各种可能的障碍(技术、规则、政策、法规等)。

(5) 集思广益,制定备选方案。

(6) 将各种方案与所树立的标准相比较。

(7) 选择出最佳解决办法或解决方案。

4. 点式计划法

该方法主要用于大型团队确定工作重点，具体包括以下步骤。

(1) 团队成员集思广益，将各自的一个有关工作的观点记录在不同的纸上，公开张贴于会议室。

(2) 给每个成员发同样数量的 3 种颜色记事贴，分别表示最重要、次重要和一般重要。

(3) 团队成员在贴出来的所有个人意见纸上，按照自己的重要性判断，贴上相应记事贴。

(4) 根据张贴于会议室代表不同观点的纸上所贴记事贴的种类和数量找出最重要的观点。

5. 解决问题 9 步法

项目管理过程中将会预见各种问题，团队工作对问题的解决发挥重要作用，用该方法解决问题一般经过 9 个步骤，具有普遍适用性。

(1) 问题说明。要以书面形式说明，最好定量化。

(2) 问题原因查明。采取以上多种方法，如头脑风暴法或专家咨询等。

(3) 数据收集。采用观察、询问、测试、报告查阅以及数据分析等形式。

(4) 可行性方案提出，并征询相关意见。

(5) 可行性方案评估。确定评估标准、权重，制定评估积分表。

(6) 确定最佳方案。

(7) 计划修改。明确具体问题，预测新问题和新风险。

(8) 方案实施。

(9) 判断问题解决的程度。

4.3.4 常见的物流项目团队陷阱及克服建议

1. 物流项目经理放弃权力

某些物流项目经理认为帮助团队培养自主性的最佳方式就是自己少介入。于是他们从团队中退出，有意避免与团队成员交流。这对于还不够成熟的团队来讲，可能会增加团队冲突，作出错误的团队决策，影响项目绩效也不利于团队凝聚力的形成。克服建议如下。

(1) 物流项目经理的作用就是和团队一起工作，帮助其提高使用信息、解决问题和决策的能力。

(2) 项目经理必须根据团队的成熟度正确使用权力。

(3) 如果团队做出了错误决定，项目经理应该同团队一起反省，不要指责任何人或滥用职权。

2. 项目团队成员责任不明

在这种情况下，一个团队可正常做出决定，但无后续行动。团队成员由于集体的不负责而受到挫折。当行动完成得不好或犯了错误时，无人承担责任。谁应对某一项工作负责没有明确分工，因此当一项工作指定由一个团队来负责时，无任何人行动。克服建议如下。

(1) 每当做出一个决定或采取行动时，要确定团队是否明确了某人负责某项工作，需要多少资源，什么时候完成。

(2) 在每一次会议的开始要审查上次分派工作的完成情况，鼓励团队成员负起责任，督促其同时完成已分派给他的任务。

3. 项目团队成员只考虑短期目标

胸无全局可导致团队玩弄计谋，做出仅为一己之利的决定。只见树木不见森林会导致可疑的计划和缺乏理性的决策。克服建议如下。

(1) 确保团队成员对该组织、目标和结构有一基本认识。

(2) 在执行一项会对另一团队或部门具有直接影响的决议之前，对该决议重新检查，对来自受影响部门的反馈慎重考虑。

4. 团队成员贡献差异很大

这种情况表现为少数成员为团队中其他人承担责任。那些投入较多时间和做出较大贡献的成员对贡献较小的团队伙伴日益不满。克服建议如下。

在处理困难问题时，要制定出团队成员应遵循的步骤，这有助于确保把同等地位人的压力转化为积极力量。

4.4 物流项目冲突管理

项目冲突管理既不是完全避免冲突，又不是任由冲突自然发展，而是引导冲突结果向着积极的、协作的、有利的一面发展，而非朝破坏性的方向发展。

4.4.1 冲突的概念及类型

1. 冲突的概念

冲突指的是由于某种抵触或对立状况而感知到的不一致的差异。概念中提到的差异是否真实存在并不重要，只要人们感知到差异的存在，则冲突的状态也就存在。

2. 项目冲突的类型

(1) 人力资源的冲突。对有来自其他职能部门或参谋部门人员的物流项目团队而言，围绕着用人问题，会产生冲突。当人员支配权在职能部门或参谋部门的领导手中时，双方会在如何使用这些队员上存在冲突。

(2) 成本费用冲突。成本费用冲突往往在费用如何分配上产生冲突。例如，物流项目经理分配给各职能部门的资金总被认为相对于支持要求是不足的，工作包 1 的负责人认为该工作包中预算过小，而工作包 2 的预算过大。

(3) 技术冲突。在面向技术的项目中，在技术质量、技术性能要求、技术权衡以及实现性能的手段上都会发生冲突，如客户认为应该采用最先进的技术方案，而项目团队则认为采用成熟的技术更为稳妥。

(4) 管理程序上的冲突。许多冲突来源于项目应如何管理，也就是物流项目经理的报告关系定义、责任定义、界面关系、项目工作范围、运行要求、实施的计划、与其他组织协商的工作协议，以及管理支持程序等。

(5) 项目优先权的冲突。项目参加者经常对实现项目目标应该执行的工作活动和任务的次序关系有不同的看法。优先权冲突不仅发生在项目班子与其他合作队伍之间,在项目班子内部也会经常发生。

(6) 项目进度的冲突。围绕项目工作任务(或工作活动)的时间确定次序安排和进度计划会产生冲突。

(7) 项目成员个性冲突。这样冲突经常集中于个人的价值观、判断事物的标准等差别上,这并非是技术上的问题。冲突往往来源于团队队员经常的"以自我为中心"。

4.4.2 冲突对物流项目的影响

20 世纪 40 年代以来,冲突被普遍认为是有害无益的,强调管理者应尽可能避免和消除冲突。但近些年,这种观念有了很大的改变,人们意识到冲突在项目中存在的必然性和合理性,认为冲突并不一定会导致低效,建设性冲突(或者称功能正常的冲突)有利于改变项目管理中反应迟缓、缺乏创新的局面,提高项目运作效率。因此,物流项目有时需要建设性的冲突,物流项目经理也需要在适当的时候激发一定水平的冲突。然而破坏性冲突(或者称功能失调的冲突)则会导致缺乏尊重,缺乏信任,破坏项目小组之间、个人之间的沟通,对其他人的想法、意见或建议一律拒绝或不予重视,最终导致项目的精神被瓦解,项目的组织四分五裂,项目的失败也在所难免。

在物流项目管理过程中,物流项目经理应该适当地利用建设性冲突,避免破坏性冲突,但这两种冲突是共生的,二者之间的分界并不清楚、明确,没有一种冲突水平对所有条件都合适或者不合适。图 4.7 和表 4-3 表明了冲突水平对项目组织绩效水平的影响。

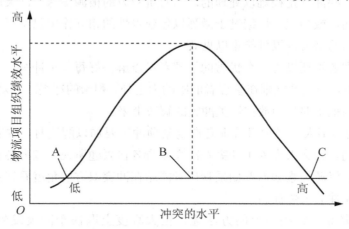

图 4.7 冲突水平与物流项目组织绩效

表 4-3 冲突与物流项目组织绩效

情景	冲突水平	冲突类型	项目组织的内部特征	物流项目组织的绩效水平
A	低或无	功能失调	冷漠 迟钝 对变化反应慢 缺乏新观念	低

续表

情景	冲突水平	冲突类型	项目组织的内部特征	物流项目组织的绩效水平
B	最佳	功能正常	生命力强 自我批评 不断变革	高
C	高	功能失调	分裂 混乱无秩序 不合作	低

可以看到，冲突太多或者太少都是不恰当的，物流项目经理应当激发功能正常的冲突以获得最大收益，但当其成为破坏力量时，又要降低冲突水平。目前还尚无一种复杂的测量工具来评估某种冲突水平是功能正常的还是功能失调的，因此还需要项目管理者自己进行治理判断，以了解组织中冲突的水平是否恰当。

4.4.3 解决物流项目冲突的程序及策略

1. 解决冲突的一般程序

(1) 审慎地选择要处理的冲突。项目管理者不应当对所有的冲突一视同仁，一些冲突可能不值得花费精力，还有一些冲突可能极难处理。对于不值得花费精力处理的冲突，"回避"可能是最恰当的做法。通过回避琐碎的冲突，可以提高总体的管理成效，尤其是冲突管理技能。还有一些冲突是极难以处理的，当对抗双方的根源很深，冲突的一方或者双方都想拖长冲突时间，或当双方情绪过于激烈以致建设性的相互作用已不可能时，管理者在冲突处理上所做出的努力也很可能难以见效。

因此项目管理者不要以为一个优秀的管理者可以解决好每一项冲突。一些冲突根本不值得花费精力，还有一些冲突则在管理者的影响力之外。剩余的冲突才是功能正常的冲突，项目管理人员应当把主要精力放在这类冲突的解决上来。

(2) 评估冲突当事人。当项目管理者选定某项冲突要加以解决时，先花费时间了解当事人是十分重要的。什么人卷入了冲突？冲突双方各自兴趣所在？双方各自的价值观、人格特点以及情感、资源因素如何？如果管理者能站在冲突双方的角度看待冲突情境，则成功处理冲突的可能性会大幅提高。

(3) 评估冲突源。解决冲突的方法选择很大程度上取决于冲突发生的原因，因而管理者在采取冲突解决策略前需要较深刻地了解冲突发生的缘由。物流项目中冲突产生的原因主要有沟通与知觉差异、角色混淆、项目中资源分配及利益格局的变化、目标差异。

(4) 进行最佳策略的选择。解决冲突的策略一般包括回避、迁就、强制、妥协及合作5种。没有一种办法是放之四海而皆准的。管理者需要从冲突的管理"工具箱"中选出一种最合适的工具。然而在此之前需要管理者对每项工具的特点进行了解，知道每项工具能够做什么，以及在何时使用效果最佳。

2. 处理冲突常用的几种策略

(1) 回避和冷处理。前面已经提到，管理者对所有的冲突不应一视同仁。当冲突微不足道、不值得花费大量时间和精力去解决时，回避是一种巧妙而有效的策略。当冲突各方情绪过于激动，需要时间使他们恢复平静时，或者立即采取行动所带来的负面效果可能超过解决冲突所获得的利益时，采取冷处理是一种明智的策略。

(2) 迁就。迁就的目标是把别人的需要和考虑放在高于自己的位置上，从而维持组织的和谐关系。当争端问题不是很重要，或者项目管理者希望为后面的工作树立信誉时，这一选择十分有价值。

(3) 各方的妥协。原联合国秘书长科菲·安南曾坦言，联合国作为全球政治冲突的中心，其最大的作用就是妥协。所谓妥协就是在彼此之间的看法、观点的交集基础上，建立共识，彼此都做出一定的让步，达到各方都有所赢、有所输的目的。当冲突双方势均力敌或焦点问题纷繁复杂时，妥协是避免冲突、达成一致的有效策略。强调共同的战略目标是妥协策略的常用方法。共同的战略目标的作用在于使冲突各方感到使命感和向心力，意识到任何一方单凭自己的资源和力量无法实现目标，只有在全体成员通力协作下才能取得成功。例如，企业中投资部门、经营管理部门、质量安全部门、销售部门等都会不自觉得强调自己部门的重要性，需要使其意识到要从企业整体高度看待问题，而不是从部门，甚至个人的角度。在这种情况下，冲突各方可能为这个共同的战略目标相互谦让或做出妥协和牺牲，避免冲突的发生。

(4) 强制执行。这是同妥协相对立的解决方式，当管理者需要对重大事件做出迅速的处理时，或者需要采取不同寻常的行动而无法顾及其他因素时，以牺牲某些利益来保证决策效率也是解决冲突的途径之一。

(5) 合作。这是一种双赢的解决方式，团队成员直接正视冲突，要求得到一种明确的结局，此时尽量满足冲突各方的利益。合作的典型特点是各方开诚布公地讨论，积极倾听并理解双方的差异，对有利于双方的所有可能的解决办法进行仔细考察。当没有时间压力时，当冲突各方都希望双赢解决方式时，当问题十分重要不可能妥协折中时，合作是最佳的策略。

另外，制度的建立与执行对于解决冲突也有十分重要的意义。制度的存在虽然让许多人觉得受到约束，但它是一条警戒线，足以规范成员的作为。因此通过制定一套切实可行的制度并将企业成员的行为纳入到制度的规范范围，靠法治而不是人治来回避和降低冲突。

3. 激发建设性冲突

激发冲突这一理念往往很难被人理解。在绝大多数人心中，"冲突"一词带有明显的消极含义，有意制造冲突似乎正好与优秀的管理背道而驰。几乎没有人愿意把自己置身于冲突中。但是，有证据表明，在一些情境中，增加冲突是具有建设性的，虽然建设性冲突和破坏性冲突之间很难明确划清界限，也没有一个明确的标准来评估是否需要增加冲突。

若在项目组织中存在以下方面的问题，管理者需要考虑激发冲突。

(1) 项目组织成员在管理者面前总是点头称是。

(2) 项目组织成员害怕在项目管理者面前承认自己的无知与疑问。

(3) 项目决策者过于偏重折中方案，以至于忽略了价值观、长远目标或组织福利。

(4) 项目管理者认为自己的最大乐趣是不惜代价维持组织中的和平与合作效果。
(5) 项目决策者过于注重不伤害他人的感情。
(6) 项目管理者认为的众望比高绩效更值得奖励。
(7) 项目管理者过分注重获得决策的一致。
(8) 组织中长期缺乏新思想。
(9) 项目成员对变革表现出异乎寻常的抵制。

项目管理者可以通过改变组织文化、运用沟通、散布模棱两可或具有威胁性的信息，引进外人，重新建构组织，任命一名吹毛求疵者等方式来激发冲突。

本 章 小 结

物流项目组织是指实施项目的组织，它是由不同部门、不同专业的一组个体成员为完成一个具体项目目标而建立起来的协同工作的队伍。项目组织具有临时性、柔性、注重协调和沟通、注重借助外部资源、注重团队精神作用以及跨职能部门等特点。

物流项目组织主要有职能型、项目型、矩阵型 3 种类型的组织结构形式，其中矩阵型包括强矩阵型、平衡矩阵型和弱矩阵型。不同的项目宜合理采用不同的组织结构类型。

项目经理是项目的负责人，负责项目的组织、计划、实施及控制的全过程，以保证项目目标的成功实现。项目经理对内需对所属部门上级组织及所管项目团队负责；对外需对项目客户、各方面专家及其他公共关系部门负责。

对物流项目经理的素质要求包括性格品质、道德品质及知识技能的要求；对物流项目经理能力的要求包括总体把握项目目标的能力、领导和管理的能力、组织和建设项目团队的能力、人际交往及沟通技巧、预测风险的能力、应对危机和管理冲突的能力、工作创新的能力决策能力、行业和技术的概念能力。

项目经理的主要挑选渠道包括内部聘用和外部聘用两种渠道。对物流项目经理需注重基本知识、共性体系、项目实践 3 个方面的培养。项目经理的激励须包括目标激励、精神激励和薪酬福利激励。

团队是一种为了实现某种共同目标而由相互协作、共同遵守同一规范的若干个体组成的工作群体。

物流项目团队建设原则包括合理确定团队规模、完善成员技能、合理分配成员角色、树立共同目标、明确领导与结构、建立绩效评估与激励体系、培养相互信任的精神；项目团队建设的途径包括人际关系途径、角色界定途径、价值观途径和任务导向途径。

几种常用的项目团队决策方法有头脑风暴法、德尔菲法、名义群体法、电子会议法、标准日程法、点式计划法、解决问题九步法等。项目团队在日常工作中要警惕常见的陷阱，应用正确的方法克服遇到的问题。

冲突指的是由于某种抵触或对立状况而感知到的不一致的差异。项目冲突管理既不是完全避免冲突，又不是任由冲突自然发展，而是引导冲突结果向着积极的、协作的、有利的一面发展。冲突太多或者太少都是不恰当的，项目管理者应当激发功能正常的冲突以获得最大收益，但当其成为破坏力量时，又要降低冲突水平。

进行冲突管理需要对冲突产生原因的进行判断，解决冲突的一般程序是审慎地选择要处理的冲突；评估冲突当事人；评估冲突源；进行最佳策略的选择。处理冲突常用回避和冷处理、迁就、妥协、强制、合作及制度的建立与执行几种方式。

习　　题

一、名词解释

物流项目组织　　物流项目团队　　冲突

二、选择题

(1) 项目组织结构类型包括(　　)。
　　A．职能型　　　　　　B．矩阵型　　　　　C．复合型　　　　D．项目型
(2) 以下适合职能型的项目组织结构的项目是(　　)。
　　A．一般运输项目　　　　　　　　　　　　B．物流中心建设项目
　　C．供应链综合管理项目　　　　　　　　　D．一般仓储项目
(3) 对项目经理的激励包括(　　)。
　　A．环境激励　　　　　　　　　　　　　　B．目标激励
　　C．精神激励　　　　　　　　　　　　　　D．薪酬福利激励
(4) 高效项目团队的特点包括(　　)。
　　A．清晰的目标　　　　B．一致的承诺　　　C．良好的沟通　　D．内外部支持
　　E．恰当的领导　　　　F．相互的信任
(5) 项目团队建设的途径包括(　　)。
　　A．人际关系途径　　　　　　　　　　　　B．角色界定途径
　　C．价值观途径　　　　　　　　　　　　　D．任务导向途径
(6) 解决冲突的一般程序(顺序)是(　　)。
　　A．评估冲突当事人　　　　　　　　　　　B．审慎地选择要处理的冲突
　　C．进行最佳策略选择　　　　　　　　　　D．评估冲突源

三、简答题

(1) 试比较不同项目组织形式的优势与劣势。
(2) 作为一名优秀的项目经理，其主要特征是什么？
(3) 项目团队形成和发展经历了哪些阶段？这些阶段各有什么特征？
(4) 项目经理如何应用有效的沟通手段来解决项目的冲突？
(5) 使用正式方式化解项目冲突的前提条件是什么？

 案例分析

A 公司的物流项目组织

A 公司是一家第三方物流公司，该公司目前同时开展 10 个项目，并且这些项目处于不同阶段。该公

司拥有很多项目经理,他们全都向总经理负责,项目团队成员既要受职能部门经理领导,又要受项目经理领导。例如,物资采购员既要归物资管理部经理领导,又要由所在项目的项目经理安排工作。有些人只为一个项目工作,有些人则分时间段在几个不同的项目中工作着。

小刘于某大学物流工程管理专业硕士毕业后的 6 年间一直在该公司工作,目前级别是高级物流师和物流业务部经理。前不久,公司获得一个 6 000 万元的合同,小李被提升为项目经理负责这一项目。

小刘被提升为项目经理后,其原来所在职位空缺,于是公司招聘了一位新员工小王。小王与小刘的专业相同,并已获得博士学位,而且已经有 8 年的工作经验,专业能力很强。小王进入公司后,被分配到小刘的项目团队中。

由于小刘不了解小王的工作方式,因此他经常找小王谈话,建议他怎样进行方案设计等,但是小王根本不理会他的看法。有一次,小王告诉小刘,他有一个可以使系统成本降低的创新设计方案。小刘听了以后说:"尽管我没有博士头衔,但我知道这个方案毫无意义,不要这样故作高深,要踏实地做好基本的流程设计工作。"这使得小王很不高兴,他觉得小刘的做法根本就不像一个项目经理所为,认为小刘不适合从事管理工作。

(资料来源:作者编写。)

思考:
(1) 试分析 A 公司属于哪种项目组织结构?为什么?
(2) 你认为作为该项目的技术人员,小王对待项目经理小刘的态度合适吗?
(3) 你认为小刘胜任项目经理这个职位吗?为什么?

第 5 章　物流项目进度管理

【本章教学要点】

知识要点	掌握程度	相关知识	应用方向
项目进度管理	理解	物流项目进度管理的概念、内容，影响项目进度的因素及解决措施	物流项目进度管理问题识别
项目进度计划	熟悉	物流项目进度计划编制的依据、基本要求、步骤、方法和工具	物流项目进度计划制订
网络计划技术	掌握	网络计划的编制和优化	编制与优化物流项目网络计划
项目进度控制	熟悉	物流项目进度控制的过程、进度检测的方法、项目进度比较分析及更新	检测物流项目进度，与计划比较，控制和更新物流项目进度计划

【关键词】

项目进度、进度计划、网络计划、进度控制

物流项目管理

> **导入案例**
>
> 某系统集成公司现有员工50多人，业务部门分为销售部、软件开发部、系统网络部等。经过近半年的酝酿后，在今年1月，公司的销售部直接与某第三方物流公司签订了一份关于运输车辆调度、载货配置及线路优化的物流软件系统项目的合同。合同规定，6月28日之前该项目必须投入试运行。在合同签订后，销售部将此合同移交给了软件开发部，进行项目的实施。项目经理小丁做过5年的系统分析和设计工作，但这是他第一次担任项目经理。小丁兼任系统分析工作，此外，项目还有2名有1年工作经验的程序员，1名测试人员，2名负责组网和布线的系统工程师。项目组成的成员均全程参加项目。在承担项目之后，小丁组织大家制定了项目的工作分解结构，并依照以往的经历制订了本项目的进度计划，简单描述如下。
>
> 1. 应用子系统
> (1) 1月5日～2月5日需求分析。
> (2) 2月6日～3月26日系统设计和软件设计。
> (3) 3月27日～5月10日编码。
> (4) 5月11日～5月30日系统内部测试。
> 2. 综合布线
> 2月20日～4月20日完成调研和布线。
> 3. 网络子系统
> 4月21日～5月21日设备安装、联调。
> 4. 系统内部调试、验收
> (1) 6月1～20日试运行。
> (2) 6月28日系统验收。
>
> 春节后，在2月17日小丁发现系统设计刚刚开始，由此推测3月26日很可能完不成系统设计。
>
> (资料来源：http://www.docin.com/P-354309331.html，有改动。)
>
> 思考：请问该项目发生进度滞后的可能原因，小丁应该如何保证项目整体进度不拖延？

物流项目进度计划是物流项目实施计划中的核心计划之一，物流项目进度管理也属于物流项目三大要素(进度、成本和质量)管理之一，具有重要的价值和地位。物流项目如果不能按期完成，除了遭受项目延期和合同违约等经济损失外，更可怕的是丧失珍贵的市场机会和企业信誉，使物流项目失去获利的机会和存在的价值。

1994年，美国Standish Group对于IT行业8 400个项目(投资250亿美元)的研究结果表明：项目总平均预算超出量为90%，进度超出量为120%，项目总数的33%既超出预算，又推迟进度，在大公司，仅有9%的项目按预算、按进度完成。可见项目进度已经成为大多数项目管理的短板。

5.1 物流项目进度管理概述

物流项目进度管理是物流项目管理的一个重要方面，它与物流项目投资管理、质量管理等同为物流项目管理的重要组成部分。它是保证物流项目如期完成和合理安排资源供应、节约物流项目成本的重要措施之一。物流项目进度管理彰显了党的二十大报告"实施全面节约战略"的价值理念。

5.1.1 物流项目进度管理的概念

物流项目进度管理又称物流项目时间管理或物流项目工期管理,是指在物流项目实施过程中,对各阶段的进展程度和项目最终完成的期限所进行的管理。它采用科学的方法确定项目进度目标,在规定的时间内,拟订出合理且经济的进度计划(包括多级管理的子计划)和资源供应计划,控制项目进程,在执行计划的过程中,经常要检查实际进度是否按计划要求进行,若出现偏差,便要及时找出原因,采取必要的补救措施或调整、修改原计划,并在与质量、费用目标协调的基础上,实现预定的工期目标。

5.1.2 物流项目进度管理的内容和要点

物流项目进度管理包括确保项目准时完工所必需的一系列管理的过程和活动,主要包括两大部分内容,即物流项目进度计划的制订和物流项目进度计划的控制。

1. 物流项目进度计划的制订

在物流项目实施之前,必须先制订出一个切实可行的、科学的进度计划,然后再按计划逐步实施。其制订步骤一般如下。

(1) 进行物流项目工作结构分解,界定各项活动的具体内容和职责。
(2) 确定物流项目活动的排序,估算各项活动所需的时间和资源。
(3) 制订物流项目进度计划和预算。

为了保证物流项目进度计划的科学性和合理性,在编制进度计划前,必须收集真实、可靠的信息资料,以作为编制进度计划的依据。这些信息资料包括项目背景、项目实施条件、项目实施单位及人员数量和技术水平、项目实施各个阶段的定额规定等。

2. 物流项目进度的跟踪与控制

在物流项目进度管理中,制订出一个科学、合理的物流项目进度计划,只是为物流项目进度的科学管理提供了可靠的前提和依据,但并不等于物流项目进度的管理就不再存在问题。在物流项目实施过程中,由于内外部环境和条件的变化,往往会造成实际进度与计划进度发生偏差,如不能及时发现这些偏差并加以纠正,物流项目进度管理目标的实现就一定会受到影响。所以,必须实行物流项目进度计划控制。

物流项目进度计划控制的方法是以物流项目进度计划为依据,在实施过程中对实施情况不断地进行跟踪检查,收集有关实际进度的信息,比较和分析实际进度与计划进度的偏差,找出偏差产生的原因和解决办法,确定调整措施,对原进度计划进行修改后再予以实施。随后继续检查、分析、修正;再检查、分析、修正……,直至物流项目最终完成。

3. 物流项目进度管理的要点

要成功地进行物流项目进度计划和控制,做好以下几点是十分必要的。

(1) 建立物流项目管理的模式与组织架构。一个成功的物流项目,必然有一个成功的管理团队、一套规范的工作模式、操作程序、业务制度、一流的管理目标和企业文化。

(2) 建立一个严密的合同网络体系。一个较大的物流项目工程是由很多的建设者参加的共同体，这就需要有一个严密的合同体系，调动大家的积极性，从而避免相互拆台、扯皮。

(3) 制订一个切实可行的三级物流项目计划。这一计划不仅要包含承包单位的工作，更重要的是要包含业主的工作、设计单位的工作、监理单位的工作，以及充分考虑与物流项目密切相关的政府部门的工作影响。

(4) 设计单位的确定及设计合同的签订，以及设计质量、速度的检查、评审。设计的工作质量决定了物流项目施工能否顺利实施。

(5) 施工单位的招标、评标及施工合同的签订，包含总包、分包单位的选择，材料、设备的供货合同的签订。

(6) 物流项目前期政府手续的办理以及市政配套工程的安排。与政府机关的充分沟通与良好关系，是物流项目成功的保证。

5.1.3 影响物流项目进度的因素

为了对物流项目的进度进行有效的控制，必须在进度计划实施之前对影响物流项目进度的因素进行分析，进而提出保证进度计划成功实施的措施，以实现对物流项目进度的主动控制。影响物流项目进度的因素有很多，既有物流项目本身组织管理的因素，也有外部顾客、供应商、分包商、协作单位的因素，还有外部经济、政策、自然环境等因素，归纳起来，主要有以下两个方面。

1. 物流项目内部因素

1) 物流项目范围、质量、成本和进度的平衡

物流项目管理是一项系统工程，物流项目各要素、项目各专项管理之间关系密切并相互影响，对物流项目总体上的规划和控制，对物流项目范围、质量和成本的要求等都会影响到物流项目的进度。

(1) 项目范围会影响项目进度。一般来讲(指假设其他要素不变，下同)，项目范围越大，项目所要完成的任务越多，项目耗时越长；反过来，项目范围越少，项目所要完成的任务越少，项目耗时越短。那么，如果物流项目进度很紧张，或者进度拖延非常严重，就可以考虑与客户讨论，是否能够将范围进行收缩。如果客户同意缩小范围，那么物流项目的进度就能得到有效的缩短。

(2) 物流项目成本、质量也都会影响进度。一般来讲，追加成本可以增加更多的资源，如设备和人力，从而使某些工作能够并行完成或者加班完成。当然，进度与成本不是线性替代关系，成本增加的速度一般都比进度缩短的速度高。

(3) 如果物流项目不能按进度完成，可以考虑有些原定物流项目组内部自己完成任务是否可以外包出去。当然，采用分包有时会增大物流项目的风险，特别是分包商未经过认真评估时。

从上面的论述可以知道，缩小项目范围、降低项目质量、追加项目成本以及借用分包模式等都可以有效地缩短物流项目的进度。对于进度是第一约束的物流项目，上述专项管理之间协调的观念是非常重要的。显然，在考虑进度缩减时，可以整体考虑上述各专项管理之间协调，即砍掉部分任务、降低部分任务的质量、分包部分任务、追加部分任务的成本。当然，其中的"部分任务"是需要项目组认真分析的。

2) 物流项目团队的组建与磨合时间

任何一个物流项目组从接受任务到任务完成、团队解散，项目团队一般都会经历5个阶段：组建阶段、磨合阶段、正规阶段、表现阶段、解散阶段。在上述5个阶段中，解散阶段由于物流项目任务已经完成，对于项目的影响不大。对于一个物流项目经理来讲，一定要清楚，真正的工作阶段是正规阶段和表现阶段。因而，物流项目经理的重要职责就是使物流项目团队的组建和磨合的阶段耗时尽量短，这样，对于一个项目总进度已经确定的物流项目，团队组建和磨合阶段耗时越短，物流项目团队的正规和表现阶段的历时就会越长，物流项目团队在布置任务和执行任务时就更加从容。

为使物流项目团队组建阶段的时间缩短，物流项目经理一定要向团队说明物流项目的目标，并设想出物流项目成功的美好前景以及成功所产生的益处，公布有关物流项目的工作范围、质量标准、预算及进度计划的标准和限制。物流项目经理要公开讨论项目团队的组成、选择团队成员的原因、他们的互补能力和专门知识，以及每个人为协助完成项目目标所充当的角色。这样，公开的信息就构成一项重要的激励——信息激励，团队意识就会加快形成。同时，在这个阶段，物流项目经理要引导所有成员参与到物流项目计划的制订、规章制度的制定和任务的分配中来，同时要允许成员表达他们所关注的问题。这样，主动的参与对成员来讲就构成一项重要的激励——参与激励，团队成员就会更加容易接受团队的规章制度以及分配到的工作，团队意识就能得到进一步强化。

3) 物流项目的调研、计划和管理水平

不管哪类物流项目，在立项之初，都需要对物流项目最终用户的需求做充分的调研和分析，进行物流项目的可行性研究。正确的调研方法既可以了解到真实、完整的信息，又可以确立客户的信心，节约物流项目的成本，大大地缩短物流项目的调研时间。这就是为什么有的物流项目组花3个月甚至半年也没有将需求调研清楚，而掌握了正确的方法的物流项目组可能1个月就得到了高质量的需求。调研的时间缩短，设计、实施的时间就会比较宽裕。如果调研时间拉得很长，甘特图、网络图再有威力，恐怕也缩短不了那么多的进度！物流项目计划失误也是常见的原因，包括计划时遗漏部分必需的功能或工作；计划值(如计划工作量、持续时间)估算不足；资源供应能力不足或资源有限制；出现了计划中未能考虑到的风险和状况，未能使物流项目实施达到预订的效率。另外，如物流项目的设计方案不当、管理不善、解决问题不及时等，都会影响物流项目的进度。

2. 物流项目外部因素

1) 供应商

物流项目实施过程中需要的材料、构配件、机具和设备等如果不能按期运抵施工现场或者运抵施工现场后发现其质量不符合有关标准的要求，都会对施工进度产生影响。因此，项目进度控制人员应严格把关，采取有效的措施控制好物资供应进度。

2) 项目资金保障

物流项目的顺利进行必须有足够的资金作为保障。一般来说，资金的影响主要来自业主，或者是由于没有及时给足预付款，或者是由于拖欠了进度款，这些都会影响到物流项目流动资金的周转，进而殃及进度。物流项目进度控制人员应根据业主的资金供应能力，安排好进度计划，并督促业主及时拨付预付款和进度款，以免因资金供应不足而拖延进度，导致工期索赔。

3) 项目设计变更

原有项目以及具体做法在实施过程中都可能有所改变，称为项目变更。项目设计变更会引起项目工作量的变化。在物流项目实施过程中，出现设计变更是难免的，这是因为原设计有问题需要修改，或者是由于业主提出了新的要求，或者是对项目的变更没有严格的监控等。因此物流项目进度控制人员应加强审查，严格控制随意变更，特别对业主的变更要求应引起重视。

4) 其他相关单位的影响

影响物流项目进度的不只是承包单位。事实上，只要是与物流项目建设有关的单位(如政府有关部门、业主、设计单位、分包单位以及运输、通信、供电等部门)，其工作进度的拖后必将对物流项目进度产生影响。因此，控制物流项目进度仅仅考虑承包单位是不够的，必须充分发挥监理的作用，协调各相关单位之间的进度关系。而对于那些无法进行协调控制的进度关系，在进度计划的安排中应留有足够的机动时间。

5) 外界风险因素

外界风险因素包括政治、经济、技术及自然等方面的各种可预见和不可预见的因素。政治方面的有战争、内乱、罢工、拒付债务、制裁等；经济方面的有延迟付款、汇率浮动、换汇控制、通货膨胀、分包单位违约等；技术方面的有工程事故、试验失败、标准变化等；自然方面的有地震、台风、洪水等。另外，如政府、上层系统对物流项目的新的要求或限制，设计标准的提高可能造成项目资源的缺乏，使得项目无法及时完成。不利的施工条件不仅对项目实施过程造成干扰，有时还需要调整原来已确定的计划。在项目实施过程中，一旦遇到这些方面的不利因素，必然会影响到项目进度。

正是由于上述各种因素的影响，物流项目进度计划的执行过程难免会产生偏差，一旦发现进度偏差，就应及时分析产生的原因，采取必要纠偏措施或调整原进度计划，这种调整过程是一种动态控制的过程。

5.1.4 常见的物流项目进度拖延情况及解决措施

1. 常见的物流项目进度拖延情况

(1) 错误估计了物流项目实现的特点及实现的条件。例如，一些科技开发类、技术含量高的物流项目(如区域物流公共信息平台)，低估了设计和实施的难度。有些物流项目需要进行局部的科技攻关和试验，而这些工作需要时间和资金，还要项目参与者的良好配合(如系统设计人员与软件编程人员的良好沟通等)。有些物流项目对环境因素、物资供应条件、市场价格的变化趋势等了解不全、不深入，以至于物流项目不能如期进行下去。

(2) 盲目确定工期目标。例如，时间估算不准确，使得实际进度与预期进度相差太远。

(3) 工期计划方面的不足。例如，物流项目的设计、材料、设备等资源条件不落实，进度计划缺乏资源的保证，以致进度计划难以实现；进度计划未认真交底，操作人员没有切实掌握，以致贯彻不力；编制计划时缺乏科学性；项目的实施者不按计划执行，凭经验办事，使进度计划未能发挥作用。

(4) 物流项目参加者的工作失误。例如，突发事件处理不当，各方冲突处理不好等。

(5) 不可预见事件的发生，如遭遇恶劣自然条件、海盗、偷窃、抢劫等。

2. 解决进度拖延的措施

与在计划阶段压缩工期一样，解决进度拖延有许多方法，但每种方法都有它的适用条件和限制条件,并且会带来一些负面影响。实际工作中将解决拖延的重点集中在时间问题上,但往往效果不佳,甚至引起严重的问题,最典型的是增加成本开支、现场的混乱和产生质量问题。所以应该将解决进度拖延作为一个新的计划过程来处理。

在实际工作中通常采取调整后期计划、采取措施赶工、修改网络等方法解决进度拖延问题。

(1) 增加资源投入,如增加劳动力和材料、周转材料及设备的投入量。这是最常用的办法。它会带来以下问题。

① 造成费用的增加,如增加人员的调遣费用、周转材料一次性费用、设备的进出场费。
② 造成资源使用效率的降低。
③ 加剧资源供应的困难。例如,有些资源没有增加的可能性,从而加剧了项目之间或工序之间对资源激烈的竞争。

(2) 重新分配资源。例如,将服务部门的人员投入到生产中去、投入风险准备资源、采用加班或多班制工作。

(3) 减少工作范围,包括减少工程量或删去一些工作包(或分项工程)。但这可能会产生以下影响。

① 损害项目的完整性、经济性、安全性、运行效率或提高项目运行费用。
② 由于必须经过上层管理者,如投资者、业主的批准,这可能会造成工程的待工,增加拖延。

(4) 改善工具、器具,以提高劳动效率。
(5) 通过辅助措施和合理的工作过程,提高劳动生产率。这里要注意以下内容。

① 加强培训,通常培训应尽可能地提前。
② 注意工人级别与工人技能的协调。
③ 工作中的激励机制(如奖金、小组精神发扬、个人负责制)。
④ 改善工作环境及项目的公用设施(需要花费)。
⑤ 项目小组时间上和空间上合理的组合和搭接。
⑥ 避免项目组织中的矛盾,多沟通。

(6) 将部分任务分包、委托给另外的单位,将原计划由自己编制的软件改为外购等。当然这不仅有风险,产生新的费用,而且需要增加控制和协调工作。

(7) 改变网络计划中工程活动的逻辑关系,如将前后顺序工作改为平行工作,或采用流水施工的办法。这又可能产生以下问题。

① 工程活动逻辑上的矛盾性。
② 资源的限制,平行施工要增加资源的投入强度,尽管投入总量不变。
③ 工作面限制及由此产生的现场混乱和低效率问题。

(8) 修改实施方案,这样可以提高施工速度。当然这一方面必须有可用的资源,另一方面又要考虑会造成成本的超支。

5.2 物流项目进度计划的编制

物流项目进度计划是在拟订年度或实施阶段完成投资的基础上,根据相应的工程量和工期要求，对各项工作的起止时间、相互衔接协调关系所拟订的计划，同时对完成各项工作所需的劳力、材料、设备的供应做出具体安排。

5.2.1 物流项目进度计划编制的依据

物流项目进度计划编制的依据有组织过程资产、项目范围说明书、活动清单、活动属性、项目进度网络图、活动资源需求、资源日历、活动持续时间估计和项目管理计划。

5.2.2 物流项目进度计划编制的基本要求

(1) 运用现代科学的管理方法编制进度计划，以提高计划的科学性和质量。
(2) 充分落实编制进度计划的条件，避免过多的假定而使计划失去指导作用。
(3) 对于大型、复杂、工期长的项目，如物流园区规划建设要实行分期、分段编制进度计划的方法，对不同阶段、不同时期，提出相应的进度计划，以保持指导项目实施的前锋作用。
(4) 进度计划应保证物流项目实现工期目标。
(5) 保证物流项目进展的均衡性和连续性。
(6) 进度计划应与费用、质量等目标相协调，既有利于工期目标的实现，又有利于费用、质量、安全等目标的实现。

5.2.3 物流项目进度计划编制的步骤

物流项目进度计划编制的步骤如图 5.1 所示。

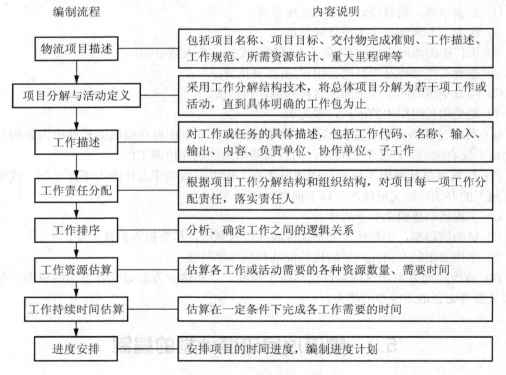

图 5.1　项目进度计划编制步骤

1. 物流项目描述

物流项目描述的目的是对物流项目总体做一个概要性的说明,是制作物流项目计划和绘制工作分解结构图的依据。

(1) 物流项目描述的依据:物流项目建议书或物流项目合同、已经通过的物流项目初步设计或批准后的可行性研究报告。

(2) 物流项目描述的结果:以表格或文字描述的形式列出项目目标、项目的范围、项目如何执行、项目完成计划等。表 5-1 显示了项目描述的主要内容。

表 5-1 项目描述的主要内容

项目名称	某配送中心建设项目
项目目标	在 A 市的物流园区建设现代化的物流配送仓库
主要交付物	(1) 配送仓库 6 000m²; (2) 库存管理两层办公综合楼 1 座、建筑面积 1 000; (3) 停车及区内道路辅助设施; (4) 库存区环境绿化; ……
交付物完成准则 (或衡量标准)	(1) 仓库结构和基础要满足物流荷载和作业的要求(如跨度不小于 9); (2) 仓库的消防系统要符合我国建筑设计防火规范; (3) 库区主通道宽度不小于 15m; (4) 库区绿地面积不小于 30%; ……
工作描述	见工作描述表(略)
工作规范	见工作规范表(略)
所需资源估计	见项目资源估算表(略)
重大里程碑	(1) 2010 年 2 月 5 日,完成仓库和办公楼的基础工程; (2) 2010 年 5 月 11 日,完成仓库和办公楼的结构工程; ……

2. 物流项目分解与活动定义

将总体项目分解为若干具体而明确的工作或活动;确定各项活动的范围与内容;对于小项目,活动可以分配到个人,对于大的复杂物流项目,可以将活动分配到物流项目小组,以节省时间,减少遗漏。同时,让物流项目小组负责人来界定其小组成员的任务。

关于工作分解结构的制定方法等具体内容可参见第 3 章。

3. 工作描述

在物流项目分解的基础上,为了更明确地描述物流项目所包含的各项工作的具体内容和要求,需要对各项工作进行描述。工作描述作为编制物流项目计划的依据,便于物流项目实施过程中更清晰地领会各项工作的内容。

(1) 工作描述的依据:物流项目描述和物流项目工作分解结构。

(2) 工作描述的结果:工作描述表(见表 5-2)及物流项目工作列表。

表 5-2　工作描述表

工作名称	物流仓库建筑钢材的订购
工作交付物	签发订单
验收标准	部门经理签字，订单发出
技术条件	遵守项目合同约定的项目材料采购程序与原则(招标采购)
工作描述	根据有关规定，完成订单并报批
假设条件	所需钢材的规格市场有充足的供货
信息源	采购部、供应商广告等
约束条件	必须考虑钢材的价格因素
其他需要描述的问题	风险：选择的供应商要具备一定的可靠信誉，制订购货合同约定违约责任防范计划，提前两周通知供应商，了解钢材供货的可能性
签名	

在对物流项目各子项工作描述完成后，应将其汇总成"项目工作列表"（见表 5-3），并进行标准化处理，以便于用计算机工具进行物流项目信息的管理，方便项目经理统筹管理。

表 5-3　项目工作列表

工作代码	工作名称	输入	输出	内容	负责单位	协作单位	相关工作

4. 工作责任分配

工作责任分配到责任者，形成工作责任分配表，见第 3 章。

5. 工作排序

工作排序是确定各工作之间的依赖关系，并形成文档。工作排序可利用计算机进行(如使用项目管理软件)，也可人工来做。在较小的项目中，或在大型项目的早期阶段，手工技术更有效，人工和自动化技术也可结合起来使用。工作关系列表如表 5-4 所示。

表 5-4　工作关系列表

工作编码	工作名称	紧前工作	紧后工作	持续时间/天	负责人
110	市场调查	—	120	5	营销师
120	配送方案设计	110	130	10	运营部
130	合同谈判与签约	120	140, 150	10	发展部、财务部
140	物流资源调整	130	150	20	设备部
150	上岗人员培训	130	160	10	人力资源部
160	系统试运转	150	—	5	运营部

1) 项目工作间的逻辑关系

(1) 强制性逻辑关系。强制性依赖关系又称"硬逻辑关系",是指工作性质中固有的依赖关系,常常是某些客观限制条件。例如,物流项目不可能在设计文件未获批准时就进行建设;物流软件开发项目往往要硬件设施建成后才能安装软件。

(2) 可变逻辑关系。可变逻辑关系是可由项目管理团队根据具体情况安排的关系。由于这类关系可能会限制以后各工作的顺序安排,所以在使用时要特别当心。可变逻辑关系一般分为两种。

① 按已知的"最好做法"来安排的关系。按这种关系,只要不影响物流项目的总进度,工作之间的先后顺序可按习惯或项目团队喜欢的方式安排。这类关系又称"软逻辑关系"。

② 为照顾工作的某些特殊性而对工作顺序做出安排。其顺序即使不存在实际制约关系也要强制安排。这类关系叫做"优先逻辑关系"。

(3) 外部依赖关系。大多数依赖关系限于物流项目内部两个工作之间。然而有些依赖关系则涉及物流项目之外的联系。如软件项目的测试活动可能依赖于外部供方交付的硬件设施。

2) 逻辑关系的具体类型

项目网络计划中,工作之间的上述逻辑关系可表现为以下4种类型。

(1) 完成—开始(Finish-Start,FS)。后续工作的开始依赖于前置工作的完成。例如,只有编码工作完成后才能进行测试。完成—开始是最常见的逻辑关系类型。

(2) 完成—完成(Finish-Finish,FF)。后续工作的完成依赖于前置工作的完成,尽管这两项工作有可能在同一时间进行。例如,所有文件备齐后才能完成可行性研究报告。

(3) 开始—开始(Start-Start,SS)。后续工作的开始依赖于前置工作的开始。例如,一个新的物流软件系统的启用会同时引发多项任务。

(4) 开始—完成(Start-Finish,SF)。后续工作的完成依赖于前置工作的开始。这种关系较少使用,仅在编制进度计划时被象征性地采用。

3) 工作排序考虑的主要因素

(1) 以提高经济效益为目标,选择所需费用最少的排序方案。

(2) 以缩短工期为目标,选择能有效节省工期的排序方案。

(3) 优先安排重点工作,持续时间长、技术复杂、难度大的工作,为先期完成的关键工作。

(4) 考虑资源利用和供应之间的平衡、均衡,合理利用资源。

(5) 应考虑环境、气候(如雨季、严寒)对工作排序的影响。

4) 工作关系列表

工作排序的最终结果是获得描述物流项目各工作相互关系的详细列表。

6. 工作资源估算

工作资源估算就是确定在实施物流项目活动时要使用何种资源(人员、设备或物资),每一种使用的数量,以及何时用于物流项目计划活动。工作资源估算过程同费用估算过程紧密配合。工作资源估算包括以下依据。

(1) 事业环境因素。工作资源估算过程利用事业环境因素中包含的有关基础设施资源有无或是否可利用的信息。

(2) 组织过程资产。组织过程资产提供了实施组织有关工作资源估算过程所考虑的人员配备，以及物资与设备租用或购买的各种方针。如果有历史信息，则从中审查以前项目类似工作曾要求使用过何种类型的资源。

(3) 活动清单。从活动清单可知需估算资源对应的计划活动。

(4) 活动属性。在活动定义过程中提出的活动属性是估算活动清单中每一计划活动所需资源时依靠的基本数据。

(5) 资源可利用情况。在估算资源类型时，要了解哪些相关资源(如人员、设备和物资)可供本项目使用的信息。对这种信息的了解包括考虑这些资源来源地的地理位置，以及可利用的时间。例如，在工程设计项目的早期阶段，可供使用的资源可能包括大量的初级与高级工程师，而在同一项目的后期阶段，可供使用的资源可能仅限于因为参与过项目早期阶段而熟悉本项目的个人。

(6) 项目管理计划。进度管理计划是项目管理计划中用于活动资源估算的组成部分。

活动资源估算包括以下工具与技术。

(1) 专家判断。在评价本过程同资源有关的依据时，经常要求利用专家判断。任何具有资源规划与估算专门知识的集体或个人都可以提供这方面的专业知识。

(2) 多方案分析。很多计划活动都可利用多种形式完成。其中包括利用各种水平的资源能力或技能、各种大小或类型的机器、各种工具(手工操作或自动化工具)，以及有关资源自制或购买的决策。

(3) 出版的估算数据。有许多公司定期更新并出版不同国家与各国不同地理位置资源的生产率与单价，这些数据涉及门类众多的各工种劳动力、材料与设备。

(4) 项目管理软件。项目管理软件能够协助规划、组织与管理备用资源，并提出资源估算。软件的复杂程度彼此之间相差悬殊，不但可用来确定资源日历，而且还可以确定资源分解结构、资源的有无与多寡，以及资源单价。

(5) 自下而上估算。当估算计划活动无足够把握时，则将其范围内的工作进一步分解。然后估算下层每个更具体的工作资源需要，接着将这些估算按照计划活动需要的每一种资源汇集出总量。计划活动之间可能存在也可能不存在影响资源利用的依赖关系。如果存在，资源的这种利用方式反映在计划活动的要求估计之中，并形成文件。

活动资源估算包括以下成果。

(1) 活动资源要求。工作资源估算过程的成果就是识别与说明工作细目中每一计划活动需要使用的资源类型与数量。可以在汇总这些要求之后，确定每一工作细目的资源估算量。资源要求说明书细节的数量与具体和详细程度，因应用领域而异。每一计划工作的资源要求文件可能包括每一资源估算的根据，以及在确定资源类型、有无与多寡和使用量时所做的假设。制定进度表过程确定何时需用资源。

(2) 活动属性。每一计划活动必须使用的资源类型与数量都反映到活动属性之中。如果在活动资源估算过程中批准变更请求，则应将批准的变更加入活动清单与活动属性，并更新活动清单与活动属性。

(3) 资源分解结构。资源分解结构是按照资源种类和形式而划分的资源层级结构。

(4) 资源日历。项目综合资源日历记录了确定使用某种具体资源(如人员或物资)日期的工作日，或不使用某种具体资源日期的非工作日。项目资源日历一般根据资源的种类标示各自的"节假日",以及可以使用资源的时间。项目资源日历还标示出资源可供使用的期间和可供使用的数量。

(5) 请求的变更。在工作资源估算过程中可能会提出变更请求,要求在活动清单内添加或删除列入计划的计划活动。请求的变更通过整体变更控制过程审查与处置。

7. 工作持续时间估计

工作持续时间是指在一定的条件下,直接完成该工作所需的时间与必要停歇时间之和,单位为日、周、旬、月等。

(1) 工作持续时间估计的依据:项目的约束和限制条件、组织过程资产、项目范围说明书、活动清单、活动属性、活动资源需求、资源日历、项目管理计划。

工作的持续时间受到分配给该工作的资源情况以及该工作实际所需要的资源条件的制约。例如,当人力资源减少一半时,工作的持续时间将可能增加一倍;另外,类似的历史项目工作资料可作为确定当前项目工作时间的参考。

(2) 影响工作持续时间的因素:参与人员的熟练程度、突发事件、工作能力和效率、项目计划的调整。

(3) 活动时间的估算包括以下方法。

① 专家判断:让有经验的专家进行估算判断。

② 类比估计:例如,本项目与先前的项目类似,但规模是先前项目的 150%,因此也要多花 150%的时间。

③ 经验法:如通常花 3 周时间准备一个合同;建设阶段大约花 12 个月。

④ 参数估计:来自于对所需数量的了解和正常的生产能力水平。例如,对于 25km 长的公路,每千米大约要 1 个月;对于 50 000 线路每月大约 10 000 条线;对于 5 架飞机,每月一架;2 天编写一个存储过程。

⑤ 三点估计:PERT 方法对每个活动的工期有 3 种估计,即乐观的、最可能的、悲观的,并假定活动工期服从贝塔分布。每个活动的平均工期=[乐观的+4(最可能的)+悲观的]÷6。

8. 进度安排

在完成了项目分解、确定各项工作和活动先后顺序、计算工程量或工作量,并估计出各项工作持续时间的基础上,即可安排项目的时间进度。进度安排具有以下依据。

(1) 工作持续时间的估计。

(2) 根据项目所包含的各项工作的先后顺序绘制的工作关系网络图表。

(3) 资源需求。

(4) 资源配置描述,包括各项工作所需资源的种类、数量以及随着时间的变化资源配置的变化情况等。

(5) 项目日历。项目日历是指约定的项目使用资源的有效周期。标准项目日历每周工作 5 天,每天工作 8 小时,周有效工作时间为 40 小时。不同的项目日历(如一周仅休息 1 天)将直接影响项目的进度和资源安排。

(6) 限制和约束。由于用户的要求或其他的条件限制(如合同约定),导致某些工作(如里程碑事件表规定的交付物)必须在指定的时刻完成,这就存在所谓的强制日期或时限。这是项目执行过程中必须考虑的限制因素。

5.2.4 物流项目进度计划的方法和工具

在物流项目进度安排中,可使用的方法有数学分析法、仿真分析法、资源分配启发式法等。常用的工具有甘特图法、里程碑法、网络图法(网络计划技术)等。在网络计划技术中,较常用的是关键线路法和计划评审技术,后来还陆续提出了一些新的网络技术,如图示评审技术(Graphical Evaluation and Review Technique,GERT)、风险评审技术(Venture Evaluation and Review Technique,VERT)等。

物流项目进度计划方法和工具的选择并不是随意的,它受着项目的规模大小、项目的复杂程度、项目的紧急性、对项目细节掌握的程度、总进度是否由一两项关键事项决定等因素的影响,它还受有无相应的技术力量和设备等因素的影响,我们应根据实际情况合理选择。

1. 甘特图法

甘特图(Gantt Chart)又称叫横道图或条形图,早在 20 世纪初期就开始应用和流行,主要应用于项目计划和项目进度的安排。

甘特图因为简单明了、容易制作,被广泛地应用于项目管理中。传统的甘特图如图 5.2 所示。在甘特图中,项目活动在左侧列出,时间在图顶部列出。图中的横道线显示了每项活动的开始时间(Start Date,SD)和结束时间(Finish Date,FD)。横道线的长度等于活动的工期(Task Duration,TD)。甘特图顶部的时间段决定着项目计划粗略的程度。根据项目计划的需要,可以以小时、天、周、月或年作为度量项目进度的时间单位。如果一个项目需要一年以上的时间才能完成,可能选择周甘特图或月甘特图更为合适;如果一个项目需要一个月左右的时间就能完成,用日甘特图将更有助于实际的项目管理。

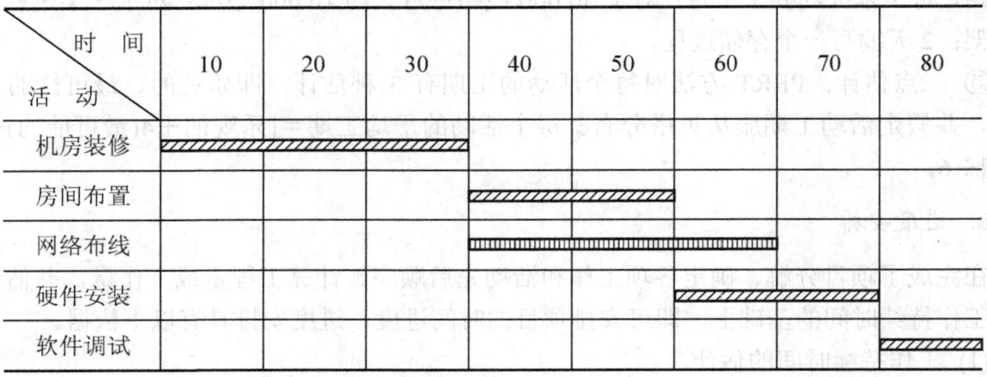

时间 活动	10	20	30	40	50	60	70	80
机房装修	▨	▨	▨					
房间布置				▤	▤			
网络布线				▤	▤	▤		
硬件安装						▨	▨	
软件调试								▨

图 5.2 传统的项目甘特图

注:▨表示关键工作;▤表示非关键工作。

传统的甘特图不能显示项目中各活动之间的逻辑关系,如果一项活动不能如期完成,哪些活动将要受到它的影响就无法清楚地显示在图中。因此在绘制甘特图时,必须清楚各项活动之间的关系,即哪些活动在其他活动开始之前必须完成,哪些活动可以同时进行。此外,在复杂的项目中,单独的一个甘特图并不能为项目团队成员之间的沟通和协调提供足够的信息。因此,甘特图多用于小型的项目中,在现代的项目管理中,它更多的是和网络结合在一起使用。图 5.3 所示为一种改进后带有时差的甘特图。

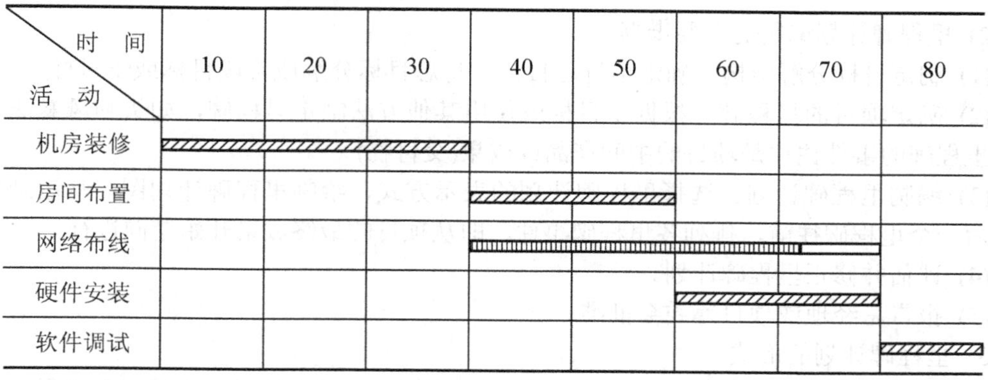

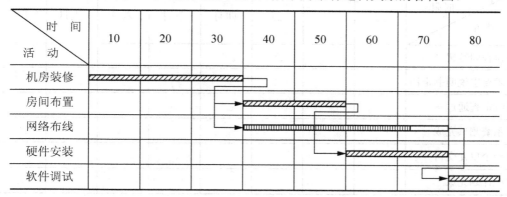

图 5.3　带有时差的项目甘特图

注：▨表示关键工作；▥表示非关键工作；☐表示时差。

在甘特图中，也可以显示逻辑关系，图 5.4 所示为带有逻辑关系的甘特图。

图 5.4　带有逻辑关系的项目甘特图

注：▨表示关键工作；▥表示非关键工作；☐表示时差。

2．里程碑法

里程碑法是项目进度计划的又一种表达形式。它是以项目中某些重要事件的完成或开始时间点为基准所形成的计划，代表着一个战略计划或项目框架。里程碑计划是以中间产品或可实现的结果(或交付物)为编制依据，表示了项目为达到最终目标而必须经过的条件或状态序列。该方法侧重于结果，即项目在每一阶段应达到的状态(或结果)，不关心该状态(或结果)是如何实现的。

1) 里程碑计划的作用
(1) 与公司整体目标体系和经营计划一致。
(2) 计划本身含有控制的结果，有利于监督、控制和交接。
(3) 变化多发生在活动级上，计划稳定性较好。
(4) 在管理级和活动级之间起着良好的沟通作用。
(5) 明确规定了项目工作范围和项目各方的责任与义务。
(6) 计划报告简明、易懂、实用。

2) 里程碑计划编制的主要步骤

(1) 制定目标分解结构。确定项目总目标,将总目标分解成阶段目标或子目标。

(2) 确定项目的里程碑。根据子目标或使用其他方法制定里程碑,如头脑风暴法。可列入里程碑的事件往往是项目的中间产品或成果(交付物)。

(3) 编制里程碑计划。选择里程碑计划的表示方式,绘制里程碑计划图,从达到项目的最后一个里程碑往前,排列各里程碑事件,即从项目的最终成果开始逆向进行。

(4) 评估并修正里程碑计划。

(5) 报告总经理或项目筹委会批准。

3) 里程碑计划的形式

里程碑计划的表示方法较多,常见的有里程碑图示法和里程碑表。其中里程碑图有两种常见的方式,一种仅表示重要的里程碑事件和时间,是较简单的进度计划,如图5.5所示。另一种里程碑计划图可表示重要里程碑之间简单的逻辑关系及计划的管理层次,如图5.6所示。

时限 事件	一月	二月	三月	四月	五月	六月	七月	八月
分包合同签署			△					
技术要求说明书定稿			△					
系统审查通过					△			
子系统测试完成						△		
第一个单元交付							△	
生产计划完成								△

图 5.5 里程碑计划图

注:△代表里程碑。

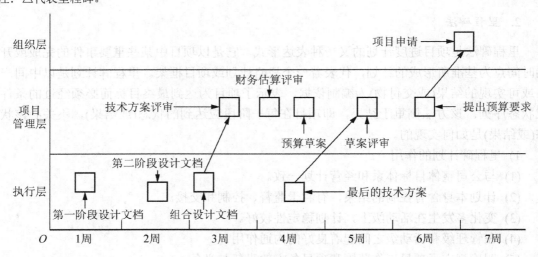

图 5.6 带有逻辑关系的里程碑计划

注:"□"代表一个重要的里程碑;"──→"代表里程碑事件及关系。

里程碑另一种形式是里程碑表，表 5-5 所示为一个以表格形式表示的里程碑计划。

表 5-5 某物流信息系统开发项目里程碑计划表

序 号	里程碑事件	交付成果	完成时间
1	系统需求分析完成	需求分析说明书	2010 年 05 月 30 日
2	系统设计完成	系统设计方案	2010 年 07 月 10 日
3	程序编码完成	系统软件及编码文档	2010 年 11 月 15 日
4	软件测试完成	测试报告	2010 年 11 月 30 日
5	系统试运行	安装软件	2010 年 12 月 13 日
6	系统验收	验收报告	2011 年 02 月 10 日

3. 网络图法

在项目计划工作中，网络计划是一种很实用的技术。它由许多相互关联的工作(活动)组成，用来表明工作顺序和流程以及各种工作间的相互关系。通过网络图，可以直观地了解每一项任务的编号、责任、什么时候进行，接下去要做什么工作等，或者由于某一工作的延误可能给整个项目工作造成的影响。在 5.3 节中，将会详细介绍物流项目的网络计划技术。

(1) CPM。该方法假定项目的资源需求不受限制，纯粹按工作衔接关系计算，算出项目各工作的最早、最迟开始和结束时间。用最早时间和最迟时间的差额(即时差)指标来反映每一工作相对时间紧迫程度及工作的重要程度，时差为零的工作通常称为关键工作。关键线路法的主要目的就是确定项目中的关键工作和关键线路，以保证项目实施过程中能抓住主要矛盾，确保项目按期完成。

(2) PERT。这是一种基于工作或活动时间不确定情况下的网络计划图编制技术。虽然 PERT 的基本形式与 CPM 基本相同，但两者存在着很大的差异。CPM 要求每一项工作必须有一个确定的工作时间，而 PERT 则不需要，它允许用户事先估计 3 个工作时间，即最乐观时间、最可能时间、最悲观时间，然后按加权平均的方法计算工作的期望时间。

5.2.5 物流项目进度计划的结果

物流项目进度计划的结果是形成主项目、子项目进度网络计划或项目进度表、细节说明、物流项目进度管理计划等内容。

(1) 项目进度：项目进度应反映出项目的总工期、每项工作的计划开始日期和期望完成日期。前期所制定的项目进度仅是一种初步计划，需要经过进度优化以形成最终的项目进度。表 5-6 所示为一个项目进度计划表实例。

表 5-6 项目进度计划表

序号	工作名称	持续时间	最早时间		最迟时间		时差		完成情况
			开始	完成	开始	完成	总时差	自由时差	
……	……	……	……	……	……	……	……	……	……

(2) 细节说明。对项目进度计划所依据的假设和约束条件等方面的补充说明。例如，

对于某物流配送中心建设项目来说，完整的进度计划还应包括各种资源需求图、费用预测、设备、材料、构配件的购置计划等。

(3) 进度管理计划。进度管理计划主要说明进度计划的执行、检查、调整、控制等有关问题。根据项目的特点，进度管理计划可以是正式计划，也可以被当做非正式计划参考。有些不复杂的物流服务项目，只需编制一个框架性的进度管理计划，作为该项目进度计划的辅助说明即可。

5.3 物流项目网络计划技术

网络计划技术是制订物流项目进度计划的一种重要的和有效的工具。进度计划中可以借助于网络表示各项工作与所需要的时间，以及各项工作的相互关系。通过网络分析可以确定物流项目的工期及关键路径，提示项目管理者在进度管理中抓住重点，同时可以研究物流项目各项工作的关系，方便地进行物流项目工期、成本费用和资源的调整和优化。

5.3.1 网络计划概述

1. 网络计划的含义和优点

20 世纪 50 年代以来，国外陆续出现了一些计划管理的新方法，如 CPM、PERT 等，这些方法都是建立在网络模型基础上，称为网络计划技术。我国在 60 年代初引入了这些方法并推广应用。

网络计划技术的基本原理是，从需要管理的任务的总进度着眼，以任务中各工作所需要的工时为时间因素，按照工作的先后顺序和相互关系做出网络图，以反映任务全貌，实现进度管理过程的优化。然后进行时间参数的计算，找出计划中的关键工作和关键路线，对任务的各项工作所需的人、财、物通过改善网络计划做出合理安排，得到最优方案并付诸实施。还可对各种评价指标进行定量化分析，在计划的实施过程中，进行有效的监督与控制，以保证任务优质优量地完成。网络计划是在网络图上加注工作的时间参数编制而成的进度计划，它与传统的甘特图相比，具有以下优点。

(1) 网络图所表达的不仅仅是项目的工期计划，实质上表示了项目全部活动的流程及各项工作的逻辑关系，从而有助于项目管理者(经理)对项目实施过程进行系统的、逻辑性的筹划。

(2) 通过网络分析，可以计算时间参数，确定关键路线和关键工作，能够给项目管理者提供丰富的信息。

(3) 可运用一定的数学方法和计算机辅助手段，方便地进行工期和资源使用的优化以及计划的调整和控制。

2. 网络计划的种类

网络计划技术的种类与模式较多，按不同的分类标准，有以下几类模式或方法。

(1) 按工作的延续时间和逻辑关系确定与否，可划分为肯定型网络计划和非肯定型网络计划。肯定型网络计划指该网络中各工作的持续时间和逻辑关系都是肯定的，常见的 CPM 就属于这种网络。对于一般的物流项目来说，根据经验和知识，能够对项目的各项工作所需时间和逻辑关系进行较合理、准确的确定，从而 CPM 在项目管理中得到了广泛的使用。工作的持续时间或逻辑关系不能肯定的称为非肯定型(概率)网络计划。非肯定型网络计划又包括以下几类。

① 工作的逻辑关系确定而持续时间不确定称为 PERT。

② 工作的逻辑关系和持续时间都不能肯定，依照随机变量进行分析、估算，通过概率处理称为 GERT。

③ 工作、工作的逻辑关系和持续时间都不能肯定，对发生的风险做概率估计称为 VERT。

(2) 按网络图的综合程度，可分为总网络图、一级网络图、二级网络图等，分别供总指挥部、基层部门、具体执行单位使用。

总网络图画得比较概括、综合，可反映任务的主要组成部分之间的组织联系，使重点突出，便于掌握工期的关键路线与关键部门。一级、二级网络图则逐级细微、具体，便于具体部门及单位在执行任务时使用。

(3) 按有无时间坐标，可分为时间坐标网络图和无时间坐标网络图。时间坐标网络图中附有工作天或日历天的标度，表示工作的箭杆长度要按工时长度准确画出。图 5.7 所示为一个带有日期的网络图。

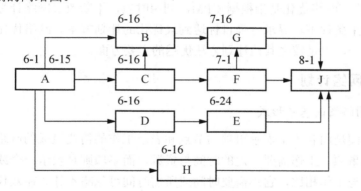

图 5.7　带有日期的网络图

注：图中 6-1 表示 6 月 1 日，其他依此类推。

(4) 按网络结构的基本元素不同，可以分为单代号网络图(见图 5.8)和双代号网络图(见图 5.9)。前者的工作(任务)是在节点上，而后者则是在箭线上。它们都是一种"搭接"的网络形式，主要作用是反映任务之间执行过程的相互重叠关系。目前常用的是双代号网络图。例如，CPM 就是一种双代号网络图。

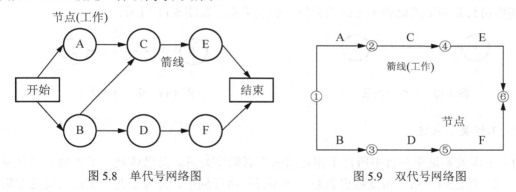

图 5.8　单代号网络图　　　　　图 5.9　双代号网络图

3. 网络计划的基本内容

网络计划技术包括以下基本内容。

(1) 网络图：网络图是指网络计划技术的图解模型，它是一个有向、有序的网状图，用于表示工作流程和次序及接续关系，它由箭线、节点和线路3个要素组成，反映整个项目任务的分解和合成。分解是指对项目任务的划分；合成是指解决各项工作的协作与配合。分解和合成是解决各项工作之间按逻辑关系的有机组成。绘制网络图是网络计划技术的基础工作。

(2) 时间参数：在实现整个项目任务过程中，包括人、事、物的运动状态都是通过转化为时间函数来反映的。反映人、事、物运动状态的时间参数包括各项工作的作业时间、开工与完工的时间、工作之间的衔接时间、完成任务的机动时间及行动范围和总工期等。

(3) 关键路线：通过计算网络图中的时间参数，求出项目工期并找出关键路径。在关键路线上的作业称为关键作业，这些作业完成的快慢直接影响着整个计划的工期。在计划执行过程中关键作业是管理的重点，在时间和费用方面则要严格控制。

(4) 网络优化：网络优化是指根据CPM，利用时差，不断改善网络计划的初始方案，在满足一定的约束条件下，寻求管理目标达到最优化的计划方案。网络优化是网络计划技术的主要内容之一，也是较之其他计划方法优越的主要方面。

5.3.2 双代号网络计划

1. 双代号网络图的基本形式

双代号网络图是由若干个表示事项的节点和表示工作的箭线组成的网络图。箭线表示工作，节点表示事项。工作需要一定的时间与资源，而事项则是表示一个或若干个工作的开始或结束点，与工作相比，它不需要时间或所需时间可忽略不计。在双代号网络图中，每一项工作都用一根箭线和两个节点来表示，每个节点都编以号码，箭线所指方向表示工作的前进方向，箭线的箭尾节点和箭头节点就是每一项工作的起点和终点，从箭尾到箭头表示一项工作的作业过程。例如，工作A(产品包装)的表示如图5.10所示。

圆圈和里面的数字代表各事项，写在箭杆中间的数字5为完成本工作所需的时间，即工作A：(1，2)，事项(1，2)。

虚工作用虚箭线"----▶"表示。它表示工时为零，不消耗任何资源和时间的虚构工作，其作用只是为了正确表示工作的前行、后继关系，如图5.11所示。

图5.10 工作的表示　　　　　　图5.11 虚工作的表示

2. 工作关系表达

(1) 工作关系是指项目中所含工作之间的先后顺序关系。前已述及，工作关系可分成两类：强制性逻辑关系和可变逻辑关系。在项目网络计划中，除考虑两个工作之间的逻辑关系外，更重要的是需要从整个网络的角度合理确定所有工作的逻辑关系架构。

(2) 双代号网络中常见的工作关系表达如表5-7所示。

表5-7 双代号网络图中常见逻辑关系的表示方法

序号	工作之间的逻辑关系	表示方法
1	工作A、B、C平行进行	
2	工作A完成后，工作D才能开始；工作A、B均完成后，工作E才能开始；工作A、C均完成后，工作F才能开始	
3	工作A、B均完成后，工作D才能开始；工作A、B、C均完成后，工作E才能开始；工作D、E均完成后，工作F才能开始	
4	工作A结束后，工作B、C、D才能开始；工作B、C、D均完成后，工作E才能开始	

3. 网络图的绘制

(1) 根据我国有关标准、规程的规定，双代号网络图的编制应遵循以下基本规则。

① 在绘制网络图之前，要正确确定工作之间的逻辑关系，在网络图绘制中应使用正确的符号和标示。

② 网络图只能有一个总起点事项和一个总终点事项。

图5.12中有两个总起点事项①、⑦和3个总终点事项④、⑥、⑨，不符合规则。

③ 网络图是有向图，不允许有回路。

图5.13中，"③→⑤→⑥"是回路，不符合规则。

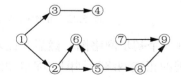

图5.12 错误网络图一

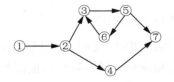

图5.13 错误网络图二

④ 必须正确表示工作之间的前行、后继关系。如图5.14，a、b、c、d工作的关系为，c必须在a、b均完成后才能开始，而d只要在b完成后就可开始，则画成图5.14是错误的，因为本来与工作a无关的工作d被错误地表示为必须在a完成后才能开始。

⑤ 节点i，j之间不允许有两个或两个以上的工作，如图5.15不符合规则。

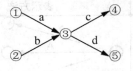

图 5.14　错误网络三

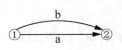

图 5.15　错误网络四

⑥ 在节点之间严禁出现带双向箭头或无箭头的连线，如图5.16所示。

⑦ 一般情况下，网络图从左向右的方向标志着项目进展的方向，即正向。

⑧ 在非时间坐标的网络图中，箭线的长短与所表示工作的持续时间无关，主要考虑网络图的图面布置整齐、关系明晰；而在时间坐标的网络图中，箭线的长短必须与工作的持续时间相对应，以水平长度为度量标。

⑨ 双代号网络图中的所有节点都必须编号且不能重号，箭尾节点的号码应小于箭头节点的号码。绘制网络图时，箭线最好不要交叉，如图5.17所示。

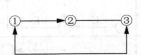

图 5.16　错误网络图五

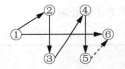

图 5.17　错误网络图六

⑩ 严禁出现无箭头节点或无箭尾节点的箭线，如图5.18和图5.19所示

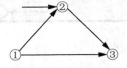

图 5.18　无箭尾节点的箭线

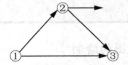

图 5.19　无箭头节点的箭线

(2) 虚工作的运用。使用虚工作可以表示正确的逻辑关系，如前面不符合规则的图5.12、图5.14和图5.15，用添加虚工作的方法改画为图5.20～图5.22就是正确的了。

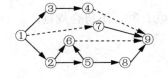

图 5.20　正确画法一

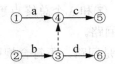

图 5.21　正确画法二

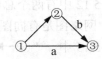

图 5.22　正确画法三

(3) 网络图的绘制步骤。网络图的绘制通常是先画一个初步网络图，然后在此基础上进行优化和调整，最终得到图面清晰、布置整齐而合理的正式网络计划图。网络图绘制包括以下基本步骤。

① 任务分解：将一个任务分解成若干项工作。由于在前面已经进行了任务分解和活动

定义，因此也可根据工作分解结构直接得到该步骤的结果。确定了要表示的每一项工作后，对每一项工作确定一个工作序号(或代码)。

② 界定各项工作之间的关系。分析清楚这些工作之间的逻辑关系，如哪些工作必须按先后顺序进行，哪些工作可以在同一时段内进行，哪些工作需要优先进行，把这些工作之间的逻辑关系清楚地列出，得到工作项目明细表，如表 5-8 所示。

表 5-8 工作项目明细表

工 作	工作内容	紧前工作	工时/周
A	物流市场调研	—	4
B	资金筹集	—	10
C	物流需求分析	A	3
D	物流产品设计	A	6
E	物流产品研制和试验	D	8
F	制订成本计划	C，E	2
G	制订营销计划	F	3
H	筹备设备	B，G	2
I	筹备原材料	B，G	8
J	安装设备	H	5
K	人员安排	G	2
L	准备正式运行	I，J，K	1

③ 绘制网络计划图。按照明细表中所示的工作遵循前面的画图规则做出网络图，并在箭线上标出工时，对事项节点进行编号。编号要从始点到终点从小到大进行，且工作(i, j)要满足$i<j$。编号不一定连续，留些间隔便于修改和增添工作，如图 5.23 所示。

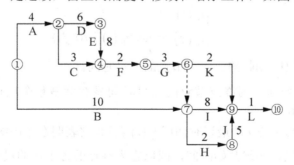

图 5.23 网络计划图

④ 检查、调整网络图。对网络图的逻辑结构、节点、工作代码编号、工时标注、是否违反网络图绘制规则等进行检查，调整网络图的绘制布局，使之美观整洁。

4. 网络计划时间参数

网络计划时间参数是网络进度计划中的重要参数，通过对网络时间参数的计算，可以找出关键路线并为网络计划的优化、调整和执行提供明确的时间数据。双代号网络计划的时间参数包括节点参数、工作参数和线路参数，如表 5-9 所示。

表 5-9　双代号网络的时间参数

参数类别		参数名称	含　义
节点参数		节点最早时间	该节点前所有工作最早可能完成及该节点后所有工作最早可能开始的时间
		节点最迟时间	该节点前所有工作最迟必须完成及该节点后所有工作最迟必须开始的时间
工作参数	顺推时间	工作最早开始时间	该工作最早可能开始的时间
		工作最早完成时间	该工作最早可能完成的时间
	逆推时间	工作最迟开始时间	该工作最迟必须开始的时间
		工作最迟完成时间	该工作最迟必须完成的时间
	机动时间	工作总时差	不影响总工期时，该工作可利用的最大机动时间
		工作单时差	不影响紧后工作最早开始时，该工作可利用的最大机动时间
	持续时间	工作持续时间	完成该工作的时间长度
线路参数		关键线路工期(总工期)	关键线路上所有工作的持续时间之和，等于总工期
		线路时差	关键路线与某非关键路线的持续时间之差

(1) 节点参数：又称事项参数，表示的是以该节点为始点或终点的事件的时间。

① 节点最早时间。节点 j 的最早时间用 $t_E(j)$ 表示，它表示以它为始点的各工作最早可能开始的时间，也表示以它为终点的各工作最早可能完成的时间，它等于从始点节点到该节点的各路线中时间最长的路线上所有工作的工时总和。节点最早时间可用公式 5.1 所示的递推公式，按照节点编号从小到大的顺序逐一计算。

设总开工节点编号为(1)，则

$$\begin{cases} t_E(1)=0 \\ t_E(j)=\max_{i}\{t_E(i)+t(i,j)\} \end{cases} \quad (5.1)$$

式中，$t_E(i)$——与事项 j 相临的上一个节点的最早时间。

设终点节点编号为 n，则终点节点的最早时间显然就是整个项目的最早完工期，即 $t_E(n)=$ 总最早完工期。

② 节点最迟时间。节点 i 的最迟时间用 $t_L(i)$ 表示，它表明在不影响任务总工期条件下，以它为始点的工作的最迟必须开始时间，或以它为终点的各工作的最迟必须完成时间。由于一般情况下，都把任务的最早完工时间作为项目的总工期，所以节点最迟时间可以按公式(5.2)所示的计算公式从后往前推算，即

$$\begin{cases} t_L(n)=总工期\{或t_E(n)\} \\ t_L(i)=\min_{j}\{t_L(j)-t(i,j)\} \end{cases} \quad (5.2)$$

式中，$t_L(j)$——与节点 i 相临的后一个节点的最迟时间。

(2) 工作时间参数。

① 工作的最早可能开工时间与工作的最早可能完工时间。

一个工作(i,j)的最早可能开工时间用$t_{ES}(i,j)$表示。任何一件工作都必须在其所有紧前工作全部完成后才能开始。一个工作(i,j)的最早可能完工时间用$t_{EF}(i,j)$表示。它表示工作按最早开工时间开始所能达到的完工时间,如公式5.3所示。

$$\begin{cases} t_{ES}(1,j)=0 \\ t_{ES}(i,j)=\max_{k}\{t_{ES}(k,i)+t(k,i)\} \\ t_{EF}(i,j)=t_{ES}(i,j)+t(i,j) \end{cases} \tag{5.3}$$

这组公式也是递推公式,即所有从总开工节点出发的工作$(1,j)$,其最早可能开工时间为零;任一工作(i,j)的最早开工时间要由它的所有紧前工作(k,i)的最早开工时间和持续时间之和决定;工作(i,j)的最早完工时间显然等于其最早开工时间与工时之和。

② 工作的最迟必须开工时间与工作的最迟必须完工时间。一个工作(i,j)的最迟必须开工时间用$t_{LS}(i,j)$表示。它表示工作(i,j)按最迟时间开工,所能达到的完工时间。一个工作(i,j)的最迟必须完工时间用$t_{LF}(i,j)$表示。它们的计算方法如公式5.4所示。

$$\begin{cases} t_{LF}(i,n)=总完工期(或t_{EF}(i,n)) \\ t_{LS}(i,j)=\min_{k}\{t_{LS}(j,k)-t(i,j)\} \\ t_{LF}(i,j)=t_{LS}(i,j)+t(i,j) \end{cases} \tag{5.4}$$

这组公式是按工作的最迟必须开工时间由终点向始点逐一递推的公式。凡是进入总完工事项n的工作(i,n),其最迟完工时间必须等于预定总工期或等于这个工作的最早可能完工时间。任一工作(i,j)的最迟必须开工时间由它的所有紧后工作(j,k)的最迟开工时间确定。而工作(i,j)的最迟完工时间显然等于本工作的最迟开工时间加工时。

③ 时差。时差是指在不影响按期完成任务的条件下,在工作过程中可以灵活机动使用的一段时间。工作的时差又称工作的机动时间或富裕时间,常用的时差有两种。

a. 工作的总时差:在不影响总工期的条件下,某工作(i,j)可以延迟其开工时间的最大幅度,称为该工作的总时差,用$R(i,j)$表示。其计算方法如公式5.5所示。

$$R(i,j)=t_{LF}(i,j)-t_{EF}(i,j) \tag{5.5}$$

即工作(i,j)的总时差等于它的最迟完工时间与最早完工时间的差。显然$R(i,j)$也等于该工作的最迟开工时间与最早开工时间之差。

b. 工作的单时差:工作的单时差是指在不影响紧后工作的最早开工时间条件下,此工作可以延迟其开工时间的最大幅度,用$r(i,j)$表示。其计算方法如公式5.6所示。

$$r(i,j)=t_{ES}(j,k)-t_{EF}(i,j) \tag{5.6}$$

即单时差等于其紧后工作的最早开工时间与本工作的最早完工时间的差。

工作总时差和单时差的区别与联系可通过图5.24来说明。在图5.24中,工作b与工作c同为工作a的紧后工作。可以看出,工作a的单时差不影响紧后工作的最早开工时间,而其总时差却不仅包括本工作的单时差,而且包括了工作b和工作c的时差,使工作c失去了部分时差而工作b失去了全部自由机动时间。所以占用一道工序的总时差虽然不影响整个任务的最短工期,却有可能使其紧后工作失去自由机动的余地。

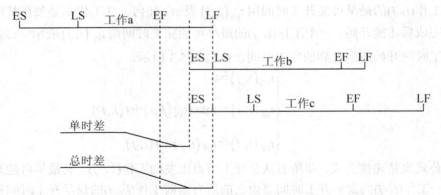

图 5.24　工作总时差和单时差的区别与联系

(3) 线路时间参数。

① 关键线路工期：网络图中从总开始节点到总结束节点中，存在着一条或多条首尾相连的线路(若是多条线路，则这些线路部分可以重叠)，在这条(些)线路上，所有工作的总时差、单时差均为零，即表示该条线路上的所有工作都没有任何机动的时间，其中某项工作的延误必将导致总工期的延误，这种线路称为关键线路。关键线路上的所有工作工期之和等于项目的总工期。

② 线路时差：线路时差就是关键路线与某非关键路线的持续时间之差。线路时差越大，说明该线路同关键路线相比，所需的作业时间越短，时间上的潜力越大。由于工序总时差可以储存在一条线路中为各工序所共用。因此，线路时差并不等于该线路上各工序总时差之和，而只能等于该线路上各工序单时差之和。如果该线路上有关键节点，则线路时差等于以关键节点分段的各段中最大的工序总时差之和。

计算线路时差可以更好地了解网络图中各条线路在时间上的轻、重、缓、急程度，使项目管理者心中有数，必要时利用线路时差，抽调非关键路线上的人力、物力，以确保关键路线工期的如期实现。

(4) 时间参数的图上计算法示例。网络参数的计算方法很多，如图上计算法、表上计算法、矩阵法以及使用计算机计算等。下面结合图 5.25 介绍图上计算法。

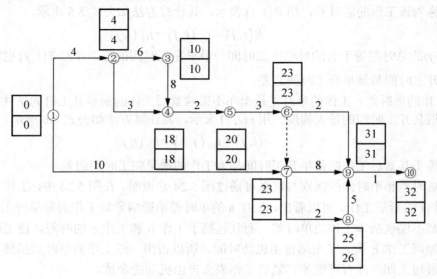

图 5.25　时间参数的图上计算法

① 节点的时间参数。节点的最早时间从总开工节点①开始,利用公式(5.1),在图上由编号小到大逐一计算如下所示。

$t_E(1)=0$。

$t_E(2)=0+4=4$。

$t_E(3)=4+6=10$。

$t_E(4)=\max\{4+3,10+8\}=18$。

……

$t_E(10)=32$,把计算结果标入图中相应节点编号旁方框的上部,然后计算节点的最迟时间,从完工节点⑩开始,由后向前利用公式(5.2)逐一进行计算,当任务给定完工期限时,节点⑩的最迟时间等于规定期限,否则就等于刚计算出的节点⑩的最早时间32,如下所示。

$t_L(10)=32$。

$t_L(9)=32-1=31$。

$t_L(8)=31-5=26$。

$t_L(7)=\min\{31-8,26-2\}=23$。

……

$t_L(1)=4-4=0$,在图上边计算,同时把计算结果标入方框的下部,节点时间参数计算结果如图5.25所示。

② 工作时间参数的计算。计算过程如图5.26所示。

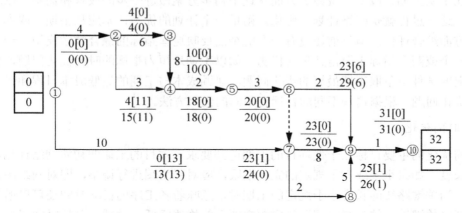

图5.26 计算过程

在计算工作的时间参数时,只用公式(5.3)、公式(5.4)计算出工作的最早开工时间和最迟开工时间填入图中,这是由于图中标有工作的工时,所以工作的最早及最迟完工时间极易算出,不在图中标出。

与计算节点的时间参数类似,先用公式(5.3)从始点开始,逐一计算工作的最早可能开工时间$t_{ES}(i,j)$,标入箭杆上方的线段上部,然后从终点由后向前按公式(5.4)逐一计算工作最迟必须开工时间$t_{LS}(i,j)$,填入线段的下部。

在已经计算出节点时间参数的情况下,某一工作的最早开工时间就等于其始点节点的最早时间,最迟开工时间等于其终点节点的最迟时间减去该工作的工时。

然后用公式(5.5)计算总时差填入"[ ]"中,由于图上没有$t_{EF}(i,j)$,只有$t_{ES}(i,j)$和$t(i,j)$,所以将公式(5.6)变形为

$$r(i,j)=t_{ES}(j,k)-t_{ES}(i,j)-t(i,j) \tag{5.7}$$

来计算工作的单时差，填入"( )"内，如图 5.26 所示。

由关键路线的意义可知，这条线在时间上没有回旋余地，即每个关键工作应满足"最早开工时间等于最迟必须开工时间"的条件，而非关键工作则有富裕时间。所以总时差为零的工作链就是关键路线。常用的确定关键路线的方法有两种：一种是检查各工作，由所有总时差为零的工作构成的路线为关键路线，另一种是检查各节点，节点最早时间和最迟时间相同的节点为关键路线上的节点，如果连接这些节点的路线只有一条，则该路线为关键路线，如果有多条，则需要结合路线上各工作的总时差来加以确定。需要注意的是，有时关键路线不止一条，可能存在多条关键路线。

检查图 5.26 中各工作的总时差，得到其关键路线为①→②→③→④→⑤→⑥→⑦→⑨→⑩，总工期为 32(周)，如图 5.26 中粗线所示。

确定及掌握任务的关键路线可使我们在实施计划时做到心中有数。就本例来讲，关键工作含物流市场调研、物流产品设计、物流产品研制和试验、制订成本计划等，要严格控制其按预定工时进行，否则会拖长任务的工期。相对来讲，非关键工作由于有时差存在，在资源或人力不足时，可适当调整这些工作的工时及开始时间，不会影响总工期。

5.3.3 物流项目网络计划优化

通过画网络图和计算时间参数，已经得到了一个初步的网络计划。而网络计划技术的核心却在于从工期、成本、资源等方面从这个初步方案做进一步的改善和调整，以求得最佳效果。这一过程就是网络计划的优化。衡量一个计划的优劣，本应从工期、成本、资源消耗等方面综合评价，但目前还没有一个能全面反映这些指标的综合数学模型，一般只是按照某一个或两个指标来衡量计划的优劣，如以工期最短为指标的时间优化问题，要求在资源有限的条件下争取工期最短的优化问题，兼顾成本与工期的最低成本日程和最低成本赶工等优化问题。根据这些不同的目标有不同的优化方法。

1. 时间优化

时间优化的主要目标在于使项目的工期达到要求。项目的工期即初始网络计划图的关键路线长度，如果小于或大于规定的完工期限，应对网络图进行调整，即对网络图进行时间优化。当关键路线的长度小于规定的工期时，意味着各工序的机动时间还可以增加，适当延长某些关键工序的延续时间可使资源需要量的峰值降低，并减少单位时间资源需要的强度，以降低工程费用。

通常比较常见的情况是关键路线的长度大于规定的期限，所以时间优化的主要方向是缩短处于关键路线上各工序的完工时间，其主要措施如下。

(1) 采取组织措施增加关键工序的人力、物力投入。例如，改一班作业为二班或三班作业，改单机作业为多机作业，采取适当的技术组织措施、提高效率。

(2) 采用新设备、新工艺，提高效率。

(3) 在关键工序上采用平行作业和交叉作业。

(4) 在非关键路线的一些有机动时间的工序中挖潜，推迟或延长其持续时间，从其中抽出一些人力、物力支援关键工序，这样既可使关键工序提前完工，又不会影响本工序的按时完工。在缩短关键路线的总工期时，非关键路线可能上升为关键路线。所以在调整时也要注意非关键路线的时差，注意是否有新的关键路线出现。

在采取各种措施缩短工期的过程中，可能出现几种都满足规定工期的不同方案，这时应通过技术经济比较来选优。如果采取各种措施后，新得到的工期仍然大于规定的期限，则应报请上级有关机构，要求合理的改动规定的期限，并根据实际情况提出关于合理工期的建议。

时间优化的循环法包括以下步骤。

(1) 确定初始网络计划的计划工期和关键线路。

(2) 将计划工期与指令工期比较，求出需要缩短的时间。

(3) 采用上述的优化措施压缩关键线路的长度，并求出网络计划新的关键线路和工期。

(4) 若调整后的工期符合规定要求，则优化结束，否则重复(3)，直到符合要求为止。

【例 5-1】时间优化示例(缩短物流项目工期)。

图 5.27 所示为某物流项目的网络图，初始方案计划时间为 19 周完成，现因特殊情况，上级要求提前 3 周完工，即总工期压缩为 16 周，试对网络进行调整。

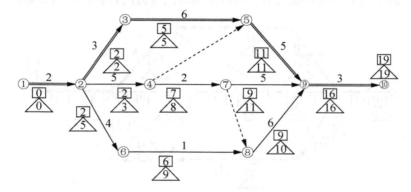

图 5.27　某物流项目的网络图

注：□内数字：工序最早开始时间(t_{Es})；△内数字：工序最迟开始时间(t_{Ls})。

解：(1) 计算工序的时间参数，找出关键线路。

如图 5.27 所示，双箭线的工序组成的线路为关键线路：①→②→③→⑤→⑨→⑩。

(2) 缩短工期的计算：首先将终点事项⑩的最迟结束时间定为 16 周，从右向左逐一求出各工序的最迟开始时间 t_{LS}，标在图 5.28 所示的相应箭线下方的"△"内，同时求出各工序总时差，用"[ ]"括起来放于相应工序下方。

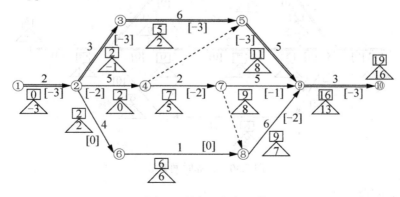

图 5.28　缩短工期的计算

图中方括号内的数字为总工期 16 周时,各工序的总时差,从计划的结果可看出,在原先的关键路线上各工序的总时差为-3,这意味着原来的关键路线上应缩短 3 周。而其他非关键线路上也出现负时差,即在这些线路上也要进行日期的缩短。

需要缩短日期的线路和时差如表 5-10 所示。

表 5-10 需要缩短日期的线路和时差

线　路	时　差
①→②→③→⑤→⑨→⑩	-3
②→④→⑦→⑧→⑨	-2
⑦→⑨	-1

首先考虑在关键线路,即线路 ①→②→③→⑤→⑨→⑩ 上缩短 3 周,不妨在②→③、③→⑤、⑨→⑩上各缩 1 周,缩短后,通过网络时间参数的计算,其结果如图 5.29 所示。

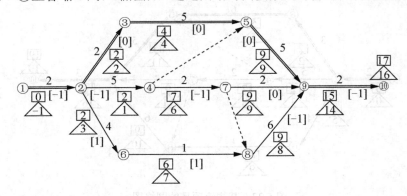

图 5.29 通过网络时间参数的计算

注:在②→③上,3 压缩为 2;在③→⑤上,6 压缩为 5;在⑨→⑩上,3 压缩为 2。

由此可知,调整后还存在一条负时差线路为①→②→④→⑦→⑧→⑨→⑩,可在其中任一工序上压缩 1 周,如⑧→⑨改为 5 周。再计算时间参数,可知负时差已全部消灭,如图 5.30 所示。

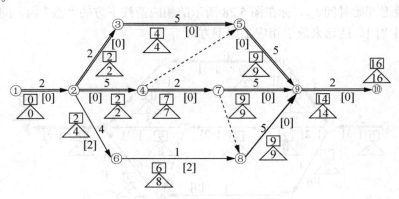

图 5.30 计算时间参数

注:在⑧→⑨上,6 压缩为 5。

这时总时差为 0 的线路有 3 条：①→②→③→⑤→⑨→⑩、①→②→④→⑦→⑨→⑩和①→②→④→⑦→⑧→⑨→⑩。它们均是关键线路，总工期为 16 周，符合规定的要求。

2. 时间—资源优化

网络计划的时间—资源优化，是指对时间和其他资源进行统筹安排，达到特定的工程要求。在进行初始网络图的时间优化时，往往是从完成项目所需要的资源不受限制这一条件出发的。但实践中的项目很多都不能满足这一条件，因为不受人力、设备、动力、材料、资金等条件限制的大型项目是不存在的，很多情况下由于资源不能满足"峰值"的需要而不得不使某些工序推迟；初始工序流线图所需要的各种资源在时间上的分布往往极不均匀，因而给项目的进行造成了困难，并增加了成本，所以要对网络图进行时间—资源优化。时间—资源优化一般分为两种。

(1) 工期固定的资源均衡。资源均衡问题是在可用资源数量不受限制和保持工期不变的条件下，用调整各项非关键工作进度的办法，使资源的需要量随时间的变化趋于平整。资源优化过程也就是逐步地将资源的"峰值"填入资源的"谷值"的过程，它属于一种启发式的优化方法。

(2) 有限资源的合理分配。它是指在资源有限的情况下，合理安排各工作的进度，力求使网络计划总工期最短。可用的求解方法多种多样，但最常用的是"备用库法"。其基本思想是，假如可供分配的资源储藏在备用库中，任务一开始，从库中取出资源，按工作的优先安排规则，给即将开工的工作分配资源，并尽可能地考虑最优组合，资源分配不到的工作推迟开始。随着时间的推移和工作的陆续完成，资源又逐渐返回到备用库中。当从备用库中取出资源、进行资源分配时，分配不到资源的工作，推迟开工时间。这样反复循环，直到所有的工作都分配到资源为止。

时间—资源优化常用的方法如下。

(1) 先安排关键工程所需的资源。

(2) 错开非关键工序的开始时间，使工程各时段对资源的需求趋于平衡。

(3) 为达到总体效益最佳，必要时可适当延长总工期。

下面以劳动力平衡为例来说明进行时间—资源优化的方法。

【例 5-2】某物流项目有 a-i9 项工作需要完成，各工作的逻辑关系、工期及所需求的人员数目如表 5-11 所示，问各阶段工作应如何合理安排，才可以使人力的使用最合理？

表 5-11 各工作的逻辑关系、工期及所需求的人员数目

工 作	工 序	工期/天	所需人员数/人	紧前工序
a	①→②	2	7	—
b	①→③	2	4	—
c	①→④	2	5	—
d	①→⑥	4	10	—
e	②→③	2	8	a
f	③→⑤	3	3	b, e
g	④→⑤	2	9	c
h	⑤→⑥	4	2	f, g
i	⑥→⑦	3	12	d, h

根据表 5-11 可绘出该物流项目的网络图，如图 5.31 所示。

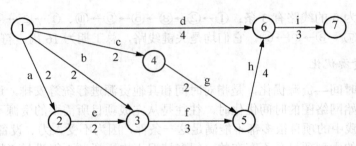

图 5.31 该物流项目的网络图

结合网络图和各工作所需的人员数可绘出项目各时间段的人力资源载荷图,如图 5.32(图中箭线上的数字为各项目工作所需人员数)所示,从图中可见,目前该项目各时间段的人力资源载荷是极不平衡的,最高峰值为 27 人,而最低谷值为 2 人。

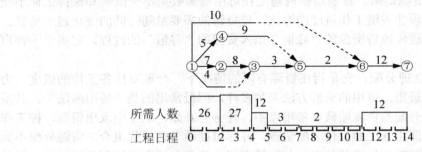

图 5.32 各时间段的人力资源载荷图

对该图进行初步调整,错开非关键工作开始的时间。例如,可将工作 d 推后至第 7 天开始,如图 5.33 所示,此时最高峰值 27(工程日程为 2-4)已降为 17,而从第 7 天开始,后面时间段的人力资源载荷均为 12 人。

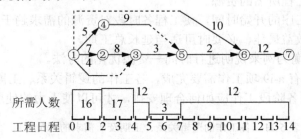

图 5.33 对图 5.32 进行初步调整

对该图进一步调整,将工作 g 推迟到第 5 天开始,如图 5.34 所示,此时项目人力资源使用基本平衡,最高峰值为 16(工程日程为 0~2)。

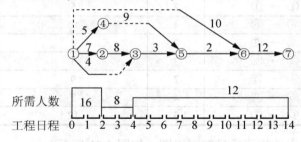

图 5.34 对该图进一步调整

对该图再进一步调整,将工作 b 推迟到第 2 天开始,如图 5.35 所示,此时项目人力资源使用已经完全平衡,最高峰值为 12,即在项目整个实施期内,总体人力资源需求和各时间段内人员需求均为 12 人。

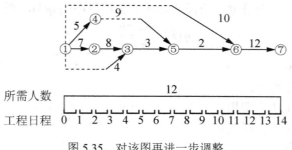

图 5.35 对该图再进一步调整

3. 时间—成本优化

实施任何一个物流项目都要注意经济效果,既要使物流项目在规定的期限内完成,又要使其成本最低,这就是时间成本—优化问题。要想缩短整个工程的工期,必须从两方面考虑:一是要分析缩短工期所需的代价;二是要分析缩短工期带来的收益。在一定条件下,达到物流项目时间与项目费用的最佳结合是时间—费用优化的关键。

1) 项目费用与时间的关系

物流项目所需时间与所需费用是一对矛盾。通常可以把完成整个物流项目的总费用看做由直接费用和间接费用两大部分组成。直接费用指与完成工序直接有关的费用,如人力、机械、原材料等费用,间接费用指管理费、设备租金等,是根据各道工序时间按比例分摊的。一般情况下,缩短一道工序时间,就要采取一些措施,如加班,增加设备,采用新技术、新工艺等,需要增加一定的直接费用,而同时也会得到一些收益,如节约了管理费用等间接费用。因此,在一定范围内,缩短工序时间会导致间接费用减少而直接费用增加;反之,延长工序时间则会导致间接费用增多而直接费用减少。物流项目费用与完工时间之间的关系可用图 5.36 表示。

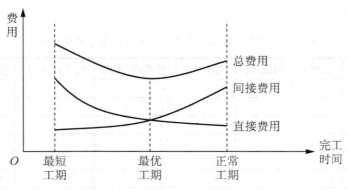

图 5.36 物流项目费用与完工时间关系图

从图中可看出,在正常工期和最短工期(缩短工期的最低限度,简称赶工时间)之间,存在着一个最优工期,此时总费用最少,这个时间称为最低成本日程。我们可以从关键路线入手,找出最低成本日程。

2) 时间—费用优化的计算

通常假设物流项目的间接费用同工期成线性关系,因此要分析总费用,主要是要分析直接费用与工程完工期之间的关系。为计算简便,假设某工序的直接费用与工序时间是线性关系,设工序 k 每赶一天进度,所需要增加的费用斜率为 q(k),则

$$q(k)=\frac{c-n}{n_t-c_t} \quad (5.8)$$

式中,$q(k)$——费用斜率;
c ——赶工所需费用;
n ——正常完工所需费用;
n_t ——正常完工所需时间;
c_t ——赶工时间。

显然,费用斜率越大的工序,每缩短一天,花的费用就越多。在考虑缩短工程工期时,当然是要缩短各关键工序中的某一道或某几道工序的工期,而选择缩短哪道工序要以总费用最省为根据。

首先应确定工期与直接费用的关系,即先对全部工序按正常时间计算参数,求出网络图的关键路线、项目周期和相应的直接费用。

物流项目的总费用=正常完工的直接费用+赶工增加的费用+间接费用 (5.9)

其次逐次压缩费用增长率 $q(k)$ 最小的关键工序延续时间,使直接费用的增加最小。压缩网络时,按下面原则进行。

(1) 压缩关键线路上费用增长率最小的工序时间,以增加最少的费用来缩短工期。

(2) 在选择压缩某项工序的延续时间时,既要满足工序费用—时间变化关系的限制,又要考虑网络中和该作业并列的各工序时差数的限制,应取这两个限制的最小值。

(3) 当网络图不断压缩出现数条关键路线时,继续压缩工期,需要同时缩短这数条路线,仅缩短一条线路不会达到缩短工期的目的。

下面以例 5-3 说明通过缩短关键路线上工序时间来寻求最少工程费日程的方法。

【例 5-3】某物流项目根据有关资料,计算出了费用斜率,如表 5-12 所示,试制定该项目的最少费用计划方案。

表 5-12 某物流项目根据有关资料计算出了费用斜率

工序	紧前工序	正常完工时间/天	正常完工直接费用/百元	赶工时间/天	费用斜率/(百元/天)
a	—	10	30	7	4
b	—	5	10	4	2
c	b	3	15	2	2
d	a, c	4	20	3	3
e	a, c	5	25	3	3
f	d	6	32	3	5
g	e	5	8	2	1
h	f, g	5	9	4	4
合计			149		
间接费用					5

根据表 5-12,可绘出网络图,如图 5.37 所示。

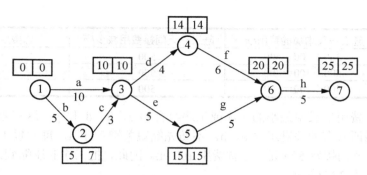

图 5.37　网络图

按正常时间完工需 25 天，所需总费用为 $W=14\,900+500\times25=27\,400$ 元。

若使项目工期最短，即将所有工序时间都压缩到其可能的最短时间，看其费用情况如何？这时，网络图如图 5.38 所示。

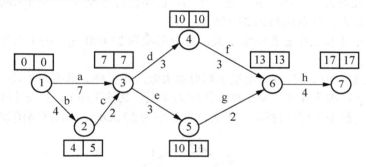

图 5.38　网络图

项目完工期为 17 天，其赶工增加费用为 $3\times400+1\times200+1\times200+1\times300+2\times300+3\times500+3\times100+1\times400=4\,700$ 元，总费用 $W=14\,900+4\,700+500\times17=28\,100$ 元，显然费用太大，不是最优。

分析按正常时间完工的计划方案，找出最少工程费方案。由图 5.39 可以看出，在按正常时间完工的网络图中，有两条关键路线：①→③→④→⑥→⑦和①→③→⑤→⑥→⑦。

要缩短工期，就要缩短关键工序的时间。首先考虑压缩关键线路上费用增长率最小的工序时间，以增加最少的费用来缩短工期。在上述两条关键路线的情况下，缩短哪道关键工序，分析如下。

两条关键路线在节点 3 和节点 6 之间有并联部分，关键工序为 a、d、e、f、g 和 h，其中工序 a、h 为两条关键路线所共有。要缩短工期，在费用最小的情况下，首先考虑缩短共有的关键工序。其次考虑节点 3 和节点 6 之间的各关键工序 d、e、f 和 g，因为它们之间是并联的，所以要想缩短工程的工期，必须在 d、f 中和 e、g 中各压缩一道工序的时间。这样，它们就有 4 种可能的组合。

综合以上组合及费用情况，可通过表 5-13 考虑选择。

表 5-13　综合以上组合及费用情况进行选择

工序	赶工一天增加的费用/元	赶工一天间接费用减少/元	总费用净变化/元
a	400	500	−100
h	400	500	−100
d 和 e	300+300=600	500	+100

续表

工序	赶工一天增加的费用/元	赶工一天间接费用减少/元	总费用净变化/元
d 和 g	300+100=400	500	−100
f 和 e	500+300=800	500	+300
f 和 g	500+100=600	500	+100

比较可知，费用增长率最小的工序或工序组合为 a、h、d 和 g，这三者中首先考虑缩短两条关键路线所共有的关键工序 a、h。不妨先缩短关键工序 h，每缩短 1 天，需增加费用 400 元，但节省间接费 500 元，净省费用 100 元。因此，把工序 h 压缩到最低限度 4 天，同时，总费用减为 27 300 元。

然后再考虑压缩工序 a，与压缩工序 h 一样，每压缩 1 天，总费用净省 100 元。但此处需注意，工序 a 不能压缩到其最低时间限度 7 天，因为当工序压缩 2 天时，工序时间为 8 天，这时工序 b 和工序 c 就都变成了关键工序。这样，在节点 1 和节点 3 之间，也出现了并联的关键路线部分。继续单独压缩工序 a，已不能缩短整个工程的工期。因此，只能把工序 a 压缩为 8 天，总费用减为 27 100 元。

最后，将工序 d 和工序 g 各压缩 1 天，总费用减为 27 000 元。由于工序 d 的限制，不能再进一步压缩。

综合起来，最少项目费计划方案按下列要求去做：将工序 a 压缩为 8 天，将工序 d 压缩为 3 天，将工序 g 压缩为 4 天，将工序 h 压缩为 4 天，其他工序 b、c、e 和 f 仍按正常时间进行，这样得到的最少工程费日程为 21 天，总费用为 27 000 元，其网络图如图 5.39 所示。

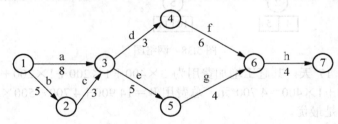

图 5.39 最低成本日程网络图

5.4 物流项目进度控制

进度控制管理是采用科学的方法确定进度目标，编制进度计划与资源供应计划，进行进度控制，在与质量、费用、安全目标协调的基础上，实现工期目标。由于进度计划实施过程中目标明确，而资源有限，不确定因素多，干扰因素多，这些因素有客观的、主观的，随着主客观条件的不断变化，计划也随着改变，因此，物流项目进度控制就是在物流项目实施过程中必须不断掌握计划的实施状况，并将实际情况与计划进行对比分析，必要时采取有效措施，使物流项目进度按预订的目标进行，确保目标的实现。物流项目进度控制是动态的、全过程的管理，其主要方法是规划、控制、协调。

5.4.1 物流项目进度控制的原理

1. 动态控制原理

物流项目的进行是一个动态的过程，因此进度控制随着物流项目的进展而不断进行。

物流项目管理人员需要在物流项目各阶段制订各种层次的进度计划,需要不断监控物流项目进度,并根据实际情况进行及时调整。

2. 系统原理

物流项目各实施主体、各阶段、各部分、各层次的计划构成了物流项目的计划系统,它们之间相互联系、相互影响;每一计划的制订和执行过程也是一个完整的系统。因此必须用系统的理论和方法解决进度控制问题。

3. 封闭循环原理

物流项目进度控制的全过程是一种循环性的例行活动,其活动包括编制计划、实施计划、检查、比较与分析、确定调整措施、修改计划,形成了一个封闭的循环系统。进度控制过程就是这种封闭的循环系统不断运行的过程。

4. 信息原理

信息是物流项目进度控制的依据,因此必须建立信息系统,及时有效地进行信息的传递和反馈。

5. 弹性原理

物流项目工期长、体积庞大、影响因素多而复杂。因此要求编制计划时必须留有余地,使计划有一定的弹性。

5.4.2 物流项目进度控制的过程(步骤)

检查并掌握实际进展情况,分析产生进度偏差的主要原因,确定相应的纠偏措施或调整方法,物流项目进度控制的过程如图 5.40 所示。

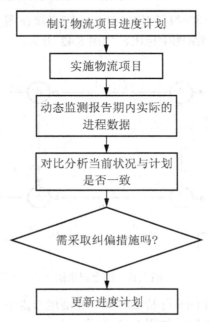

图 5.40 物流项目进度控制的过程

5.4.3 物流项目进度检测的方法

1. 日常观测

在物流项目执行过程中,不断观测和记录进度计划中每一项工作的实际开始时间、实际完成时间、实际持续时间、目前状况等内容,为物流项目管理者控制物流项目进度提供依据。

2. 定期观测

定期观测的主要方法有实际进度前锋线法、图上记录法和报告表法。

(1) 实际进度前锋线法。它是一种在时间坐标网络中记录实际进度情况的曲线,简称前锋线。它表达了网络计划执行过程中,某一时刻正在进行的各工作的实际进度前锋的连线,如图 5.41 所示。

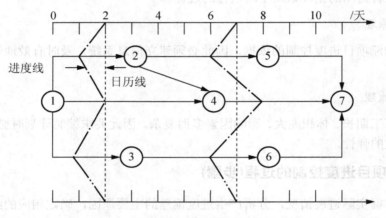

图 5.41　实际前锋线法

(2) 图上记录法。当采用非时标网络计划时,可直接在图上用文字或符号记录,如用点画线代表其实际进度并在网络图中标出,如图 5.42 所示。

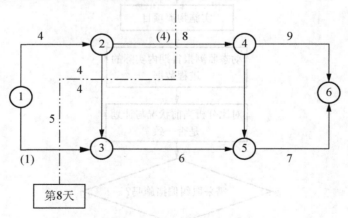

图 5.42　图上记录法

在箭线下方标出相应工作的实际持续时间,在箭尾节点下方和箭头节点下方分别标出工作的实际开始和实际结束时间,如图 5.43 所示。

在网络图的节点内涂上不同的颜色或用斜线表示相应工作已经完成,如图 5.44 所示。

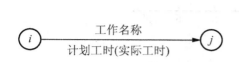

图 5.43 在箭线下方标出相应工作的实际持续时间

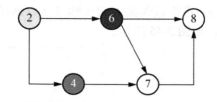

图 5.44 已完成工作的图上记录

注：该图表示工作 2-6 和工作 2-4 已经完成。

(3) 报告表法。项目进度报告是记录观测检查的结果、项目进度现状和发展趋势等有关内容的最简单的书面形式报告。通过该方式向有关部门和人员报告，与项目干系人进行沟通。

物流项目进展报告主要包括以下内容。

① 物流项目实施概况、管理概况、进度概要。
② 物流项目实际进度及其说明、资源供应进度。
③ 物流项目近期趋势，包括从现在到下次报告期之间将可能发生的事件等内容。
④ 物流项目费用发生情况。
⑤ 物流项目实施中所遇到的障碍和危及物流项目进展的可能的重大风险事件等。

不同编制范围和内容的报告包括以下分类。

① 物流项目概要级进度控制报告。
② 物流项目管理级进度控制报告。
③ 业务管理级进度控制报告。

物流项目进度报告包括以下形式。

① 日常报告。
② 例外报告。
③ 特别分析报告。

几种常见的物流项目进度报告包括以下几类。

① 进度计划执行情况报告。
② 物流项目关键点检查报告。
③ 物流项目执行状态报告。
④ 任务进度报告。
⑤ 物流项目管理报告。

以上报告从不同的侧重点对项目进度的监测结果进行反映，可根据需要选择使用。

5.4.4 物流项目进度比较分析方法

1. 甘特图比较法

1) 匀速进展甘特图比较法

匀速进展是指在物流项目中，每项工作在单位时间内完成的任务量都是相等的，即工作的进展速度是均匀的。此时，每项工作累计完成的任务量与时间成线性关系。

完成的任务量可以用实物工程量、劳动消耗量或费用支出表示。为了便于比较，通常用上述物理量的百分比表示。

采用匀速进展甘特图比较法时，包括以下步骤。

(1) 编制甘特图进度计划。
(2) 在进度计划上标出检查日期。

(3) 将检查收集到的实际进度数据经加工整理后按比例用涂黑的粗线标于计划进度的下方，如图 5.45 所示。

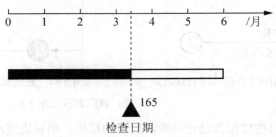

图 5.45　匀速进展甘特图比较法

(4) 对比分析实际进度与计划进度。
① 如果涂黑的粗线右端落在检查日期左侧，表明实际进度拖后。
② 如果涂黑的粗线右端落在检查日期右侧，表明实际进度超前。
③ 如果涂黑的粗线右端与检查日期重合，表明实际进度与计划进度一致。

必须指出，该方法仅适用于工作从开始到结束的整个过程中，其进展速度均为固定不变的情况。如果工作的进展速度是变化的，则不能采用这种方法进行实际进度与计划进度的比较；否则，会得出错误的结论。

2) 非匀速进展甘特图比较法

当工作在不同的单位时间里的进展速度不同时，可以采用非匀速进展甘特图比较法。该方法包括双比例单侧甘特图比较法和双比例双侧甘特图比较法两种。

双比例单侧甘特图比较法在将表示工作实际进度的粗线涂黑的同时，标出其对应时刻完成任务的累计百分比，将该百分比与其同时刻计划完成任务的累计百分比相比较，判断工作的实际进度与计划进度之间的关系(见图 5.46)。

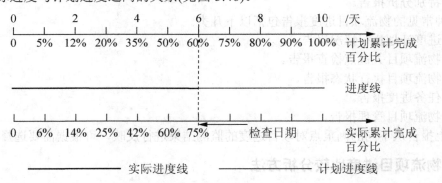

图 5.46　双比例单侧甘特图比较法

双比例单侧甘特图比较法包括以下步骤。
(1) 编制甘特图进度计划。
(2) 在横道线上方标出各主要时间工作的计划完成任务累计百分比。
(3) 在横道线下方标出相应日期工作的实际完成任务累计百分比。
(4) 用涂黑粗线标出实际进度线，由开工日标起，同时反映出实施过程中时间的连续与间断情况。
(5) 对照横道线上方计划完成任务累计量与同时刻的下方实际完成任务累计量，比较出实际进度与计划进度之间的偏差，可能有 3 种情况。

① 同一时刻上下两个累计百分比相等，表明实际进度与计划进度一致。

② 同一时刻上面的累计百分比大于下面的累计百分比，表明该时刻实际进度拖后，拖后的量为二者之差。

③ 同一时刻上面的累计百分比小于下面累计百分比，表明该时刻实际进度超前，超前的量为二者之差。

双比例双侧甘特图比较法是双比例单侧甘特图比较法的改进和发展，它是将表示工作实际进度的涂黑粗线，按着检查的期间和完成的累计百分比交替地绘制在计划横道线上下两面，其长度表示该时间内完成的任务量。工作的实际完成累计百分比标于横道线下面的检查日期处，通过对两个上下相对的百分比进行比较，判断该工作的实际进度与计划进度之间的关系。采用这种比较方法，可以从各阶段的涂黑粗线的长度看出该阶段实际完成的任务量及整个期间的实际进度与计划进度之间的关系。

(1) 双比例双侧甘特图比较法包括以下步骤。

① 编制甘特图进度计划表。

② 在甘特图上方标出各工作主要时间的计划完成任务累计百分比。

③ 在计划横道线的下方标出工作相对应日期实际完成任务的累计百分比。

④ 用涂黑粗线分别在横道线上方和下方交替地绘制出每次检查实际完成的百分比。

⑤ 比较实际进度与计划进度。通过标在横道线上下方两个累计百分比，比较各时刻的两种进度的偏差。

这两种进度的偏差可能出现以下 3 种情况。

a．同一时刻上下两个累计百分比相等，表明实际进度与计划进度一致。

b．当同一时刻上面的累计百分比大于下面的累计百分比，表明该时刻实际施工进度拖后，拖后的量为二者之差。

c．当同一时刻上面的累计百分比小于下面累计百分比，表明该时刻实际施工进度超前，超前的量为二者之差。

(2) 双比例双侧甘特图比较法的优劣势。双比例双侧甘特图比较法除了能提供匀速进展甘特图比较法与双比例单侧甘特图比较法这两种方法提供的信息外，还能用各段涂黑粗线长度表达在相应检查期间内的工作实际进度，便于比较各阶段工作的完成情况。但是其绘制方法和识别都较前两种方法复杂，如图 5.47 所示。

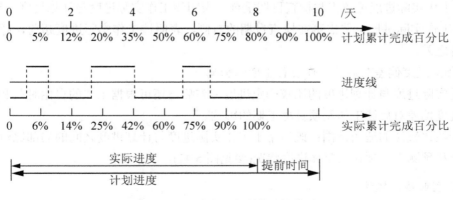

图 5.47　双比例双侧甘特图比较法

2. 实际进度前锋线比较法

实际进度前锋线比较法是通过绘制某检查时刻物流项目实际进度前锋线，进行项目实际进度与计划进度比较的方法，它主要适用于时标网络计划。

在原时标网络计划上，从检查时刻的时标点出发，用点画线依次将各项工作实际进展位置点连接而成的折线就是前锋线。前锋线比较法通过实际进度前锋线与原进度计划中各工作箭线交点的位置来判断工作实际进度与计划进度的偏差，进而判定该偏差对后续工作及总工期的影响程度。

采用实际进度前锋线比较法进行实际进度与计划进度的比较包括以下步骤。

1) 绘制时标网络计划图

工程项目实际进度前锋线在时标网络计划图上标示，为清楚起见，可在时标网络计划图的上方和下方各设一时间坐标。

2) 绘制实际进度前锋线

一般从时标网络计划图上方时间坐标的检查日期开始绘制，依次连接相邻工作的实际进展位置点，最后与时标网络计划图下方坐标的检查日期相连接。

工作实际进展位置点的标定方法有两种。

(1) 按该工作已完任务量比例进行标定。假设工程项目中各项工作均为匀速进展，根据实际进度检查时刻该工作已完任务量占其计划完成总任务量的比例，在工作箭线上从左至右按相同的比例标定其实际进展位置点。

(2) 按尚需作业时间进行标定。当某些工作的持续时间难以按实物工程量来计算而只能凭经验估算时，可以先估算出检查时刻到该工作全部完成尚需作业的时间，然后在该工作箭线上从右向左逆向标定其实际进展位置点。

3) 进行实际进度与计划进度的比较

前锋线可以直观地反映出检查日期有关工作实际进度与计划进度之间的关系。对某项工作来说，其实际进度与计划进度之间的关系可能存在以下 3 种情况。

(1) 工作实际进展位置点落在检查日期的左侧，表明该工作实际进度拖后，拖后的时间为二者之差。

(2) 工作实际进展位置点与检查日期重合，表明该工作实际进度与计划进度一致。

(3) 工作实际进展位置点落在检查日期的右侧，表明该工作实际进度超前，超前的时间为二者之差。

4) 预测进度偏差对后续工作及总工期的影响

通过实际进度与计划进度的比较确定进度偏差后，还可根据工作的自由时差和总时差预测该进度偏差对后续工作及项目总工期的影响。

前锋线比较法的适用范围：既适用于工作实际进度与计划进度之间的局部比较，又可用来分析和预测工程项目的整体进度状况(参见图 5.41)。

3. S 型曲线比较法

S 型曲线比较法是以横坐标表示时间，纵坐标表示累计完成任务量，绘制一条按计划时间累计完成任务量的 S 型曲线；然后将工程项目实施过程中各检查时间实际累计完成任务量的 S 型曲线也绘制在同一坐标系中，进行实际进度与计划进度比较的一种方法，如图 5.48 所示。

通过比较实际进度 S 型曲线和计划进度 S 型曲线，可以获得以下信息。

1) 物流项目实际进展状况

如果物流项目实际进展点落在计划 S 型曲线左侧，表明此时实际进度比计划进度超前，如图 5.48 中的 T_a 点；如果物流项目实际进展点落在 S 型计划曲线右侧，表明此时实际进度拖后，如图 5.48 中的 T_b 点；如果物流项目实际进展点正好落在计划 S 型曲线上，则表示此时实际进度与计划进度一致。

2) 物流项目实际进度超前或拖后的时间

在 S 型曲线比较图中可以直接读出实际进度比计划进度超前或拖后的时间。如图 5.48 所示，ΔT_a 表示 T_a 时刻实际进度超前的时间；ΔT_b 表示 T_b 时刻实际进度拖后的时间。

3) 物流项目实际超额或拖欠的任务量

在 S 曲线比较图中也可直接读出实际进度比计划进度超额或拖欠的任务量。如图 5.48 所示，ΔQ_a 表示 T_a 时刻超额完成的任务量，ΔQ_b 表示 T_b 时刻拖欠的任务量。

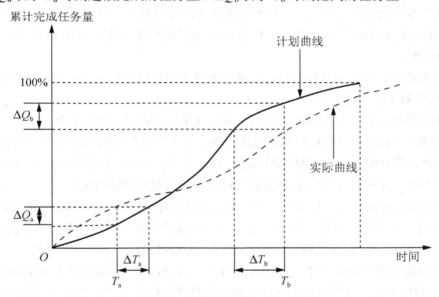

图 5.48　S 型曲线比较法

4. "香蕉"型曲线比较法

"香蕉"型曲线比较法是物流项目进度控制的方法之一，"香蕉"型曲线是由两条以同一开始时间、同一结束时间的 S 型曲线组合而成。其中，一条 S 型曲线是工作按最早开始时间安排进度所绘制的 S 型曲线，简称 ES 曲线；而另一条 S 型曲线是工作按最迟开始时间安排进度所绘制的 S 型曲线，简称 LS 曲线。除了项目的开始点和结束点外，ES 曲线在 LS 曲线的上方，同一时刻两条曲线所对应完成的工作量是不同的，如图 5.49 所示。

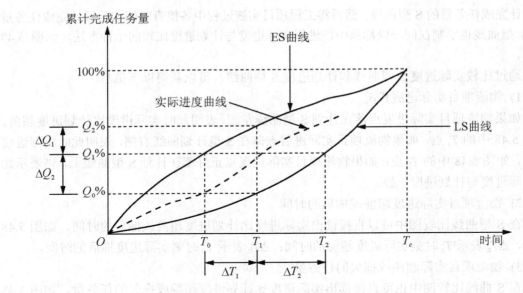

图 5.49 "香蕉"型曲线比较图

"香蕉"型曲线的作图方法与 S 型曲线的作图方法基本一致,所不同之处在于它是分别以工作的最早开始时间和最迟开始时间而绘制的两条 S 型曲线的结合。其具体包括以下几个步骤。

(1) 以物流项目的网络计划为基础,确定该物流项目的工作数目 n 和计划检查次数 m,并计算时间参数 ES_i、$LS_i(i=1,2,\cdots,n)$。

(2) 确定各项工作在不同时间的计划完成任务量,分为以下两种情况。

① 以物流项目的最早时标网络图为准,确定各工作在各时间的计划完成任务量。

② 以物流项目的最迟时标网络图为准,确定各工作在各时间的计划完成任务量。

(3) 计算在 j 时刻完成的总任务量(分为最早和最迟时间两种情况)。

(4) 计算在 j 时刻完成项目总任务量百分比(也分为最早和最迟时间两种情况)。

(5) 绘制"香蕉"型曲线。按($j=1,2,\cdots,m$)描绘各点,并连接各时刻上面各点得到 ES 曲线,下面各点得到 LS 曲线,由 ES 曲线和 LS 曲线组成"香蕉"型曲线。

(6) 在物流项目实施过程中,按同样的方法,将每次检查的各项工作实际完成的任务量,代入各相应公式,计算出不同时间实际完成任务量的百分比,并在"香蕉"型曲线的平面内给出实际进度曲线,便可以进行实际进度与计划进度的比较:如果实际进展点落在ES 曲线的左侧,表明进度超前;如果实际进展点落在 LS 曲线的右侧,表明进度拖后;如果实际进展点落在"香蕉"型曲线内,表明进度正常。

5. 列表比较法

(1) 计算检查时刻正在进行的工作 i-j 尚需要的作业时间。

(2) 计算工作 i-j 检查时至最迟完成时间的剩余时间。

(3) 计算工作 i-j 还有的总时差。

(4) 判断剩余总时差与原有总时差的关系,若相等,则进度一致;小于原有总时差但大于零,则进度比计划有所拖后,但不影响工期;若小于零,则进度影响工期,需调整。

【例 5-4】某物流项目网络计划图如图 5.50 所示,当项目进展到第 10 天时进行检查,结果列于图中。试采用列表比较法分析物流项目的进度状况。

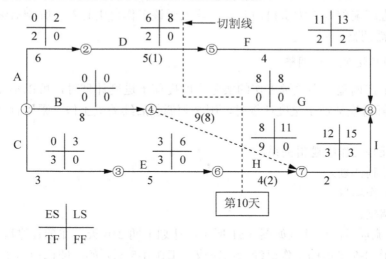

图 5.50 某物流项目网络计划

注:( )内数字是第 10 天检查时该工作完成尚需的时间;ES、LS、TF、FF 分别代表最早开始、最迟开始、总时差和自由时差。

根据检查结果及网络参数计算相关工作的工作尚需时间、至最迟完成尚有时间、剩余总时差,制作进度分析表,如表 5-14 所示。

表 5-14 物流项目进度比较分析表

工作编号	工作代号	检查时尚需时间/天	预计最迟完成前尚有时间/天	原有总时差/天	尚剩总时差/天	判断
2-5	D	1	13－10＝3	2	3－1＝2	正常
4-8	G	8	17－10＝7	0	7－8＝－1	推迟 1 天
6-7	h	2	15－10＝5	3	5－2＝3	正常

注:13＝LS＋t(i, j)＝8＋5＝13,下同。

(5) 列表比较法可能有以下几种情况。

① 若工作尚有总时差大于原有总时差:实际进度比计划超前(偏差值为二者之差)。

② 若工作尚有总时差等于原有总时差:与计划进度一致。

③ 若工作尚有总时差小于原有总时差,但仍为正值:进度拖后(偏差值为二者之差),但不影响总工期。

④ 若工作尚有总时差小于原有总时差,且为负值:进度拖后(偏差值为二者之差),且影响总工期(计划工期的延迟天数＝尚有总时差天数)。

5.4.5 物流项目进度更新

1. 分析进度偏差的影响

(1) 产生进度偏差的工作是否为关键工作,若是,必须更新计划;若为非关键工作,需根据偏差值与总时差和自由时差的关系，确定对总工期和后续工作的影响。

（2）分析进度偏差是否大于总时差，若大于总时差，需调整进度计划；若小于或等于该工作总时差，对工期无影响，但需分析其对后续工作的影响。

（3）分析进度偏差是否大于自由时差，若大于该工作自由时差，影响后续工作，需调整；否则，不需调整。

2．物流项目进度计划调整

（1）关键工作调整。当关键工作的实际进度提前于进度计划时，可以不需要调整；当关键工作的实际进度滞后于进度计划时，则必须调整后续关键工作，采用合理的方法缩短其持续时间。

（2）改变某些工作的逻辑关系。

（3）重新编制计划。

（4）增减工作项目。

（5）资源调整。

【例 5-5】某物流项目网络计划如图 5.51 所示，计划工期 210 天，在项目进展到第 95 天时检查发现，工作 4-5 之前的工作已经全部完成，工作 4-5 刚开始，即已拖后 15 天开始。工作 4-5 是关键工作，其拖后将使总工期延长 15 天。为使该物流项目按期完成，需要调整工作 4-5 及以后各工作进度。调整原则一要满足工期要求，二要使增加费用最低。图中，箭线上方是相应工作的调整费率，即每压缩一天需要增加的费用；箭线下方是该工作正常持续时间，括号内是该工作最短持续时间。

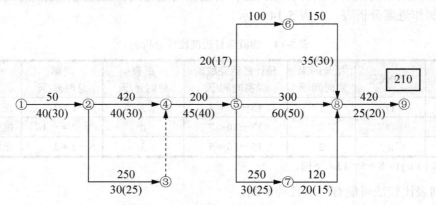

图 5.51　某物流项目网络计划

解：尚未进行的关键工作是 4-5、5-8 和 8-9，按费率最低的原则，选择调整对象。调整过程如下。

（1）由于 3 项关键工作中，费率最低的工作是 4-5，所以，选择工作 4-5 作为第一次调整的对象。具体包括如下方面。

① 确定调整时间：工作 4-5 有 5 天的调整余地，且调整 5 天不会改变关键线路，所以确定用足 5 天的调整时间。

② 调整结果：总工期缩短了 5 天，即 210＋15－5＝220 天；增加费用 1 000 元，即 5×200＝1 000 元，如图 5.52 所示。

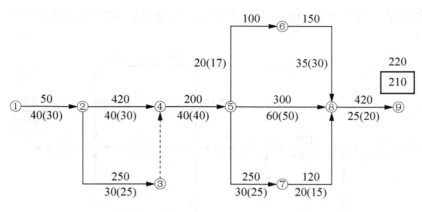

图 5.52 调整结果一

(2) 剩余的两项关键工作 5-8 和 8-9 中，工作 5-8 费率最低，所以可选择工作 5-8 作为第二次调整的对象。具体包括以下内容。

① 确定调整时间：工作 5-8 可调整余地为 10 天，但考虑到与之平行作业的其他工作，它们的最小总时差只有 5 天，所以只能先压缩 5 天。

② 调整结果：总工期又缩短了 5 天，即 220－5＝215 天，需增加费用 1 500 元，即 300×5＝1 500 元。本次调整的结果使关键线路发生了变化，即除了工作 5-8 和 8-9 是关键工作外，工作 5-6 和 6-8 也变了关键工作，如图 5.53 所示。

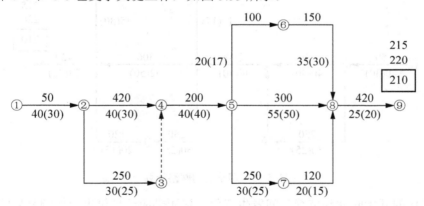

图 5.53 调整结果二

(3) 在工作 5-6 和 6-8 中选择费率最小的工作与工作 5-8 同时调整，则第三次的调整对象为工作 5-6 和工作 5-8。具体包括以下内容。

① 确定调整时间：5-6 工作可压缩 3 天，5-8 工作可压缩 5 天，最终确定压缩 3 天。

② 调整结果：总工期再缩短 3 天，即为 215－3＝212 天，需增加费用为 1 200 元，即 3×100＋3×300＝1 200(元)。本次时间的调整并未影响关键线路，如图 5.54 所示。

(4) 需要再缩短 2 天工期，才能满足计划工期的要求，为此要进行第四次调整。同时压缩工作 5-8 和工作 6-8，其费用增加率为 300＋150＝450(元/天)。若单独压缩工作 8-9，则增加费率为 420 元/天。所以可选择工作 8-9 作为本次调整对象。具体包括以下内容。

① 确定调整时间：8-9 工作可以压缩 5 天，不过满足计划工期要求的压缩天数仅为 2 天。故确定压缩 2 天。

② 调整结果：总工期为 210 天，即 212－2＝210(天)，需增加费用为 840 元，即 2×420＝840(元)。

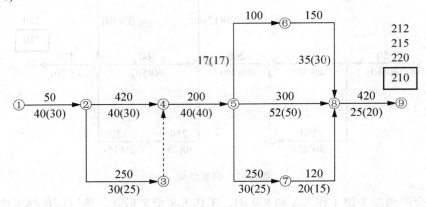

图 5.54　调整结果三

至此，总工期一共压缩了 15 天，恢复到原先的 210 天计划工期，但付出的代价是多增加了项目费用，总额为 1 000＋1 500＋1 200＋840＝4 540 元。

调整后的网络计划如图 5.55 所示。

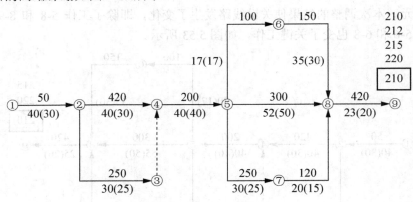

图 5.55　调整后的网络计划

部分工作的开始时间和持续时间发生变化，资源供应计划等也应按调整后的进度计划进行调整。

本 章 小 结

物流项目进度管理是指在物流项目实施过程中，对各阶段的进展程度和项目最终完成的期限所进行的管理，它是保证物流项目如期完成和合理安排资源供应，节约物流项目成本的重要措施之一。物流项目进度管理的内容主要包括两大部分，即项目进度计划的制订和项目进度计划的控制。

影响物流项目进度的因素有很多，既有项目内部因素，又有项目外部因素，正确分析影响物流项目进度的重要因素并预测它的变化，有助于合理编制和控制项目进度计划。

当物流项目进度已经拖延时，应该将解决进度拖延作为一个新的计划过程来处理。具体有增加资源投入、重新分配资源、减少工作范围、改善工具器具等解决方法。

物流项目进度计划的编制一般会经过项目描述、项目分解与活动定义、工作描述、责任分配、工作排序、工作资源估算和持续时间估计、进度安排等具体过程，可采用甘特图、里程碑法和网络图等方法来显示计划编制的结果。

网络计划技术是一种很有用的物流项目进度计划编制和调整的工具，它表示了项目全部活动的流程及各项工作的逻辑关系，从而有助于项目管理者对项目实施过程进行系统的、逻辑性的筹划，并方便地进行工期和资源使用的优化以及计划的调整和控制。目前常用的网络计划技术是双代号网络图，通过它可以进行项目的工期、资源和成本等优化。

物流项目进度控制就是在项目实施过程中必须不断掌握计划的实施状况，并将实际情况与计划进行对比分析，必要时采取有效措施，使物流项目进度按预定的目标进行，确保目标的实现。物流项目进度控制是动态的、全过程的管理，其主要方法是规划、控制、协调。常用的物流项目进度的检测方法有实际进度前锋线法、图上记录法和报告表法，常用的项目进度比较分析方法有甘特图比较法、实际进度前锋线比较法、S型曲线比较法、"香蕉"型曲线比较法和列表比较法。

物流项目进度更新是指项目实际进度与计划的偏差较大，必须进行进度计划的调整，重新对原项目进度计划的关键工作、工作逻辑关系、工作资源分配等进行的调整，是新的物流项目进度计划。

习　　题

一、名词解释

物流项目进度计划　　甘特图　　网络计划技术　　"香蕉"型曲线

二、选择题

(1) 项目进度管理又称(　　)。
　　A．项目时间管理　　　　　　　B．项目工期管理
　　C．项目阶段管理　　　　　　　D．项目时差管理
(2) 项目进度计划的主要内容不包括(　　)。
　　A．项目工作结构分解　　　　　B．项目活动的排序
　　C．项目活动所需时间估计　　　D．项目进度纠偏
(3) 影响项目进度的因素较多，其中包括(　　)。
　　A．项目团队因素　　　　　　　B．供应商因素
　　C．项目变更　　　　　　　　　D．项目质量要求
(4) 常见的解决项目进度拖延的方法有(　　)。
　　A．减少项目工作范围　　　　　B．增加项目资源
　　C．分包和委托　　　　　　　　D．改变工作逻辑关系
(5) 编制项目进度计划时的依据有(　　)。
　　A．项目范围说明书　　　　　　B．活动资源需求
　　C．活动持续时间估计　　　　　D．组织过程资产

(6) 编制项目进度计划可用的方法有(　　)。
    A．甘特图　　　　B．网络图　　　C．里程碑　　　D．报告表
(7) 下列网络图中绘制正确的是(　　)。

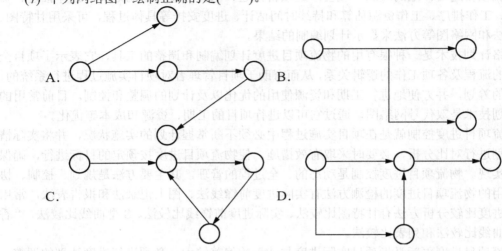

三、简答题

(1) 什么是物流项目进度计划？其主要内容有哪些？
(2) 制订物流项目进度计划的依据有哪些？
(3) 编制物流项目进度计划的主要步骤是什么？
(4) 影响物流项目进度的主要因素有哪些？
(5) 如何解决已经发生的物流项目进度拖延？
(6) 编制物流项目进度计划的主要方法有哪几种？各自的特点是什么？
(7) 什么是项目网络计划技术？其主要分类有哪几种？
(8) 物流项目进度检测可以采用哪些方法？
(9) 如何比较物流项目的实际进度与计划进度？
(10) 物流项目更新常可采用哪些方法？

案例分析

某民营企业"数据库"项目的进度管理

从 2005 年开始，国家加大了打击公路车辆超限、超载的力度，而由于缺乏车辆的原始技术参数，很多地方的超限、超载治理工作无法正常开展，设在道路上的检查站形同虚设。

按照我国法律有关规定，汽车的生产和改装需通过国家有关部门的审批，生产企业除取得工商管理部门的营业执照外，还需取得国家发展和改革委员会的《车辆生产企业及产品公告》资格。但事实上，对上户车辆进行非法改装的现象却屡禁不止。很难有数据能准确说明全国的非法车辆改装企业有多少家，之所以车辆非法改装会有这么大的市场，除了有较高的利润外，执法人员没有车辆或底盘的准确出厂参数，无法准确执法是很重要的因素。基于这种背景和分析，一个符合各方要求的车辆技术参数数据库就成了解决以上问题的关键。

开发"数据库"项目的企业是一家民营小型 IT 企业，该企业以给别人做小型开发项目为主，人员总共不到 10 名，技术上没有大的优势，年营业额不足 100 万元，但企业多年来一直关注机动车检测行业，随时跟踪该行业的新技术、新方法，只是因为资金和企业规模的原因一直无法进入该行业。但该企业一直希望能找到一个合适的项目，使企业得以进入机动车检测行业。"数据库"项目对于该企业而言，不论资金需求和技术水平，企业都能达到要求，正是企业进军机动车检测行业的一次契机。

1. 工作分解结构

对于"数据库"项目，项目进度计划的第一步就是明确需要完成的所有主要任务，建立工作分解结构。经过研究分析，"数据库"项目工作主要分为问题界定、系统分析、系统设计、参数收集整理、系统开发、系统测试和系统实施 7 个方面。

2. 人员组织计划

在完成项目工作分解结构后，需要明确任务及子任务的负责人，以保证项目顺利实施与完成，为此，项目研究人员制定了"数据库"项目线性责任表(略)，这张表反映了工作分解结构所示的所有活动。此外，它还表明每项任务谁负主要责任和谁负次要责任。

3. 进度报告计划

在"数据库"项目工作分解结构确定之后，依据甘特责任矩阵法研制了"数据库"项目的甘特图，如图 5.56 所示。图 5.56 清晰地显示出所要完成活动的情况和完成每项活动的时间框架。同时项目研究细化了每个子系统的甘特图(略)。

完成上述工作后，项目中每个人员的任务和分工即可明确，相互间的关系也在工作分解结构图上清楚地标明。通过甘特图，项目的每个参与人对自己所负责的工作及时间要求也一清二楚，项目管理者的管理意图由此清晰地呈现在每个参与者的面前。

下面要做的工作就是把以上活动进行排序，理清活动的先后，由此做出活动和紧前事件序列表(略)。

为了更直观地了解各个分项目在整个项目中的位置及与其他分项目的关系，还必须再绘制一张项目网络图。通过项目网络图，参与者可以很明晰地知道自己的职能，各分项目在时间上的先后次序和相互关联。因此分析并绘制了数据库项目网络计划图(略)，并得出项目研发预计总时间为 239 天，最后得出该项目的进度表。

由此，项目的实施计划编制完成，所有参与本项目的人员必须按照这个项目计划严格执行，只有这样，项目才能有序的、健康的向既定的目标顺利发展。

序号	任务名称	开始时间	完成时间	持续时间/天	2005 年							2006 年
					6月	7月	8月	9月	10月	11月	12月	1月
1	问题界定	2005.6.1	2005.6.30	30								
2	系统分析	2005.6.8	2005.7.7	30								
3	参数收集	2005.7.8	2005.10.15	100								
4	系统设计	2005.7.8	2005.7.31	24								
5	系统开发	2005.8.1	2005.9.30	61								
6	系统测试	2005.10.1	2005.10.18	18								
7	系统实施	2005.10.19	2006.1.25	99								

图 5.56 项目的甘特图

4. 进度控制计划

在项目还处于市场调查时，各分项目负责人对前期所做的工期估计又重新进行了仔细的推算，发现在总时间不变的情况下，一些分项目的操作时间需要修改。同时，对照日历上的日期，2006 年 1 月 25 日(农

历二〇〇五年十二月二十六日)离2006年春节只差4天,想在这个时候完成本项工作似乎不大可能。据此,本项目修改了最后结束的时间,并重新制作了甘特图,将结束时间调整到2006年3月1日,也就是在春节后一个月内。

随着甘特图的变更,后面的整个进度计划也要随之发生改变,此处不再赘述。

(资料来源:http://wenku.baidu.com/view/0a6477c49ec3dec3d5bbfd0a7461.htm?from=rec&pos=4&weight=4。)

思考:
(1) 该项目是如何制订进度计划的?有没有问题?
(2) 编制项目进度计划的主要步骤和方法有哪些?
(3) 如何控制项目进度计划变更?

第 6 章 物流项目质量管理

【本章教学要点】

知识要点	掌握程度	相关知识	应用方向
物流项目质量	理解	物流项目质量的概念和内容	物流项目质量辨识、标准制定
物流项目质量管理	理解	物流项目质量管理的概念和职能	物流项目质量管理组织实施
物流项目质量规划	掌握	物流项目质量规划的概念、前提条件、方法、技术及其成果	物流项目质量规划
物流项目质量保障	掌握	物流项目质量保障的概念及其依据和方法	物流项目质量保障措施制定
物流项目质量控制	掌握	物流项目质量控制的概念及其依据和方法	物流项目质量控制策略制定

【关键词】

物流项目、质量管理、质量规划、质量保障、质量控制

导入案例

某物流公司(A 单位)物流信息应用系统工程项目(A 项目)通过招标方式选择承建单位，B 公司以 1 800 万元的标底获得 A 项目的工程合同。A 项目包含 1 000 万元设备采购安装费和 800 万元的软件开发费用。其中设备采购安装预计有 150 万元的利润，B 公司渴望通过 A 项目的建设获得 600 万元的纯利润。

为了能够最大限度地获取利润空间，B 公司在组建项目小组、制定工程费用预算的时候，尽力压缩工程费用预算。B 公司安排刘工担任 A 项目的项目经理，刘工在对项目进行工作分解的基础上，制订了工程实施资源计划，编制了项目实施预算经费。根据刘工的预算，项目实施经费（人员工资、差旅费、会议费、行政管理费等）预算为 220 万元，其中人员工资占了很大比例，为 150 万元，B 公司领导在审核经费预算的时候，认为人员工资所占份额太大，B 公司要求刘工将人员工资预算减少为 120 万元，并列入对刘工的绩效考核指标。

由于人员工资预算的减少，刘工面临两种选择，要么将招聘软件工程师的能力等级降低，要么减少项目组成员数量。刘工在权衡利弊后认为，项目组员工工资高，容易引起公司其他部门的忌妒，工作不好开展，于是采取了降低项目组成员工资的方法。为此刘工所组建的项目小组有 8 人没有达到刘工预期的技术资质等级。

A 项目经过 18 个月(延期 3 个月)的建设周期，项目建设完成并交付用户使用。B 公司也如愿以偿地获得了预期的利润，项目实施经费 190 万元，预提项目维护经费 60 万元(两年免费维护)，商务费用 50 万元，超期 3 个月赔偿 A 单位 15 万元，B 公司认为实现的利润 635 万元，已经达到了计划的目标。

项目验收交付使用后，B 公司为项目维护配备 2 位工程师，每位工程师工资加管理成本共计 10 万元/(人·年)，其他辅助设备购置 10 万元/年。但是，A 项目的运行维护并不像 B 公司想象得那样好，由于 A 项目定制软件的质量存在很多隐患、缺陷，如软件代码质量差，导致系统运行效率低；技术文件缺乏或文件与实际情况不相符，或技术文件纵向及横向对相应内容的描述不一致；这些问题使得 A 项目的维护工作难以高质量地开展，经常给 A 单位的业务开展带来不良的影响。A 单位要求 B 公司必须要保证系统运行，不能影响 A 单位业务的开展，否则 B 公司将被追究法律责任。这样，B 公司的两位维护人员长时间处于救火式工作状态，疲于奔命，仍然维护不好 A 系统，在 A 单位多次严厉追问后，B 公司不得不增加一位熟练的软件工程师来配合 A 系统的运行维护。这样，B 公司在两年的系统维护中，因增加一位工程师而多支出了 25 万元的维护费用。

B 公司在维护 A 系统的过程中，曾有一次，由于自己员工的失误(当然，A 应用软件系统中隐藏的缺陷也是导致问题发生的原因之一)，使得 A 系统的运行瘫痪。由于要应急修复 A 应用系统，A 单位付出了约 10 万元应急费用，B 公司也付出了 8 万元应急费用。而且，由于系统的瘫痪，A 单位的业务停止了一整天，给 A 单位造成了严重损失和不良影响，A 单位按照合同约定，向 B 公司提出了 50 万元的索赔要求。

A 单位认为 B 公司的软件工程过程能力存在问题，决定在新的工程项目的建设中，不再将 B 公司作为候选合作伙伴。

(资料来源：http://www.cnitpm.com/pm/258.html)

思考：

(1) B 公司压缩项目的工资支出是否合理？压缩工资支出直接带来什么问题？

(2) B 公司所承建的 A 项目由于质量问题将直接或间接地引起哪些方面的项目成本损失？

(3) 如果你是此项目经理，你将怎样进行项目管理，以减少不良质量所带来的成本损失？你的决策又会遇到什么问题？

"百年大计，质量为本"。党的二十大报告中指出，高质量发展是全面建设社会主义现代化国家的首要任务。同样在物流项目质量管理中，物流项目工程质量也是进行物流项目质量管理的首要任务。物流项目最终将形成物流设备、物流设施或者物流新兴技术，这些合格的设备设施和新型技术可以在一个较长时间内有效地扩大物流生产规模、提高物流服务质量、物流效率和效益。但如果上述物流项目成果存在质量问题，将会严重影响物流项目成果效能的发挥，带来一些不良后果因此加强物流项目质量管理具有十分重要的意义。

6.1 物流项目质量管理概论

要对物流项目实施有效的质量管理就必须明确物流项目质量管理的含义、内容和物流项目质量管理的有关职能。

6.1.1 物流项目质量概述

1. 物流项目质量的概念

物流项目质量是指物流项目实现以国家有关质量标准和规范为基础，以物流项目客户需要为向导，以物流项目达到和超过预期功能目标为宗旨的物流项目品质特征和结果的总和。物流项目是一个有机系统，物流项目系统质量应由系统的观点和方法来指导和处理，应由组成该系统的各相关要素的质量综合体现。具体地说，物流项目质量既包含物流项目的对象质量，又包含物流项目实施的手段、物流项目运作方法的质量，还包括物流项目的工作质量，因而是一种全面质量观的系统质量。

2. 物流项目质量的内容

物流项目质量具体包含以下内容。

1) 与物流项目相关的商品的质量

物流项目开发建设的最终目标是要实现物流项目较好地为将来的物流生产服务，把社会生产环节产出的优质商品通过建成的物流项目实现该商品的有效保护和位移，最终保质保量地送到消费者手中。因此，对用户的质量保证既依赖于生产，又依赖于流通，现代物流过程不仅保护和转移物流对象，还采用流通加工等手段改善和提高商品的质量。因此，物流过程在一定意义上也是商品质量的形成过程。

2) 物流服务质量

物流业有极强的服务属性，物流项目成果是实现物流服务质量的物质基础和有效保障。物流项目及其成果应在商品质量的提高程度、批量及数量的满足程度、配送额度、间隔期及交货期的保证程度、配送和运输方式的满足程度、成本水平及物流费用的满足程度、相关服务(如信息提供、索赔及纠纷处理)的满意程度等方面发挥应有的作用。

3) 物流项目工作质量

物流项目的工作质量指的是物流项目各环节、各工种、各岗位的具体工作质量。工作质量和物流服务质量是两个有关联但又不完全相同的概念，物流项目服务质量水平取决于物流项目各项工作质量的总和。

4) 物流项目工程质量

物流项目质量不但取决于物流项目的工作质量，而且取决于物流项目的工程质量。将在物流项目管理过程中对物流项目质量发生影响的各种因素(人、体制、设备、工艺方法、计量与测试、环境等)统称为"工程"。

6.1.2 物流项目质量管理的概念及职能

1. 物流项目质量管理的概念

物流项目质量管理是指为保证物流项目成果能符合物流项目质量的要求对物流项目开发建设的方方面面和各个环节所进行的日常质量管理活动。因为物流项目具有一次性和独特性等特征,所以物流项目质量管理既具有一般质量管理的特征,又具有物流项目质量管理的一些自有特征。物流项目质量管理是一个复杂的系统工程,包括项目质量方针的确定、物流项目质量目标和质量责任的制定、物流项目质量管理体系的建立以及为实现物流项目质量目标所开展的物流项目质量计划、物流项目质量控制和物流项目质量保证等一系列的物流管理工作。

2. 物流项目质量管理的职能

1) 确定质量方针和目标

物流项目质量方针是物流项目物化过程中开展各项质量活动的行动指南,是物流项目成果在品质上实现预期目标的标准和准绳。它是体现物流项目承担实体就产品质量和服务质量向顾客及员工的承诺。将物流项目质量方针落实到实处就是物流项目质量目标,它是企业质量方针得到落实的保证,也是考核企业质量管理水平的基本依据。

2) 制定和实施质量管理制度

为了落实和贯彻物流项目的有关质量方针和目标,确保物流项目工作的开展有章可循,实现物流项目质量管理及其他各项管理工作科学合理和有序的开展,就必须制定和组织实施物流项目质量管理制度。物流项目质量管理制度应具备科学性、可操作性、权威性、连续性和稳定性。所谓科学性就是要求物流项目质量管理应严格按照质量管理科学的有关标准和知识并结合物流项目质量管理的具体特性来加强物流项目质量管理。可操作性就是要求物流项目质量管理制度在技术等方面可行,在管理上可操作。权威性就是要求物流项目质量管理制度务必成为物流项目质量管理共同遵守的规范和要求,违背有关规定将会受到应有的处理。制度和政策的连续性和稳定性是在任何制度设计和执行过程中都应遵循的规则。

3) 质量控制

物流项目质量控制是确保物流项目动态地遵守物流项目质量管理方针、目标、制度和规划的一系列管理活动。为了有效地开展物流项目质量管理工作,首先要确定影响物流项目质量的有关因素,评价和确定这些因素可能产生的后果,根据上述规范及时发现物流项目质量管理存在的偏差,并及时修正,使之控制在上述规范要求的范围内。

物流项目承担实体质量控制的工作内容包括作业技术和活动,也就是包括专业技术和管理技术两个方面。由于物流项目的作业是多环节作业,每一阶段的工作要保证做好,并对影响其工作质量的因素进行控制,以及对物流质量活动的成果进行分段验证,以便及时发现问题,查明原因,采取相应的纠正措施,以减少经济损失。因此,物流质量控制应贯彻预防为主与事后把关相结合的原则。另外,还需注意质量控制的动态性。由于质量要求随着时间的进展而不断变化,为了满足新的质量要求,就需进行新的质量控制。应不断提高设计技术水平和工艺水平、检测率、反应水平，不断进行技术改进和改造，研究新的控制方法以满足不断更新的质量要求。

4) 质量保证

质量保证是质量管理的一部分，质量保证是质量控制的任务。对于一般的市场销售，即使顾客不提质量保证的要求，物流项目承担实体仍应进行质量控制，以保证产品的质量满足顾客的需要。

5) 质量改进

物流项目承担实体所属的企业质量管理职能必须在质量控制和质量保证的基础上，对企业质量管理过程中出现的问题不断加以分析研究，制定修改和补救措施，改进现有的质量管理体系和标准，不断提高物流项目的质量。

6.2 物流项目质量规划

物流项目质量规划是物流项目质量管理的第一个环节，通过物流项目质量规划工作为物流项目质量管理指明方向和提出物流项目的质量要求，并为物流项目质量管理进行安排和部署，以加强物流项目质量管理。

6.2.1 物流项目质量规划的概念

物流项目质量规划是指制定物流项目所要达到的质量标准以及实现这些标准的具体安排和计划。在物流项目管理的过程中，物流质量管理规划是事关物流项目好坏和成功与失败的一个重要环节，必须加强和重视物流项目质量规划工作。

6.2.2 物流项目质量规划的前提条件

物流项目质量规划编制的前提条件是确定物流项目质量计划的依据和编制物流项目质量计划所需的各种信息与文件。这主要包括以下内容。

1. 物流项目质量方针

物流项目质量方针是物流项目组织和物流项目高级管理层规定的物流项目质量管理的大政方针，是物流项目组织将如何实现物流项目质量的正式描述和表达，是一个物流项目组织对待物流项目质量的指导思想和中心意图。任何一个物流项目组织都必须制定自己的物流项目质量方针，因为它是制定物流项目质量计划的根本出发点。

在物流项目的定义与决策阶段，物流项目经理和管理者就应该准确地认识物流项目目标，并根据物流项目最终要达到的目标，确定出物流项目质量管理的总方针。在物流项目的计划与设计阶段，还需要根据物流项目的设计和计划进一步明确物流项目的各种目标和修订物流项目的质量方针，使物流项目质量目标和质量方针具体化。从物流项目质量管理的角度来看，质量方针的主要内容包括物流项目设计的质量方针、物流项目实施的质量方针和物流项目完工交付的质量方针等内容。

2. 物流项目范围的描述

物流项目范围的描述是指有关物流项目所涉及范围的说明，这包括物流项目目标的说明和物流项目任务范围的说明，它明确说明了为提交既定特色和功能的物流项目产出物而必须开展工作和对于这些工作的要求，因此它同样是物流项目质量计划编制的主要依据文件之一。物流项目范围描述主要包含物流项目的目的说明、物流项目的目标说明、物流项目产出物的简要说明、物流项目成果说明等内容。

3. 物流项目产出物的描述

物流项目产出物的描述是指对于物流项目产出物(产品)的全面与详细的说明，这种说明既包括对于物流项目产出物的特性和功能说明，又包括对于物流项目产出物有关技术细节的说明，以及其他可能影响制订物流项目质量计划的有关信息。物流项目产出物描述要比在物流项目范围描述中给出的物流项目产出物简要说明详细的多，因为这是一份专门对物流项目产出物进行描述和说明的文件，所以它更为详细和准确，而且有时还是物流项目合同规定的说明内容之一。

4. 标准和规定

物流项目组织在制订物流项目质量计划时还必须充分考虑所有与物流项目质量相关领域的国家、行业标准、各种规范以及政府规定等。当物流项目所属专业领域暂时没有相关的标准、规范以及规定时，物流项目组织应该组织有关人员根据物流项目的目的和目标制定物流项目的标准和规范。

5. 其他信息

其他信息是指除物流项目范围描述和物流项目产出物描述外，其他物流项目管理方面的要求以及与物流项目质量计划制订有关的信息。例如，有关物流项目工作分解结构、物流项目进度计划、物流项目成本计划等方面的信息。

6.2.3 制定物流项目质量规划的方法和技术

1. 成本收益分析法

物流项目质量规划必须考虑成本和收益之间的平衡关系。任何一个物流项目的质量管理都需要开展两个方面的工作：一是物流项目质量的保障工作，这是防止有缺陷的物流项目产出物出现和形成的管理工作；二是物流项目质量检验与质量恢复工作，这是通过检验发现质量问题，并采取各种方法恢复物流项目质量的工作。这两个方面的工作将物流项目质量成本分成了两种不同的成本：一种是物流项目质量保障成本，一种是物流项目质量纠偏成本，二者的关系是物流项目质量保障成本越高，物流项目质量的纠偏成本就会越低，反之亦然。物流项目的质量收益是通过努力降低这两种质量成本而获得的收益。物流项目质量的成本收益分析法就是一种合理安排和计划物流项目的这两种质量成本，使物流项目的质量总成本相对最低，而质量收益相对最高的一种物流项目质量计划的方法。

2. 质量标杆法

质量标杆法是指利用其他物流项目的实际或计划质量结果或质量计划，作为新物流项目的质量比照目标，通过对照比较，制订出新物流项目质量计划的方法，它是物流项目质量管理中常用的有效方法之一。这里所说的其他物流项目可以是物流项目组织自己以前完成的物流项目，也可以是其他组织完成的或正在进行的物流项目。通常的做法是以标杆物流项目的质量方针、质量标准和规范、质量管理计划、质量核检清单、质量工作说明文件、质量改进记录和原始质量凭证等文件为蓝本，运用相关技术和工具，结合新物流项目的特点来制定新物流项目的质量计划文件。使用这一方法时应充分注意标杆物流项目质量中实际发生的质量问题及教训，在制定新物流项目质量计划文件时要考虑相应的这些质量问题的防范措施方案和应急计划，尽可能地避免类似物流项目质量事故的发生。

3. 流程图法

流程图法是用于表达一个物流项目的工作过程和物流项目不同部分之间相互联系的方法，通常它也被用于分析和确定物流项目实施的过程和物流项目质量的形成过程，所以它也是编制物流项目质量计划的一种有效方法。一般的物流项目流程图包括物流项目的系统流程图、物流项目的实施过程流程图、物流项目的作业过程流程图等。同时还有许多用于分析物流项目质量的其他图表，如帕累托图、鱼骨图、X-R 图等，也属于使用流程图法编制物流项目质量计划的工具和技术。因为这些工具和技术从不同的侧面给出了物流项目质量问题的各种原因和如何影响物流项目质量因素与后果等方面的信息。通过对物流项目流程中可能发生的质量问题、质量问题的原因分析和归类，人们能够编制出应对质量问题的对策和物流项目质量计划。同时，编制物流项目流程图还有助于预测物流项目质量问题的发生环节，有助于分配物流项目质量管理的责任，有助于找出解决物流项目质量问题的措施，所以流程图法是一种编制物流项目质量计划的非常有效的方法。在编制流程图时要注意收集必要的信息和实际情况，要将所有的物流项目活动均考虑进去，尽量避免漏项，而且各个物流项目活动的时间顺序应可行。这种方法通常是参考其他类似物流项目使用过的或已编制出的各种流程图，先编制一个粗略的流程图，然后再逐步细化，最终得到新物流项目的质量计划。

4. 实验设计法

实验设计法是一种计划安排的分析技术方法，它有助于识别在多种变量中何种变量对物流项目成果的影响最大，从而找出物流项目质量的关键因素以用于指导物流项目质量计划的编制。这种方法最广泛的应用范畴是用于寻找解决物流项目质量问题的措施与方法。对这种方法的简要介绍如下。

在一般物流项目的实施和科研活动中，为保证质量和降低成本，经常会遇到如何选择最优方案的问题。例如，怎样选择合适的配方、合理的工艺参数、最佳的生产条件，以及怎样安排核查方案能做到最节省成本。这一类问题在数学上称为最优化或称优选法，实验设计法是这类决策优化的方法之一，它特别适用于对于质量方案和质量管理方案的优化分析。常用的实验设计法有对分法、均分法和 0.618 法(又称黄金分割法)等。这些方法都可以用于计划和安排科学研究和技术开发之类物流项目的质量计划。

6.2.4 物流项目质量规划工作的成果

1. 物流项目质量计划

物流项目质量计划是描述物流项目组织为实现其质量方针，对物流项目质量管理工作的计划与安排。这一文件的内容包括实现物流项目质量目标所需的资源、质量保障的组织结构、质量管理的责任、质量管理的措施和方法等。在整个物流项目实现过程中，物流项目质量计划是整个物流项目质量管理的指导性文件，一个物流项目需要通过质量体系去执行物流项目质量计划来保证物流项目的质量。所以物流项目质量计划是一份非常重要的物流项目质量管理文件，是物流项目质量计划编制工作较重要的成果之一。

2. 物流项目质量工作说明

物流项目质量工作说明是指对于物流项目质量管理工作的描述以及对于物流项目质量控制方法的具体说明。这一文件应做出如何检验物流项目质量计划的执行情况，如何确定物流项目质量控制规定等内容。通常这种物流项目质量计划文件是物流项目质量计划的辅助和支持文件，应该全面给出物流项目质量管理各方面的支持细节和具体说明。这包括执行物流项目质量计划中所需使用的具体方法、工具、图表、程序等方面的规定和说明。

3. 质量核检清单

质量核检清单是一种结构化的质量管理工具，它可用于检查各个物流项目流程步骤的质量计划执行情况和质量控制的实际结果，它也是物流项目质量计划文件的组成部分之一。质量核检清单常见的形式是以分别开列的一系列需要检查核对的工作与对象的清单。质量核检清单通常可以由工作分解结构的细化和转换得到。随着物流项目种类和所属专业领域的不同，质量核检清单的内容也会有很大差别，所以在物流项目计划编制中要根据具体物流项目的所属专业领域和物流项目本身的特性，确定出相应的质量核检清单，作为物流项目质量计划的重要内容之一。

4. 可用于其他管理的信息

物流项目质量计划的另外一个结果是给出了一系列可用于物流项目其他方面管理的信息，这主要是指在制订物流项目质量计划的过程中，通过分析与识别而获得的有关物流项目其他方面管理所需的信息，这些信息对于物流项目的集成管理和物流项目的其他专项管理都是非常有用的。

6.3 物流项目质量保障

物流项目质量管理是一项复杂的系统工程，影响物流项目质量的因素方方面面，因此物流项目质量管理应对这些因素进行分析并采取一些保障措施，从而达到保证物流项目质量的要求。

6.3.1 物流项目质量保障的概念与工作内容

物流项目质量保障是在执行项目质量计划过程中，经常性地对整个项目质量计划执行情况所进行的评估、核查和改进等工作。其主要内容包括保证项目满足其目标所需要的过程，涵盖了在项目质量方面的指挥和控制活动，通常是指制定项目质量目标以及进行质量策划、质量控制、质量保证和质量改进。项目质量策划是项目质量管理的一部分，致力于制定质量目标并规定必要的运行过程和相关资源，以实现项目质量目标，项目质量目标是指项目质量管理方追求的目的。保证物流项目质量所需开展的物流项目质量保障工作主要有以下几个方面的工作。

1. 清晰的物流项目质量要求说明

物流项目质量要求说明是根据国家、地区、行业有关质量标准和物流项目产出物应具备的质量要求和业主对物流项目所提出的质量要求对物流项目最终产出物、物流项目过程以及物流项目原材料及其中间产出物在质量方面的详细说明。也就是说，它是为了确保物流项目的质量，必须从构成物流项目的原材料、辅助材料和机械设备的质量保证入手，保证物流项目的生产工艺、技术可靠和管理科学，最终实现物流项目的绝对保证而进行的质量要求详细说明。它是物流项目在材料、设备、工艺、技术和最终产出物在质量上进行的全方位多角度的系统说明和全面要求，是物流项目质量保障的基础、方向和目标。

2. 科学可行的质量标准

物流项目质量标准是为了确保物流项目的质量，实现物流项目预期功能，按照国家、地区、行业质量标准和业主对物流项目的具体质量要求而确定的物流项目质量标准。物流项目质量标准是制定物流项目质量要求和说明的基础和依据，也是物流项目质量保障的基本要求。物流项目在开发建设的过程中只有以科学可行的物流项目质量标准作为依据和指导，才能使物流项目在质量品质上得到应有的保证。

3. 组织和建立完善的物流项目质量管理体系

物流项目质量体系是为实施物流项目质量管理所需的组织结构、工作程序、质量管理过程和质量管理各种资源所构成的一个整体。物流项目质量体系是实现物流项目质量保障的物质基础，它为物流项目的质量保障提供了组织、资源、工艺程序和管理工作上的基本保证。所以组织和建立完善的物流项目质量管理体系是物流项目质量保障的重要工作之一。

4. 配备合格和必要的资源

物流项目的建设开发离不开资源的配合和支持，物流项目是各种资源在一定时空环境下的转化形式，是各种资源在一定条件下有机结合的产物。如果没有这些资源或者这些资源的某些或者全部存在瑕疵，都将严重影响物流项目的质量，所以配备合格的、必要的资源是物流项目质量保障的基本需要。这些资源包括人力资源、物力资源和财力资源。如果物流项目的人力资源不符合物流项目生产建设的要求，没有进行相应的培训和具备相关基本知识和经验，就会带来相应的质量问题；如果人力资源不足或者匮乏，必将影响物流项目工期，如果追赶工期又有可能忽略质量而导致质量问题。物质资源是构成物流项目的基本要素，它的品质直接关系到物流项目的品质，它的数量可能关系到是否偷工减料。同样，如果缺少足够的资金和必需的设备，物流项目质量管理人员就很难开展物流项目质量的保障和控制活动，这也会给物流项目质量造成问题。所以在物流项目质量保障中必须开展配备合格和必要的资源这项工作。

5. 持续开展有计划的质量改进活动

当今世界，科学技术的进步日益成为社会经济发展的重要因素，物流项目的质量保障也离不开质量改进活动的大力支持。通过质量改进可以实现物流项目额外增值和物流项目质量改善，可以为物流项目组织及物流项目业主(客户)提供更多的利益，也可以实现物流项目建设的高质量和低成本，为承包商(物流项目建设者)带来良好的声誉和低成本带来的收益。所以开展持续有计划的质量改进活动是物流项目质量保障的有效方法。

6. 物流项目变更的全面控制

根据客观发展需要，适当对物流项目做必要变更，可以提高物流项目的效能和效率，提高物流项目的经济效果，使物流项目的生产服务功能发挥到极致。但是有些物流项目变更却会严重影响物流项目的质量。例如，物流项目范围的缩小、物流项目资源的降级替代、物流项目预算的消减、物流项目工期的缩短等，都会对物流项目质量产生不利的影响，所以都需要进行全面的控制。所以对于物流项目变更应具体问题具体分析，物流项目变更应以物流项目质量保障为出发点和基本要求，不能以牺牲物流项目质量为代价随意变更物流项目。

6.3.2 物流项目质量保障的依据与方法

1. 物流项目质量保障的依据

(1) 物流项目质量计划。物流项目质量计划是对物流项目质量进行的规划和部署，是物流项目质量的目标及其具体化，是物流项目质量保障的目标任务和要求，是物流项目质量保障的依据。

(2) 物流项目实际质量的度量结果。在物流项目开发建设的过程中，必须时时对物流项目进行动态度量和分析，对物流项目质量度量的结果要进行全面分析，分析偏离的原因，严格按照物流项目质量计划和有关质量要求保证物流项目质量。所以物流项目质量实际度量结果是物流项目质量保障的基本依据。

(3) 物流项目质量工作说明。物流项目质量工作说明是指对于物流项目质量管理具体工作的描述，以及对于物流项目质量保障与控制方法的说明。这同样是物流项目质量保障工作的具体依据。

2. 物流项目质量保障的方法与工具

1) 质量核查方法

质量核查方法是对物流项目的构成要素、生产技术工艺、中间产品和最终产出物进行的质量检验和检测，以保障物流项目质量的一种物流项目质量管理活动。通过物流项目质量的检验检测，可以找出物流项目质量管理中存在的问题，发现物流项目质量管理中可以进行质量改进的问题，实现物流项目质量的改进和提高。物流项目质量核查法是质量保障的一种结构化审核方法。物流项目质量核查可以定期进行，也可以随机抽查，可以由物流项目组织内部人员实施核查，也可以委托第三方(如质量监理组织、质量管理咨询公司等)或专业机构全面负责。物流项目质量检查的结果就是物流项目质量检查报告，它是物流项目质量保证的依据，应该把它交给物流项目组织，以便开展物流项目质量的持续改进和提高工作。物流项目质量核查方法主要用于对于物流项目所用材料、半成品和配件的质量核查，以便保证物流项目的构成要素无质量问题和瑕疵；对于物流项目各项工作质量的核查，以保证物流项目工艺先进、管理科学，物流项目质量在技术上有强有力的保障；对于物流项目最终或中间产出物的质量核查，以便发现物流项目是否存在质量问题，是否存在质量保障；对于物流项目质量控制方法和工作的核查，以保证物流项目质量控制的科学合理，从而实现物流项目质量控制管理工作自身的有效性；对于物流项目各种管理与技术文件的核查，以保证物流项目在管理和技术上的科学规范，从而保证物流项目质量的规范性。

2) 质量改进与提高的方法

一般事物在质量上都存在提高和改进的空间，都有提高和改进的余地，通过对物流项目质量的改进和提高，能够为物流项目业主带来物流项目更高的效能和效率，实现更好的经济效益。物流项目质量改进与提高的方法就是通过对物流项目质量改进提出合理化建议和物流项目质量改进进行科学化行动，从而实现物流项目质量的有效保障甚至全面提升的物流项目质量保障方法。通过采用物流项目质量改进和提高的方法可以得到物流项目质量改进建议书。物流项目质量改进建议方法是一项非常重要的物流项目质量保障方法，这种方法的原理与一般运营管理的全面质量管理中的质量小组活动方法的原理是一致的。一般的物流项目质量改进建议书至少应包括目前存在的物流项目质量问题及其后果；发生物流项目质量问题的原因分析；进行物流项目质量改进的建议目标；进行物流项目质量改进的方法和步骤；进行物流项目质量改进所需的资源；物流项目质量改进成果的确认方法等。物流项目质量改进工作的方法多数是根据物流项目质量改进建议而确定的具体工作方法。

6.4 物流项目质量控制

物流项目质量管理必须加强物流项目质量控制，通过物流项目质量控制及时发现物流项目质量管理工作中存在的偏差，分析原因并纠正偏差，最终实现物流项目质量管理的目标。

6.4.1 物流项目质量控制的概念

物流项目质量控制是指物流项目质量管理过程中适时度量物流项目实际质量、全面比较物流项目实际质量与物流项目质量标准、发现和确认物流项目质量误差与问题、分析物流项目质量问题的原因以及采取纠偏措施以消除物流项目质量差距与问题等一系列活动。这类物流项目质量管理活动是一项贯穿物流项目全过程的物流项目质量管理工作。

物流项目质量控制与物流项目质量保障的概念最大的区别在于，物流项目质量保障是为了确保物流项目质量而对物流项目提供保质保量的人力、财力和物力资源，为物流项目质量管理建立有关组织、程序和方法，从而为物流项目质量提供资源、组织和制度保证。而物流项目质量控制是对物流项目质量进行度量、发现偏差、分析原因并纠正偏差的物流项目质量管理过程；物流项目质量保障是一种预防性、提高性和保障性的质量管理活动，而物流项目质量控制是一种过程性、纠偏性和把关性的质量管理活动。虽然物流项目质量控制也有物流项目质量的事前控制、事中控制和事后控制，但是物流项目质量的事前控制主要是对于物流项目质量影响因素的控制，而不是从质量保障的角度所开展的各种保障活动。当然，物流项目质量保障和物流项目质量控制的目标是一致的，都是确保物流项目质量能够达到物流项目组织和物流项目业主/客户的需要，所以在物流项目开展的工作和活动方面，二者目标一致，且有交叉和重叠，只是管理方法和工作方式不同而已。

6.4.2 物流项目质量控制的依据和方法

1. 物流项目质量控制的依据

1) 物流项目质量计划

物流项目质量计划是为了达到物流项目目标而对物流项目制订的工作计划，在物流项目质量控制的过程中，必须以此作为主要依据。

2) 物流项目质量工作说明

物流项目质量工作说明作为物流项目质量计划的工作结果，是对物流项目质量计划的执行情况和物流项目质量控制的具体说明，自然也是物流项目质量控制的依据。

3) 物流项目质量控制标准与要求

以物流项目质量计划和物流项目质量工作说明为基础，结合国家、地区和行业的有关质量标准，制定本物流项目的质量控制标准。物流项目质量控制标准与物流项目质量目标和计划是有区别的。物流项目质量目标和计划是物流项目在质量管理方面所要达到的要求和为了达到这些要求在物流项目质量管理进行的工作安排，而物流项目质量控制标准是以物流项目质量标准和计划为依据对物流项目质量控制提出的控制依据和控制参数。

4) 物流项目质量的实际结果

物流项目质量控制是一个贯穿物流项目过程始终的物流项目质量管理工作，在这个过程中随时都要对物流项目质量进行度量、检测和分析，这些工作的结果就是物流项目质量的实际结果，这些结果是物流项目质量控制的主要依据。通过这些结果与物流项目质量目标、物流项目质量计划和物流项目质量工作说明等相关文件要求进行比较，就可发现可能出现的偏差，发现出现的物流项目质量问题，采取一定的纠偏措施，实现物流项目质量目标。

2. 物流项目质量控制的方法与工具

物流项目质量控制的方法与一般运营管理的质量控制方法在许多方面是相同的。物流项目质量控制的方法主要有以下几种。

1) 核检清单法

核检清单是在物流项目质量控制的过程中，把物流项目需要进行质量控制的环节、步骤、活动、流程和有关资源开列一个清单，然后根据这个清单所列的项目逐一按照质量标准和其他质量要求比较物流项目实际情况，从而发现物流项目质量是否失控，是否出现系统误差，是否需要采取纠偏措施，最终给出相关核查结果和相应的对策措施决策。

2) 质量检验法

物流项目质量检验是指借助于某种手段或方法来测定物流项目质量特性，然后把测得的结果同规定的产品质量标准进行比较，从而对产品做出合格或不合格判断的活动。通过观察和判断，适当地结合测量、试验所进行的符合性评价。质量检验法是物流项目质量控制的主要方法之一。质量检验包括度量、比较、判断、处理等工作环节。足够数量的合乎要求的检验人员、可靠而完善的检测手段、明确而清楚的检验标准是物流项目质量检验方法所应具备的 3 个条件。质量检验的方法包括全数检验和抽样检验两种方法。物流项目质量检验方法能起到把关、预防、报告和改进作用。质量检验包括以下步骤。

(1) 根据产品技术标准明确检验项目和各个项目质量要求。

(2) 规定适当的方法和手段，借助一般量具或使用机械、电子仪器设备等测定产品。

(3) 把测试得到的数据同标准和规定的质量要求相比较。

(4) 根据比较的结果，判断单个产品或批量产品是否合格。

(5) 记录所得到的数据，并把判定结果反馈给有关部门，以便促使其改进质量。

通过以上步骤，根据三检制(自检、互检和专检)、留名制、质量复查制、重点工序双岗制、追溯制、质量统计和分析制、不合格产品管理制和质量考核制等制度，通过抽样检验或全数检验、计量检验或计数检验、功能检验或理化检验、非破坏性检验和破坏性检验、流动性检验和固定检验等方式在进货环节、工序环节或者完工环节对物流项目质量进行检查，从而达到物流项目质量管理的目的。

3) 控制图法

控制图又称管理图，是一种带控制界限的质量管理图表。运用控制图的目的之一就是，通过观察控制图上物流项目质量特性值的分布状况，分析和判断物流项目开发建设过程是否发生了异常，一旦发现异常就要及时采取必要的措施加以消除，使物流项目开发建设过程恢复稳定状态，也可以应用控制图来使生产物流项目开发建设过程达到统计控制的状态。物流项目开发建设质量特性值的分布是一种统计分布。因此，绘制控制图需要应用概率论的相关理论和知识。

控制图是对物流项目开发建设过程质量的一种记录图形，图上有中心线和上下控制限，并有反映按时间顺序抽取的各样本统计量的数值点。中心线是所控制的统计量的平均值，上下控制界限与中心线相距数倍标准差。

常用的控制图有计量值和记数值两大类，它们分别适用于不同的物流项目开发建设过程，每类又可细分为具体的控制图。例如，计量值控制图可具体分为均值—极差控制图、单值—移动极差控制图等。控制图法的实例如图 6.1 所示。

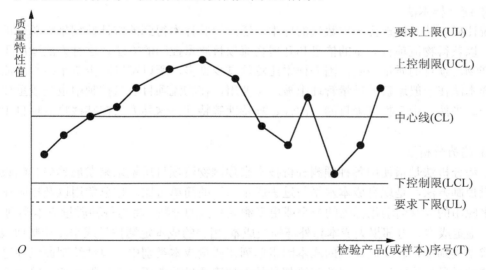

图 6.1 控制图法的实例

4) 帕累托图法

帕累托图又称排列图或者主次图，是按照发生频率大小顺序绘制的直方图，表示有多少结果是由已确认类型或范畴的原因造成。它是将出现的质量问题和质量改进项目按照重要程度依次排列而采用的一种图表。它可以用来分析质量问题，确定物流项目质量问题的主要因素。

这种图表的具体做法和结果如图 6.2 所示。图中两条纵轴，左边的表示频数(n)，右边的表示频率(f)，二者是等高的。图中横轴以均匀等分的宽度表示质量要素(或质量影响因素)，需要标明序号和要素名。图中按质量要素等分宽度，沿纵轴画出表示各要素的频数和频率的矩形图。累计各矩形代表的频数和频率,得到排列图,并从中找出"重要的少数"和"次要的多数",划分出 A,B,C 这 3 类要素,以便对物流项目质量实现 ABC 分类控制。

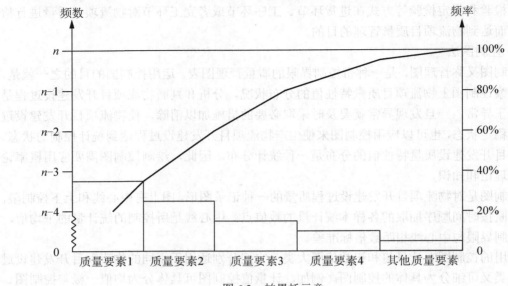

图 6.2　帕累托示意

5) 统计样本法

统计样本法是指选择一定数量的样本,通过检验样本得到的统计数据推断总体的质量情况,以获得物流项目质量的信息和开展物流项目质量控制的方法。这种方法适用于大批量生产物流项目的质量控制,因为样本比总体减少许多,所以可以减少质量控制的成本。统计样本法在一般运营的质量管理中被广泛使用,在物流项目质量控制中也是较重要的方法之一。当然,由于物流项目的一次性、独特性等特性,这种方法在某些物流项目中使用不多。

6) 趋势分析法

趋势分析法是指使用各种预测分析技术来预测物流项目质量未来发展趋势和结果的一种质量控制方法,是现有成本水平与过去成本水平的简单对比。按总费用以及按照作为适合未来应用的经营活动指标器的一个或更多测量基数的分数,将与每种质量成本类别(预防成本、鉴定成本、内部损失成本和外部损失成本)相关的成本定期按月或季度绘制曲线。在质量成本类别中,应将高比例的成本因素单列在质量成本类别中,单独绘制曲线并进行分析。这种质量控制方法所开展的预测都是基于物流项目前期历史数据做出的。趋势分析法常用于物流项目质量的监控。这种方法的原理还是统计分析和预测的原理,包括回归分析、相关分析、趋势外推分析等一系列的统计分析预测原理和方法。

6.4.3　物流项目质量控制的结果

物流项目质量控制的结果是物流项目质量控制和质量保障工作所形成的综合结果,是物流项目质量管理全部工作的综合结果。这种结果主要包括以下内容。

1. 物流项目质量的改进

物流项目质量的改进是指通过物流项目质量管理与控制所带来的物流项目质量提高。

物流项目质量改进是物流项目质量控制和保障工作共同作用的结果,也是物流项目质量控制最为重要的一项结果。

2. 对于物流项目质量的接受

对于物流项目质量的接受包括两个方面,一是指物流项目质量控制人员根据物流项目质量标准对已完成的物流项目结果进行检验后对该项结果所做出的接受和认可,二是指物流项目业主/客户或其代理人根据物流项目总体质量标准对已完成物流项目工作结果进行检验后做出的接受和认可。一旦做出了接受物流项目质量的决定,就表示一项物流项目工作或一个物流项目已经完成并达到了物流项目质量要求;如果做出不接受的决定,就应要求物流项目返工和恢复并达到物流项目质量要求。

3. 返工

返工是指在物流项目质量控制中发现某项工作存在着质量问题并且其工作结果无法接受时,所采取的将有缺陷或不符合要求的物流项目工作结果重新变为符合质量要求的一种工作。返工既是物流项目质量控制的一个结果,又是物流项目质量控制的一种工作和方法。返工的原因一般有3个,一是物流项目质量计划考虑不周,二是物流项目质量保障不力,三是出现意外变故。返工所带来的不良后果主要也有3个,一是延误物流项目进度,二是增加物流项目成本,三是影响物流项目形象。有时重大或多次的物流项目返工会导致整个物流项目成本突破预算,并且无法在批准工期内完成物流项目工作。在物流项目质量管理中返工是较严重的质量后果之一,物流项目团队应尽力避免返工。

4. 核检结束清单

核检结束清单也是物流项目质量控制工作的一种结果。当使用核检清单开展物流项目质量控制时,已经完成了核检的工作清单记录是物流项目质量控制报告的一部分。这一物流项目质量控制工作的结果通常可以作为历史信息使用,以便对下一步物流项目质量控制所做的调整和改进提供依据和信息。

5. 物流项目调整和变更

物流项目调整和变更是物流项目质量控制的一种阶段性和整体性的结果。它是指根据物流项目质量控制的结果和面临的问题(一般是比较严重的,或事关全局性的物流项目质量问题),或者是根据物流项目各相关利益者提出的物流项目质量变更请求,对整个物流项目的过程或活动所采取的调整、变更和纠偏行动。在某些情况下,物流项目调整和变更是不可避免的。例如,当发生了严重质量问题而无法通过返工修复物流项目质量时,当发生了重要意外而进行物流项目变更时都会出现物流项目调整的结果。

本 章 小 结

物流项目质量管理是为了实现物流项目在质量上满足相关质量要求而进行而全面质量管理。它通过物流项目质量规划、物流项目质量保障和物流项目质量控制等环节实现。

物流项目质量计划是指制定物流项目所要达到的质量标准以及实现这些标准的具体安排和计划。

物流项目质量保障也是在一定的物流项目质量保障方法下有序进行的。

物流项目质量控制的方法较多,可根据需要采用适当的方法,最后实现物流项目的质量控制目标。

习 题

一、名词解释

物流项目质量管理　　　　物流项目质量规划
物流项目质量保障　　　　物流项目质量控制

二、选择题

(1) 在成本收益分析中,项目质量收益是指(　　)。
　　A. 项目质量的提高所增加的收益
　　B. 满足了质量要求而减少了返工所获得的好处
　　C. 项目的质量要求降低所减少的成本
　　D. 项目质量的提高所增加的收益与增加的成本之差

(2) 下列方法中,能找出发生次数少,但对项目质量影响程度大的方法是(　　)。
　　A. 趋势分析　　　B. 质量检查表　　　C. 控制图　　　D. 帕累托图

(3) 下列方法中,能确定影响项目质量的因素是由随机事件还是由突发事件引起的方法是(　　)。
　　A. 流程图法　　　B. 试验设计　　　C. 控制图　　　D. 帕累托图

(4) 下列方法中,能描述由于不同的原因相互作用所产生的潜在问题的方法是(　　)。
　　A. 趋势分析　　　B. 因果分析法　　　C. 控制图　　　D. 帕累托图

(5) 当检查质量成本时,培训成本属于(　　)。
　　A. 质量保障成本　B. 质量纠偏成本　C. 内部故障成本　D. 外部故障成本

三、简答题

(1) 你是如何理解物流项目质量和物流项目质量管理的?
(2) 物流项目质量管理中有哪些主要工作?各项工作有哪些作用?
(3) 从统计学的角度说明物流项目质量控制图的主要作用和方法。
(4) 物流项目质量管理中的流程图法对于物流项目质量和物流项目成本与工期的集成管理有什么作用?

案例分析

物流企业管理软件的质量管理

1. 背景介绍

我公司主要提供物流企业管理方面的软件产品,市场供求关系还不错。一般市场部一个人负责一个片区和客户沟通,在客户需要实施和提供技术支持方面的工作时,由项目部安排人员前往,物流企业管理软件的小型维护一般靠电话联系,合同的签订由项目实施人员或者市场人员负责。一般情况下,需求主要通过市场人员和在项目实施过程中的实施人员反映到开发部门及用户在使用之后要增加新的要求,然后进行开发。目前我们自己必须承认,大部分开发经验不多,在没有进行业务培训的情况下,直接实施编写代码工作,并且缺乏必要的设计文档,团队合作精神有待进一步加强、提升。

2. 目前所面临的问题

(1) 在实施现场,实施人员解决了这个缺陷后,在另一个现场又遇到了相同或相似的故障,实施人员往往会四处求救,但有时解决过此类故障的人员在接到电话时,也会爱莫能助或者对此类故障的解决方法也无从下手。

(2) 开发人员及项目部在进行新功能或新的要求及修补缺陷时,实施人员在现场进行变更时,没有完好的记录,进而导致后续的缺陷及更新的要求不断产生,进而导致项目进度延期现象严重。

3. 目前所要解决的问题

加强相关文档管理意识,对实施过程进行标准文档化;记录在现场实施过程中发现的缺陷与故障解决方案,收集成册,以提高故障解决处理的时间。

4. 解决方案

(1) 记录:记录活动的过程和结果,最常见的记录就是表格。一个过程可能涉及 A、B、C 和 D 这 4 项活动,并由不同的人员执行。每个人完成各自活动后记录处理过程和结果,并签字确认。因此这个表格留下了所有人相关人员处理的"痕迹",一旦出了问题就可以回溯,确定是哪一步出了什么问题。

(2) 规程:光有一个表格还不行,还需要一个文件规定活动的执行顺序和要求,这样的文件就是规程。规程表示按 A—B—C—D 顺序执行,复杂的规程还可能包括条件分支,每一步骤的具体操作和要求也应该在规程中描述。

(3) 状态:有了记录和规程还会发生问题。例如,记录丢失了而不知道谁负责(甚至根本不知道丢失了)。这是因为不知道记录的状态当前在谁手里,处理的结果如何,因此还需要状态文档。

开发人员都知道"质量"的重要性,但却不能正确看待质量的"代价"。一旦需要他们填写表格或者严格遵照流程工作时,多数都会说"太麻烦了"、"效率太低了"等。的确,如果没有文档工作一定程度上可以提高效率、节约成本,但从长远来看,因管理混乱和质量低劣带来的损失可能远远大于短期的利益。还有一种常见的错误看法是"质量就是凑齐文档",表现为在进度压力下违规操作,待完成项目后匆匆补文档。坦率地说,如果补的是中间文档(如部分详细设计)还情有可原,如果补"过程记录"则实在不甘恭维。例如,在项目完成后补《测试缺陷记录》,其实这时补这些文档对测试过程的管理已经根本没有意义,花时间、精力,仅仅是让项目看起来规范一些,可以算是一种"粉饰太平"的行为。

质量控制指采取适当的方法监控项目结果,确保结果符合质量标准,还包括跟踪缺陷的排除情况,典型的例子就是测试。对于软件开发来说,重要的质量活动包括以下几点。

(1) 评审:检查项目中间产品,在早期发现缺陷以减少后期修改和返工的工作量。

(2) 测试:直接检查软件产品中的缺陷,确保产品符合要求。测试一般通过单元测试、功能测试、集成测试、压力测试实现。

(3) 缺陷追踪:记录和追踪从发现到解决的整个过程的缺陷,确保所有的问题都有结论(注意,并非一定都能解决,解决不了的要进行评价)。这是与评审和测试配合使用的一个重要管理过程。

(4) 审计:对项目的工作过程进行检查,确保所有活动遵循规程进行。

(5) 变更控制:在前面的章节中谈过,这也是一个重要的质量活动。

(6) 配置管理:记录这些中间和最终产品(配置项)变化的历史,确保它们的正确性和一致性。

质量管理不是一堆文档就可以解决问题的，要想确实做好质量管理有3点很重要：一是培训，要确保员工知道为什么要这样做、能解决什么问题、具体如何做，没有这种培训，员工很容易把质量管理理解为填写各种表格的繁文缛节；二是与客户交流，很多时候因厂商没有与客户进行必要的交流，客户总觉得"什么事都要填表"是在故意刁难，通过解释，客户往往非常理解，觉得这正是厂商做事规范的表现，因此会变得很配合；三是慎重选用软件质量保证(Software Quality Assurance，SQA)。

SQA具有以下典型职责。

(1) 根据项目特点对过程进行裁剪，并审定最终的质量标准。

(2) 帮助项目经理制订计划并最终审批，过程中对变更进行审批。

(3) 进行日常的项目审计，确保项目按规程工作。

(4) 在阶段点对项目的基线进行审计，配置管理情况。

(5) 收集和分析各种度量数据，并向高层报告项目情况。

(6) 对项目组成员进行培训。

总之，质量管理主要通过"文档"控制"过程"。质量管理需要一定代价，要平衡与进度和成本的关系。质量保证是确保最终产品质量的一系列活动，质量控制是确保最终产品满足要求的一系列活动。软件项目中的质量管理的重要角色是SQA。

(资料来源：http://www.mypm.net/case/show_case_content.asp?caseID=3685.)

思考：

该公司有关解决物流项目软件质量问题的解决方案是否可行？

第7章 物流项目成本管理

【本章教学要点】

知识要点	掌握程度	相关知识	应用方向
物流项目成本管理的概念	理解	物流项目成本管理的含义、内容，物流项目成本的构成和影响因素	物流项目成本识别、估算
物流项目资源计划	掌握	物流项目资源计划编制的依据、物流项目资源计划的工具和方法	物流项目资源估算和获取
物流项目成本估算	掌握	物流项目成本估算的方法	物流项目成本分析与计量
物流项目成本预算	掌握	物流项目成本预算的步骤和方法	物流项目成本预算编制
物流项目成本控制	掌握	物流项目成本控制的主要方法	物流项目成本检测与控制
挣值分析方法	掌握	挣值的概念，挣值分析方法的内涵及其计算	运用挣值分析方法控制物流项目成本

【关键词】

成本管理、物流项目资源计划、物流项目成本估算、物流项目成本预算、物流项目成本控制

××市综合商贸物流园项目建议书

该建议书包括总论、××市发展概况、项目选址与片区概况、项目定位与初步规划方案、项目投资估算、财务分析、社会效益分析和结论8部分。其中项目投资估算部分中有关该物流园区项目成本估算如下。

1. 土地购买费用

本项目预计占地面积2 800亩,每亩土地购买费用约15万元,购买土地总成本为42 000万元。

2. 道路建设费用

项目将修建长度为2km、宽度为50m的主干道,该主干道成本为2 500万元/km,修建总成本为5 000万元。另外,项目还需修建长度约2.54km,宽度为18m的园区道路,修建成本为1 000万元/km,修建总成本为2 540万元。

3. 土地三通一平费用

参照区内类似项目工程费用进行估算,土地三通一平,即道路工程建设、给排水工程、供电工程等工程的费用为4.29万元/亩,土地开发总费用为12 012万元。

4. 交易区建设费用

本项目交易区占地面积为1 000亩,按容积率1.0计算,建筑面积共666 600m^2,参照区内类似综合市场项目的建设投资标准,计算得出本项目的建筑材料费用约为1 100元/m^2,可计算得出交易区建筑安装成本为73 333.7万元。

5. 仓储配送区建设费用

本项目仓储配送区占地面积为420亩,按容积率0.8计算,建筑面积共224 000m^2,参照区内类似综合市场项目的建设投资标准,计算得出本项目的建筑材料费用约为1 000元/m^2,可计算得出仓储配送区建筑安装成本为22 400万元。

6. 配套服务区建设费用

本项目配套服务区占地面积为560亩,按容积率2.0计算,建筑面积共746 700m^2,参照区内类似项目的建设投资标准,计算得出本项目的建筑材料费用约为1 200元/m^2,可计算得出配套服务区建筑安装成本为89 600.45万元。

7. 园区内广场建设及绿化

本项目内生活广场及绿化共占地240亩,按造价100元/m^2估算,广场建设及项目内绿化总成本约1 600.01万元。

8. 停车场建设费用

本项目停车区占地面积为300亩,参照区内类似综合市场项目的建设投资标准,计算得出本项目的停车场建筑材料费用约为80元/m^2,可计算得出停车场建筑成本为1 600.01万元。

9. 其他费用

综合上述的道路建设、土地三通一平、交易区、仓储配送区、配套服务区、停车场、广场及绿化建设等的总建设成本为194 474.27万元,建设过程中,其他相关费用如下。

(1) 前期费用:按建设成本的3%计算,约为5 834.23万元。

(2) 报建费用:按100元/m^2计算,约为19 973.34万元。

(3) 工程管理费：按建设成本的 3%计算，约 5 834.23 万元。
(4) 营销费用：按建设成本的 3%计算，约 5 834.23 万元。
(5) 不可预见费：在开发过程中的某些零星税费、杂费、预算外支出，按建设费用和其他费用之和的 5%估算，共约 11 597.52 万元。

10. 设施设备购买费用

本项目建设过程中，需要购置叉车、各种加工设备、电器设施、电子地磅、运输车辆等设施设备，上述设施设备的购置成本估算约为 200 万元。

11. 总投资成本

根据上述估算可知，本项目总投资为 297 759.9 万元。

(资料来源：http://www.fangcehua.com/download/view-140-5094。)

思考：

××市综合商贸物流园项目考虑了哪些费用？建议书中的成本估算用了哪些方法？

物流项目投资通常要动用企业较多资源，付出较大成本，物流项目成本管理有着较大的操作空间，为此，物流项目成本管理在物流项目管理中具有十分重要的作用。同时，应清醒地认识到，物流项目投资建设的根本目的在于为物流工作的开展提供优质、高效的物流设施，为物流工作提高效率和效益提供物质或技术保障。所以在物流项目成本管理的过程中，应以物流项目达到既定目标和物流项目具备应有质量为前提，通过一系列物流项目成本管理工作，实现物流项目成本合理、有效、节约。

7.1 物流项目成本管理的概念

要加强物流成本管理就首先应该了解物流项目成本及其管理的有关概念，清楚物流项目成本的构成情况和影响因素。

7.1.1 物流项目成本管理的含义

物流项目成本管理是在确保物流项目既定目标和物流项目应有质量的前提下，通过物流项目成本估算、物流项目成本预算编制和物流项目成本控制等活动实现优化物流项目成本开支，将物流项目的总成本控制在预算(计划)范围之内的一切管理活动。物流项目的提出、开发和建设是为实现一定物流战略目标服务的，所以在物流项目开发和建设的每个环节都要服务和服从这个目标。物流项目的开发和建设是为了拟建或者在建的物流项目能在今后的生产经营活动中扩大生产经营能力、提高生产经营和管理效率和提高服务水平。在物流项目成本管理的过程中要做到物流项目能高质量圆满实现这些目标，不能为节约成本而节约成本。在此基础上要在物流项目开发建设过程中厉行节约，进行科学的物流项目成本估算、预算和控制，确保在既定预算内按时、按质、经济、高效地实现物流项目目标所开展的物流项目管理工作。

7.1.2 物流项目成本管理的内容

物流项目成本管理活动是在一定的时空环境下进行的，涉及物流项目开发和建设的方方面面，也涉及物流成本管理过程的始终。从时间上看，物流项目成本管理可分为物流项目资源计划(Logistics Project Resource Planning)、物流项目成本估算、物流项目成本预算、物流项目成本控制和物流项目成本预测等环节。

1. 物流项目资源计划

物流项目资源计划是指通过分析、识别和确定开发建设物流项目所需人力、设备、材料、资金等资源种类和数量的一种物流项目管理活动。在物流项目资源计划工作中最为重要的是确定出能够充分保证物流项目实施所需各种资源的清单和资源投入的计划安排。

2. 物流项目成本估算

物流项目成本估算是指以物流项目资源需求计划为基础，以当时各种资源的市场价格或者各种资源的价格预测为依据，对整个物流项目及其子项目的成本进行估算的一项成本管理工作。合理确定物流项目所需人、机、料、费等成本和费用并形成相关成本概算是物流项目成本估算最主要的任务。

3. 物流项目成本预算

物流项目成本预算是以前一步工作取得的物流项目成本估算为依据，计算物流项目的各子项目的子预算及其整个项目总预算的过程。物流项目成本预算的关键是合理、科学地确定出物流项目的成本控制基准(物流项目总预算)。

4. 物流项目成本控制

物流项目成本控制是指在物流项目的实施过程中，努力将物流项目的实际成本控制在物流项目成本预算范围之内的一项成本管理工作。这包括根据物流项目成本的实施发生情况，不断分析物流项目实际成本与物流项目预算之间的差异，通过采用各种纠偏措施和修订原有物流项目预算的方法，使整个物流项目的实际成本能够控制在一个合理的水平。

5. 物流项目成本预测

物流项目成本预测是指在物流项目的实施过程中，依据物流项目成本的实施发生情况和各种影响因素的发展与变化，不断地预测物流项目成本的发展和变化趋势与最终可能出现的结果，从而为物流项目的成本控制提供决策依据的工作。

7.1.3 物流项目成本构成及其影响因素

物流项目成本的构成是指物流项目总成本的构成成分，物流项目成本影响因素是指能够对物流项目成本的变化造成影响的因素。

1. 物流项目成本的构成

物流项目成本是指物流项目形成全过程所耗用的各种费用的总和。物流项目成本是由一系列的物流项目成本细目构成的。主要的物流项目成本细目包括以下几点。

1) 物流项目决策成本

物流项目决策是根据客观形势的变化和自身战略的需要决定是否进行物流项目以及物流项目是否可行的一系列工作。它是进行物流项目工作的第一步，在这一阶段要进行各种详实的调查研究，收集和掌握第一手信息资料，进行物流项目的可行性研究，最终做出决策。

完成这些工作需要耗用的人力、物力资源和花费的资金就构成了物流项目的决策成本。物流项目决策对物流项目实施和物流项目建成后的经济效益与社会效益都会产生重要影响。

2) 物流项目设计成本

在进行物流项目的可行性研究并取得物流项目的可行性报告之后，经过分析、研究和试验等环节以后，物流项目就可以进入设计阶段。物流项目设计工作是任何一个物流项目都应该进行的一项工作。不同的物流项目在物流项目设计阶段都有自身的工作重点：工程建设类物流项目主要设计工作包括初步设计、技术设计和施工图设计等一系列工作；新产品开发类物流项目主要是对于新产品的设计；科学研究类物流项目主要是对整个物流项目的技术路线和试验方案等方面的设计。这些设计工作都会发生一些费用，这些费用通常被称为物流项目设计成本。

3) 物流项目获得成本

物流项目获得成本是指客户或者被委托人为了获得物流项目或者委托人寻求承包商所花费的支出。物流项目立项后，询价、选择供应商、广告、承发包和招标投标等一系列的工作是物流项目组织所必须开展的工作。这些工作的开展也会耗费一些费用，这些费用就是物流项目获得成本。

4) 物流项目实施成本

物流项目实施成本是在物流项目实施过程中，为完成"项目产出物"所耗用的各项资源构成的费用的总和。这既包括在物流项目实施过程中所耗费物质资料的成本(这些成本以转移价值的形式转到了物流项目产出物中)，又包括物流项目实施中所消耗活劳动的成本(这些以工资、奖金和津贴的形式分配给了物流项目团队成员)。物流项目实施成本是物流项目总成本的主要组成部分，是对物流项目进行管理和控制的重点。因为在通常情况下，物流项目实施成本会占物流项目总成本的 90%左右。物流项目实施成本的具体科目包括以下内容。

(1) 物流项目人工成本：物流项目施工人员、项目监督管理人员以及各种辅勤人员的劳动报酬，通常包括工资、津贴、奖金等费用。

(2) 物流项目物料成本：在物流项目实施过程中为完成物流项目所必需的各种原料和材料购买所产生的成本。这些原料和材料包括的品种较多，如水泥、砖瓦、钢筋、油漆、木料、墙纸、灌木、毛毯、纸、艺术品、食品、计算机或软件等，在物流项目实施过程中，购买这些所耗费的费用就是物流项目物料成本。

(3) 物流项目设备费用：在物流项目实施过程中为完成物流项目购买或者租借一些设备、工具和仪器所耗用的成本。

(4) 物流项目顾问成本：物流项目一般都是一项比较大型的工程，开展物流项目的开发和建设不都是一项简单、重复的工作，通常都会涉及一些偶发或者不熟悉的领域或工作，所以在物流项目策划和组织实施过程中，经常需要一些精通物流和物流项目管理的专家的智力支持，这些开支就是物流项目顾问成本。

(5) 物流项目其他费用：在物流项目实施过程中为完成物流项目所必需的其他相关费用。例如，物流项目期间有关人员出差所需的差旅费、住宿费、出差补贴、绿化补偿费以及临时设施费等。

(6) 物流项目不可预见费用：智者千虑，必有一失。在物流项目实施过程中可能会出现一些意想不到的情况，所以有必要准备一定数量的不可预见费(备用金)，以便在物流项目发生意外事件或风险时使用。例如，由于物流项目成本估算遗漏的费用，由于物流项目规划变更带来的费用，出现质量问题需要返工的费用，由于通货膨胀等原因带来的原材料价格、人工工资以及机器设备等上涨而增加的费用，发生意外事故的赔偿金，因需要赶工加班而增加的成本等。

2. 影响物流项目成本的因素

物流项目的开发和建设是一项比较复杂、比较大型和经历时间比较长的工程，是在一定时空下开展和进行的，影响时空的有关因素都会对物流项目产生一定的影响。所以许多因素都会对物流项目成本产生影响，而且不同应用领域中的物流项目，其影响物流项目成本的因素也会不同。但是最为重要的物流项目成本影响因素包括以下几个方面。

1) 耗用资源的数量和价格

物流项目都会耗用一定数量的资源，在货币计量的假设之下都可表示为数量×价格的形式。其中，数量通常表示为物流项目各项活动所消耗和占用的资源数量，价格表示为物流项目各项活动所消耗与占用资源的价格。降低物流项目成本可以采用降低物流项目消耗和占用资源的数量及其相应的价格的方式来实现。在这两个要素中，资源消耗与占用数量是可以通过内部努力实现的，是一个相对可控的因素；而资源价格是一个相对不可控的外部要素，主要是由外部市场条件决定的。所以在物流项目成本控制中，努力降低资源的耗用数量是第一位的，资源价格是第二位的。

2) 物流项目工期

物流项目的工期是整个物流项目或物流项目某个阶段或某项具体活动所需要或实际花费的工作时间周期。项目的成本与工期有着直接相关的关系。在物流项目实现过程中，各项活动消耗或占用的资源都是在一定的时点或时期中发生的，所以物流项目的成本与工期是直接相关并随着工期的变化而变化的。这种相关与变化的根本原因是因为物流项目所消耗的资金、设备、人力等资源都具有相应的时间价值。

3) 物流项目质量

物流项目质量是指物流项目能够满足业主或客户需求的特性与效用。一个物流项目的实现过程就是物流项目质量的形成过程，在这一过程中为达到质量要求，需要开展两个方面的工作：一是质量的检验与保障工作；二是质量失败的补救工作。这两项工作都要消耗资源，从而都会产生物流项目的质量成本。其中，如果物流项目质量要求越高，物流项目质量检验与保障成本就会越高，物流项目的成本也就会越高。

4) 物流项目范围

任何一个物流项目的成本根本取决于物流项目的范围，即物流项目究竟需要做些什么事情和做到什么程度。从广度上说，物流项目范围越大，物流项目的成本就会越高，而物流项目范围越小，物流项目的成本就会越低；从深度上说，如果物流项目所需完成的任务越复杂，物流项目的成本就会越高，而物流项目的任务越简单，物流项目的成本就会越低。

7.2 物流项目资源计划

如前所述，物流项目需要企业的资源支持，为此在物流项目成本管理的过程中首先应该弄清楚物流项目所需要的相关资源及其数量,制订相应的资源计划,为物流项目成本管理提供依据。

7.2.1 物流项目资源计划的概念

物流项目资源计划是指通过分析和识别物流项目的资源需求,从而确定出物流项目所需投入的人力、设备、材料、资金等资源的种类、资源的数量和资源投入的时间,以便为物流项目资源估算提供指导的管理活动。也就是说,物流项目资源计划是关于物流项目在特定时间里需要投入的资源及其数量的计划。物流资源计划的主要内容如表 7-1 所示。

表 7-1 物流项目资源计划的主要内容

依 据	工 具	结 果
工作分解结构	资源数据表	
物流项目进度计划	资源计划矩阵	
历史资料	资源需求甘特图	资源计划说明书
物流项目范围说明书	专家判断法	
物流项目资源说明	资源统计法	
物流项目组织的管理政策和原则	资源平衡法	

7.2.2 物流项目资源计划编制的依据

1. 物流项目工作分解结构

物流项目工作分解结构是既定物流项目工作的结构图和物流项目工作包细目。确定一个物流项目的目标以后,就需要确定实现这些目标需开展的一些相关工作,并把要实现这些目标所应进行的工作及其组织结构绘制成一张一览表,这个表就是物流项目工作分解结构图。它包括了实现物流项目所包含的全部任务,要实现这些任务需要动用相应的资源,因此物流项目工作结构图是进行物流项目成本估算的主要依据。

2. 物流项目工作分解结构的支持细节

物流项目工作分解结构反映的情况相对来说比较宏观和简略,需要物流项目工作分解结构的相关细节的支持。这类支持细节信息包括以下几点。

1) 物流项目历史信息

由于过去完成的同类物流项目在物流项目所需资源、物流项目资源计划和物流项目实际实施消耗资源等方面的历史信息与即将建设的物流项目在上述各方面都有相似之处,所以这方面的历史信息可作为现项目的参考。

2) 物流项目范围计划

物流项目范围界定了物流项目的边界及其衡量标准,也为物流项目估算提出了一个合理的范围。如果超出了物流项目的范围,就可能造成虚增项目成本,影响物流项目的经济性,同时如果出现某个物流项目方面被忽略,就会在物流项目资源计划与保障方面出现漏洞,最终使物流项目的成功受到影响。

3) 物流项目资源描述

制订物流项目资源计划就必须对一个物流项目所需人力、设备、原料等资源的种类、数量、特性和质量予以说明和描述。这种描述的内容包括物流项目需要哪些种类的资源，这些资源的特性要求是什么，这些资源的价格是多少，何时需要这些资源等。这种物流项目资源的描述对于制订物流项目资源计划同样是至关重要的依据。

3. 物流项目组织的管理政策

物流项目组织的管理政策包括物流项目组织的企业文化、物流项目组织的组织结构、物流项目组织获得资源的方式和手段方面的方针策略和物流项目组织在物流项目资源管理方面的有关方针政策。这些管理政策对物流项目资源计划也有一定的影响。

4. 各类资源的定额、标准和计算规则

在物流项目资源计划编制的过程中，需要参考物流项目工作量和资源消耗量的国家、地方或民间组织发布的各种定额、标准和计算规则。在物流项目资源计划编制中，有些物流项目的资源需求是按照国家、行业、地区的官方或民间组织的统一定额或统一工程量计算规则确定的。

7.2.3 物流项目资源计划编制的方法

1. 专家判断法

专家判断法是指由物流项目成本管理专家根据经验和判断确定和编制物流项目资源计划的方法。这种方法通常又有两种具体的形式。

(1) 专家小组法。这是指组织一组有关专家在调查研究的基础上，通过召开专家小组座谈会的方式，共同探讨，提出物流项目资源计划方案，然后制订出物流项目资源计划的方法。

(2) 德尔菲法。这是由一名协调者通过组织专家进行资源需求估算，然后汇集专家意见，整理并编制物流项目资源计划的方法。为了消除不必要的迷信权威和相互影响，一般协调者只起联系、协调、分析和归纳结果的作用，专家们互不见面，互不通气，只与协调者发生联系，并做出自己的判断。

专家判断法的优点是主要依靠专家判断，基本不需要历史信息资料，适合于全新的物流项目。它的缺点是如果专家的水平不一，专家对于物流项目的理解不同，就会造成物流项目资源计划出现问题。

2. 统一标准定额法

统一标准定额法是指使用统一标准定额和工程量计算规则去制订物流项目资源计划的方法。所谓"统一标准定额"是指由权威部门制定的，在一定的技术装备和组织条件下为完成一定量的工作，所需消耗和占用的资源质量和数量限定标准或额度。这些统一标准定额都是一种衡量物流项目经济效果的尺度，套用这些统一标准定额去编制物流项目资源需求是一种很简便的方法。但是由于统一标准定额相对比较固定，无法适应技术装备、工艺和劳动生产率的快速变化，所以近年来发达国家正在逐步放弃使用这种编制物流项目资源计划的方法。

3. 资料统计法

资料统计法是指使用历史物流项目的统计数据资料，计算和确定物流项目资源计划的方法。这种方法中使用的历史统计资料必须有足够的样本量，而且有具体的数量指标以反映物流项目资源的规模、质量、消耗速度等。通常这些指标又可以分为实物量指标、劳动量指标和价值量指标。实物量指标多数用来表明物质资源的需求数量,这类指标一般表现为绝对数指标。劳动量指标主要用于表明人力的使用,这类指标可以是绝对量指标,也可以是相对量指标。价值量指标主要用于表示资源的货币价值,一般使用本国货币币值表示的活劳动或物化劳动的价值。利用资料统计法计算和确定物流项目资源计划,能够得出比较准确合理和切实可行的物流项目资源计划。但是这种方法要求有详细的历史数据,并且要求这些历史数据要具有可比性,所以这种方法的推广和使用有一定难度。

7.3 物流项目成本估算

物流项目管理需要对物流项目成本进行合理科学的估算,为制定物流项目成本预算和物流项目成本控制提供依据。

7.3.1 物流项目成本估算的概念

物流项目成本估算是指以物流项目资源计划为基础,结合各种资源的价格信息,估算和确定物流项目各种活动和整个物流项目所需人、材料和设备等资源所产生的成本的管理活动。当物流项目开发建设进行承发包时,物流项目造价不仅包括物流项目的成本,还包括有承包商的赢利部分。因此物流项目造价与物流项目成本是两个概念。

物流项目成本估算按照物流项目开展的阶段可分为初步物流项目成本估算、技术设计后的成本估算和详细设计后的物流项目成本估算等几种不同的物流项目成本估算形式。这些估算形式按照估算的先后顺序逐步精确和细化。在物流项目初始阶段,许多物流项目的细节尚未确定,所以初步物流项目成本估算只能粗略地估计物流项目的成本;但是在物流项目完成了技术设计(属于一种较为详细的设计)之后就可以进行更详细的物流项目成本估算;而等到物流项目各种细节已经确定之后就可以进行详细的物流项目成本估算了。

物流项目成本估算不仅考虑物流项目各种要素(如人工费、设备费、管理费、物料费、开办费等)的构成情况,还要估算每种构成情况的数量和金额。同时也要综合分析和考虑各种可选择物流项目成本方案与估算的协调问题。

7.3.2 物流项目成本估算的方法

物流项目成本估算的方法有类比估算法、参数模型法、自上而下估算法、自下而上估算法和软件工具法等。

1. 类比估算法

类比估算法指通过与过去已执行过的类似物流项目进行类比和分析,在分析比较这些物流项目的相同点的同时又分析考虑这些项目不同点的情况下,结合现在的物价等特殊情况以估算现有物流项目成本的物流项目成本估算方法。如果难以得到现有物流项目的详细资料,就可以考虑这种方法。类比估算法是专家判断的一种形式,故有时称为经验估算法。这种方法的花费比较少,但准确性较差。这种方法主要适用于以下两种情况:一种是过去已执行的项目和现有物流项目不论在形式上还是在实质上都很相似时;二是在要求精度不是很高的情况下,如初步估算阶段等情况下比较常用。

2. 参数模型法

参数模型法又称外推法，是指通过建立一定的数学模型来估计物流项目成本的方法。这种方法的数学模型的有关参数是在过去对成本产生影响的各种因素在现在和将来仍然起作用的假设下，以历史信息为基础，全面考虑现有变化(如物价)的情况下进行估计和制定的，这种方法的数学模型可能比较简单，如仓库建筑成本的估算通常是建筑面积的一个简单函数；也可能比较复杂，如物流配送成本的估算模型，通常就需要通过许多独立的因素(运输成本、仓储成本、存货成本等)加以描述。参数模型法已经有比较悠久的历史，早在1936年赖特在航空科学报刊中提出了基本参数的统计评估方法后，又针对批量生产飞机提出了专用的参数模型法的成本估算公式。参数模型法是许多国家规定采用的一种物流项目成本的估算和分析方法。它的优点是使用简便快速，需要信息量小，只需要一小部分信息，经过模型校验后能够达到较高精度。这种方法的缺点是如果不经校验，参数估计模型可能出现精度不高的问题，估算出的物流项目成本可能不太准确。

3. 自上而下估算法

自上而下估算法是通过收集以往类似项目活动的历史数据，发挥上中层管理人员的经验和判断优势，由上层和中层管理人员对项目整体的费用和构成项目的子项目的成本进行估算，再将这些估算结果传递给低层的管理人员；在此基础上低一层的管理人员对组成项目和子项目的任务和子任务的费用进行估算；然后继续向下一层传递他们的估算结果，直到最底的基层。

这种估算过程和目标分解过程相似，因此可以依照工作分解结构过程，从最上层或者最为综合的层级一层层向下进行成本分解和估算，如表7-2和表7-3所示。

表7-2 某物流配送中心工程成本分解估算 (单位：万元)

项目阶段	准备阶段			设计阶段					施工阶段					试运营阶段		
各阶段费用	可行性研究	其他	合计	设计费	科研费	调研费	其他	合计	子项目1	子项目2	……	备用金	合计	材料费	其他	合计
	50	150	200	200	20	10	50	280	900	800	……	200	5 000	80	50	130

注：此工程项目总投资为4 500万元。

该方法包括以下优点。

(1) 可利用上中层管理人员的丰富经验，解决项目计划初期对项目整体资源需要量及成本大小的预测难题。

(2) 在分步估算过程中，总是将一定费用在一系列任务之间进行分配，从而避免了有些任务被过分重视而被赋予过多成本。同时由于涉及任务的比较，所以也不会出现重要的任务被忽视的情况。

该方法包括以下缺点。

当上层的管理人员根据他们的经验赋予成本时，分解到下层时可能会出现下层人员认为成本的额度不足以完成相应任务的情况。一旦上下层管理人员沟通不充分就可能给物流项目带来困难，甚至损失。

表 7-3　其中子项目(仓库)的成本分解估算　　　　　　　　(单位：万元)

子项目类 各子任务成本	土建工程						技术工程					设备系统				
	基础结构	主体结构	装饰工程	道路工程	停车区	合计	供电工程	照明工程	通风工程	空调系统	合计	识别装置	拣货设备	分类装置	表单清理装置	合计
	100	300	100	50	50	600	35	10	5	50	100	10	70	100	20	200

注：子项目的总成本为 900 万元。

4．自下而上估算法

自下而上的估计法通常首先估计各个独立工作的费用，然后再从下往上估计出整个项目的费用。根据工作分解结构体系中的各项任务，先估算资源(如工时和原材料)消耗数量，然后将其转换为所需要的费用(成本)。出现意见上的差异，通过上层和下层管理人员之间的沟通和协商解决。如果必要，项目经理可以参与到讨论中来，以保证估算的精度。得到的任务费用被综合起来形成项目整体费用的直接费估计。项目经理在此之上加上适当的间接费用(如一般管理费用、备用金，以及最终项目估算中要达到的利润目标)，估算出项目总费用。

(1) 方法优点：与高层管理人员相比，直接参与项目建设的低层管理人员更为清楚项目涉及活动所需要的资源量，而且由于费用出自于日后要参与项目实际工作的人员之手，也可以避免因费用分配不合理造成的争执和不满。

(2) 方法缺点：在子任务级别上成本的估算详细而准确，但有时会遗漏一些子任务，使成本估算总数出现偏差，造成成本计划的失误，影响项目的顺利结束。

5．软件工具法

随着计算机技术的飞速发展，物流项目管理软件的大量涌现，计算机技术和软件工具被广泛用于物流项目成本估算的物流项目管理活动中。软件工具法就是一种运用现有的计算机成本估算软件去估算和确定物流项目成本的方法。经过近 20 年的发展，目前物流项目成本管理软件根据功能和价格水平被分为两个档次：一种是高档物流项目成本管理软件，这是供专业物流项目成本管理人士使用的软件，这类软件功能强大、价格高，能够较好地估算物流项目的成本；另一类是低档次的物流项目成本管理软件，这类软件虽功能不是很齐全，但价格较便宜，可用于做一些中小型物流项目的成本估算。大部分物流项目成本管理软件都有物流项目成本估算的功能，但是这种功能很大程度上还要依靠人的辅助来完成，而且人的作用仍然占据主导地位，这是这种方法的关键缺陷。

7.3.3　物流项目成本估算的结果

物流项目成本估算主要包括以下几个结果。

1．物流项目成本估算文件

物流项目成本估算文件是通过采用前述物流项目成本估算方法而获得的物流项目成本

估算最终结果文件。物流项目成本估算文件是对完成物流项目所需费用的估计和计划安排，是物流项目管理文件中的一个重要组成部分。物流项目成本估算文件要对完成物流项目活动所需资源、资源成本和数量进行概略或详细的说明。这包括对于物流项目所需人工、物料、设备和其他科目成本估算的全面描述和说明。另外，这一文件还要全面说明和描述物流项目的不可预见费等内容。物流项目成本估算文件中的主要指标是价值量指标，为了便于在物流项目实施期间或物流项目实施后进行对照，物流项目成本估算文件也需要使用其他的一些数量指标对物流项目成本进行描述。例如，使用劳动量指标(工时或工日)或实物量指标(吨、千克、米等)。在某些情况下，物流项目成本估算文件必须以多种度量指标描述，以便于开展物流项目成本管理与控制。

2. 物流相关支持细节文件

物流相关支持细节文件是对于物流项目成本估算文件的依据和考虑细节的说明文件。这类文件的主要内容包括以下几点。

(1) 物流项目范围的描述。因为物流项目范围是直接影响物流项目成本的关键因素，所以这一文件通常与物流项目工作分解结构和物流项目成本估算文件一起提供。

(2) 物流项目成本估算的基础和依据文件。这包括制定物流项目成本估算的各种依据性文件、各种成本计算或估算的方法说明，以及各种参照的国家规定等。

(3) 物流项目成本估算各种假定条件的说明文件。这包括在物流项目成本估算中所假定的各种物流项目实施的效率、物流项目所需资源的价格水平、物流项目资源消耗的定额估计等假设条件的说明。

(4) 物流项目成本估算可能出现的变动范围的说明。这主要是关于在各种物流项目成本估算假设条件和成本估算基础与依据发生变化后，物流项目成本可能会发生什么样的变化、多大的变化的说明。

3. 物流项目成本管理计划

物流项目成本管理计划是关于如何管理和控制物流项目成本变动的说明文件，是物流项目管理文件的一个重要组成部分。物流项目成本管理计划文件可繁可简，具体取决于物流项目规模和物流项目管理主体的需要。一个物流项目开始实施后可能会发生各种无法预见的情况，从而危及物流项目成本目标的实现(如某些原材料的价格可能会高于最初估计的成本价格)。为了防止、预测或克服各种意外情况，就需要对物流项目实施过程中可能出现的成本变动，以及相应需要采取的措施进行详细的计划和安排。物流项目成本管理计划的核心内容就是这种计划和安排，以及有关物流项目不可预见费的使用管理规定等。

7.4 物流项目成本预算

物流项目成本预算一方面可以为物流项目提供资源保障；另一方面也为物流项目成本控制提供标准和依据。

7.4.1 物流项目成本预算的概念

物流项目成本预算是指以物流项目成本估算为依据为物流项目各项具体工作分配和确定预算和定额,并进行整个物流项目总预算的一项物流项目成本管理工作,是一项制定物流项目成本控制标准的管理工作,通过这些工作为物流项目成本管理制定一系列成本基线,即预算基准线。

物流项目的成本预算工作内容包括根据物流项目成本估算向物流项目各项具体工作与活动分配预算定额和确定物流项目成本控制的基线(物流项目总预算),制定物流项目成本控制标准和规定物流项目不可预见费的划分与使用规则等。

获得物流项目所必需的资源或者有关投资是物流项目得以顺利完成的前提和保障。物流项目成本预算就是为这些资源或者投资进行一个合理有效的分配和约束,保证物流项目在这些约束下合理使用相关资源或者投资并完成物流项目计划。所以,物流项目成本预算可以看做一个比较标准、反映实际用量和计划用量的基线标准。这就促使管理者不仅要保质保量地完成物流项目,还要在规定的资源约束下高效地完成,提高项目的经济性。由于预算和现实之间会有一定的出入,因此需要对偏离的情况和原因进行分析,并制定出相应的对策,对不合理的超支、超付、超用,要及时纠正和整改,预算不符合客观实际时,要对物流项目成本预算进行合理修正。

7.4.2 物流项目成本预算的依据

物流项目预算控制的依据包括以下几点。

(1) 物流项目成本估算文件。物流项目成本估算文件是物流项目成本估算的劳动成果,是物流项目各项工作与活动的预算定额确定的主要依据。

(2) 物流项目工作结构分解。物流项目工作结构分解是物流项目范围界定和确认中生成的物流项目工作分解结构文件。通过这一文件的分析以便确定物流项目各项工作与活动成本估算的合理性和物流项目预算定额。

(3) 物流项目工期进度计划。物流项目工期进度计划包括物流项目各项工作起始与终结时间的文件。依据这一文件可以安排物流项目的资源与成本预算方面的投入时间。

7.4.3 物流项目成本预算计划的编制

物流项目成本预算计划一般是按照时间段分段给出的呈"S"型曲线分布的成本预算基线,是物流项目成本预算的计划安排和基准线,具体如图7.1所示。由图中可以看出,物流项目的成本预算是由物流项目成本预算额和物流项目成本的投入时间两个因素决定的。Tc1、Tc2、Tc3给出了3种不同的物流项目成本预算方案,在物流项目预算中,一个合理的物流项目成本预算是十分重要的,过低的物流项目成本预算会导致资源不足而影响物流项目的质量和效率。当然,过高的物流项目成本预算会带来项目的不经济性,出现不必要的浪费。在物流项目成本预算编制过程中主要考虑确定物流项目总的预算、物流项目各项活动的预算和确定物流项目各项活动预算的投入时间3个因素。

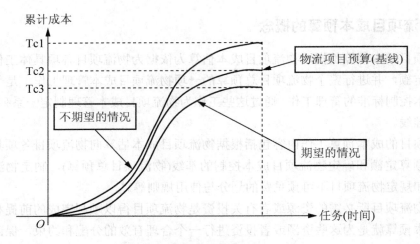

图 7.1 物流项目成本预算及其不同情况示意

7.4.4 物流项目成本预算计划的方法

物流项目成本预算应考虑众多物流项目成本预算的影响因素，并根据相应因素确定相应合适的方法。

物流项目成本预算的方法在不同的物流项目和物流项目情况下有不同的方法，主要包括各种常规的预算确定方法、预算分配和安排的方法以及用于物流项目成本估算等方法。物流项目成本预算的这些方法各自适用于不同的物流项目和物流项目情况。

究竟应该采用哪一种物流项目成本预算计划方法，主要应考虑下列因素：物流项目规模大小、物流项目复杂程度、物流项目紧急程度、物流项目细节的掌握程度和有无相应的技术设备和人员等。此外，情况不同还需考虑物流项目业主/客户、物流项目组织、承包商等方面的要求。一个物流项目到底采用哪一种方法来编制物流项目成本预算，需要全面考虑以上各个因素。

【例 7-1】已知表 7-3 所示物流子项目(仓库)的土建工程成本预算如表 7-4 所示。试用图形表示成本预算负荷情况。

表 7-4 某物流子项目(仓库)土建工程成本预算

工程子项	预算值/万元	进度预算/万元						
		第1个月	第2个月	第3个月	第4个月	第5个月	第6个月	第7个月
基础结构	120	30	50	40				
主体结构	300		70	100	80	50		
装饰工程	100				30	30	40	
道路工程	30					20	10	
停车区	50						30	20

解：根据题意，该土建工程计划于 7 个月内完成，经计算，月成本和月累计的预算成本如表 7-5 所示。

表 7-5 月小计和月累计的预算成本

子项目	预算值/万元	进度预算/万元						
		第1个月	第2个月	第3个月	第4个月	第5个月	第6个月	第7个月
月成本	600	30	120	140	110	100	80	20
月累计		30	150	290	400	500	580	600

由此可得，该项目月成本负荷图和成本累积负荷曲线(预算基准线)，如图 7.2 和图 7.3 所示。

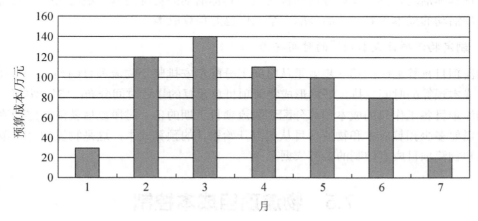

图 7.2 项目月成本负荷

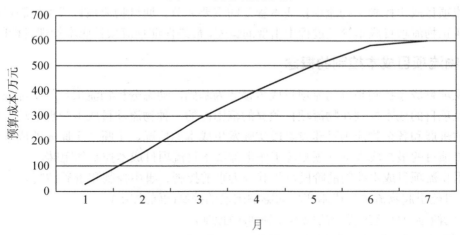

图 7.3 项目成本累积负荷曲线

7.4.5 物流项目成本预算计划的编制步骤

1. 物流项目成本总预算的分配

物流项目成本总预算的分配是指根据物流项目成本估算，在确定出物流项目的总预算以后，将物流项目总预算分配到物流项目工作分解结构中的各个工作包上，并为每一个工作包建立自己的总预算成本这样一项管理工作。这是一种自上而下分配物流项目预算的方法，它将物流项目总预算按照物流项目工作分解结构和每个工作包的实际需要进行合理的分配。

2. 工作包预算的分配

工作包预算的分配是指根据物流项目工作包的预算确定出一个物流项目工作包的各项活动具体预算定额的工作。这是一种将工作包预算按照构成工作包的各项活动内容和资源需求进行成本预算分配的工作。这可以采用自上而下的预算分配方法，也可以采取自下而上的预算分配方法。其中，自下而上的预算分配方法是先分析和确定一个物流项目工作包中的各项具体活动，然后详细分析和说明这些具体活动的资源需求，最终根据资源需求制定出各项活动的成本预算，从而分配一个工作包的预算成本。

3. 制定物流项目成本预算的时间安排

物流项目预算编制的第三步就是从时间上分配和安排整个物流项目的预算，即制定物流项目成本预算的时间安排，最终形成物流项目总预算的累计时间分布（"S"型曲线）。通常将物流项目各工作包的成本预算分配到物流项目工期的各个时段以后就能确定物流项目在何时需要多少预算成本和物流项目从起点开始累计的预算成本，这是物流项目资金投入与筹措和物流项目成本控制的重要依据。

7.5 物流项目成本控制

物流项目成本控制是物流项目成本管理的重要环节。通过物流项目成本控制可以及时发现和纠正物流项目成本管理过程中出现的偏差，最终保证物流项目成本管理目标的实现。

7.5.1 物流项目成本控制的概念

物流项目成本控制是以物流项目成本预算为基础，动态分析物流项目的实际成本，力争把物流项目的成本控制在物流项目预算的范围内的一种物流项目成本管理活动。根据物流项目的进展和各个物流项目建设阶段实际发生成本的情况，不断修正原先的成本估算，并对物流项目的最终成本进行预测等工作也都属于物流项目成本控制的范畴。

根据物流项目成本控制的阶段可将其分为事前控制、事中控制和事后控制。
(1) 可能引起物流项目成本变化的影响因素的控制(事前控制)。
(2) 物流项目实施过程中的成本控制(事中控制)。
(3) 物流项目实际成本发生以后的控制(事后控制)。

物流项目成本控制的具体工作包括监视物流项目的成本变动；比较实际发生成本和物流项目成本预算的差异；发现物流项目成本控制中的偏差；分析和查找产生偏差的原因；采取各种纠偏措施防止物流项目成本超过预算；如果是外部环境的变化，物流项目成本预算编制时与实施时的情况发生了变化，可对物流项目成本预算的计划和预算等进行合理修正，确保实际发生的物流项目成本和物流项目变更都能够有据可查；防止不正当或未授权的物流项目变更所发生的费用被列入物流项目成本预算，以及采取相应的成本变动管理措施；经验和教训的记录用以指导今后的工作等。

7.5.2 物流项目成本控制的依据

物流项目成本控制主要包括以下依据。

1. 物流项目成本实效报告

物流项目成本实效报告是物流项目成本管理与控制的实际绩效评价报告。报告对成本超支与否及其原因都有分析和说明。该报告主要包括物流项目成本预算额、实际执行额和差异数额。其中,"差异数额"是评价、考核物流项目成本管理绩效好坏的重要标志。编制物流项目成本实效报告是一件细致而严肃的工作,要充分注意报告的准确性、及时性和适用性。物流项目成本实效报告是物流项目成本控制的主要依据之一。

2. 物流项目变更请求

物流项目在实施过程中可能存在物流项目业主(客户)、物流项目实施者或其他方面提出对物流项目进行一定的变更的情况。对于这种情况,必须经过业主(客户)书面同意,如果不经过业主同意,或是仅仅获得物流项目业主(客户)组织中的非权威人士的口头赞同,可能会给物流项目建设带来不必要的麻烦。如果有物流项目业主(客户)授权的物流项目变更申请,其也可以作为物流项目成本控制的依据。

3. 物流项目成本管理计划

物流项目成本管理计划是关于如何管理物流项目成本的计划文件,是物流项目成本控制工作的一份十分重要的依据文件。特别值得注意的是,这一文件给出的内容很多是物流项目成本事前控制的计划和安排,这对于物流项目成本控制工作是很有指导意义的。

7.5.3 物流项目成本控制的方法

1. 目标成本控制法

目标成本控制法是应用目标管理的原理对项目成本进行控制的一种方法。它以项目的目标利润和所能接受的销售价格为基础,根据先进的消耗定额和计划期内能够实现的成本降低措施及其效果为控制因素,改变了以实际消耗为基础的传统成本控制观念,增强了成本控制的预见性、目的性和科学性。

2. 偏差控制法

偏差控制法是在计划成本的基础上,通过成本分析方法找出计划成本与实际成本间的偏差并分析产生偏差的原因与变化、发展趋势,进而采取措施以减少或消除偏差,实现目标成本的科学管理方法。

3. 定额成本控制法

定额成本控制法是以定额成本作为控制和分析成本的依据,通过事前制定定额成本、事中按定额成本实施控制、事后计算和分析定额差异,对成本形成过程进行全面控制,从而将成本计划、成本计算和成本控制融为一体。采用定额成本控制法可使项目管理者及时发现各种费用的节约和超支情况,从而采取措施,有效控制费用的发生。

4. 进度—成本同步控制法

在项目管理中，成本、进度和技术三者是密不可分的。成本控制与计划管理、成本与进度之间有着必然的同步关系，即项目到什么阶段，就应该发生相应的成本费用。如果成本与进度不对应，就要作为"不正常"现象进行分析，找出原因，并加以纠正。

5. 成本累计曲线法

成本累计曲线又称时间—累计成本图。它是反映整个项目或项目中某个相对独立的部分开支状况的图形。它可以从成本计划中直接导出，也可利用网络图、条形图等单独建立。

6. "香蕉"曲线法

"香蕉"曲线是利用各工序的最早开始时间和最迟开始时间制作的成本累计曲线。"香蕉"曲线表明了项目成本变化的安全区间、实际发生成本的变化，若在两条曲线限定的范围内，都属于正常的变化，可以通过调整开始和结束的时间使成本控制在计划的范围内。实际成本超出这一范围，就要引起重视、查清情况、分析出现的原因。如果有必要，应迅速采取措施进行纠正。

7. 挣值法

挣值法实际上是一种分析目标实施与目标期望之间差异的方法。故而它又常被称为偏差分析法。

7.5.4 物流项目不确定性成本的控制

由于各种不确定性因素的存在和它们对物流项目成本的影响，使得物流项目成本一般都会有 3 种不同成分。一是确定性成本，对这一部分成本人们知道它是确定会发生而且知道其数额大小；二是风险性成本，对此人们只知道它可能发生和它们发生的概率大小与分布情况，但是不能肯定它一定会发生；三是完全不确定性成本，对它人们既不知道其是否会发生，也不知道其发生的概率和分布情况。这 3 类不同性质的物流项目成本的综合构成了一个物流项目的总成本。

物流项目不确定性成本的不确定性主要表现在 3 个方面，一是物流项目具体活动本身的不确定性，二是物流项目具体活动的规模及其消耗和占用资源数量的不确定性，三是物流项目消耗和占用资源价格的不确定性。对于它们的特性和它们的控制与管理详细说明如下。

1. 物流项目具体活动本身的不确定性

物流项目具体活动本身的不确定性是指在物流项目实现过程中有一些物流项目具体活动可能发生，也可能不发生。例如，如果出现雨天，物流项目的一些室外施工就要停工，并且需要组织排水；而如果不下雨，就不需要停工，也不需要组织排水。但是否下雨是不确定的，所以停工和排水的活动就有很大的不确定性。虽然人们在安排物流项目实施计划时有气象资料作为参考，但是气象资料给出的只是"降水"的概率，即下雨的可能性，而不是确定性结论。这种物流项目具体活动的不确定性会直接转化成物流项目成本的不确定性，这是造成物流项目成本不确定性的主要原因之一。由于这种不确定性无法消除，对于这种不确定性成本的控制主要依赖于附加计划法和物流项目不可预见费等。

2. 物流项目具体活动规模及其消耗和占用资源数量的不确定性

这是指在物流项目实现过程中有一些具体活动的规模本身的不确定性和这种活动规模变动所造成的消耗与占用资源的数量的不确定性，以及由此造成的物流项目成本的不确定性。例如，在一个工程建设物流项目的地基挖掘过程中，如果实际地质情况与地质勘查资料不一致，则地基挖掘工作量就会发生变化，因此消耗与占用资源的数量也会变化。虽然人们在确定地基挖掘工作量时有地质勘探资料作依据，但是地质勘探调查多数是一种抽样调查，由此给出的调查结果只是在一定置信区间内相对可信的资料，所以存在着不确定性。这种物流项目具体活动规模及其消耗和占用资源数量的不确定性也会直接转化为物流项目成本的不确定性，这也是造成物流项目成本不确定性的主要根源之一。这种物流项目成本的不确定性是很难预测和消除的，所以多数情况下也需要使用物流项目不可预见费。

3. 物流项目消耗和占用资源价格的不确定性

这是指在物流项目实现过程中有一些物流项目活动消耗和占用资源的价格会发生异常波动和变化(价格有规律性的变化不属于这一范畴)。例如，进口设备由于汇率短期内大幅变化所形成的价格波动就属于这一范畴。同样，人们虽然可以对物流项目实现活动消耗与占用资源的价格进行种种预测，但是通常这种预测都是相对条件的预测，预测结果本身都包含相对的不确定性，所以物流项目具体活动消耗与占用资源的价格也是不确定的。这种物流项目具体活动消耗与占用资源价格的不确定性同样会直接形成物流项目成本的波动与变化，所以这种不确定性同样是物流项目成本不确定性的主要根源之一。对于这种物流项目不确定性成本的控制多数也是需要使用物流项目不可预见费等物流项目成本控制的方法。

另外，物流项目所有的不确定性成本会随着物流项目实施的展开，从最初的完全不确定性成本逐步地转变成为风险性成本，然后转变成确定性成本。因为随着物流项目的逐步实施，各种完全不确定的事物和条件将逐步转化为风险性的(随着事物的进展人们对于事物发生的概率逐步了解)，然后风险性事件会再进一步转化成确定性的。换句话说，随着物流项目的发展各种事件的发生概率会逐步向确定的方向转化，有些会随着物流项目的逐步实施而发生，而有些会随着物流项目的逐步实施而不发生。当物流项目完成时一切都是确定的时候，最终一个完全确定的物流项目成本也就会形成。因此，物流项目的成本控制必须从控制物流项目的确定性、风险性和完全不确定性3类不同性质的成本去开展控制工作。

依据上述分析可知，物流项目成本的不确定性是绝对的和客观存在的，这就要求在物流项目的成本管理中必须同时考虑对风险性成本和完全不确定性成本的管理，以实现对于物流项目成本的全面管理。在实现物流项目成本全面管理中最根本的任务是首先要识别一个物流项目具有的各种风险并确定出它们的风险性成本；其次是要通过控制风险的发生与发展去直接或间接地控制物流项目的不确定性成本。同时还要开展对风险性成本和不可预见费等风险性成本管理储备资金的控制，从而实现物流项目成本管理的目标。

7.5.5 物流项目成本控制的结果

开展物流项目成本控制的直接结果是带来了物流项目成本的节约和物流项目经济效益的提高。开展物流项目成本控制的间接结果是生成了一系列物流项目成本控制文件。这些文件主要有以下几点。

1. 物流项目成本估算的更新文件

这是对物流项目原有成本估算的修订和更新的结果文件。这一文件中的信息一方面可以用于下一步的物流项目成本控制；另一方面将来可以作为物流项目历史数据和信息使用。

2. 物流项目预算的更新文件

这是对物流项目原有成本预算的修订和更新的结果文件，是物流项目后续阶段成本控制的主要依据。这一文件同样有作为物流项目成本控制使用和作为历史数据和信息使用量方面的作用。

3. 物流项目活动方法改进文件

这是有关物流项目具体活动的方法改进与完善方面的文件。它也包括两个方面的信息：一是物流项目活动方法与程序的改进方面的信息；二是物流项目活动方法改进所带来的物流项目成本降低方面的信息。

4. 经验教训文件

这是有关物流项目成本控制中的失误或错误以及各种经验与教训的汇总文件。这种经验与教训汇总文件的目的是总结经验和接受教训，以便改善下一步的物流项目成本控制工作。物流项目经理应及时组织物流项目成本控制的评估会议，并就物流项目成本控制工作做出相应的书面报告。

7.6 挣值分析方法

为了有效地对物流项目成本实施有效控制，在物流项目出现不利情况之前防患于未然，就必须随时分析和检查物流项目的成本情况，及时发现物流项目出现的成本差异，努力在情况变坏之前采取纠偏措施，从而达到物流项目成本控制的目的。挣值分析法通过引进"挣值"这一中间变量，及时反映物流项目成本和工期的变动情况和相关信息，以便对物流项目成本发展趋势做出科学的预测与判断和正确的决策。

7.6.1 挣值的定义

挣值的定义有多种不同的表述。一般的表述为，挣值是一个表示"已完成作业量的计划价值"的变量，是一个使用"计划价格"或"预算成本"表示在给定时间内已完成实际作业量的一个变量。这一变量的计算公式为

$$挣值(EV) = 实际完成的作业量 \times 已完成作业的预算成本(计划价格) \tag{7.1}$$

7.6.2 挣值分析方法的内涵

挣值法包括了需要掌握的3个关键中间变量、3个绝对差异分析变量、两个指数变量、两个预测指标和相关评估结论。

1. 3个关键中间变量

1) 物流项目计划作业的预算成本

物流项目计划作业的预算成本又称计划值(Planned Value，PV)，即在给定时间内计划

花费在某个任务上的已批准的总成本估算的部分。它是按照"物流项目预算成本"(计划价格)乘以"物流项目计划工作量"而得到的物流项目成本的中间变量。

2) 实际完成作业的预算成本

实际完成作业的预算成本(Budgeted Cost of Work Performed,BCWP)又称挣值 EV(Earned Value),即在给定时间内实际完成工作的预算成本。它是按照"物流项目预算成本"乘以"物流项目实际完成工作量"而得到的一个物流项目成本的中间变量。

3) 物流项目实际完成作业的实际成本

物流项目实际完成作业的实际成本(Actual Cost of Work Performed,ACWP)又称实际成本(Actual Cost),即在给定时间内完成任务所实际产生的直接成本和间接成本之和。物流项目实际完成作业的实际成本是按照"物流项目实际成本"乘以"物流项目实际完成工作量"而得到的另一个物流项目成本的中间变量。

这些指标都是挣值分析方法中根据物流项目预算成本与实际成本和物流项目计划作业量和物流项目实际完成作业量等指标计算获得的中间变量指标,这些指标都是物流项目成本水平指标,反映了物流项目成本的计划和实际水平。

2. 3个绝对差异分析变量

1) 物流项目成本进度差异

物流项目成本进度差异(Cost Schedule Variance,CSV)的计算公式为

$$CSV = BCWS - ACWP \tag{7.2}$$

这一指标反映了物流项目"计划作业"的"预算成本"与物流项目"实际完成作业"的"实际成本"之间的绝对差异,它给出了物流项目实际发生的成本与物流项目预算成本之间的差异。这种差异是由于物流项目成本从"预算成本"变化到"实际成本"和物流项目进度从"计划作业量"变化到"实际完成作业量"这两个因素的变动综合造成的。

2) 物流项目成本差异

物流项目成本差异(Cost Variance,CV)的计算公式为

$$CV = BCWP - ACWP \tag{7.3}$$

这一指标反映了物流项目"实际完成作业"的"预算成本"与物流项目"实际完成作业"的"实际成本"之间的绝对差异。这一指标剔除了物流项目作业量(从计划作业量和实际作业量)变动的影响,独立地反映了由于物流项目"预算成本"和"实际成本"差异这一单个因素对于物流项目成本变动造成的影响。

3) 物流项目进度差异

物流项目进度差异(Schedule Variance,SV)的计算公式为

$$SV = BCWP - BCWS \tag{7.4}$$

这一指标反映了物流项目"计划作业"的"预算成本"与物流项目"实际完成作业"的"预算成本"之间的绝对差异。这一指标剔除了物流项目成本(从预算成本到实际成本)变动的影响,独立地反映了由于物流项目"计划作业"和"实际完成作业"差异这一单个因素对于物流项目成本的影响(虽然指标名称是"物流项目进度差异",但是反映的是成本变化)。

3. 两个指数变量

1) 成本绩效指数

成本绩效指数(Cost Performance Index,CPI)的计算公式为

$$CPI = BCWP/ACWP \tag{7.5}$$

该指标的含义是物流项目"实际完成作业"的"预算成本"与物流项目"实际完成作业"的"实际成本"的相对数。这一指标以排除物流项目作业量变化的影响为基础,度量了物流项目成本控制工作的绩效情况,它是前面给出的"物流项目成本差异"指标的相对数形态。

2) 进度执行指数

进度执行指标数(schedule Performed index,SPI)又称计划完工指数(Schedule Completion Index,SCI),其计算公式为

$$SPI = BCWP/BCWS \tag{7.6}$$

该指标的含义是物流项目"实际完成作业"的"预算成本"与物流项目"计划作业"的"预算成本"的相对数。这一指标以排除物流项目成本变动因素的影响为基础,度量了物流项目进度变动对于物流项目成本的相对影响程度,它是前面给出的"物流项目进度差异"指标的相对数形态。

4. 两个预测指标

挣值分析法利用成本绩效指数和进度执行指数预测完成整个项目尚需多少时间,尚需多少成本。

1) 估计完工成本

估计完工成本(Estimate At Completion,EAC)是在当前执行情况的基础上,估计整个项目完工所需的总成本。EAC=BCWS/CPI,即预算成本与成本绩效指数的比值。例如,项目 P,EAC=25/1.25=20,即按当前执行情况,项目 P 只需 20 万元即可完工。

2) 估计完工时间

估计完工时间(Estimate Time to Complete,ETC)是在当前执行情况的基础上,估计整个项目完工所需的总时间。ETC=计划时间/SPI,即计划时间与进度绩效指数的比值。例如,项目 P,ETC=3/0.8=3.75,即按当前执行情况,项目 P 共需 3.75 周,方能完工。

5. 挣值分析法的评估结论

根据分析变量和预测指标,可得出挣值分析法对项目当前状态和未来状态的一个评估结论。反映当前成本状态的指标为 CV 和 CPI,当前进度状态的资本为 SV 和 SPI,反映项目未来状态的指标为 EAC 和 ETC。项目当前状况可能为下列 4 种情况之一。

(1) 成本未超支,进度未超时:CV≥0,CPI≥100%;SV≥0,SPI≥100%。
(2) 成本超支,进度未超时:CV<0,CPI<100%;SV≥0,SPI≥100%。
(3) 成本未超支,进度超时:CV≥0,CPI≥100%;SV<0,SPI<100%。
(4) 成本超支,进度超时:CV<0,CPI<100%;SV<0,SPI<100%。

综上所述,引进"挣值"这一中间变量就能够明确地区分由于物流项目工期管理不善和物流项目成本控制问题所造成的物流项目成本差异。这类信息对于指导物流项目工期管理和物流项目成本控制是非常重要的,它使得人们能够找到造成物流项目变动的具体原因,可以分别定量地去分析这些具体原因所造成后果的大小。另外,引入"挣值分析"还可以预测未来物流项目成本的发展变化趋势,这将为物流项目成本管理与控制指明方向。

【例 7-2】某物流项目的土方工程总挖方量为 4 000m^3。预算单价为 45 元/m^3。该挖方工程预算总费用为 180 000 元。计划用 10 天完成,每天 400m^3。

开工后第 7 天早晨刚上班时，业主项目管理人员前去测量，取得了两个数据：已完成挖方 2 000m³，支付给承包单位的工程进度款累计已达 120 000 元。

项目管理人员先计算已完工作预算费用，得 BCWP＝45×2 000＝90 000(元)。

接着，查看项目计划。计划表明，开工后第 6 天结束时，承包单位应得到的工程进度款累计额为 BCWS＝108 000 元。

进一步计算得

费用偏差：BCWP－ACWP＝90 000－120 000＝－30 000(元)，表明承包单位已经超支。

进度偏差：BCWP－BCWS＝90 000－108 000＝－18 000(元)，表明承包单位进度已经拖延，表示项目进度落后，较预算还有相当于价值 18 000 元的工作量没有做。18 000/(400×45)＝1(天)的工作量，所以承包单位的进度已经落后 1 天。

另外，还可以使用成本绩效指数 CPI 和进度执行指数 SPI 测量工作是否按照计划进行。

CPI＝BCWP/ACWP＝90 000/120 000＝0.75。

SPI＝BCWP/BCWS＝90 000/108 000＝0.83。

CPI 和 SPI 都小于 1，给该项目亮了黄牌。

本 章 小 结

物流项目成本管理是通过物流项目资源计划、物流项目成本估算、物流项目成本预算、物流项目成本控制等一系列工作来实现的，是物流项目管理的重要内容。

物流项目资源计划是以相关依据为基础采用一定方法编制的。

物流项目成本估算是在全面考虑相关因素的情况下，采用一定方法以得到相关文件和计划的一项物流项目成本管理工作。

物流项目成本预算工作是采用一定办法按照一定步骤对物流项目成本进行预算的活动。

物流项目成本控制是采用相关方法对物流项目成本进行控制的活动，其中挣值法是一种物流项目成本控制的常用方法。

习 题

一、名词解释

物流项目成本管理　　　物流项目资源计划　　　物流项目成本估算
物流项目成本预算　　　物流项目成本控制　　　挣值分析法

二、选择题

(1) 当采用自下而上估算法来估算项目成本时，下列表述正确的是(　　)。

　　A．下层人员会夸大自己负责活动的预算

　　B．自下而上估算法估算出来的成本通常在具体任务方面更为精确

　　C．高层管理人员会按照一定的比例削减下层人员所做的预算

　　D．自下而上估算法是一种参与管理型的估算方法

(2) 下列关于参数模型法的表述正确的是(　　)。
    A. 参数模型法考虑了所有对成本影响的因素
    B. 用来建模所参考的历史数据应该是很准确的
    C. 用来建模的参数容易进行定量化处理
    D. 模型对大型项目适用，经过略微调整后也对小型项目适用
(3) 大部分成本累计曲线呈(　　)形。
    A. S   B. L   C. T   D. Y
(4) 若已知 BCWS＝220 元，BCWP＝200 元，ACWP＝250 元，如果根据偏差分析，此项目的 SV 和项目状态是(　　)。
    A. 20 元，项目提前完成   B. －20 元，项目比计划滞后
    C. －30 元，项目提前完成   D. 800 元，项目按时完成
(5) 若已知 BCWS＝220 元，BCWP＝200 元，ACWP＝250 元，如果根据偏差分析，此项目的 CPI 和项目的成本绩效是(　　)。
    A. 0.2，实际成本与计划一致   B. 0.8，实际成本比计划成本低
    C. 0.8，实际成本超过计划成本   D. 1.2，实际成本比计划成本高
(6) 若已知 BCWS＝220 元，BCWP＝200 元，ACWP＝250 元，如果根据偏差分析，此项目的 CV 是(　　)。
    A. 30   B. 50   C. －30   D. －50
(7) 通过观察成本累计曲线，项目经理能够监控(　　)。
    A. EV   B. CV   C. PV   D. CPI
(8) 如果一个工作包原计划花费 1 500 元于今天完成，但是，到今天花费了 1 350 元却只完成了 2/3，则成本偏差是(　　)。
    A. 150 元   B. －350 元   C. －150 元   D. －500 元

三、简答题

(1) 你是如何理解物流项目成本管理的？
(2) 你认为物流项目成本管理与物流项目造价管理有没有区别？如有，则区别在哪里？
(3) 物流项目成本管理与物流项目时间(工期)管理是什么关系？为什么？
(4) 物流项目成本管理与物流项目集成管理是什么关系？
(5) 物流项目成本的估算和预算有什么区别？各自有什么用途？
(6) 物流项目成本预算有哪些主要作用？为什么会有这些作用？
(7) 物流项目成本控制有哪些主要的工作和做法？

案例分析

A 项目的成本管理

1. 工程概况

A 项目是×集团公司×施工处所属的一个物流园区建设项目。×集团公司具有工程施工总承包一级资质，是大型国有施工企业，其下属各施工处也具备工程施工总承包一级资质，资金、技术实力雄厚，尤其

是在公路工程项目成本管理方面更是在国内处于领先地位，得到了业内及外界人士的充分认可。

A项目作为物流园区基础设施的建设项目，主要是路基工程，全长2.5km，工程量总计1.2亿元，其中土方工程3 580万元。

2. 项目成本管理有关制度

1) 重视成本管理意识的培养

A项目成立之后，组建了精简高效的领导班子，但项目职工对成本管理的认识不尽相同，有深有浅。因此，项目领导很注重对各管理层的人员进行成本管理意识的培养，让成本管理的观念深入到每个职工的脑海里，并将其贯彻到具体的工作中去，同时培养职工具备先进的成本管理理念，即战略观、人本观、系统观、效益观和科技观，运用科学有效的成本管理方法。

2) 建立了完善的成本管理保障体系

(1) 建立完整高效的组织机构。

项目成立之后，即建立了以项目经理为核心的组织机构，形成了一个高效的组织管理系统，规范了各部门的工作并加强部门间的协作关系，使得成本管理能较好地实施。

(2) 明确各部门及各职员的职责分工。

① 公司项目成本管理领导小组：管理小组及项目成本管理体系，对项目最终经营结果进行评审、考核并实行奖惩。

② 工程管理部门：项目责任成本预测，提供施工组织设计，安排项目施工生产计划。

③ 合同预算报价部门：审核和签订分包合同，落实分包成本，编制施工图预算和工料分析；计算、分析、落实和审核项目责任成本和各期项目成本收入。

④ 人财部：管理和财务管理。

⑤ 主管工程师：负责施工项目组织设计，优化施工设计，协助编制用料计划。

3. 成本管理实施

在施工项目成本管理实施的过程中，A项目充分考虑了项目成本的各影响因素，制定出相应的对策和办法，将现代成本管理理念融入其中，同时，A项目还根据项目自身的特点，将目标成本法穿插使用，取得了良好的效果。

1) 目标成本的确定

A项目中标之后，施工企业根据施工组织设计和中标后预算以及企业的整体情况，下达了一个目标利润，即要求A项目实现利润的最低限。但是，A项目并未根据这个目标利润制定目标成本，而是在考虑了当前市场状况和项目综合实力的基础上，重新确定成本目标。

(1) 结合项目的实际状况和当前的市场价格，重新做出施工预算，确定施工项目的预算成本。

(2) 在综合考虑了项目整体施工进度和施工质量之后，对施工预算成本中各分项工程以及重要工序再次进行分析，找出能够降低成本的关键点，进行资源配置的合理优化，并根据其重新确定目标成本，如表7-6和表7-7所示。

表7-6　A项目目标成本　　　　　　　　　　　　　　　　　(单位：万元)

工程项目	工程量总计	企业下达10%的利润	企业成本目标	施工预算成本	项目目标成本
路基土方	3 583	358.3	3 224.7	2 973.9	2 809.2
总计	12 012	1 201.2	10 810.8	10 367.4	10 126.6

表7-7 预算成本与目标成本的比较 （单位：万元）

工程项目		预算费用	目标成本	目标成本比预算成本降低
路基工程	人工费	104.8	99.8	5
	材料费	1 873.7	1 797.2	76.5
	机械费	535.3	471.9	63.4
	其他费用	460.1	440.3	19.8
	小计	2 973.9	2 809.2	164.7

2）成本目标的分解

成本目标的分解必须是在对部门、岗位、班组及其作业进行综合分析的基础上进行的。

(1) 按各分项工程进行成本目标分解。整个工程项目是由各分项工程组成的，确定了项目的总体成本目标之后，要根据施工预算和施工组织设计，对各分项工程进行费用的归集，并在对各分项工程进行分析、剔除不必要作业的基础上，确定每个结构工程的成本目标，如表7-8所示。

表7-8 分项工程目标成本表 （单位：万元）

工程名称		人工费	材料费	机械费	其他成本	总目标成本	备 注
路基施工	清表	3.2		6.7	2.3	12.2	
	路基填筑	42.8	1 194.3	313.1	337.9	1 888.1	
	路基开挖	5.6		51.6	10.8	67.5	
	软基处理	48.2	602.9	100.5	89.8	841.4	
	小计	99.8	1 797.2	471.2	440.3	2 809.2	

(2) 按工程进度进行阶段成本目标分解。A项目的合同工期是18个月，在项目中标之后，必须尽快做好工程进度总体规划，排出进度计划。成本目标确定之后，就可以结合工程进度计划，将成本目标按照年、季、月进行分解。

3）成本目标的阶段控制与分析

目标成本的确定与分解是对公司成本管理的总体规划，而真正使目标成本指标在各层次和个人都具有约束力，并准确及时予以反馈及控制，就必须实现成本全过程的动态管理。下面以A项目基础工程为例进行分析，如表7-9所示。

表7-9 基础工程实际成本与目标成本对比 （单位：万元）

成本项目	目标成本	实际成本	实际降低额	实际成本降低	备 注
人工费	138.9	147.5	−8.6	−6.2%	
材料费	1 474.5	1 419.9	54.6	3.7%	
机械费	317.9	292.8	25.1	7.9%	
其他费用	205.8	211.3	5.5	−2.7%	
合计	2 137.1	2 071.5	65.6	3.06%	

基础工程施工成本分析：基础工程的实际成本比目标成本降低了65.6万元，达到3.06个百分点。在基础工程的施工中，人工费超过目标成本较多，主要是由于天气原因，影响了施工的进度。A项目为了保证基

础工程能按进度计划完成，不影响整体工程的进度；不得不加班赶工，工人加班费用上升，导致人工费成本超支。A 项目材料费的节约有两个原因：一方面是由于对材料实行了严格的控制，对材料采购、保管、发放以及仓储都有严格的制度；另一方面是 A 项目与供应商取得了长期合作的协议，在价格方面享受了很多优惠。机械费的节约主要是因为项目对机械的配置结构进行了优化，从配合使用的角度进行综合考虑，提高了机械的使用效率，降低了机械费用。其他费用的增加是由于赶工造成的，增加了管理费用。

另外，在成本管理的过程中，每月按费用进行成本归集，并将其与目标进行比较，分析原因，采取相应的改进措施。如上例，A 项目×月工程实际成本与目标成本相比较，总成本降低了，但就各分项成本来看，人工费、机械费以及间接费用均超过了目标成本，而材料费、其他直接费则略有降低。A 项目就每项成本的节超进行了分析，找出了原因，并针对找出的原因，采取了相应的措施，对成本项目及其因素进行综合分析，改进和完善，使其更具有可控性。

4）项目实际成本核算与分析

A 项目实际成本汇总如表 7-10 所示。可以看出，A 项目的总成本比预算成本降低了 320.9 万元，比目标成本降低了 80.1 万元。人工费比目标成本超支 23.2 万元，主要原因有以下两个：一方面是因为物价上涨引起的人工费单价差，在制定目标成本时，对物价上涨的影响考虑得不到位；另一方面是因为赶工期间，人工加班工资要比平时高，而且对一些临时用工控制得仍然不够严格。

表 7-10　A 项目实际成本汇总表　　　　　　　　　　（单位：万元）

成本目标	预算成本	目标成本	实际成本	实际与预算节(＋)超(－)	实际与目标节(＋)超(－)	备　注
人工费	607.6	575.4	598.6	9	－23.2	
材料费	6 893.5	6 846.3	6 755.9	147.6	90.4	
机械费	1 656.9	1 561.5	1 532.2	125.7	29.3	
其他费用	1 198.4	1 143.4	1 159.8	38.6	－16.4	
合计	10 367.4	10 126.6	10 046.5	320.9	80.1	

材料费比目标成本降低了 90.4 万元，主要原因是与主材料供应商达成长期合作的协议，使得材料的价格上涨幅度比计划要小得多；同时，A 项目对材料的管理也做得较好，避免了许多不必要的浪费，在很大程度上节约了材料费用；另外，A 项目还重视对新型材料的应用，在功能不变的情况下，用量相对减少，使得材料费用相应减少。机械费比目标成本降低了 29.3 万元，在燃油费上涨的条件下，机械费用仍然降低的原因，主要是项目部加强了对机械的管理，尤其是对机械配置结构的优化，提高了机械的利用率，降低了机械成本。其他费用比目标成本超支了 16.4 万元，主要是受到物价的影响，现场经费有所增加，同时项目部管理费用也有超支。在项目经理部全体管理人员的共同努力下，采取的成本管理方法和手段得到了有效的实施。A 项目发生的工程实际成本为 10 046.5 万元，比预算成本 10 367.4 万元降低了 320.9 万元，比项目目标成本 10 126.6 万元降低了 80.1 万元，实现了总体成本降低的目的。

在对 A 项目成本的分析过程中，可以看出分项工程是成本发生，也是成本分析的基本要素，对施工项目成本的管理也应以分项工程为基本单位，针对分项工程，也就是每一个基本工作，确定其实施过程的人工、材料、机械以及其他费用的消耗标准，制定成本目标。在实施过程中，随时跟踪，发现偏差，并及时纠正偏差。只有这样，才能保证项目成本管理目标的顺利实现。

鉴于以上论述，应从以下方面搞好成本控制：要建立一个完善的成本管理组织机构，建立以项目经理为主的成本控制体系；成本控制工作不仅要从技术上下工夫，更要建立以项目经理为主的统一领导机制；

作为项目经理,首先要全面了解、掌握各专业的工序,设计的要求;由专人统一指挥,解决各施工班组的协调工作,这样才有可能统筹各专业的施工班组,保证施工的每一个环节实施成本最低化且有序到位,以达到可能实现最低的目标成本的要求;制定和完善成本管理责任制,制定出一系列规章制度,使成本控制的责任落实到施工管理的每个角落和每一个人。

(资料来源:http://wenku.baidu.com/view/d52cd8bd1a37f111f1855b40.html。)

思考:

请分析 A 项目的成本管理工作。

第8章 物流项目招标投标与合同管理

【本章教学要点】

知识要点	掌握程度	相关知识	应用方向
物流项目招标	掌握	招标文件，标底	招标文件的编制、招标流程
物流项目投标	掌握	投标文件、投标价格	物流项目投标文件编制
物流项目合同	熟悉	合同的概念、构成要素、主要条款，物流项目合同的订立、变更、终止	物流项目合同管理

【关键词】

物流项目招标、物流项目投标、物流项目合同管理

导入案例

杭州某知名公司 2010 年运输招标公告

介绍：运输总金额约 1 000 万元人民币，以整车汽运为主，主要运量在华东发往全国各地，运输产品主要为铝制易拉罐。

1. 招标进程

(1) 即日起在网上公开发布招标意向(2010 年 5 月 14 日至 2011 年 5 月 13 日的运输招标)。

(2) 有意向者向公司采购部索取详细的投标资料。

(3) 标书收回截止期为 2010 年 6 月 3 日下午 17 时，过时未到者视为弃标。

(4) 在递交标书前必须完成缴纳投标保证金人民币 5 万元整。

(5) 开标后 5 个工作日内通知中标情况及签订运输合同。

(6) 签订运输合同日期起履行业务合作。

2. 投标过程要点

(1) 投标方需具有合法承运资质，3 年以上运输业务经验，注册资金 50 万元以上，上年运输营业额不低于 500 万元人民币(以前年度合作良好的老承运商可适当降低准入条件，但上年营业额最低不低于 100 万元人民币；新进承运商须满足准入条件)，承运商须提供相应依据，即营业执照、税务登记证、上一年度财务报表。

(2) 提交标书前必须缴纳 5 万元投标保证金。递交标书时同时附上保证金收据复印件。对于原来与我公司合作中的老承运商，则从已运行的应付运费中划出 5 万元作为本次投标保证金，不再另行缴纳。

3. 投标书要求

(1) 投标书包含报价书(报价表)、确认遵守招标说明书所规定的条款承诺(在招标说明书上签字盖章，承诺履行招标说明书上所有的条款)、投标保证金收据复印件。

(2) 报价表一式两份(请自行复印报价表)，盖投标单位公章(多页的必须有骑缝章)。

(3) 报价表套小信封内，其他资料与报价表小信封一起装入大信封，封口处盖投标单位公章。

4. 评标原则

(1) 依据每条线路的报价从低到高选择 5 名入围者。

(2) 对入围者资质和能力进行综合考评。

(3) 依据每条线路的报价从低到高对入围者进行排序，相同价格的以综合考评得分高者优先。

(4) 取各具体运输线路综合得分前 3 名的承运商入围，依据得分高低确定主、辅(备)承运商。

(5) 分线路运价表经整理、评审，作为运输合同附件。

5. 运费支付

(1) 完成运输作业后，承运商必须及时与本公司进行运输清单核对，投诉索赔确认，开具运输发票，以免耽误运费的正常支付。

(2) 运费经确认、开票请款后，按合同规定支付。详见标准合同(开具运输发票后 30 天支付银兑或 120 天支付现金)。

(资料来源：http://dx88.56888.net/showMsg/show_Bid_view.aspx?BidID=18321，有改动。)

思考：物流项目招标的概念是什么？招标有什么优点？其要点和主要过程是怎样的？

招标投标是一种有序的市场竞争交易方式，也是规范选择交易主体、订立交易合同的法律程序。我国招标投标制度既是改革开放的产物，又是规范社会主义市场竞争秩序的要求，为优化资源配置，提高经济效益，规范市场行为，构建防腐倡廉体系等方面发挥了重要作用，并随着招标投标法律体系的健全而逐步完善。

8.1 物流项目招标投标概述

经过近30年的发展，我国招标投标法律体系初步形成，招标投标市场不断扩大，进一步发挥了招标投标制度在促进和规范市场竞争，打破地区封锁和行业垄断，提高经济效益，确保物流项目质量，预防遏制腐败等方面的积极作用。

8.1.1 物流项目招标投标的概念

物流项目招标投标是一种有序的市场竞争交易方式，也是规范选择交易主体、订立交易合同的法律程序。招标人发出招标公告(邀请)和招标文件，公布采购标的物内容、标准要求和交易条件，满足条件的投标人按招标要求进行公平竞争，招标人依法组建的评标委员会按招标文件规定的评标方法和标准公正评审，择优确定中标人，公开交易结果并与中标人签订合同。

8.1.2 物流项目招标投标的特点

物流项目招标投标具有以下特性。

1. 竞争性

有序竞争，优胜劣汰，优化资源配置，提高社会和经济效益，这是社会主义市场经济的本质要求，也是招标投标的根本特性。

2. 程序性

招标投标活动必须遵循严密规范的法律程序。《中华人民共和国招标投标法》(以下简称《招标投标法》)及相关法律政策，对招标人从确定招标采购范围、招标方式、招标组织形式直至选择中标人并签订合同的招标投标全过程每一环节的时间、顺序都有严格、规范的规定，不能随意改变。任何违反法律程序的招标投标行为，都可能侵害其他当事人的权益，必须承担相应的法律后果。

3. 规范性

《招标投标法》及相关法律政策，对招标投标各个环节的工作条件、内容、范围、形式、标准以及参与主体的资格、行为和责任都做出了严格的规定。

4. 一次性

投标要约和中标承诺只有一次机会，且密封投标，双方不得在招标投标过程中就实质性内容进行协商谈判，讨价还价，这也是与询价采购、谈判采购以及拍卖竞价的主要区别。

5. 技术经济性

招标采购或出售标的都具有不同程度的技术性，包括标的使用功能和技术标准、建造、生产和服务过程的技术及管理要求等；招标投标的经济性则体现在中标价格是招标人预期投资目标和投标人竞争期望值的综合平衡。

8.2 物流项目招标

物流项目招标是指招标人在发包物流项目之前，公开招标或邀请投标人，根据招标人的意图和要求提出报价，择日当场开标，以便从中择优选定中标人的一种经济活动。从法律意义上讲，物流项目招标一般是业主就该物流项目发布通告，用法定方式吸引项目承包单位参加竞争，进而通过法定程序从中选择条件优越者来完成项目的法律行为。

8.2.1 物流项目招标的方式和方法

1. 物流项目招标方式

按照竞争开放程度，物流项目招标方式分为公开招标和邀请招标两种方式。招标项目应依据法律规定条件、项目的规模、技术、管理特点要求、投标人的选择空间以及实施的急迫程度等因素选择合适的招标方式。依法必须招标的物流项目一般应采用公开招标，如符合条件，确实需要采用邀请招标方式的，须经有关行政主管部门核准。

(1) 公开招标。公开招标属于非限制性竞争招标，是招标人以招标公告的方式邀请不特定的符合公开招标资格条件的法人或其他组织参加投标，按照法律程序和招标文件公开的评标方法、标准选择中标人的招标方式。这是一种充分体现招标信息公开性、招标程序规范性、投标竞争公平性，大大降低串标、抬标和其他不正当交易的可能性，最符合招标投标优胜劣汰和"三公"原则的招标方式，也是常用的采购方式。依法必须招标的物流项目采用公开招标应当按照《招标公告发布暂行办法》(国家发展计划委员会令[2000]第4号)及其他有关规定指定的媒体发布资格预审公告或招标公告。

(2) 邀请招标。邀请招标属于有限竞争性招标，又称选择性招标。招标人向已经基本了解或通过征询意向的潜在投标人，经过资格审查后，以投标邀请书的方式直接邀请符合资格条件的特定的法人或其他组织参加投标，按照法律程序和招标文件规定的评标方法、标准选择中标人的招标方式。邀请招标不必发布招标公告或招标资格预审文件，但应该组织必要的资格审查，且投标人不应少于3个。由于邀请招标选择投标人的范围和投标人竞争的空间有限，可能会丢失理想的中标人，达不到预期的竞争效果及其中标价格。邀请招标用于因涉及国家安全、国家秘密、商业机密、时间紧迫、受自然地域环境限制只有少量几家潜在投标人可供选择等条件限制而无法公开招标的项目，或者受项目技术复杂和特殊要求限制，且事先已经明确知道只有少数特定的潜在投标人可以响应投标的项目，或者招标项目较小，采用公开招标方式的招标费用占招标项目价值比例过大的项目。

按照标的物来源地划分，可以将招标划分为国内招标，包括国内公开招标、国内邀请招标；国际招标，包括国际公开招标、国际邀请招标。其中，使用国际组织或者外国政府贷款、援助资金的项目进行招标，贷款方、出资方对招标投标的具体条件和程序有不同规定的，可以使用其规定，但违背中华人民共和国的社会公共利益的除外。国际公开招标须通过面向国内外的公开媒介和网络发布招标公告，招标投标程序严谨、时间相对较长，适用于规模大、价值高、技术和管理比较复杂，国内难于达到要求或国际金融组织规定，需要在全球范围内选择合适的投标人，或需要引进先进的工艺、技术的项目招标。国际招标文件的编制应遵循国际贸易准则、惯例。

2. 物流项目招标方法

实践中除了传统常用的招标方法、手段外，已经摸索和总结了一些适应不同招标项目特点需要的有效招标操作方法，举例如下。

(1) 两阶段招标。对于一些技术方案或技术要求不确定或一些技术标准、规格要求难以描述确定的物流招标项目，可以将这类项目招标分为两个阶段进行：第一阶段招标，从投标方案中优选技术设计方案，统一技术标准、规格和要求；第二阶段按照统一确定的设计方案或技术标准，组织项目最终招标和投标报价。

(2) 框架协议招标。它主要适合于重复使用规格、型号、技术标准与要求相同的货物或服务，特别适合于一个招标人下属多个实施主体采用集中统一招标的物流项目。招标人通过招标对货物或服务形成统一采购框架协议，一般只约定采购单价，而不约定标的数量和总价，各采购实施主体按照采购框架协议分别与中标人分批签订和履行采购合同协议。

(3) 电子招标。它是以计算机网络技术为载体的现代化、无纸化招标手段。电子招标与纸质招标相比，将极大提高招标投标效率，符合节能减排要求，降低招标投标费用，有效贯彻"三公"原则，有利于突破传统的招标投标组织实施和管理模式，促进招标投标监督方式的改革完善，规范招标投标秩序，预防和治理腐败交易现象。

8.2.2 物流项目招标的基本程序

物流项目公开招标的基本程序如图 8.1 所示。

1. 招标准备

招标准备工作包括招标人的资格能力要求、制订招标工作计划、确定招标组织形式、落实招标的基本条件、编制招标方案和资格审查。这些准备工作应该相互协调，有序实施。

1) 招标人的资格能力要求

招标人是提出招标项目，发出招标要约邀请的法人或其他组织，应当具备以下条件。

(1) 招标人是依法成立，有必要的财产或者经费，有自己的名称、组织机构和场所，具有民事权利能力和民事行为能力，依法独立享有民事权利和承担民事义务的经济和社会组织，包括企业、事业、政府机关和社会团体法人；招标人也可以是依法成立，但不具备法人资格，能以自己的名义参与民事活动的经济和社会组织，如个人独资企业、合伙企业、合伙型联营企业、法人的分支机构、不满足法人资格条件的中外合作经营企业、法人依法设立的临时管理机构等。

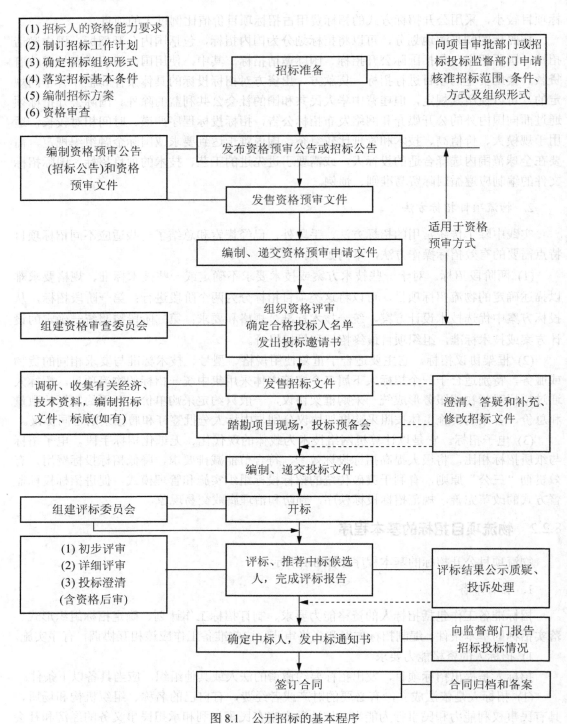

图 8.1 公开招标的基本程序

(2) 招标人的民事权利能力范围受其组织性质、成立目的、任务和法律法规的约束，由此构成了招标人享有民事权利的资格和承担民事义务的责任。

① 招标人应根据招标采购需求目标、特点，依法选择招标组织形式和招标方式，并按照法律法规规定的条件、程序、方法和标准组织实施招标，择优选择采购标的及其中标人。

② 招标人应自觉遵守有关法律法规和政策，依法维护和规范招标投标市场秩序，维护国家、社会公共利益和自身合法权益，不侵犯相关主体的合法权益，坚持公开、公平、公正和诚实信用的原则。

③ 招标人应依法抵制、反映和协助调查招标、投标、代理、评标、签约活动中的虚假、违规和违法行为，并自觉接受政府和社会的依法监督。

(3) 招标人应满足《招标投标法》第十二条规定，具有编制招标文件和组织评标能力，通过向行政监督部门备案，可以自行办理招标事宜，否则应当委托满足相应资格条件的招标代理机构组织招标。

2) 制订招标工作计划

根据采购需要或项目实施进度要求制订物流项目招标采购计划，明确招标采购内容、范围和时间。

3) 确定招标组织形式

(1) 自行组织招标。自行组织招标虽然便于协调管理，但往往容易受招标人认识水平和法律、技术专业水平的限制而影响和制约招标采购的"三公"原则和规范性、竞争性。因此招标人如不具备自行组织招标的能力条件，应当选择委托代理招标的组织形式。招标代理机构经过行政监督部门认定，相对招标人具有更专业的招标资格能力和业绩经验，并且相对独立、超脱。因此即使招标人具有自行组织招标的能力条件，也可优先考虑选择委托代理招标。

(2) 委托代理招标。招标人应该根据招标项目的行业和专业类型、规模标准，选择具有相应资格的招标代理机构，委托其代理招标采购业务。招标代理机构是依法成立，具有相应招标代理资格条件，且不得与政府机关及其他管理部门存在任何经济利益关系，按照招标人委托代理的范围、权限和要求，依法提供招标代理的相关咨询服务，并收取相应服务费用的专业化、社会化中介组织，属于企业法人。

4) 落实招标的基本条件

为了维护招标投标市场秩序，保护招标投标当事人的合法权益，提高招标投标的成效，根据有关规定，物流项目组织实施招标必须具备必要的基本条件。

(1) 物流项目招标人应当符合相应的资格条件。

(2) 根据物流项目本身的性质、特点，应当满足物流项目招标和组织实施必需的资金、技术条件、管理机构和力量、项目实施计划和法律法规规定的其他条件。

(3) 物流项目招标的内容、范围、条件、招标方式和组织形式已经由有关项目审批部门或招标投标监督部门核准，并完成法律、法规、规章规定的项目规划、审批、核准或备案等实施程序。

5) 编制招标方案

招标方案是以招标项目的技术经济、管理特点、条件和功能、质量、价格、进度需求为基础，依据有关法律政策、技术标准规范编制的招标项目的实施目标、方式、计划和措施。为了有序、有效地组织实施招标采购工作，招标人应根据招标项目的特点和自身需求，依据有关规定编制招标方案，确定招标范围、招标组织形式、招标方式、标段划分、合同类型，投标人资格条件，安排招标工作目标、顺序和计划，分解招标工作任务，落实需要的资源、技术与管理条件。其中，依法必须招标的物流项目的招标范围、招标方式与招标组织形式应报物流项目审批部门核准或招标投标监督部门备案。

6) 资格审查

为了保证潜在投标人能够公平地获取投标竞争的机会,确保投标人满足招标项目的资格条件,同时避免招标人和投标人不必要的资源浪费,招标人应当对投标人资格组织审查。资格审查是指招标人对潜在投标人的经营范围、专业资质、财务状况、技术能力、管理能力、业绩、信誉等方面评估审查,以判定其是否具有投标、订立和履行合同的资格及能力。资格审查既是招标人的权利,又是大多数招标项目的必要程序,它对于保障招标人和投标人的利益具有重要作用。资格审查分为资格预审和资格后审两种。

(1) 资格预审。资格预审是招标人通过发布招标资格预审公告,向不特定的潜在投标人发出投标邀请,并组织招标资格审查委员会按照招标资格预审公告和资格预审文件确定的资格预审条件、标准和方法,对投标申请人的经营资格、专业资质、财务状况、类似物流项目业绩、履约信誉、企业认证体系等条件进行评审,确定合格的潜在投标人。资格预审的办法包括合格制和有限数量制,一般情况下应采用合格制,潜在投标人过多时,可采用有限数量制。

资格预审包括以下程序。

① 编写资格预审文件和公告,确定资格审查方法、审查因素和标准。

② 在规定媒体发布资格预审公告。

③ 按照资格预审公告规定的时间、地点发售资格预审文件。

④ 投标申请人按资格预审文件要求的内容、格式、时间编制和递交资格预审申请文件。

⑤ 组建资格审查委员会。资格审查委员会的组成、专家资格及专家产生方式可参照《招标投标法》第三十七条有关评标委员会的规定。

⑥ 资格审查委员会依据资格预审文件规定的审查方法、审查因素和标准,审查投标申请人的投标资格,确定通过资格预审的申请人名单,向招标人提交书面资格审查报告。

⑦ 招标人在规定的时间内以书面形式将资格预审结果通知申请人,并向通过资格预审的申请人发出投标邀请书。

(2) 资格后审。资格后审是指开标后由评标委员会对投标人资格进行审查的方法。采用资格后审办法的,按规定要求发布招标公告,并根据招标文件中规定的资格审查方法、因素和标准,在评标时审查投标人的资格。

(3) 资格审查的评审程序。资格预审的评审工作包括组建资格审查委员会、初步审查、详细审查、澄清、评审、编写评审报告和通过评审的申请人名单确定程序。

① 组建资格审查委员会。招标人组建资格审查委员会负责招标资格审查。政府投资项目招标,其资格审查委员会的构成和产生应参照评标委员会规定。其中,招标人的代表应具有完成相应项目资格审查的业务素质和能力,人数不能超过资格审查委员会成员的1/3;有关技术、经济等方面的专家应当从事相关领域工作满8年并具有高级职称或者同等专业水平,不得少于成员总数的2/3,与招标资格申请人有利害关系的人不得进入相关项目的审查委员会,已经进入的应当更换。

审查委员会设负责人的,审查委员会负责人由审查委员会成员推举产生或者由招标人确定。审查委员会负责人与审查委员会的其他成员有同等的表决权。审查委员会成员的名单在审查结果确定前应当保密。

② 初步审查。初步审查的因素主要有投标资格申请人名称、申请函签字盖章、申请文件格式、联合体申请人等内容。

审查标准是检查申请人名称与营业执照、资质证书、安全生产许可证是否一致；资格预审申请文件是否经法定代表人或其委托代理人签字或加盖单位印章；申请文件是否按照资格预审文件中规定的内容格式编写；联合体申请人是否提交联合体协议书，并明确联合体责任分工等。上述因素只要有一项不合格，就不能通过初步审查。

③ 详细审查。详细审查是审查委员会通过初步审查的申请人的资格预审申请文件进行审查。常见的审查因素和标准如下。

a．营业执照。营业执照的营业范围是否与招标项目一致，执证期限是否有效。

b．企业资质等级和生产许可。企业资质的专业范围和等级是否满足资格条件要求；货物生产企业是否具有相应的生产许可证、国家强制认证等证明文件。

c．安全生产许可证和质量管理体系认证书。安全生产许可范围是否与招标项目一致，执证期限是否有效；质量认证范围是否与招标项目一致，执证期限是否有效。

d．职业健康安全管理体系认证书。认证范围是否与招标项目一致，执证期限是否有效。

e．环境管理体系认证书。认证范围是否与招标项目一致，执证期限在招标期间是否有效。

f．财务状况。审查经会计师事务所或审计机构审计的近年财务报表，包括资产负债表、现金流量表、损益表和财务情况说明书以及银行授信额度。核实投标资格申请人的资产规模、营业收入、净资产收益及盈利能力、资产负债率及偿债能力、流动资金比率、速动比率等抵御财务风险的能力是否达到资格审查的标准要求。

g．类似物流项目业绩。投标资格申请人提供近年完成的类似物流项目情况(附中标通知书和合同协议书或物流项目验收证明文件)，以及正在实施和新承接的物流项目情况(随附中标通知书和合同协议书)。根据投标资格申请人完成类似物流项目业绩的数量、质量、规模、运行情况，评审其已有类似物流项目的实施经验的程度。

h．信誉。根据投标资格申请人近年来发生的诉讼或仲裁情况、质量和安全事故、合同履约情况，以及银行资信，判断其是否满足资格预审文件规定的条件要求。

i．物流项目经理和技术负责人的资格。审核物流项目经理和其他技术管理人员的履历、任职、类似业绩、技术职称、职业资格等证明材料，评定其是否符合资格预审文件规定的资格、能力要求。

j．联合体申请人。审核联合体协议中联合体牵头人与其他成员的责任分工是否明确；联合体的资质等级、法人治理结构是否符合要求；联合体各方有无单独或参加其他联合体对同一标段的投标。

k．其他。审核资格预审申请文件是否满足资格预审文件规定的其他要求，特别注意是否存在投标人的限制情形。

④ 澄清。在审查过程中，审查委员会可以书面方式，要求申请人对所提交的资格预审申请文件中不明确的内容进行必要的澄清或说明。申请人的澄清或说明采用书面形式，并不得改变资格预审申请文件的实质性内容。申请人的澄清和说明内容属于资格预审申请文件的组成部分。招标人和审查委员会不接受申请人主动提出的澄清或说明。

⑤ 评审。

a．合格制。满足详细审查标准的申请人，则通过资格审查，获得购买招标文件及投标资格。

b．有限数量制。通过详细审查的申请人不少于3个且没有超过资格预审申请文件规定

物流项目管理

数量的，均通过资格预审，不再进行评分；通过详细审查的申请人数量超过资格预审申请文件规定数量的，审查委员会可以按综合评估法进行评审，并依据规定的评分标准进行评分，按得分由高到低的顺序进行排序，选择申请文件规定数量的申请人通过资格预审。

⑥ 审查报告。审查委员会按照上述规定的程序对资格预审申请文件完成审查后，确定通过资格预审的申请人名单，并向招标人提交书面审查报告。

通过详细审查申请人的数量不足 3 个的，招标人重新组织资格预审或不再组织资格预审而采用资格后审方式直接招标。

⑦ 通过评审的申请人名单确定。通过评审的申请人名单，一般由招标人根据审查报告和资格预审文件规定确定。其后，由招标人或代理机构向通过评审的申请人发出投标邀请书，邀请其购买投标文件和参与投标；同时也向未通过评审的申请人发出未通过评审的通知。

资格后审一般在评标过程中的初步评审阶段进行。采用资格后审的，对投标人资格要求的审查内容、评审方法和标准与资格预审基本相同，评审工作由招标人依法组建的评标委员会负责。

2. 编制发售招标文件

招标文件是招标人向潜在投标人发出的要约邀请文件，是告知投标人招标项目内容、范围、数量与招标要求、投标资格要求、招标投标程序规则、投标文件编制与递交要求、评标标准与方法、合同条款与技术标准等招标投标活动主体必须掌握的信息和遵守的依据，对招标投标各方均具有法律约束力。招标文件的有些内容只是为了说明招标投标的程序要求，将来并不构成合同文件，如投标人须知；有些内容则构成合同文件，如合同条款、设计图纸、技术标准与要求等。

招标书的编制对于招标能否成功至关重要。一般情况下，招标书主要涉及企业自身情况和产品生产现状，以及对物流服务各个环节的要求，如货物运输、仓储控制、配送时效等，有的还可能涉及产品包装和流通加工等环节。大体上说，编制物流项目招标书一般应包括以下几个部分。

(1) 招标邀请书、投标人须知。
(2) 招标方的企业介绍和发展历程。
(3) 招标方具体的物流服务需求，越详细越好。
(4) 物流服务的详细操作要求、操作流程等。
(5) 物流服务费用的构成。
(6) 对投标书的要求和招标组织情况。
(7) 物流服务招标范围和不在招标范围的说明。
(8) 计划的招标程序和时间安排。

3. 投标预备会

投标预备会是招标人为了澄清、解答潜在投标人在阅读招标文件和现场踏勘后提出的疑问，按照招标文件规定时间组织的投标预备会议。但所有的澄清、解答均应当以书面方式发给所有购买招标文件的潜在投标人，并属于招标文件的组成部分。招标人同时可以利用投标预备会对招标文件中有关重点、难点内容主动做出说明。

4. 编制、递交投标文件

(1) 潜在投标人应严格依据招标文件要求的格式和内容，编制、签署、装订、密封、标示投标文件，按照规定的时间、地点、方式递交投标文件，并提供相应方式和金额的投标保证金。

(2) 投标人在提交投标截止时间之前，可以撤回、补充或者修改已提交的投标文件。

5. 组建评标委员会

评标委员会应当在开标前依法组建。评标委员会由招标人及其招标代理机构熟悉相关业务的代表和不少于成员总数 2/3 的技术、经济等专家组成，成员人数为 5 人以上单数。

依法必须招标的一般物流项目的评标专家，可从依法组建的评标专家库中随机抽取；特殊招标物流项目可以由招标人从评标专家库中直接确定。

6. 开标

招标人及其招标代理机构应按招标文件规定的时间、地点主持开标，邀请所有投标人派代表参加，并通知监督部门。投标人应按招标文件要求参加开标会议，投标人不参加开标，并不影响投标文件的有效性，但事后不得对开标结果提出异议。开标一般有以下步骤。

(1) 宣布开标人、唱标人、记录人、监标人等有关人员，并宣布开标纪律。

(2) 招标人根据招标文件的约定在开标前依次验证投标人代表的被授权身份。

(3) 投标人代表检查确认投标文件的密封情况，也可以由招标人委托的公证机构检查确认并公证。

(4) 公布投标截止时间前递交投标文件的投标人、投标标段、递交时间，并按招标文件规定，宣布开标程序，公布标底。

(5) 开标人依开标程序，当众拆封投标文件，并由唱标人公布投标人名称、投标标段、投标保证金的递交情况、投标总报价等主要内容，投标人代表确认开标结果。

(6) 投标人代表、招标人代表、唱标、监标和记录等有关人员在开标记录上签字确认。

7. 评标

评标由招标人依法组建的评标委员会负责。

评标专家应符合《招标投标法》、《评标委员会和评标方法暂行规定》(国家计委〔2001〕第 12 号令)和《评标专家和评标专家库管理暂行办法》(国家计委〔2003〕第 29 号令)规定的条件。

(1) 从事相关专业领域工作满 8 年并具有高级职称或同等专业水平。

(2) 熟悉有关招标投标的法律法规，并具有与招标项目相关的实践经验。

(3) 能够认真、公正、诚实、廉洁地履行职责。

(4) 身体健康，能够承担评标工作。

评标委员会应当充分熟悉、掌握招标项目的主要特点和需求，认真阅读、研究招标文件及其评标方法、评标因素和标准、主要合同条款、技术规范等，并按照以下步骤进行评标。

1) 初步评审

初步评审是评标委员会按照招标文件确定的评标标准和方法，对投标文件进行形式、资格、响应性评审，以判断投标文件是否存在重大偏离或保留，是否实质上响应了招标文件的要求。经评审认定投标文件没有重大偏离，实质上响应招标文件要求的，才能进入详细评审。

(1) 初步评审内容。投标文件的初步评审内容包括形式评审、资格评审、响应性评审。物流项目招标采用经评审的最低投标价法时，还应对物流项目实施计划和物流项目管理机构的合格响应性进行初步评审。

① 形式评审。

a. 投标文件格式、内容组成(如投标函、法定代表人身份证明、授权委托书等)是否按照招标文件规定的格式和内容填写，字迹是否清晰可辨。

b. 投标文件提交的各种证件或证明材料是否齐全、有效和一致，包括营业执照、资质证书、相关许可证、相关人员证书、各种业绩证明材料等。

c. 投标人的名称、经营范围等与投标文件中的营业执照、资质证书、相关许可证是否一致有效。

d. 投标文件法定代表人身份证明或法定代表人的代理人是否有效，投标文件的签字、盖章是否符合招标文件规定，如有授权委托书，则授权委托书的内容和形式是否符合招标文件的规定。

e. 如有联合体投标，应审查联合体投标文件的内容是否符合招标文件的规定，包括联合体协议书、牵头人、联合体成员数量等。

f. 投标报价是否唯一。一份投标文件只能有一个投标报价，在招标文件没有规定的情况下，不得提交选择性报价，如果提交了调价函，则应审查调价函是否符合招标文件规定。

② 资格评审。它适用于未进行资格预审程序的评标。

③ 响应性评审。

a. 投标内容范围是否符合招标范围和内容，有无实质性偏差。

b. 物流项目完成期限(工期、服务期、供货时间)。投标文件载明的完成物流项目的时间是否符合招标文件规定的时间，并应提供响应时间要求的进度计划安排的图表等。

c. 物流项目质量要求。投标文件是否符合招标文件提出的质量目标、标准要求。

d. 投标有效期。投标文件是否承诺招标文件规定的有效期。

e. 投标保证金。投标人是否按照招标文件规定的时间、地点、方式、金额及有效期递交投标保证金或银行保函。

f. 投标报价。投标人是否按照招标文件规定的内容范围及清单数量进行报价，是否存在算术错误，并需要按规定修正。招标文件设有招标控制价的，投标报价不能超过招标控制价。

g. 合同权利和义务。投标文件中是否完全接受并遵守招标文件合同条件约定的权利、义务，是否对招标文件合同条款有重大保留、偏离和不响应内容。

h. 技术标准和要求。投标文件的技术标准是否响应招标文件要求。

④ 物流项目实施计划和物流项目管理机构评审。采用经评审的最低投标价法时，投标文件的物流项目实施计划和物流项目管理机构的各项要素是否响应招标文件要求。

(2) 废标的一般情形。有下列情形之一，经评标委员会评审认定后作废标处理。

① 投标文件无单位盖章且无法定代表人或其授权代理人签字或盖章的，或者虽有代理人签字但无法定代表人出具授权委托书的。

② 联合体投标未附联合体各方共同投标协议书的。

③ 没有按照招标文件要求提交投标保证金的。
④ 投标函未按照招标文件规定的格式填写，内容不全或关键字迹模糊无法辨认的。
⑤ 投标人不符合国家或招标文件规定的资格条件的。
⑥ 投标人名称或组织结构与资格预审审查时不一致且未提供有效证明的。
⑦ 投标人提交两份或多份内容不同的投标文件，或在同一投标文件中对同一招标项目有两个或多个报价，且未声明哪一个为最终报价的，但按招标文件要求提交备选投标的除外。
⑧ 串通投标、以行贿手段谋取中标、以他人名义或者其他弄虚作假方式投标的。
⑨ 报价明显低于其他投标报价或者在设有标底时明显低于标底，且投标人不能合理说明或提供相关证明材料，评标委员会认定该投标人以低于成本报价竞标的。
⑩ 无正当理由不按照要求对投标文件进行澄清、说明或补正的。
⑪ 不符合招标文件提出其他商务、技术的实质性要求和条件的。
⑫ 招标文件明确规定可以废标的其他情形。

(3) 投标报价的算术性错误修正。投标报价有算数错误的，评标委员会一般按以下原则对投标报价进行修正，修正的价格经投标人书面确认后具有约束力。投标人不接受修正价格的，其投标作为废标处理。

算术性错误修正方法：投标文件中的大写金额与小写金额不一致时，以大写金额为准；总价金额与依据单价计算出的结果不一致时，以单价金额为准修正总价，但单价金额小数点有明显错误的除外。

目前，投标报价算术性修正的原则并没有形成统一的认识。实践中的一般做法是在投标总报价不变的前提下，修正投标报价单价和费用构成。

2) 详细评审

详细评审是评标委员会根据招标文件确定的评标方法、因素和标准，对通过初步评审投标文件做进一步的评审、比较。

采用经评审的最低投标价法，评标委员会应当根据招标文件中规定的评标价格计算因素和方法，计算所有投标人的评标价，招标文件中没有明确规定的因素不得计入评标价。

采用综合评估法，评标委员会可使用打分方法或者其他方法，衡量投标文件最大限度地满足招标文件规定的各项评价标准的响应程度。需评价量化的因素及其标准、权重应当在招标文件的评标方法中明确规定，并应当将评标量化因素、标准建立在同一基础上，使各投标文件具有可比性。

按照招标文件约定的评标方法、因素和标准对初步评审合格的投标文件进行技术、经济、商务的进一步分析、对比和评价。

3) 澄清、说明和补正

评标委员会在评审投标文件过程中，遇到投标文件中不明确或存在细微偏差的内容时，要求投标人做出书面澄清、说明或补正，但投标人不得借此改变投标文件的实质性内容。投标人不得主动提出澄清、说明或补正的要求。

若评标委员会发现投标人的投标价或主要内容报价明显低于同标段其他投标人报价或者在设有参考标底时明显低于参考标底价时，应要求投标人做出书面说明并提供相关证明材料。如果投标人不能提供相关证明材料证明该报价能够按招标文件规定的质量标准和工期完成招标项目，评标委员会应当认定该投标人以低于成本价竞标，作废标处理。

如果投标人提供了证明材料，评标委员会也没有充分的证据证明投标人低于成本价竞标，评标委员会应当接受该投标人的投标报价。

4) 评标报告

评标委员会完成评标后，应当向招标人提出书面评标报告，并抄送给有关行政监督部门。评标报告应如实记载以下内容。

① 基本情况和数据表。
② 评标委员会成员名单。
③ 开标记录。
④ 符合要求的投标人一览表。
⑤ 废标情况说明。
⑥ 评标标准、评标方法或者评标因素一览表。
⑦ 经评审的价格或者评分比较一览表。
⑧ 经评审的投标人排序。
⑨ 推荐的中标候选人名单与签订合同前要处理的事宜。
⑩ 澄清、说明、补正事项纪要。

评标报告由评标委员会全体成员签字。对评标结论持有异议的评标委员会委员可以书面方式阐述其不同意见和理由。评标委员会成员拒绝在评标报告上签字且不陈述其不同意见和理由的，视为同意评标结论。

评标委员会推荐的中标候选人应当限定在1~3名，并标明排列顺序。

8. 中标

(1) 公示。依法必须招标的物流项目，招标人应按有关规定在招标投标监督部门指定的媒体或场所公示推荐的中标候选人。投标人在公示期内如果对招标投标活动、评标结果有异议或发现违法、违规行为，可以向招标人反映或向招标投标监督部门投诉、举报，要求调查处理。

(2) 定标。招标人按照评标委员会推荐的中标候选人以及公示结果，根据法律法规和招标文件规定的定标原则确定中标人。

(3) 提交招标投标情况书面报告。招标人在确定中标人的15日内应该按有关规定将物流项目招标投标情况书面报告提交招标投标行政监督部门。

(4) 发中标通知书。招标人确定中标人(或依据有关规定经核准、备案)后，向中标人发出中标通知书，同时，将中标结果通知所有未中标的投标人。

9. 签订合同

招标人与中标人应当自发出中标通知书之日起30日内，依据中标通知书、招标投标文件中的合同构成文件签订合同协议书，一般经过以下步骤。

(1) 中标人按招标文件要求向招标人提交履约保证金。
(2) 双方签订合同协议书，并按照法律法规的规定向有关行政监督部门备案、核准或登记。
(3) 招标人退还投标保证金，投标人退还招标文件约定的设计图纸等资料。

8.3 物流项目投标

8.3.1 物流项目投标活动的特点

(1) 投标人之间的竞争比较直接。招标方在一定的期限内接受各种投标人提出的各种服务方案和报价，并进行比较，势必使投标人之间面临相对直接的竞争。

(2) 投标人之间的竞争比综合优势。投标人要想被招标方选中，不仅要在物流技术、物流服务方案上具有竞争力，还要在企业资信、应付突发事件等方面具备优势。这样，投标人之间的竞争就体现出高度综合的竞争特点。

(3) 投标人之间形成价格博弈之势。在招标投标过程中，招标方处于主动地位，其目的是以较低的成本获得需求的物流服务。投标人若想在此过程中胜出，除了提供满意的物流服务外，必须充分考虑好定价策略。

8.3.2 物流项目投标的准备工作

物流企业在达成投标意向后，随即着手投标的准备工作，主要包括以下步骤。

(1) 组织物流项目投标小组。抽调有物流服务经验、有物流方案策划和设计能力的人员组成技术完备的投标小组，并给予充分的人力、财力、物力、时间的方便，集全体员工智慧做好投标工作。

(2) 收集招标企业的资料，深入了解招标企业的状况，包括成长经历、产品类型和特点、市场状况，掌握招标企业的组织结构和未来企业的发展态势。

(3) 认真研究招标文件，分析招标内容，提出招标文件中的质疑问题，并做好询标工作。分解招标内容，组成解决各个有关内容的工作小组，编制投标文件，确定物流项目实施的资源、人力以及费用等，进行投资效益分析、可行性研究等。

(4) 严格按照招标书的时间要求，确定投标活动的时间表，并制订投标工作计划。

8.3.3 物流项目投标的实施步骤

实施投标工作主要包括以下关键步骤。

(1) 在投标小组的领导和计划下，有步骤、有节奏地按照招标书的要求，参与投标活动。投标小组可召开各种会议，明确目标，做好内部分工，制订详细投标的工作计划。

(2) 仔细分析、研究招标书内容。对招标书中不清楚、不明白或有问题的地方，做认真记录。然后有计划地与招标方进行讨论，讨论结果由招标方确认，作为招标过程的支持文件。

(3) 精心编写投标书。投标文件是投标活动中最核心、最关键的文件，投标书不但是一个完整的物流服务方案，而且是投标方能否中标的依据。

(4) 将投标书精心装订成册，在指定时间内送到招标方手中。

(5) 精心准备投标答辩。就招标方可能提出的问题做好回答准备。在答辩会上，进一步展示投标方的合理化建议，以及提高服务质量、降低物流服务成本的措施。

8.3.4 物流项目投标书

物流项目投标书主要由以下部分组成。

(1) 总则。表示愿意投标，以本企业拥有的物流资源提供招标方所需的物流服务，以及与招标方共同发展的愿望。

(2) 本物流企业介绍。对本物流企业发展历程、企业的实力，尤其是取得的物流服务的历史业绩向招标方做说明。

(3) 提出本企业物流服务的优势。例如，具有经验丰富的物流运作团队，能为客户高质量地完成各项物流服务；具有先进的IT技术和物流信息网络技术，高效而实用的物流运作平台，具有足够的物流服务资源，先进的仓储设施和强大的运输网络等。

(4) 提出物流服务措施。针对招标方的物流需求，提出实施物流服务的具体办法。

(5) 根据提供物流服务的种类和数量，结合市场实际，对提供的物流服务给出报价。

8.4 物流项目合同管理

8.4.1 物流项目合同管理概述

1. 物流项目合同管理的含义

物流项目合同是指物流项目业主或代理人与物流项目承包人或供应人(多为第三方物流企业)之间，为完成某确定的物流项目目标或规定的内容，明确相互的权利义务关系而达成的协议、子协议。合同也可以被称为协议、分包合同、采购订单或谅解备忘录，是一种受法院矫正约束的法律关系。正是这种法律效力，维系着当事人之间的权利和义务关系，并促使当事人全面地履行合同条款。

合同的签订需要一定的程序，多数物流企业有成文的政策和程序指定能够签订这种协议的组织代表。合同的法律约束性质通常意味着合同需要严格、广泛的审批过程，其审批过程的重点在于要保证合同语言文字说明了能够满足特定需求的物流产品或服务。

2. 物流项目合同的构成要素

(1) 权利与义务。物流项目合同必须建立在一个双方均可接受的基础之上，对签约双方产生一种权利和义务关系，并受国家法律的保护。任何一方不履行或者不完全履行合同，都要承担经济或者法律上的责任。

(2) 报酬原则。物流项目合同要有一个统一的计算和支付价金报酬的方式。

(3) 合同规章。只有当物流供应商依据合同规章进行工作时，它们才会受到合同的约束，并享受合同的保护。

(4) 合法性。合同中必须有一个合法的目的或标的物，它不应当是被法律禁止的。

合同管理是保证承包商的实际工作满足合同要求的过程。在有多个承包商的大项目中，合同管理的一个重要方面就是管理各种承包商之间的关系。合同关系的法律性质要求项目管理班子必须十分清醒地意识到管理合同时所采取的各种行动的法律后果。

合同管理包括在处理合同关系时使用适当的项目管理过程，并把这些过程的结果综合到该项目的总体管理中。

3. 物流项目合同终止和变更

物流项目合同签订后是不允许随意终止的。当事人双方依照物流项目合同的规定，履行其全部义务后，合同即行终止。合同签订以后，因一方的法律事实的出现而终止合同关系，为合同的终止，根据我国的现行法律和有关司法实践，合同的法律关系可由下列原因而终止。

(1) 合同因履行而终止。合同的履行，就意味着合同规定的义务已经完成，权利已经实现，因而合同的法律关系自行消灭。所以履行是实现合同、终止合同的法律关系的最基本方式，也是合同终止的最通常原因。

(2) 当事人双方混同为一个而终止。法律上对权利人和义务人全为一人的现象，称为混同。既然发生合同当事人合并为一人的情况，那么原有的合同已无履行的必要，因而自行终止。

(3) 合同因不可抗力而终止。合同不是由于当事人的过错而是由于不可抗力的原因致使合同义务不能履行的，应当终止合同。

(4) 合同因当事人协商同意而终止。当事人双方通过协议而解除或者免除义务人的义务，也是合同终止的方式之一。

(5) 仲裁机构裁决或者法院判决终止合同。

合同解除是一种特殊情况的合同终止，是指消灭既存的合同效力的法律行为。其主要特征：一是合同当事人必须协商一致；二是合同当事人应负恢复原状的义务；三是其法律后果是消灭原合同的效力。

项目合同解除和变更，属于两种法律行为，但也有其共同之处，即都是经合同当事人双方协商一致，改变原合同法律关系。所不同的是项目变更将产生新的法律关系，而前者是消灭原合同关系，并不再建立新的法律关系。

4. 物流项目合同纠纷的处理

合同纠纷通常表现为合同当事人双方对合同规定的义务和权利理解不一致，或是合同当事人一方故意不按合同约定履约，或是由于其他原因，最终导致对合同的履行或不履行的后果和责任分担产生争议。物流项目合同纠纷的解决通常有以下4种途径。

(1) 协商。当事人双方在自愿、互谅的基础上，通过双方谈判达成解决纠纷的协议。该方法具有简单易行、不伤和气的优点。

(2) 调解。在第三方(如上级主管部门、合同管理机关等)的参与下，以事实、合同条款和法律为依据，通过对当事人的说服，使合同当事人双方自愿、平等、合理地达成纠纷解决协议。

(3) 仲裁。由仲裁委员会对合同纠纷进行裁决。我国实行一裁终局制，在裁决做出后，合同当事人若不能达成纠纷解决协议，则不再裁决，双方须在规定的期限内履行仲裁机构的裁决，若一方不履行，另一方可以申请法院强制执行。

(4) 诉讼。诉讼指司法机关和项目合同当事人在其他诉讼参与人的配合下为解决案件依法定诉讼程序所进行的全部活动。

8.4.2 物流服务项目合同

物流服务项目的合同管理是指以《中华人民共和国合同法》(以下简称《合同法》)为依据,依法进行物流服务项目合同的订立、变更、解除、履行、终止以及监督、控制等一系列行为的总称。物流服务项目的合同管理是物流服务项目管理的重要组成部分,是提高物流项目组织管理水平、规范物流服务市场、促进物流行业健康发展的有效措施。

1. 物流服务项目合同的主要条款

物流服务项目合同的条款是物流服务项目合同的核心内容,是在物流服务项目的招标方和中标方协商一致的基础上共同约定的。物流服务项目合同的条款因服务合同的具体类型不同而存在差别。物流服务项目合同的主要内容有3种。

(1) 仓储保管合同的主要条款。仓储保管合同是存货方和保管方就货物的妥善保管和提高企业的经济效益而签订的明确双方权利、义务关系的协议。仓储保管合同的主要条款包括货物的品名或品类;货物的数量、质量、包装;货物验收的内容、标准、方法、时间;货物保管条件和保管要求;货物进出库的手续、时间、地点、运输方式;货物损耗标准和损耗的处理;计费项目、标准和结算方式、开户银行、时间;责任划分和违约处理;合同的有效期限。

(2) 货物运输合同的主要条款。货物运输合同是货物托运人与承运人就货物的安全运输而签订的明确相互权利、义务关系的协议。货物运输合同的主要条款包括货物名称、规格、数量、价款;包装要求;货物起运地点及货物到达地点;货物承运日期及货物运到期限;运输质量及安全要求;货物装卸责任和方法;收货人领取货物及验收办法;运输费用、结算方式;各方的权利、义务;违约责任。

(3) 配送服务合同的主要条款。配送服务合同是配送服务需求方和配送服务提供方就货物的配送而签订的协议。其主要条款包括服务、支付和期限;仓储的提供;运输及送货要求;增值服务;双方责任、义务和损失限制;风险分担;参与各方的地位;违约责任;合同的转让及变更;索赔通知和诉讼等。

由于物流服务项目的独特性特征,各个物流服务合同的具体条款也需要根据实际需要和具体条件进行相应调整。

2. 物流服务项目合同管理

(1) 做好物流服务合同签订前的招标投标准备。

(2) 物流服务合同的签订。物流服务合同的签订应注意以下问题:必须遵守国家的相关法律法规和有关政策;签订物流服务合同的当事人应当具有相应的民事权利能力和民事行为能力,有些物流服务合同应是在法人主体之间签订的;物流服务合同通常采用书面形式,书面形式是指合同书、信件和数据电文(包括电报、电传、电子数据交换和电子邮件)等可以有形地表现所载内容的形式;物流服务合同的当事人应遵循平等互利、等价有偿的原则,并应就合同的所有条款协商一致。

(3) 物流服务合同的履行。当事人应当按照物流服务合同的约定全面履行各自的义务,根据物流服务合同的要求履行通知、协助、保密等义务。为了确保物流服务合同的顺利实施,应建立物流服务合同管理小组,建立物流服务合同管理的工作程序,建立严格的质量检验制度,建立合同文档管理系统,并对物流服务项目实施中的情况及时监督。

(4) 物流服务合同的终止。在物流服务合同的有效期限结束时，物流服务合同管理小组应做好合同的善后工作，特别是对应结清的账款、货物的妥善保管以及用户的后期服务工作都要认真交接。

3. 物流服务项目合同的风险管理

物流服务项目合同是物流服务提供方和需求方取得各自经济利益的纽带和保证，但物流服务项目合同管理活动中也存在着风险。只有采用积极的风险监控措施，才能化解、缓解风险，并规避或消减风险损失。

物流服务项目合同是物流服务需求方与提供方就货物的物流服务而签订的法律协议，合同各方的信用状况、履约能力、货物的质量和包装状况、货物的检验交接手续等因素对物流服务合同的实现影响很大。物流服务合同的风险主要体现在外部环境的风险和物流服务项目招标投标、合同签订及履行等流程风险。物流服务项目合同的风险具有涉及面广、危害性大、影响因素多、发生概率高等特点。物流服务项目管理人员应针对物流服务合同的风险类型，采用相应的风险防范和控制措施。针对物流服务项目合同的流程风险，物流服务提供方可要求物流服务需求方提供付款保函、银行保函等方式予以规避。针对外部环境因素可能带来的风险，可通过物流保险进行规避。

当物流服务项目合同履行过程中出现问题，造成损失的一方可向过错方或承保方进行索赔。办理索赔手续时，索赔方必须提供相应的证明文件，如索赔函、索赔清单、货物残损凭证、提单、发票、费用单以及其他有关单证。

本 章 小 结

物流项目招标投标将竞争机制引进物流项目中来，以促进公平竞争，鼓励先进，鞭策落后，从而达到确保项目质量、缩短项目时间、降低项目费用、提高投资效益的目的。

物流项目招标一般是业主就该项目发布通告，用法定方式吸引项目承包单位参加竞争，进而通过法定程序从中选择条件优越者来完成项目。

物流项目投标一般是经过特定审查而获得投标资格的项目承包单位，按照招标文件的要求，在规定的时间内向招标单位填报投标书，并争取中标。

物流项目合同的谈判与订立是在业主与承包商完成招标投标之后，双方将达成的协议具体化或做某些增补与删改，对价格和所有合同条款进行法律认证，从而最终签订一份对双方都有法律效力的合同文件。

物流项目合同的管理主要包括项目合同的履行、项目合同违约责任的认定和惩罚方法、项目合同执行中争端和纠纷的解决，以及项目合同的终止。

物流项目投标是指物流项目投标人响应物流项目招标，在同意招标人拟订的招标文件的前提下，对招标项目提出自己的报价和相应的条件，通过竞争企图为招标人选中的一种交易方式。物流项目投标一般包括参与投标活动、分析研究招标书的内容、编写投标书、发送投标书、投标答辩等步骤。

物流项目合同是指物流项目业主或代理人与物流项目承包人或供应人(多为第三方物

流企业)之间,为完成某确定的物流项目目标或规定的内容,明确相互的权利、义务关系而达成的协议。合同具有法律效力。其构成要素有权利与义务、报酬原则、合同规章和合法性。物流服务项目的合同管理是物流服务项目合同的订立、变更、解除、履行、终止以及监督、控制等一系列行为的总称。

习 题

一、名词解释

物流项目招标　　物流项目投标　　物流项目资格审查　　物流项目合同管理

二、选择题

(1) 以下属于物流项目招标投标特性的是(　　)。
　　A. 竞争性　　　　B. 可协商性　　　　C. 规范性　　　　D. 程序性
(2) 最能体现"三公"特点的招标方式是(　　)。
　　A. 比选　　　　B. 邀请招标　　　　C. 公开招标　　　　D. 竞争性谈判
(3) 邀请招标与公开招标相比较,其特点在于(　　)。
　　A. 所需费用较少　　　　　　　　　　B. 所需时间较短
　　C. 能选择更有竞争力的承包商　　　　D. 选择范围较大
(4) 投标的准备工作包括(　　)。
　　A. 组织物流项目投标小组　　　　　　B. 收集招标企业的资料
　　C. 认真研究招标文件　　　　　　　　D. 制订投标工作计划
(5) 投标书的主要内容一般包括(　　)。
　　A. 物流企业介绍　　　　　　　　　　B. 物流服务报价
　　C. 物流服务措施　　　　　　　　　　D. 竞争对手介绍
(6) 物流项目合同的构成要素有(　　)。
　　A. 权利与义务　　B. 报酬原则　　　C. 合同规章　　　D. 合法性
(7) 合同的法律关系可因下列哪个原因而终止? (　　)
　　A. 因履行而终止　　　　　　　　　　B. 因不可抗力而终止
　　C. 因当事人协商同意而终止　　　　　D. 因当事人无法履行而终止
(8) 对于一些技术方案或要求不确定的物流项目,可将项目招标分为两个阶段进行,先优选方案,再在所选方案的基础上进行招标和报价,这种招标方法为(　　)。
　　A. 框架协议招标　　B. 电子招标　　　C. 两阶段招标　　D. 复杂招标
(9) 公开招标流程中有(　　),而邀请招标中没有。
　　A. 发送投标邀请书　B. 发布招标公告　C. 进行资格预审　D. 现场踏勘

三、简答题

(1) 物流项目招标有哪几种方式?简述其主要区别。
(2) 物流项目招标文件组成有哪些?
(3) 物流项目投标需要注意哪些问题?投标书如何编制?

(4) 物流项目合同的要件有哪些？如何才能终止项目合同？
(5) 物流项目公开招标的流程包括哪些内容？
(6) 物流项目招标组织形式有哪两种？
(7) 什么是资格预审？其与资格后审有何不同？资格预审的办法有哪些？
(8) 评标委员会专家应具备哪些条件？评审程序包括哪些步骤？

物流合同项下履约顺序的变化与留置权的行使

1. 案情

原告：A公司

被告：B公司

2003年年底至2004年年初，原告委托被告为其进口货物聚酰胺树脂等材料，被告提供从德国运至中国上海全程的物流服务，负责将货物从指定的境外生产工厂运送到原告在中国的终端用户，包括进出口两端的陆路运输、海上运输、装箱、配送、保管、包装、装卸、报关、报检等全程服务事宜。双方当事人均确认未签订书面合同，而是以电话、传真和电子邮件等形式联系业务和履行合同。关于整个物流各环节的费用，双方一致同意按照"海运费为每立方米或每1000千克65欧元"；"燃油附加费和旺季附加费为每立方米或每1000千克30欧元"；"拼箱货少于500千克的装箱费最低收费150欧元，少于1000千克的收费250欧元，少于2000千克的收费350欧元"等计费标准和计算方法处理。涉案提单项下货物已于2003年11月至2004年1月之间到达上海港，提单记名收货人为原告，原告提取了其中三票货物，至今仍有五票货物被告未交付给原告，现由被告寄放在上海市闵行区某仓库内。

原告诉称：涉案货物运抵上海后，原告要求提取货物，被告以案外人C公司拖欠费用为由拒绝交付货物，并威胁原告将货物变卖。在原告提供担保的情况下，被告仍然拒绝放货。请求判令被告交付涉案提单项下品质完好的货物，如不能，赔偿原告货款损失及利息损失。

被告辩称：被告没有拒绝原告交付货物的请求，恰恰相反是被告多次催促原告提货，但原告一直没有要求提货。

被告以原告欠付货运代理费为由提起反诉。在反诉中，被告(反诉原告)诉称：涉案五票提单项下货物运抵上海后无人提货，致使货物在目的港产生大量的仓储保管费用，且尚有部分运费和全部的关税原告未支付，被告多次催促原告付清运费及相关费用或提供相应的担保后提货，但原告至今仍未支付。请求法院判令原告支付涉案货物的运费及利息损失、关税及关税滞纳金，以及已提走的三票货物的陆路运费和仓储保管费用。

原告(反诉被告)辩称：原、被告双方是全程物流合同关系，应由被告送货上门，而非原告提货。在被告没有送货前，原告没有支付运输费用的义务。到目前为止原告没有付款的义务。

2. 裁判

上海海事法院经审理认为：关于本诉部分，原、被告双方建立了货运代理(物流)合同法律关系。被告作为承担运输责任的服务提供者，通常可以行使货物留置权。但本案中双方当事人约定了合同费用结算方法，只有在被告完成全部物流服务后才能结算出原告应当承担的费用，然后才产生原告支付物流费用的义务。因此，原告享有先履行抗辩权。被告只能在原告预期违约不支付费用的前提下才享有留置货物的权利。查明的事实证明，被告没有完全履行货物交付，不能行使货物留置权。结合双方在涉案纠纷发生前一直长期合作,形成了物流服务惯例,即被告先完成物流服务,原告再结算费用。原告结算费用一直不及时,拖欠被告物流费用多达人民币100多万元,即使被告享有不安抗辩权,原告愿以担保形式解决放货问题,并不损害被告利益,被告不应拒绝。被告的不当留置直接导致涉案货物过了保质期,推定全损。被告应对不当留置导致货物的贬损承担赔偿责任。

关于反诉部分,被告不当留置货物导致原告至今未能收取货物,且涉案五票货物已推定全损,原告委托被告从事全程物流服务的目的没有实现,故被告无权主张上述货物的物流服务费用。被告提出的要求原告支付已经提取的三票货物的仓储保管费和陆路运费,可予以支持。

被告不服一审判决,提起上诉。上海市高级人民法院经审理认为,原审判决认定事实清楚,驳回上诉。鉴于一审原告在二审中放弃了部分诉讼请求,根据《中华人民共和国民事诉讼法》第十三条的规定,就原判第一项予以部分变更,其余各项予以维持。

3. 评析

本案以货运代理合同纠纷为由,其基础法律关系实为物流合同,即包含运输、存储、装卸、搬运、包装、流通加工、配送、信息处理等项目的一种综合性合同。物流是现代服务业上的一个重要内容,但因《合同法》并无针对物流合同的专章规定。因此,作为一种无名合同,司法实践常以委托合同和多式联运合同等相类似的有名合同相关规定加以处理。本案主要涉及物流合同履行过程中货物交付环节产生的纠纷,遂以货运代理合同纠纷为案由进行审理。

(资料来源:http://www.vuloo.com/news/1208/969849.html,有改动。)

思考:

(1) 当物流合同未约定具体的费用金额,而仅约定了费用结算标准的计算方法时,物流服务的需求方实际应当支付的费用应在何时确定?

(2) 在(1)所设的情况下,物流服务的经营方负有先履行义务吗?

(3) 在履约存在先后的情况下,需求方享有先履行抗辩权,经营方享有不安抗辩权。物流服务的经营方在未完全履行合同之前有权要求对方履行付款并留置所运货物吗?

(4) 如果经营方具有不安抗辩权的充分理由,在对方提供合适担保的情况下,应继续履行合同义务吗?如拒不履行,构成违约吗?

第 9 章 物流项目风险管理

【本章教学要点】

知识要点	掌握程度	相关知识	应用方向
物流项目风险	理解	物流项目风险的概念、物流项目风险管理的概念	物流项目风险理解与识别
物流项目风险识别	掌握	物流项目风险识别的方法，物流项目风险识别的结果	物流项目风险种类、来源、危害性等辨识
物流项目风险估计	掌握	物流项目风险估计的概念、物流项目风险估计的常用方法、物流项目风险的估计过程	物流项目风险定量与定性分析与计量
物流项目风险应对措施	掌握	应对物流项目风险的主要措施、物流项目风险应对措施的依据	物流项目风险应对措施分析与制定
物流项目风险控制	掌握	物流项目风险控制的目标和依据、物流项目风险控制的步骤和内容	物流项目风险预警、防范与化解

【关键词】

风险管理、物流项目风险识别、物流项目风险估计、物流项目风险应对措施、物流项目风险控制

物流项目管理

> **导入案例**
>
> 2000年，国内一家大型物流公司(H公司)打算进行一个物流信息系统项目，经过发布RFP(需求建议书)，以及谈判和评估，最终选定B公司为其提供IP电话设备。A公司作为B公司的代理商，成为了该项目的系统集成商。李先生是该项目的项目经理。
>
> 该项目的施工周期是3个月。由B公司负责提供主要设备，A公司负责全面的项目管理和系统集成工作，包括提供一些主机的附属设备和支持设备，并且负责项目的整个运作和管理。B公司和A公司之间的关系是一次性付账。这就意味着B公司不承担任何风险，而A公司虽然有很大的利润，但是也承担了全部的风险。
>
> 3个月后，整套系统安装完成。但自系统试运行之日起，不断有问题暴露出来。H公司要求A公司负责解决，可其中很多问题涉及B公司的设备问题。因而，A公司要求B公司予以配合。但由于开发周期的原因，B公司无法马上达到新的技术指标并满足新的功能。于是，项目持续延期。为完成此项目，A公司只好不断将B公司的最新升级系统(软件升级)提供给H公司，甚至派人常驻在H公司(外地)。
>
> 又经过了3个月，H公司终于通过了最初验收。在A公司同意承担系统升级工作直到完全满足RFP的基础上，H公司支付了10%的验收款。然而，2002年年底，B公司由于内部原因暂时中断了在中国的业务，其产品的支持力度大幅下降，结果致使该项目的收尾工作至今无法完成。
>
> (资料来源：http://www.cnitpm.com/pm.281.html.)
>
> 思考：
> (1) 该项目存在的主要问题和原因是什么？
> (2) 结合你本人的实际项目经验，该如何解决案例中所述问题？
> (3) 如果你是李经理，你觉得应如何制定有效的项目风险管理方案？

9.1 物流项目风险和物流项目风险管理

物流项目风险是客观存在的，界定物流项目风险、分析物流项目风险产生的原因、分类辨析物流项目风险是加强物流项目风险管理的前提和基础。然后再根据物流项目风险的有关属性和特征有针对性地管理物流项目风险。

9.1.1 物流项目风险的概念

1. 物流项目风险的定义

物流项目风险是指物流项目业主(客户)、物流项目组织或物流项目其他相关利益者面对未来的不确定性，在主观上不能预见和控制未来不确定性带来的影响而造成一定损失的可能性。形成物流项目风险的根本原因是人们对于物流项目未来发展与变化的认识和应对等方面出现了问题。

2. 物流项目风险产生的原因

由于未来的不确定性可能带来物流项目的风险，造成未来不确定性的根本原因在于信息的不完备性。人们通过努力能够提高了解物流项目未来发展变化的一些基本情况的基本信息，但是却无法完全消除。这主要是因为以下原因。

1) 人们的认识能力有限

世界上的任何事物都有各自的属性，这些事物都是在一定的空间和时间中产生、发展和灭亡的，所以这些事物的演变除了有自身发展的自然规律以外，还要受到客观环境的影响，是事物自然属性和客观自然的有机统一。这些事物的属性及其在客观环境中的发展过程以数据或者信息的形式表现出来，物流项目也一样。人们对物流项目的认识和了解就是通过这些数据和信息来实现的，对物流项目的未来发展和变化也是利用这些信息和数据进行预测和估计的。但是由于人们认识事物的能力有限，所以在深度与广度两方面至今对于世界上许多事物属性的认识仍然存在着很大的局限性。从信息科学的角度上说，人们对事物认识的这种局限性，从根本上是由人们获取数据和信息的能力有限性和客观事物发展变化的无限性这一矛盾造成的，这使得人们无法获得事物的完备信息。人们对于物流项目的认识同样存在这种认识能力的限制问题，人们尚不能确切地预见物流项目的未来发展变化，从而形成了物流项目风险。

2) 信息本身的滞后性特性

人们根据信息和数据来加深对该事物的认识，而有关事物的信息和数据总是在事实发展或发生后才表现出来，所以事物的信息具有一定的滞后性，这种信息的滞后性是信息不完备性的根本原因，也是物流项目风险的根本原因。

3. 物流项目风险的分类

物流项目风险分类的主要方法有以下几点。

(1) 纯粹风险与投机风险。

① 不能带来任何机会或者不能获得一定利益可能的风险称为纯粹风险。纯粹风险一般是由外部的不确定性因素引起的，如战乱、财产损失、连带责任等都属于纯粹风险。纯粹风险只有两种可能的后果：造成损失或不造成损失。纯粹风险造成的损失是绝对的损失。活动主体和全社会都要蒙受损失。纯粹风险总是和威胁、损失和不幸相联系，没有人从中获得好处。

② 极可能带来机会、获得利益，又隐含威胁、造成损失的风险，称为投机风险，如市场状况的变化、天气情况的变化。投机风险有 3 种可能的结果：造成损失、不造成损失和获得利益。投机风险如果使活动主体蒙受了损失，但全社会不一定也跟着受损失。相反，其他人有可能因此而获得利益。虽然损失和获利的可能性都有，但是可能的损失总是要比可能的获利大得多。例如，在施工中，好天气和坏天气出现的可能性都有，但是坏天气可能会使项目停工，而好天气却不能使项目完成双倍的工作。

(2) 可接受风险与不可接受风险。

① 可接受风险指虽然出现一些意外情况或事件，但其影响程度还是可以接受的，或者说还不至于对项目的进度与质量等产生不可忍受的结果。

② 不可接受风险指其风险的发生会直接造成项目的较大的损失或对项目进度产生严重的影响。

(3) 积极的风险与消极的风险。

积极的风险能促进项目，消极的风险会对项目产生阻碍作用，纯粹风险都是消极风险，项目风险管理的主要对象是消极风险。

(4) 内部风险与外部风险。

内部风险是源于项目内部的固有的风险，即项目领导人可以通过采取直接措施控制并减少的风险。例如，项目团队成员委派的风险，可以通过人力资源管理来进行人员配备，从而减少人员不胜任的风险。

外部风险是指项目领导人控制能力之外的那些风险。例如，项目资源的市场价格波动和国家政策的变化等。对于外部风险，项目团队只能尽力去识别它们，以便采取应对措施。

(5) 自然风险、社会风险、政治风险、法律风险、经济风险、管理风险和技术风险。

自然、社会、政治、法律、经济、管理和技术等有关因素都会对物流项目产生影响，这些因素的不确定性可能给物流项目带来相应风险。所以按照物流项目风险产生的原因，可将物流项目风险分为自然风险、社会风险、政治风险、法律风险、经济风险、管理风险和技术风险，如表 9-1 所示。

表 9-1　自然风险、社会风险、政治风险、法律风险、经济风险、管理风险和技术风险列表[①]

分类依据	原因	内容
物流项目风险的原因	自然风险	由地理环境、气候条件以及物流项目所处的局部微观环境(现场条件)发展变化的不确定性引发的风险，如地震、洪水、沙尘暴等引发的风险
	社会风险	社会环境，如社会状况、宗教信仰、风俗习惯、人际关系及劳动者素质等因素的发展变化对物流项目带来的风险
	政治风险	国家政治体制、政治制度和政治事件，如战争、政变、动乱、恐怖袭击、国际关系变化、政策缺乏稳定性、连续性以及腐败等因素引起的物流项目风险
	法律风险	法律不健全、有法不依、执法不严、相关法律内容变化等客观法制环境的不确定性给物流项目带来的风险，以及由于主观原因如法制观念不强或者认识上的偏颇所带来的物流项目风险
	经济风险	(1) 市场风险就是如市场需求和供求关系发生变化所带来的物流项目风险； (2) 税务风险就是税收政策变化所带来的风险； (3) 资金风险就是资金供给以及利率等变化带来的物流项目风险； (4) 成本风险即发生的成本如何在可控范围之内，怎么将成本最小化
	管理风险	经营者因能力原因或者方法不当等原因在客观形势适应、客观形势判断、客观事件处理以及主观能力认识上出现失误而带来的风险，包括财务风险、市场风险、投资风险、生产风险等
	技术风险	物流项目所处施工条件或项目复杂程度没有相应的技术支持；科技进步、技术结构及相关因素的变动给物流项目技术管理带来的风险；采用新技术、新工艺、新材料、新设备给物流项目带来的风险

(6) 业主行为产生的风险、承包商行为产生的风险、监理工程师产生的风险以及其他原因产生的风险。

在物流项目的开发建设过程中，主要的参与者包括物流项目业主是为了某种物流服务需要进行物流项目的开发建设。在开发建设的过程中，物流项目业主通常把物流项目承包

---

① 资料来源：http://doc.mbalib.com/view/0d6b73f910cb5a986677d1752aaf3666.html，有改动，表 9-1～表 9-7 相同。

给承包商,在建设过程中,还涉及工程监理部门、原料供应商、工程规划设计部门、政府监管部门以及其他一些中介组织,它们都是物流项目的参与者,它们的一些行为可能带来一定的风险,这就是参与主体产生的风险,主要包括业主行为产生的风险、承包商行为产生的风险、监理工程师产生的风险以及其他原因产生的风险,如表 9-2 所示。

表 9-2　按风险的行为主体分类产生的风险列表

风险的行为主体	内　容
业主	(1) 经济实力不强,抵御施工项目风险能力差; (2) 经营状况恶化,支付能力差或撤走资金,改变投资方向或项目目标; (3) 缺乏诚信,场地交付出现延期、不按时按量供应材料、不支付工程款等违反合同的情况; (4) 不能很好地与项目相关单位协调沟通,影响施工顺利进行; (5) 业主违约、苛刻刁难,发出错误指令,干扰正常施工活动
承包商	(1) 企业经济实力差,财务状况恶化,处于破产境地,无力采购和支付工资; (2) 对项目环境调查、预测不准确,错误理解业主意图和招标文件,投标报价失误; (3) 项目合同条款遗漏、表达不清,合同索赔管理工作不力; (4) 施工技术、方案不合理,施工工艺落后,施工安全措施不当; (5) 工程价款估算错误、结算错误; (6) 没有适合的项目经理和技术专家,技术、管理能力不足,造成失误,工程中断; (7) 项目经理部没有认真履行合同和保证进度、质量、安全、成本目标的有效措施; (8) 项目经理部初次承担施工技术复杂的项目,缺少经验,控制风险的能力差; (9) 项目组织结构不合理、不健全,人员素质差,纪律涣散,责任心差; (10) 项目经理缺乏权威,指挥不力; (11) 没有选择好合作伙伴(分包商、供应商),责任不明,产生合同纠纷和索赔
监理工程师	(1) 起草错误的招标文件、合同条件; (2) 管理组织能力低,不能正确执行合同,下达错误指令,要求苛刻; (3) 缺乏职业道德和公正性
其他	(1) 设计内容不全,有错误、遗漏,或不能及时交付图纸,造成返工或延误工期; (2) 分包商、供应商违约,影响工程进度、质量和成本; (3) 中介人的资信、可靠性差,水平低,难以胜任其职,或为获私利不择手段; (4) 权力部门(主管部门、城市公共部门(如水、电部门))的不合理干预和个人需求; (5) 施工现场周边居民、单位的干预

4. 物流项目风险的主要特性

由于物流项目本身的一次性、独特性和创新性等特性,所以物流项目风险也具有自己的特性,物流项目风险主要具有以下特性。

1) 物流项目风险的客观性

物流项目都是在一定的客观环境下开展的,这些客观环境的变化可能给物流项目带来一定的风险。这些客观环境的变化是不以人的意志为转移的客观实际。但人们可以通过加深对这些环境因素的认识,达到降低风险的目的。

2) 物流项目风险事件的随机性

物流项目风险事件都是随机发生的。由于未来的不确定性和信息的不完备性,人们很难对未来做出准确的预测，只能通过一些统计知识对风险发生的规律进行认识，不可能对风险进行准确的把握。

3) 物流项目风险的普遍性

物流项目风险是普遍存在的，并随着科学技术的发展和社会的进步呈现出加大趋势。

4) 物流项目风险的相对性

由于物流项目投资者和建设者的风险偏好主要分为风险厌恶、风险中性和风险偏好 3 种情况，人们对待风险的态度和方法就不一样，同样的物流项目风险对于风险偏好主体的影响也不一样。其他诸如承受风险的能力、认识风险的能力、物流项目收益状况、投入资源的情况以及物流项目主体地位的高低都会对物流项目风险的大小和后果产生不同的影响。所以物流项目风险具有一定的相对性。

5) 物流项目风险的渐进性

物流项目风险的渐进性是物流项目风险在开发建设中会随着客观环境以及物流项目自身的一些特点和规律经历一个从无到有、从小到大的过程。有些风险如果能及早发现就可以防微杜渐。

6) 物流项目风险的阶段性

物流项目风险的阶段性是指物流项目风险的发展呈现明显的阶段性特征。在每个阶段，物流项目风险都会表现出相应的特征和一定的表现形式，每个阶段之间都有明显的区别。一般把物流项目风险划分为风险潜在阶段、风险发生阶段和造成后果阶段 3 个阶段，风险潜在阶段的风险无危害，但会逐步发展成现实的风险；风险发生阶段的风险已发生，还未产生后果，必须及时采取措施；造成后果阶段，风险造成的后果已无法挽回，只能采取措施尽量减少它对项目的危害。通过对物流项目风险阶段的划分可以更好地对物流项目风险加强管理。

7) 物流项目风险的突变性

根据系统突变理论，物流项目作为一个系统工程，物流项目风险可能存在一定的突变性。由于物流项目的内外部环境的变化可能是渐进的，也可能是突变的，因此当物流项目的内部或外部条件发生突变时，物流项目风险也会随之发生突变，在物流项目风险的性质和后果上表现出突变性的特征。

8) 项目风险同收益的对称性

收益以一定的风险为代价。

一般地说，风险较大的物流项目能带来较大的物流收益，反之亦然。但是，绝不能认为，风险越大、收益就高，因为这里所说的风险是客观存在的风险，而不是主观上的风险，如果业主承包商及其他人员盲目行事，通常只会带来高风险、低收益的结果。

9.1.2 物流项目风险管理的概念

物流项目风险管理(Logistics Project Risk Management)有以下 3 种表述。

(1) 物流项目风险管理是系统识别、评估、控制和应对风险的形式化工程。

(2) 物流项目风险管理是识别、度量和控制能够引起不希望的变化的潜在领域和事件的形式、系统的方法。

(3) 物流项目风险管理是在项目期间识别、分析风险因素，采取必要对策的决策科学和决策艺术的结合。

综上所述，物流项目风险管理是指通过对物流项目风险进行识别、评估、监督和控制的一系列行之有效的风险管理工作，以实现物流项目总体目标的管理过程。在物流项目风险管理活动中，物流项目业主(客户)和物流项目经理是物流项目风险管理的主体，他们必须采取识别、评估、监督和控制等有效措施确保物流项目风险处于受控状态，从而保证物流项目的目标最终能够实现。物流项目风险具有风险大、物流项目开发前期不确定因素较多且产生风险可能性较大以及物流项目风险一旦形成后果很难改进和补偿等特点，所以在物流项目风险管理中更应加强物流项目前期的风险管理工作。当然在物流项目中后期虽然各项工作有条不紊地被开展，也不能放松对物流项目风险的管理。

1. 物流项目风险管理理论

物流项目风险按照有无预警信息可以分成两种不同性质的风险，与之相对应也有两种不同的物流项目风险管理理论。

一种是在没有任何预警信息情况下的物流项目风险的管理方法和理论。在这种情况下，由于没有任何信息和征兆，不能提前预测是否会发生物流项目风险，更不能进行相关的事前控制，只能在风险发生时采取及时有效的措施消除或者减轻这类风险带来的不利影响，当然如果是风险规避者，还可以通过购买保险等风险转移方式转移风险。所以对于无预警信息的物流项目，可以通过事后及时处理以便有效消减风险和购买保险两种转移风险的方法来加强对物流项目风险的管理。

另一种是在有预警信息情况下的物流项目风险管理理论和方法。在物流项目管理实践中，绝大多数物流项目风险都属于这一类情况。对于这类风险，由于有相关预警信息，只要全面细致地收集相关物流项目风险的预警信息，仔细识别相关物流项目风险及其因素，合理预测物流项目风险的大小和后果，动态跟踪和全面控制物流项目风险就可实现对物流项目风险的有效管理。

物流项目的风险一般是由物流项目的内因和外因共同影响和决定的。物流项目本身通常称为物流项目的内因，主要包括物流项目自身的一些物理化学属性、物流项目参与者和相关利益者及其他们对风险的认识能力和沟通情况等因素。外因主要是客观环境，主要取决于物流项目风险的性质和影响因素的发展变化。不同的影响因素和发展变化规律决定了不同的物流项目风险。

2. 物流项目风险管理的方法

根据物流项目风险渐进性的特点，人们可以设法去识别、观察和预测物流项目风险，并采取相应的措施对风险及其后果进行管理和控制。基于这种思想，人们可以采用正确的方法努力识别物流项目中存在的风险并预测这些风险的程度、大小和后果，积极主动地根据相关认识和预测对物流项目风险进行有效的控制和监督。

根据物流项目风险阶段性的特点，人们可以在物流项目风险的潜在阶段、物流项目风险的发生阶段和风险后果阶段 3 个阶段采取不同的相应措施，因地制宜，有的放矢，有针对性地对物流项目风险采取不同的管理与控制措施。

1) 物流项目风险潜在阶段的管理方法

在物流项目风险潜在阶段通常采用风险规避的方法。人们一旦发现物流项目风险的征兆和苗头，为了防患于未然，可以通过预先采取适当和有效措施对物流项目风险的进程和后果进行适当的控制和管理。一般而言，在物流项目风险潜在阶段，人们对于物流项目风险的认识相当有限，因此可能带来最大的物流项目灾难后果。当然在物流项目风险潜在阶段，如果能够识别各种潜在的物流项目风险及其后果，并能有效规避风险，那么物流项目风险就会胎死腹中，就可避免物流项目风险的发生。因为如果能够通过规避措施使得物流项目风险在潜在阶段终结，就避免了物流项目风险进入发生阶段的可能，当然也就不会带来物流项目风险的所谓后果了。

2) 物流项目风险发生阶段的管理方法

在物流项目风险发生阶段通常采用物流项目风险化解方法。如果人们对有的风险没能预见或者尽早识别或者识别后没能及时有效地采取有效的规避措施，都可能导致物流项目风险的进一步升级，进入物流项目风险发生阶段。进入发生阶段后，人们应及早发现风险的存在并果断地采取有力措施解决风险，在一般情况下可以降低或者减少物流项目风险带来的损失，有时还会防止后续风险的出现。

3) 物流项目风险后果阶段的管理方法

在物流项目风险后果阶段通常采用消减风险后果的物流项目风险管理方法。当人们没能在风险潜在阶段规避风险，也没能在物流项目风险发生阶段全面解决物流项目风险的情况下，就会有一些物流项目风险进入物流项目风险后果阶段。在这一阶段人们仍可以采取各种各样的被动措施去消减物流项目风险的影响，消除或减轻由于物流项目风险后果带来的不良后果和损失。

3. 物流项目风险管理的意义

(1) 通过风险分析，可加深对项目和风险的认识与理解，合理地拟订风险应对方案，减少或分散风险。

(2) 通过检查和考虑所收集的信息、数据和资料，以明确项目的各有关前提和假设条件情况或发生的变化，为项目应急计划方案的制定提供依据。

(3) 通过风险分析不仅可提高项目各种计划的可信度，而且有利于改善项目团队内部和外部之间的沟通。

(4) 编制应急计划时更有针对性。风险管理规划会对每一个确定的风险做一个风险评估，对每个风险发生的可能性和征兆、对费用和进度计划的影响以及引发的意外情况等有详细说明，为项目经理编制应急计划提供了方向。

(5) 能够将处理风险后果的各种方式更灵活地组合起来，在项目管理中减少被动，增加主动。

(6) 为以后的规划和设计工作提供反馈，以便在规划和设计阶段就采取措施防止和避免风险损失。

(7) 对于无法避免的风险，可以让项目经理清楚项目到底应该承受多大的损失或损害。

(8) 通过深入地研究和情况了解，可以使决策更有把握，更符合项目的方针和目标，从总体上使项目减少风险，保证项目目标的实现。

(9) 可推动项目组织和管理班子积累有关风险的资料和数据，以便改进将来的项目管理。

9.2 物流项目风险的识别

物流项目风险既然是客观存在的，那么就要了解和识别这些风险，以便明确物流项目风险管理的方向和工作重点。

9.2.1 物流项目风险识别的概念

物流项目风险识别是识别和确定物流项目实施过程中由于未来的不确定性而产生的损失的物流项目风险的类型、特征、根源及其后果和影响程度等一系列物流项目管理活动，通过这些工作，努力实现规避或减少风险及其影响的目的，是物流项目管理的一项基础和非常重要的工作。人们在物流项目风险识别过程中，一般要认真分析该物流项目是否在工期、成本、质量以及物流项目本身的市场前景和技术保障等方面存在风险以及这些风险对物流项目的影响及其程度，物流项目风险是渐进性还是爆发性的，有无预警信息等。通过这些识别、分析和研究，人们在物流项目管理过程中再根据实际情况采取相应的措施。

由于物流项目内部因素和外部因素产生的物流项目风险的可控程度不同，所以在物流项目风险管理过程中要区分好这两类不同性质的风险源对物流项目的影响，区别对待，以便采取相应的措施解决物流项目风险问题。一般说来，物流项目内部因素造成的风险可以较好地被控制和管理。例如，延误工期或者质量方面的问题就可以通过内部在工作进度、质量保障以及资源配置等方面做一些工作加以解决。但是，物流项目外部因素造成的风险是难以控制和管理的，对于这种风险的控制和影响力是很小的，所以只能采取一些规避或转移的方法去应对。例如，物流项目所需资源的市场价格波动、物流项目变更等都属于物流项目外部因素，这些因素引发的风险就比较难控制。

要进行物流项目风险管理就需要识别物流项目具有哪些风险、物流项目风险受哪些因素的影响以及这些风险会带来哪些后果。因此物流项目风险识别的内容包括如下几个方面。

1. 识别并确定物流项目潜在风险的种类及其类型

物流项目风险识别首先就要识别和确认物流项目潜在风险的种类及其类型。如果能准确、全面地识别和分析物流项目所有的风险，了解这些风险的走势以及可能带来的后果，就可采取合理、经济的措施避免和消减风险。在识别并确定物流项目潜在风险的种类及其类型后，要将识别出的物流项目潜在的各种风险整理、汇总成物流项目风险清单。

2. 识别诱发风险的主要因素

在识别并确定物流项目潜在风险的种类及其类型之后，就要分析造成这些风险的原因和影响因素。这是物流项目风险识别的第二项工作目标。如果能够找到造成物流项目风险的原因和影响因素，预测和把握物流项目风险的发展变化趋势，就可能找到应对风险的措施和方法。在此基础上尽量用图表、文字或者数学公式对相关物流项目风险因素进行说明。

3. 识别物流项目风险可能的后果

对物流项目潜在风险类别和影响因素进行识别之后，还要识别物流项目风险可能带来的后果。如果能比较准确地估计到物流项目风险可能造成的后果，人们在物流项目风险管理中就可以采取合理、经济的措施应付、转移和消减风险及其危害。在这一阶段对于物流项目风险的识别和分析主要是定性分析。

9.2.2 物流项目风险识别所需的信息和依据

物流项目风险识别依据的主要信息包括以下几个方面。

1. 物流项目产出物的描述

物流项目产出物是物流项目经过开发、建设和管理等工作后得到的劳动成果。为了获得预期的项目成果就应该对物流项目的性能、质量、数量和完成时间等进行规范和说明。这种规范和说明就是物流项目产出物的描述。通过对物流项目产出物描述的分析就可以找到哪些环节可能带来风险，哪些因素可能引起风险。所以物流项目产出物的描述是物流项目风险识别较重要的依据之一。

2. 物流项目的计划信息

物流项目计划包括工期计划、成本投资计划、资源计划和其他相关计划，这些计划的文件和相关信息也是进行物流项目风险识别的依据之一。这些信息有两方面的作用：一是作为物流项目风险识别的依据；二是作为物流项目风险识别的对象。例如，通过对一个物流项目的成本计划(预算)信息的分析和研究就可以分析和发现是否存在物流项目质量风险；同时物流项目成本计划也可以作为物流项目风险识别的对象，人们可以通过对物流项目成本计划的分析识别出物流项目超预算的风险，这也是物流项目风险识别的一个很重要的方面。

3. 历史资料

以史为鉴，过去在物流项目实施过程中发生的各种风险可以作为识别物流项目风险的依据之一。通过对这些物流项目风险的历史资料进行全面分析，可以发现那些可能引起物流项目风险的因素、每种因素的影响程度、可能带来的后果以及每种风险的发展演变历程、每一阶段风险所具有的特征、表现形式等内容。所以在物流项目风险识别阶段要全面收集各种有用的历史信息，特别是各种有关历史物流项目的经验和教训。一般历史资料包括以下来源。

1) 历史物流项目的各种原始记录

物流组织及其相关单位通常会把过去物流项目建设和开发的一些资料保存下来，一些专业机构和专业人士也有类似的过去物流项目的有关原始记录，如果能找到这些资料并全面分析对识别物流项目风险会有极大裨益。

2) 商业性历史物流项目信息资料

一些以盈利为目的的物流项目管理咨询机构会从专业的角度收集和保存大量的历史物流项目信息和统计资料，支付一定费用就可得到这方面的历史资料，甚至可以委托它们代为整理和分析。

3) 历史物流项目团队成员的经验

物流项目参与人员有些有曾经参与物流项目的经历，他们会有这方面的经验，也会总结出一些这方面的教训，可以通过面谈和采访的形式收集这方面的信息以作为识别物流项目风险之用。但这种历史信息存在比较凌乱、主观特征明显以及受访谈方式和访谈技巧的影响。所以在分析这方面的资料时要去伪存真。

9.2.3 物流项目风险识别的方法

物流项目风险识别的方法有很多，既有结构化方法又有非结构化方法，既有经验性方法又有系统性方法，但是使用最多的是如下几种方法。

1. 系统分解法

物流项目建设是一个系统工程，可以利用系统分解的原理将一个复杂的物流项目分解成比较简单和容易认识的子系统或系统元素，从而识别各子系统或系统要素造成的风险的方法。一个物流项目根据其自身的一些特性可以分为决策分析(如由于领导层之间缺乏有效的协调，导致决策不当)、计划风险(如对物流项目目标理解失误造成的一些风险)、工期风险(局部工作任务的工期被耽搁或者原材料和设备等未如期交付)、费用风险(某一阶段或者部分出现了超出预算的情况)、质量风险(现阶段出现的交付物未达到合同规定的原料、材料和工艺质量等标准)、社会风险(因项目管理的原因造成的人身伤亡和财产损失)、法律风险(如未按照合同规定的期限完成项目和实现项目目标)、市场风险(物流项目产品或者服务在市场方面出现了问题)、投资风险(物流项目在投资决策、投资方向和投资过程等方面出现了问题)、经营风险(物流项目在生产经营过程中存在问题)、技术风险(物流项目在开发建设中或者生产经营过程中由于技术不成熟和工艺不完善等方面存在问题)、资源及原材料供应风险、环境污染风险等。然后还可以对这些物流项目风险再做进一步的分解。例如，物流项目的市场风险又可以分解成3个方面：竞争风险(由于市场竞争而造成物流项目失败或亏损的风险)、替代风险(物流项目建成后可能出现替代产品而使物流项目蒙受损失的风险)、需求风险(物流项目建成后产品市场出现需求不足、需求下降和市场饱和，从而使物流项目蒙受损失的风险)。

2. 流程图法

把物流项目按照流程图进行划分，反映出物流项目在空间上的分布情况和在时间上的先后顺序的工作流程的有关图表称为物流项目流程图，以物流项目流程图为依据对物流项目风险进行分析和识别的方法就是物流项目风险流程图法。物流项目流程图具体包括物流项目系统流程图、物流项目实施流程图和物流项目作业流程图等形式和不同详细程度的物流项目流程图。物流项目流程图法的结构化程度比较高，所以对于识别物流项目的系统风险和各种风险要素是非常有用的。物流项目流程图可以帮助物流项目风险识别人员分析和识别物流项目的风险、物流项目各个环节存在的风险，以及各个物流项目风险的起因和影响。运用这种方法得出的物流项目风险识别结果还可以为后面物流项目实施中的风险控制提供依据。

3. 头脑风暴法

对于风险识别来说，头脑风暴法是一种运用创造性思维、发散性思维和专家经验，通过会议的形式分析和识别物流项目风险的方法。在使用这种方法识别物流项目风险时，要允许各方面的专家和分析人员畅所欲言，搜寻和发现物流项目的各种风险。头脑风暴法可分为直接头脑风暴法和质疑头脑风暴法，前者就是通常所说的头脑风暴法，是指专家群体决策时尽可能激发其创造力、产生尽可能多的设想的方法，后者又称反头脑风暴法，是指对专家提出的设想、方案逐一进行质疑，分析其可行性的一种方法。使用这种方法时，组织者要善于提问并能及时整理物流项目风险分析的结果，并促使与会者不断发现和识别物流项目的各种风险和风险影响因素。一般使用这种方法可以回答下列问题：如果进行这个物流项目会遇到哪些风险，风险的后果危害程度如何，风险的主要成因是什么，风险事件的征兆有哪些，风险有哪些基本特性等。

4. 情景分析法

情景分析法是美国 SHELL 公司的科研人员 Pierr Wark 于 1972 年提出来的。它是通过对物流项目未来的某个状态或某种情况(情景)的详细描述并分析所描绘情景中的风险与风险要素，从而识别物流项目风险的一种方法。情景分析法是根据发展趋势的多样性，对系统内外的相关问题进行分析，设计出多种可能的前景，然后用类似于撰写电影剧本的方式对系统发展态势的情景和画面做出全程描述，情景(对于物流项目未来某种状态或情况)的描述可以用图表或曲线给出，也可以用文字给出，然后根据描述的情景，分析与识别物流项目风险中可能存在的风险、各种引发风险的关键因素以及它们的影响程度等问题的方法。对于涉及因素较多、分析计算比较复杂的物流项目风险识别，情景分析法可以借助于计算机完成。这种方法一般需要先给出物流项目情景描述，然后变动物流项目某个要素，再分析变动后物流项目情况变化和可能的风险与风险后果等。情景分析法对以下几方面作用明显。

(1) 分析和识别物流项目风险的后果。
(2) 分析和识别物流项目风险波及的范围。
(3) 检验物流项目风险识别的结果。
(4) 研究某些关键因素对物流项目风险的影响。

情景分析法可以通过筛选、监测和诊断 3 项工作，研究给出某些关键因素对于物流项目风险的影响。在"筛选"中，依据某种物流项目程序中对潜在的风险、风险因素的分类选择排序，并筛选出物流项目风险。在"监测"中，通过对某些风险模拟情景进行监测并根据风险发展变化找出影响风险的关键因素。在"诊断"中，通过对物流项目风险和物流项目风险影响因素分析，诊断出风险起因、症状、后果以及风险与起因的关系，最终找出物流项目风险的起因。

图 9.1 所示为一个描述筛选、检测和诊断关系的物流项目风险识别元素图，它们由物流项目风险识别情景分析法中的 3 个过程，即疑因估计、仔细检查和征兆鉴别构成。筛选、监测和诊断 3 项工作具体包括以下顺序。

(1) 筛选：仔细检查→征兆鉴别→疑因估计。
(2) 监测：疑因估计→仔细检查→征兆鉴别。
(3) 诊断：征兆鉴别→疑因估计→仔细检查。

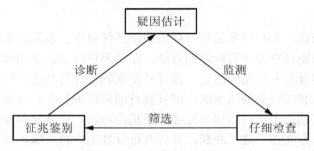

图 9.1 物流项目风险识别的情景分析法

5. 概率分布法

概率分布表明了每一可能事件及其发生的概率。一般需要利用历史资料或理论概率分布来建立实际概率分布。由于项目风险的客观概率是很难得到的，即使有这样一些历史数据，也会因为样本过小而无法建立概率分布。实践中，当历史资料不充分或不可信时，可以根据理论上的某些概率分布来补充或修正，从而建立风险的分布图。常用的风险概率分布有正态分布和泊松分布。

给出未来事件发生的概率和后果，是一种定量预测方法，具体有移动平均法、指数平滑法等。这些方法简单易行，但往往缺乏足够的历史资料。

6. 灵敏度分析法

分析并测定某一风险因素的变化对物流项目的影响程度，判断该风险发生不利变化时物流项目的承受能力，是量化及评估各风险对项目目标潜在影响的方法。物流项目对某种因素的敏感程度可以用该因素引起的评价指标的变动范围和幅度来表示，也可用评价指标达到某一临界点时允许某一因素变化的最大幅度来表示。灵敏度分析法通常有以下 3 个步骤构成：确定分析的评价指标；选择需要评价的不确定因素；计算不确定因素变动对指标的影响程度。多因素敏感性等需要确定多因素在任何范围变化时指标可行或者不可行，即确定指标可行与不可行的临界面或者临界线。

7. 决策树分析法

决策树描述了各种决策方案以及相关的偶然事件之间的相互影响，决策树的各个分支可以代表决策方案或偶然事件。决策树是把影响项目风险的有关因素，如风险的状态、风险发生的概率、风险的后果，绘制出一个从左至右展开的树状图。决策树主要由方块节点、圆形节点及由这些节点所引出的分支组成。决策树的优点是能够进行多级决策，并且能够使项目管理者有步骤、有层次地进行决策，缺点是不能把所有的因素都考虑进去，如果分级太多，决策树就会很复杂。

9.2.4 物流项目风险识别的结果

通常，对物流项目风险管理而言，一个物流项目的风险识别结果主要包括以下几个方面。

1. 已识别出的物流项目风险

对于已经识别出的物流项目风险可以列表给出，这种风险识别结果称为物流项目风险清单。该清单由一列可能发生的风险事件构成，这些物流项目风险都是可能影响物流项目最终结果的可能事件。物流项目风险的列表要尽可能地容易理解和详尽。通常的物流项目风险包括物流项目目标或物流项目需求的改变；物流项目设计错误、遗漏和误解；物流项目范围定义不清；物流项目团队成员角色和责任的理解有误；物流项目估算错误；缺少合格的团队成员等。对于已识别物流项目风险的描述应该包括已识别物流项目风险发生概率的估计、风险可能影响的范围、物流项目风险发生的可能时间范围、物流项目风险事件可能带来的损失等。

2. 可能潜在的物流项目风险

一些独立的物流项目风险事件，如自然灾害、特殊团队成员的辞职等都可构成物流项目可能的潜在风险。物流项目潜在风险是没有任何发生的征兆和极限，但是通过主观判断可以想象这种风险在一定条件下可能会发生。所以对可能的潜在风险，在当该风险如果发生会产生较大影响时应引起高度重视。

3. 物流项目风险的征兆

物流项目风险的征兆是指那些指示物流项目风险发展变化的现象或标志,所以这又被称为物流项目风险触发器。例如,天气骤然变化影响物流项目施工时,可能导致工期延迟,造成工期风险;原材料价格持续上涨,可能造成成本增加而出现预算风险。

9.3 物流项目风险估计

在识别了物流项目风险后,就要对这些风险发生的可能性的大小、造成后果的严重程度等物流项目风险情况进行估计和度量,做到对物流项目风险管理工作心中有数。

9.3.1 物流项目风险估计的内涵

物流项目风险估计是对于物流项目风险的影响和后果所进行的评价和估量,是在前面物流项目风险识别的分析基础上,对物流项目风险发生可能性大小(概率大小)、物流项目风险后果严重程度(通常以带来的损失值进行量化)、物流项目风险影响范围(在空间上的表现情况)和物流项目风险发生时间(在时间上的表现情况)的评价和估量。物流项目风险估计主要包括以下工作内容。

1. 物流项目风险可能性的评估

物流项目风险发生的可能性究竟有多大,通常用事件发生的概率来表示。因为物流项目可能损失的估计值——损失期望值是物流项目风险发生的概率与物流项目风险可能带来的损失值的乘积,所以物流项目风险的发生概率越高,造成物流项目损失的可能性就越大,如果能降低甚至消除物流项目风险发生的可能性,就可消减甚至化解物流项目风险。所以研究判定物流项目风险发生的可能性并对其估计和度量是物流项目风险估计的首要任务。

2. 物流项目风险后果的估计

在物流项目风险估计的过程中,除了要估计物流项目风险发生的概率以外,充分估计物流项目风险带来的后果及其造成的损失大小也是物流项目风险估计的重要任务之一。前面已经说过,物流项目损失情况也是物流项目损失期望值的乘数之一。同时物流项目风险后果可以从以下两个方面进行分析:一是该风险可能造成的后果不会很严重,但规避或者消除风险的成本较高,不论该风险发生的可能性大或小都要进行权衡分析;二是如果该风险可能造成十分严重的后果,即使该风险的发生概率不大,也要引起足够的重视。

3. 物流项目风险影响范围的估计

物流项目风险影响和波及的范围也是物流项目风险估计所应考虑的主要工作。如果其影响的范围较广,涉及物流项目各个方面和许多工作,就需要对它进行严格的控制,否则该风险的发生就会搅乱物流项目的整个工作和活动。

4. 物流项目风险发生时间的估计

物流项目风险发生一般有明显的时间分布特征,根据相关征兆和具体分析,合理估计时间分布，对物流项目风险的酝酿、爆发进行预测，对物流项目风险的控制采取合理的时间安排，可以避免物流项目风险集中酝酿和爆发，可以避免各种风险的协同效应，在控制风险的工作中也可做到适时、准确地进行风险控制，避免风险集中出现而造成顾此失彼、无暇顾及的局面。

9.3.2 物流项目风险估计的常用定性方法

定性决策法又称主观决策法，是指在决策中主要依靠决策者或有关专家的智慧来进行决策的方法，这是一种"软技术"。管理决策者运用社会科学的原理并依据个人的经验和判断能力，采取一些有效的组织形式，充分发挥各自丰富的经验、知识和能力，从对决策对象本质特征的研究入手，掌握事物的内在联系及其运行规律，对企业的经营管理决策目标、决策方案的拟订以及方案的选择和实施做出判断。这种方法适用于受社会、经济、政治等非计量因素影响较大、所含因素错综复杂、涉及社会心理因素较多以及难以用准确数量表示的综合性问题。这种"软技术"是企业决策采用的主要方法，它弥补了"硬"方法对人的因素、社会因素等难以奏效的缺陷。"硬"、"软"两类技术相互配合，取长补短，才能使决策更为有效。

定性决策方法有很多种，常用的有经理人员决策法、专家会议法、头脑风暴法、德尔菲法等。其中德尔菲法是最具代表性的方法。尤其在长远的战略决策中，由于许多条件的不肯定性，德尔菲法特别适用(德尔菲法的具体使用参见第 2 章)。

德尔菲法是由美国兰德公司于 20 世纪 50 年代初发明的，最早用于预测，后来推广应用到决策中来。它也可以看做专家会议法的一种发展(德尔菲是古希腊传说中的神谕之地，城中有座阿波罗神殿可以预卜未来，因而借用其名)。

9.3.3 物流项目风险估计的常用定量方法

1. 损失期望值法

损失期望值法首先要分析和估计物流项目风险概率和项目风险可能带来的损失(或收益)大小，然后将二者相乘求出物流项目风险的损失(或收益)期望值，并使用项目损失期望值(或收益)去度量项目风险。小型物流项目经常使用这种方法来估计物流项目风险。

1) 项目风险概率

物流项目风险概率和概率分布是项目风险度量中最基本的内容，物流项目风险度量的首要工作就是确定项目风险事件的概率分布。一般说来，物流项目风险概率及其分布应该根据历史信息资料来确定。

当项目管理者没有足够的历史信息和资料来确定项目风险概率及其分布时，也可以利用理论概率分布确定项目风险概率。由于项目的一次性和独特性，不同项目的风险彼此相差很远，所以在许多情况下，人们只能根据很少的历史数据样本对项目风险概率进行估计，甚至有时完全是主观判断。

因此，物流项目管理者在很多情况下要使用自己的经验，要主观判断项目风险概率及其概率分布，这样得到的项目风险概率称为主观判断概率。虽然主观判断概率是凭人们的经验和主观判断估算或预测出来的，但它也不是纯粹主观随意性的东西，因为项目管理者的主观判断是依照过去的经验做出的，所以它仍然具有一定的客观性。

2) 项目风险损失

项目风险造成的损失或后果大小需要从 3 方面来衡量。

(1) 物流项目风险损失的性质：项目风险可能造成的损失是经济性的、技术性的，还是其他方面的。

(2) 物流项目风险损失的大小与分布：项目风险可能带来的损失严重程度和这些损失的变化幅度，它们需要分别用损失的数学期望和方差表示。

(3) 物流项目风险损失的时间与影响：项目风险是突发的，还是随时间的推移逐渐致损的，项目风险损失是在项目风险事件发生后马上就能感受到，还是需要随时间的推移而逐渐显露出来以及这些风险损失可能发生的时间等。

3) 物流项目风险损失期望值的计算：一般是由上述物流项目风险概率与物流项目风险损失估计相乘得到的。

2. 模拟仿真法

模拟仿真法是用蒙特卡罗模拟或三角模拟等数学模拟或系统仿真模型分析和度量物流项目风险的方法。这种方法通过某种"实验"的方法，以这种物流项目风险事件出现的频率估计这一随机事件的概率，或者得到这个随机变量的某些数字特征，并将其作为物流项目风险的估计值。大物流项目或复杂物流项目的风险估计，特别是工期和成本风险估计经常使用这种方法。

3. 层次分析法

层次分析法(the Analytic Hierarchy Process，AHP)，在 20 世纪 70 年代中期由美国运筹学家 T.L.塞蒂(T.L.Saaty)正式提出。它是一种定性和定量相结合的、系统化、层次化的分析方法。由于在处理复杂的决策问题上具有实用性和有效性，它很快在世界范围得到重视。它的应用已遍及经济计划和管理、能源政策和分配、行为科学、军事指挥、运输、农业、教育、人才、医疗和环境等领域。

层次分析法的基本思路与人对一个复杂的决策问题的思维、判断过程大体上是一样的。层次分析法具体包括以下步骤。

(1) 建立层次结构模型。在深入分析实际问题的基础上，将有关的各个因素按照不同属性自上而下地分解成若干层次，同一层的诸因素从属于上一层的因素或对上层因素有影响，同时又支配下一层的因素或受到下层因素的作用。最上层为目标层，通常只有一个因素，最下层通常为方案或对象层，中间可以有一个或几个层次，通常为准则或指标层。当准则过多时(如多于 9 个)应进一步分解出子准则层。

(2) 构造成对比较阵。从层次结构模型的第 2 层开始，对于从属于(或影响)上一层每个因素的同一层诸因素，用成对比较法和 1~9 比较尺度构造成对比较阵，直到最下层。

(3) 计算权向量并做一致性检验。对于每一个成对比较阵计算最大特征根及对应特征向量，利用一致性指标、随机一致性指标和一致性比率做一致性检验。若检验通过，特征向量(归一化后)为权向量；若不通过，需重新构造成对比较阵。

(4) 计算组合权向量并做组合一致性检验。计算最下层对目标的组合权向量，并根据公式做组合一致性检验，若检验通过，则可按照组合权向量表示的结果进行决策，否则需要重新考虑模型或重新构造那些一致性比率较大的成对比较阵。

4. 决策树分析法

决策树分析法是常用的风险分析决策方法。该方法是一种用树形图来描述各方案在未来收益的计算，比较以及选择的方法，其决策是以期望值为标准的。人们对未来可能会遇到均有出现可能的几种不同的情况目前无法确知，但是可以根据以前的资料来推断各种自然状态出现的概率。在这样的条件下，人们计算的各种方案在未来的经济效果只能是考虑到各种自然状态出现概率的期望值，与未来的实际收益不会完全相等。

如果一个决策树只在树的根部有一决策点，则称为单级决策；若一个决策不仅在树的根部有决策点，而且在树的中间也有决策点，则称为多级决策。

决策树分析法包括以下步骤。

(1) 绘制决策树图。按从左到右的顺序画决策树，此过程本身就是对决策问题的再分析过程。

(2) 按从右到左的顺序计算各方案的期望值，并将结果写在相应方案的节点上方。期望值的计算是从右到左沿着决策树的反方向进行计算的。

(3) 对比各方案期望值的大小，进行剪枝优选。在舍去备选方案枝上，用"＝"记号隔断。

5. 模糊综合评价法

模糊综合评价法是20世纪60年代美国科学家扎德(Zadeh)教授创立的，是针对现实中大量的经济现象具有模糊性而设计的一种评判模型和方法，在应用实践中得到有关专家的不断演进。该方法既有严格的定量刻画，又有对难以定量分析的模糊现象进行主观上的定性描述，把定性描述和定量分析紧密地结合起来。模糊综合评价是对受多种因素影响的事物做出全面评价的一种十分有效的多因素决策方法，其特点是评价结果不是绝对地肯定或否定，而是以一个模糊集合来表示。基本原理及其步骤如下。

(1) 确定对象集、因素集和评语集。

(2) 确定权数分配。

(3) 建立各因素(指标)的评分隶属函数和综合评价矩阵 R。

(4) 计算每个对象的综合评价结果。

(5) 向量的归一化处理。

(6) 模糊评价结果分析。

9.3.4 物流项目风险识别与风险估计的过程

物流项目风险识别方法具体包括以下步骤。

1. 物流项目风险管理信息系统的开发建立

为了加强对物流项目风险的识别、估计和控制，就需要全面、准确、及时获得有关物流项目每个具体活动与过程的各种风险信息。为了获取这些信息就需要建立一个以计算机为基础或者纯人工的信息系统，这个系统包括整个物流项目及其所有子系统的所有物流项目风险信息。

2. 物流项目风险信息的跟踪、收集、处理和生成

物流项目风险信息系统的建立为收集、处理和生成物流项目风险信息提供了物质基础，

在物流项目风险信息系统建成之后,物流项目风险信息的收集、处理和生成等一系列物流项目风险信息工作将是一个长期细致的工作。物流项目实施是一个动态开发和全面发展的项目建设过程,这就需要动态跟踪物流项目过程以及物流项目活动的发展,及时处理物流项目所处环境与条件的变化等信息,为物流项目风险信息管理提供保障。

3. 物流项目风险的识别

有了物流项目风险信息系统及其提供的有关信息,就可以根据这些信息进行物流项目风险的识别工作。由于信息的不对称性和不完备性,物流项目风险信息系统提供的物流项目风险信息是有缺口的,所以物流项目风险识别工作实际上是一项物流项目管理人员或者专家成员运用信息和经验、运用开创性思维的分析与识别活动。许多时候需要管理者运用自己的经验、判断,甚至直觉去识别出各种物流项目风险。

4. 物流项目风险的分类

为了分析、应对和控制物流项目风险,需要对前面识别的物流项目风险按照发生概率的大小、诱发原因、后果严重程度或者应对措施等分类标示进行分门别类。物流项目风险分类并不是一次完成的,它是通过反复不断地分析完善而完成的。

5. 物流项目风险发生概率的分析与确定

为了分析和评价物流项目风险的影响性,需要对物流项目风险发生的概率进行分析和确定。分析和确定的概率大小和分布情况为物流项目风险的应对和控制指明了方向。在物流项目风险发生概率分析的过程中通常要以现有信息、历史数据和经验等为依据,尤其应注意以前做过的类似物流项目或相近物流项目所发生的风险情况记录。另外,还需要依靠物流项目管理人员的经验判断和直觉。

6. 物流项目风险原因的分析与确定

要对物流项目风险进行有效应对和合理控制,就必须对已识别的全部物流项目风险进行风险原因的分析,并通过分析找出引发风险事件的原因。诱发物流项目风险的原因可能是多方面和多层次的,所以还要抓住主要矛盾和矛盾的主要方面,进行主因素分析、多变量分析等更深一步的物流项目风险因素分析。

7. 物流项目风险后果的分析与确定

如果不对物流项目风险进行分析识别、评估、应对和控制,物流项目风险将会如期发生并产生相应后果,这些后果可能是致命的。因此分析和确定物流项目风险产生的后果将是物流项目风险识别的重要步骤。对于物流项目风险造成的后果通常用货币金额进行度量和表示,即人们常说的"风险损失"或者"风险损失额"。这种"风险损失额"是确定物流项目风险控制优先序列的依据之一。

8. 物流项目风险发展时间进程的分析与确定

物流项目是在一定的时空环境中开展的,物流项目风险伴随物流项目的开发过程产生和发展,所以物流项目风险也是在一定的时空中酝酿、成长和爆发的。研究、分析物流项目风险发展时间进程也是物流项目风险分析的一个过程。

9. 物流项目风险度量与风险控制优先序列的确定

在完成上述分析与判断之后,还要综合各方面的分析结论,正确估计物流项目风险和物流项目风险控制的优先序列。物流项目控制优先序列安排的基本原则是物流项目风险后果最严重、发生概率最高、发生时间最早的优先控制。

10. 给出物流项目风险识别和估计报告

通过上面的一系列物流项目风险分析、识别和评估等工作,得出物流项目风险发生的概率、诱发的原因、引起的后果和时间的分布等结论,这些结论应以物流项目风险分析和评估报告的形式提供给有关领导和部门,为物流项目风险应对、控制以及今后物流项目风险管理工作的开展提供依据。这个报告应包括物流项目现有风险清单,物流项目风险的分类、原因分析和说明,物流项目风险度量的表述和全部物流项目风险控制优先序列说明等内容。

9.4 物流项目风险应对措施的制定

人们在物流项目风险面前并不是毫无作为的,可以根据物流项目风险的具体情况采取一些积极的应对措施。

9.4.1 物流项目风险应对措施的概念

识别和评价得出的物流项目风险可能有两种结果:一是物流项目整体风险超出了物流项目组织或物流项目业主(客户)能够接受的水平;二是物流项目整体风险在物流项目组织或物流项目业主(客户)可接受的水平之内。针对这两种不同的情况,可以采取不同的应对措施。当物流项目整体风险超出物流项目组织或物流项目业主(客户)能够接受的水平时,物流项目组织或物流项目业主(客户)至少有两种基本的应对措施可以选择:一是当物流项目整体风险超出可接受水平很高时,由于无论如何努力也无法完全避免风险所带来的损失,所以应该立即停止物流项目或取消物流项目;二是当物流项目整体风险超出可接受水平不多时,由于通过主观努力和采取措施能够避免或消减物流项目风险损失,所以应该制定各种各样的物流项目风险应对措施,并通过开展物流项目风险控制落实这些措施,从而避免或消减物流项目风险所带来的损失。

9.4.2 物流项目风险应对的主要措施

一般的物流项目风险应对措施主要包括以下几种。

1. 回避风险

回避风险是指设法远离、躲避或者遏制可能发生风险的行为和环境,从而达到避免风险发生或遏制其发展可能性的一种策略。它主要包括物流项目规避风险和遏制风险两种措施,其中,如果是物流项目资源、物流项目技术、物流项目设计方案等存在风险,就应放弃这些风险因素,选择无风险的相关因素开展物流项目,这样就达到规避风险的目的。例如,在物流项目开发建设过程中坚决采用成熟的技术以规避物流项目技术带来的风险。物流项目风险的出现、发生、发展是有原因的,对这些原因进行有效控制从而达到遏制风险的目的。例如,为了遏制在物流项目中可能出现的因资金短缺带来的物流项目财务状况风险的出现,注入新资金将是不错的选择。

单纯回避风险是一种消极的风险防范手段,因为对于投机风险来讲,回避了风险虽然避免了损失,但也意味着失去了获利的机会,另外,现代社会经济活动中广泛存在着各种风险,如果处处回避,只能是无所作为,实质上是承受了放弃发展的风险,因而单纯回避风险是有局限性的。积极回避风险的策略是承担小风险、回避大风险,损失一定小利益,避免更大的损失,避重就轻,趋利避害,控制损失。回避风险的措施及内容如表9-3所示。

表9-3 回避风险的措施及内容

回避风险的措施	内容
拒绝承担风险	(1) 不参与存在致命风险或风险很大的工程项目投标。 (2) 放弃明显亏损的项目、风险损失超过自己承受能力和把握不大的项目。 (3) 利用合同保护自己,不承担应该由业主或其他方承担的风险。 (4) 不与实力差、信誉不佳的分包商和材料、设备供应商合作。 (5) 不委托道德水平低下或综合素质不高的中介组织或个人
控制损失	(1) 选择风险小或适中的项目,回避风险大的项目,降低风险损失严重性。 (2) 施工活动(方案、技术、材料)有多种选择时,面临不同风险,采用损失最小化方案。 (3) 回避一种风险将面临新的风险时,选择风险损失较小而收益较大的风险防范措施。 (4) 当损失一定并且利益比较小的时候,应避免更大的损失,举例如下。 ① 投标时加上不可预见费,承担减少竞争力的风险,但可回避成本亏损的风险。 ② 选择信誉好的分包商、供应商和中介,价格虽高些,但可减小其违约造成的损失。 ③ 对产生项目风险的行为、活动,订立禁止性规章制度,回避和减小风险损失。 ④ 按国际惯例(标准合同文本)公平、合理地规定业主和承包商之间的风险分配

2. 转移风险

转移风险是对那些概率小,但是损失大,或者物流项目组织很难控制的物流项目风险,通过购买保险转移给保险商或者通过合同转移给分包商,因而又称风险的财务转移,一般包括保险转移和非保险的合同转移。所谓转移风险,不是转嫁风险,因为有些承包商无法控制的风险因素,在转移后并非给其他主体造成损失,或者是由于其他主体具有的优势能够有效地控制风险,因而转移风险是施工项目风险管理中非常重要而且广泛采用的一项策略。转移风险的措施及内容如表9-4所示。

表9-4 转移风险的措施及内容

转移风险的措施	内容
合同转移	通过与业主、分包商、材料设备供应商、设计方等非保险方签订合同(承包、分包、租赁)或协商等方式,明确规定双方的工作范围和责任,以及工程技术的要求,从而将风险转移给对方,包括以下方面。 (1) 将有风险因素的活动、行为本身转移给对方,或由双方合理分担风险。 (2) 减少承包商对对方损失的责任。 (3) 减少承包商对第三方损失的责任。 (4) 通过工程担保可将债权人违约风险损失转移给担保人

续表

转移风险的措施	内　　容
保险转移	承包商通过购买保险，将施工项目的可保风险转移给保险公司承担，使自己免受损失，工程承包领域的主要险别如下。 (1) 建筑工程一切险，包括建筑工程第三者责任险(又称民事责任险)。 (2) 安装工程一切险，包括安装工程第三者责任险。 (3) 社会保险(包括人身意外伤害险)。 (4) 机动车辆险。 (5) 十年责任险(房屋建筑的主体工程)和两年责任险(细小工程)

3. 风险自留

风险自留是指采用风险预防、风险分离、风险化解、风险容忍、风险消减、风险分担、风险应急以及风险分散等措施来对待分析的一种策略。风险自留一般有以下 3 种情况。

(1) 被动自留，对风险的程度估计不足，认为该风险不会发生，或没有识别出这种风险的存在，但是在承包商毫无准备时风险发生了。

(2) 被迫自留，即这种风险无法回避，而且又没有转移的可能性，别无选择。

(3) 主动自留，是经分析和权衡，认为风险损失微不足道，或者自留比转移更有利，而决定由自己承担风险。

其中被迫自留、主动自留又称计划自留，因为这时候已做好了应对风险的准备。

(1) 采用自留风险策略的有利情况如下。

① 自留费用低于保险人的附加保费。

② 项目的期望损失低于保险公司的估计。

③ 项目有许多风险单位(意味着风险较小，承包商抵御风险的能力较大)。

④ 项目的最大潜在损失与最大预期损失较小。

⑤ 短期内承包商有承受项目最大预期损失的经济能力。

⑥ 费用和损失支付分布于很长的时间里，因而导致很大的机会成本。

(2) 自留风险策略及其内容如表 9-5 所示。

表 9-5　风险自留的措施及内容

风险自留的措施	内　　容
风险预防	(1) 增强全体人员的风险意识，进行风险防范措施的培训、教育和考核。 (2) 根据项目特点，对重要的风险因素进行随时监控，做到及早发现，有效控制。 (3) 制订完善的安全计划，针对性地预防风险，避免或减小损失的发生。 (4) 评估及监控有关系统及安全装置，经常检查预防措施的落实情况。 (5) 制订灾难性计划，为人们提供损失发生时必要的技术组织措施和紧急处理事故的程序。 (6) 制订应急性计划，指导人们在事故发生后，如何以最小的代价使施工活动恢复正常

续表

风险自留的措施	内容
风险分离	将项目的各风险单位分离间隔,避免发生连锁反应或互相牵连、波及,而使损失扩大,举例如下。 (1) 向不同地区(国家)供应商采购材料、设备,减小或平衡价格、汇率浮动带来的风险; (2) 将材料进行分隔存放,分离了风险单位,减少了风险源影响的范围和损失
风险化解	物流项目开发建设的过程中有一些物流项目风险的出现、发生和发展的原因可以通过一定措施进行化解,通过这种方式处理危机称为风险化解。例如,在物流项目中可能出现的物流项目团队内部冲突风险,可以通过采取双向沟通、消除矛盾的方法去解决问题,这就是一种风险化解措施
风险容忍	风险容忍措施多数是对那些发生概率小,而且物流项目风险所造成的后果较轻的风险事件所采取的一种风险应对措施。这是一种经常使用的物流项目风险应对措施
风险消减	对于无预警信息物流项目风险可以采取风险消减的措施处理风险。例如,当出现雨天而无法进行室外施工时,尽可能安排各种物流项目团队成员与设备从事室内作业就是一种物流项目风险消减的措施
风险分担	这是指根据物流项目风险的大小和物流项目团队成员以及物流项目相关利益者不同的承担风险能力,由他们合理分担物流项目风险的一种应对措施。这也是一种经常使用的物流项目风险应对措施
风险应急	对于无预警信息风险事件还可以采取风险应急的措施处理风险。例如,准备各种灭火器材以应付可能出现的火灾,购买救护车以应付人身事故的救治等都属于风险应急的措施
风险分散	通过增加风险单位,减轻总体风险的压力,达到共同分担集体风险的目的,举例如下。 (1) 承包商承包若干个工程,避免单一工程项目上的过大风险。 (2) 在国际承包工程中,工程付款采用多种货币组合也可分散国际金融风险

4. 风险利用

风险利用是指对于风险与利润并存的投机风险,承包商可以在确认可行性和效益性的前提下,所采取的一种承担风险并排除(减小)风险损失而获取利润的策略。如前所述,投机风险的不确定性结果表现为造成损失、没有损失、获得收益3种。因此利用风险并不一定保证次次利用成功,它本身也是一种风险。

(1) 承包商采取利用风险策略包括以下条件。

① 所面临的是投机风险,并具有利用的可行性。

② 承包商有承担风险损失的经济实力,有远见卓识、善抓机遇的风险管理人才。

③ 慎重决策,权衡冒风险所付出的代价,确认利用风险的利大于弊。

④ 分析形势,事先制定利用风险的策略和实施步骤,并随时监测风险态势及其因素的变化,做好应变的紧急措施。

(2) 利用风险的策略。

利用风险的策略,因风险性质、物流项目特点及其内外部环境、合同双方的履约情况不同而多种多样,承包商应具体情况具体分析,因势利导,化损失为营利。风险利用的措施和内容如表9-6所示。

表 9-6 风险利用的措施和内容

应对措施	内　　容
利用风险	(1) 承包商通过采取各种有效的风险控制措施，降低实际发生的风险费用，使其低于不可预见费，这样原来作为不可预见费用的一部分将转变为利润。 (2) 承包商资金实力雄厚时，可冒承担代资承包的风险，获得承包工程而赢取利润。 (3) 承包商利用合同对方(业主、供应商、保险公司等)工作疏漏或履约不力、或监理工程师在风险发生期间无法及时审核和确认等弱点，抓住机遇，做好索赔工作。 (4) 在(国际)工程承包中，对于时间性强、区域(国别)性风险，特别是政治风险，承包商可通过对形势的准确分析和判断，采取冒短时间的风险，较其他竞争对手提前进入、开辟新的市场，建立根基。这样虽难免蒙受一时的风险损失代价，但是，待形势好转、经济复苏之时，就可获得长远且可观的效益。 (5) 承包商预测、关注宏观(国际、地区、国内)经济形势及行业的景气循环变动，在扩张时抓住机遇，紧缩时争取生存。 (6) 在国际工程承包中，面对不同国家法律、经济、文化等方面的差异，或政局变化等现象，发现机遇，谋取利益。 (7) 精通国际金融的承包商，在国际工程承包中，可利用不同国家及其货币的利息差、汇率差、时间差、不同计价方式等谋取获利机会，一旦成功获利巨大，但是若造成损失也将是致命的，须谨慎操作。 (8) 承包商可采取赠送、优惠等措施，冒一点小风险，做出一点利益牺牲，换取工程承包权，或后续的供应权、维修权等，以获得更大收益

总之，物流项目风险是由于未来的不确定性带来的，对于物流项目风险可以采取风险回避、风险转移、风险自留和风险利用等策略。现将有关物流项目风险种类、风险防范策略和风险防范措施归纳，如表 9-7 所示。

表 9-7 风险应对总表

风　险　种　类		风险防范策略	风险防范措施
政治风险	战争、内乱、恐怖袭击	转移风险	保险
		回避风险	放弃投标
	政策法规的不利变化	自留风险	索赔
	没收	自留风险	援引不可抗力条款索赔
	禁运	损失控制	降低损失
	污染及安全规则约束	自留风险	采取环保措施、制订安全计划
	政局变化	自留风险	适应环境 利用风险
自然风险	对永久结构的损坏	转移风险	保险
	对材料设备的损坏	风险控制	预防措施
	造成人员伤亡	转移风险	保险
	火灾、洪水、地震	转移风险	保险
	塌方	转移风险	保险
		风险控制	预防措施
经济风险	商业周期	利用风险	扩张时抓住机遇，紧缩时争取生存
	通货膨胀、通货紧缩	自留风险	合同中列入价格调整条款
	汇率浮动	自留风险	合同中列入汇率保值条款
		转移风险	投保汇率险、套汇交易
		利用风险	市场调汇

续表

风险种类		风险防范策略	风险防范措施
经济风险	分包商或供应商违约	转移风险	履约保函
		回避风险	对分包商或供应商资格进行预审
	业主违约	自留风险	索赔
		转移风险	严格合同条款
	项目资金无保证	回避风险	放弃承包
	标价过低	转移风险	分包
		自留风险	加强管理控制成本，做好索赔
设计施工风险	设计错误、内容不全、图纸不及时	自留风险	索赔
	工程项目水文地质条件复杂	转移风险	合同中分清责任
	恶劣的自然条件	转移风险	索赔、预防措施
	劳务争端、内部罢工	自留风险、损失控制	预防措施
	施工现场条件差	自留风险	加强现场管理，改善现场条件
		转移风险	保险
	工作失误、设备损毁、工伤事故	转移风险	保险
社会风险	宗教节假日影响施工	自留风险	合理安排进度，留出损失费
	相关部门工作效率低	自留风险	留出损失费
	社会风气腐败	自留风险	留出损失费
	现场周边单位或居民干扰	自留风险	遵纪守法，沟通交流，搞好关系

9.4.3 制定物流项目风险应对措施的依据

制定物流项目风险应对措施主要包括以下依据。

1. 物流项目风险的特性

通常物流项目风险应对措施主要是根据风险的特性制定的。例如，对于有预警信息的物流项目风险和没有预警信息的物流项目风险就必须采用不同的风险应对措施，对于物流项目工期风险、物流项目成本风险和物流项目质量风险也必须采用完全不同的风险应对措施。

2. 物流项目组织抗风险的能力

物流项目组织抗风险能力决定了一个物流项目组织能够承受多大的物流项目风险，也决定了物流项目组织对于物流项目风险应对措施的选择。物流项目组织抗风险能力包括许多要素，既包括物流项目经理承受风险的心理能力，又包括物流项目组织具有的资源和资金能力等。

3. 可供选择的风险应对措施

制定物流项目风险应对措施的另一个依据是一种具体物流项目风险所存在的选择应对措施可能性。对于一个具体物流项目风险而言，只有一种选择和有很多种选择，情况是不同的，总之要通过选择最有效的措施去制定物流项目风险的应对措施。

9.4.4 物流项目风险应对措施制定的结果

物流项目风险应对措施制定的结果主要包括以下内容。

1. 物流项目风险管理计划

物流项目风险管理计划不仅包括物流项目全过程的风险管理的目标、任务、程序、责任、措施等一系列内容的全面说明,而且包括应对物流项目风险措施和控制物流项目风险工作的计划与安排。它应该包括对于物流项目风险识别和风险度量的结果说明,对于物流项目风险控制责任的分配和说明,对于如何更新物流项目风险识别和风险度量结果的说明,物流项目风险管理计划的实施说明,以及物流项目预备资金(不可预见费)如何分配和如何使用等方面的全面说明,计划与安排。

物流项目风险管理计划根据物流项目的大小和需求,可以是正式计划,也可以是非正式计划,可以是有具体细节的详细计划与安排,也可以是粗略的大体框架式的计划与安排。物流项目风险管理计划是整个物流项目计划的一个组成部分。

2. 物流项目风险应急计划

为了预防物流项目风险造成严重的后果,在物流项目风险发生之前要准备一些物流项目风险应急措施及其计划,做到有备无患。在制订物流项目应急计划时应对物流项目做全面分析,考虑到可能发生的所有情况,针对每种情况都准备一些相应的应急手段和措施。物流项目风险应急计划通常是物流项目风险管理计划的一部分,但是它也可以融入物流项目其他计划。例如,它可以是物流项目范围管理计划或者物流项目质量管理计划的一个组成部分。

3. 物流项目预备金

对于一些不可预见的风险因素,在制定物流项目风险应对措施时应考虑计提物流项目准备金。有些物流项目风险不能回避和转移,只能自己承担,为了避免风险突发时带来的严重后果,所以在事先就计提一些预备金以备不时之需。

4. 物流项目的技术后备措施

物流项目的技术后备措施是专门用于应付物流项目技术风险的,它是一系列预先准备好的物流项目技术措施方案,这些技术措施方案是针对不同物流项目风险而预想的技术应急方案,只有当物流项目风险情况出现、并需要采取补救行动时才需要使用这些技术后备措施。

9.5 物流项目风险控制

物流项目风险控制工作是物流项目风险管理中十分重要的工作,它贯穿于物流项目风险管理的始终。

9.5.1 物流项目风险控制的概念

物流项目风险控制是指在整个物流项目过程中根据物流项目风险管理计划对物流项目

进行实时监测，及时发现有关问题和风险，把有关风险控制在一定范围内的一种物流项目风险管理活动。由于物流项目风险具有阶段性、渐进性和可控性等特点，所以对于处在不同阶段的物流项目风险，当它处于一个阶段时，可以在下一个阶段采取相应措施进行控制。

物流项目风险控制的内容主要包括持续开展物流项目风险的识别与度量、监控物流项目潜在风险的发展、追踪物流项目风险发生的征兆、采取各种风险防范措施、应对和处理发生的风险事件、消除和缩小物流项目风险事件的后果、管理和使用物流项目不可预见费、实施物流项目风险管理计划等。

9.5.2 物流项目风险控制的目标和依据

1. 物流项目风险控制的目标

物流项目风险控制的目标主要包括以下几种。

1) 努力及早识别物流项目的风险

物流项目风险控制的首要目标是努力及早识别物流项目的风险。要有效开展物流项目风险控制就必须发现有无风险、这些风险发生的概率大小、危害程度等因素。由于物流项目风险发现得越早就越容易控制，所以尽早发现和识别物流项目风险是控制物流项目风险的重要因素。

2) 努力避免物流项目风险事件的发生

物流项目风险控制的第二个目标是努力避免物流项目风险事件的发生。及早识别了风险及其原因，消除诱发物流项目风险的原因，尽量做到避免物流项目风险的发生。

3) 积极消除物流项目风险事件的消极后果

物流项目风险控制的第三个目标就是积极消除物流项目风险事件的消极后果。如果物流项目的风险不幸发生，就要努力做到采取积极有力的措施，及时迅速地消除物流项目带来的不良后果。

4) 充分吸取物流项目风险管理中的经验与教训

物流项目风险控制的第四个目标是充分吸取物流项目风险管理中的经验与教训。前车之辙，后车之鉴，不断总结经验教训，避免类似的情况发生是物流项目风险控制的目标之一。

2. 物流项目风险控制的依据

物流项目风险控制的依据主要有以下几个方面。

1) 物流项目风险管理计划

这是物流项目风险控制最根本的依据。物流项目风险管理计划包括了对物流项目风险管理的目标、应对措施、控制标准和目标以及控制措施、控制过程等内容，所以是物流项目控制的主要依据之一。

2) 实际物流项目风险发展变化情况

物流项目风险管理计划是对未来情况假设基础上做出的，和现实有一定差距，实际情况的变化对物流项目控制具有较好的指导作用。实际情况特别是偏差情况更是物流项目控制所高度重视的，纠偏是物流项目控制的主要职责。

9.5.3 物流项目风险控制方法的步骤与内容

物流项目风险事件控制中各具体步骤的内容与做法分别说明如下。

1. 建立物流项目风险事件控制体制

要实现对物流项目风险的有效控制,首先应该建立起一整套的物流项目风险控制体制,包括物流项目风险控制的方针、物流项目风险控制的程序以及物流项目风险控制的有关体制。这包括物流项目风险责任制、物流项目风险信息报告制、物流项目风险控制决策制、物流项目风险控制的沟通程序等。

2. 确定要控制的具体物流项目风险

物流项目风险种类较多,采取的应对措施各异,因此必须事先确定对哪些物流项目实施回避、转移策略,哪些要实施自留策略,哪些要实施利用策略,从而确定控制的范围和种类。

3. 确定物流项目风险的控制责任

物流项目风险的控制要责任明确、责任到人。只有把物流项目风险控制的责任落实到能负责任、敢负责人的人头上,才能把物流项目风险控制落实到实处。如果用不合适的人去担负风险事件控制,将会造成大量的时间与资金的浪费。

4. 确定物流项目风险控制的行动时间

物流项目在时间上具有阶段性和渐进性,抓住有利阶段和有利时间是有效进行物流项目风险控制的基础和前提。

5. 制定各具体物流项目风险的控制方案

在确定了物流项目风险控制的种类以及时间等因素后,就要及时制定物流项目风险控制的方案。在这一步当中要找出能够控制物流项目风险的各种备选方案,然后对方案做必要的可行性分析,以验证各物流项目风险控制备选方案的效果,最终选定要采用的风险控制方案或备用方案。另外,还要针对风险的不同阶段制定不同阶段使用的风险控制方案。

6. 实施具体物流项目风险控制方案

在物流项目实施过程中对物流项目风险要按照具体物流项目风险方案进行有效控制。只有按照物流项目风险控制的方案实时控制,才能把物流项目风险控制具体落实。如果没有有效地实施,一切前期工作都会付诸东流,一切物流项目风险都会如期而至,那么物流项目风险带来的后果也是可想而知的。这一步是要按照确定出的具体物流项目风险控制方案开展物流项目风险控制的活动。

7. 跟踪具体物流项目风险的控制结果

跟踪具体物流项目风险的控制结果就是要收集风险事件控制工作的信息并给出反馈,即利用跟踪去确认所采取的物流项目风险控制活动是否有效,物流项目风险的发展是否有新的变化等。这样就可以不断地提供反馈信息,从而指导物流项目风险控制方案的具体实施。

8. 判断物流项目风险是否已经消除

判断物流项目风险是否消除是物流项目风险控制的重要一环。如果已经消除,物流项目风险得到有效控制,那么物流项目风险控制工作就告一段落;如果没有彻底消除,就要重新对物流项目发展进行新一轮的控制工作,直至达到控制目标为止。

本章小结

物流项目风险是由物流项目所处的环境和条件的不确定性造成的。造成这些风险有认识上和信息掌握方面的原因。可以通过物流项目风险识别、估计以及采取相应的应对措施和控制方法对物流项目风险进行有效的管理。

物流项目风险识别是物流项目风险管理的第一步。物流项目风险识别应严格按照物流项目风险控制的依据，采取合理有效的识别方法，最后得到物流项目风险识别的有关成果，为物流项目风险管理进一步开展提供依据。

物流项目风险估计是对物流项目风险发生情况的估计。它是按照一定方法和步骤进行的。

物流项目风险的应对和控制是根据物流项目风险的识别情况和估计结果按照人们的意愿对物流项目风险进行处理，使其最终符合人们的要求。

习 题

一、名词解释

物流项目风险管理　　　物流项目风险识别　　　物流项目风险估计
物流项目风险应对　　　物流项目风险控制

二、选择题

(1) 在物流项目风险估计中，最适合采用德尔菲技术的时间是(　　)。
    A．模拟模型非常复杂　　　　　B．历史数据丰富
    C．算法是试算性的　　　　　　D．探索集体知识

(2) 假设是范围实施过程的一种有效产出，在物流项目执行之前，每种假设必须被明确或被确定为(　　)。
    A．限制　　　B．风险　　　C．成果　　　D．问题

(3) 在信息技术项目编程阶段结束时，项目经理得到指示，将主要程序员调换到另一个项目，编程小组的其余成员很有经验。项目经理应做的第一件事是(　　)。
    A．与顾客协商，并请其做出决定
    B．与其他项目的经理商议，以确定是否确有需要
    C．与主要程序员会谈，将目前项目编程活动的状况记录在案
    D．向项目办公室提出招聘新的主要程序员的建议

(4) 风险管理的适当程序包括(　　)。
    A．识别、量化、制定对策和控制　　B．识别、规划、控制和评估
    C．要素识别、缓解管理和对策　　　D．量化、回避、接受和缓解

三、简答题

(1) 你是如何理解物流项目风险和物流项目风险管理的？

(2) 你认为物流项目风险管理与一般企业运营中的风险管理有什么区别？为什么会有这些区别？

(3) 物流项目风险管理与物流项目其他专项管理和物流项目集成管理是什么关系？为什么？

(4) 物流项目风险管理有哪些主要作用？如何才能够更好地发挥这些作用？

(5) 物流项目风险管理有哪些主要的工作内容？有哪些特殊的做法？

(6) 物流项目风险识别和物流项目风险度量之间有什么关联？物流项目风险应对措施制定与物流项目风险控制有什么关联？如何管理和处理好这些关联？

(7) 你认为物流项目风险管理还应该开展哪些方面的工作？如何才能进一步搞好物流项目风险管理？

南京长江国际航运物流中心建设的风险分析

1. 背景

近年来，随着经济全球化的推进，国际投资和制造业向中国的梯度转移，物流产业在中国经济发展中的作用日益显现，为此《中共中央关于制定国民经济和社会发展第十一个五年规划的建议》中提出"促进服务业加快发展。制定和完善促进服务业发展的政策措施，大力发展金融、保险、物流、信息和法律服务等现代服务业，运用现代经营方式和信息技术改造提升传统服务业，提升服务业的比重和水平。加强城市基础产业基础设施建设。交通运输要合理布局，做好各种运输方式相互衔接，发挥组合效率和整体优势，形成便捷、通畅、高效、安全的综合运输体系"。

长江三角洲地区特别是南京及周边地区经济快速发展，对长三角现代物流的发展提出了新的要求，并带来了新的机遇，而且江苏省、南京市"两个率先"的不断推进和沿江大开发战略的实施，南京港口腹地进出口总量仍将有较大幅度增长。因此，加快推进南京物流发展，使之上规模、上水平，抢占长江航运物流枢纽，不仅对长三角经济的持续健康发展具有促进作用，而且对南京及周边地区经济的迅速发展，都具有长远的意义，其发展水平也成为衡量区域竞争力的重要标志。

2005年8月22日，江苏省委主要领导到南京调研，原省委书记李源潮在讲话中指出，南京市要进一步明确建设经济发达、文化繁荣、社会和谐、人居环境优良的中心城市的方向，利用南京特有的城市禀赋，进一步确立建设"五个中心"的城市定位，第一就是建设南京长江国际航运物流中心，加快形成国际性、多功能、综合性江海转运主枢纽港，抢占长江航运第一枢纽的地位，发挥服务全省、服务长江流域的重要功能。

综上所述，宏观经济对物流的需求，国家的政策指导，江苏南京腹地经济的发展，以及江苏省、南京市领导对南京现代物流的重视，都表明南京面临建设南京长江国际航运物流中心重大的历史机遇，并且提出了"十一五"期间建设南京长江国际航运物流中心的规划。然而，由于风险的普遍性以及建设南京长江国际航运物流中心本身的特点，南京长江国际航运物流中心的建设只有规划是不完善的，必须对其中蕴含的风险进行深入分析，并寻找有效规避各类风险的策略和方法。问题的关键在于如何识别南京长江国际航运物流中心建设的风险？需要从哪几方面进行分析？针对风险应采取什么样的防范措施？

2. 案例陈述

南京长江国际航运物流中心建设离不开南京市及其周边环境的支持，需要充分发挥各类资源的作用和影响。

1) 南京长江国际航运物流中心建设的客观条件

南京是一座 5 种运输方式齐全且拥有很大综合运输优势的特大型城市，通江达海、多线汇集，是中国东部地区重要的综合性交通枢纽，在南京不但有大量客货流集散，而且还有大量过境和转运交通发生。大力发展城市对外交通，对于促进南京地区的经济发展和加强南京在华东地区以及长江流域的经济中心地位意义重大(南京市公路、铁路、水运、航空、管道和城市交通的具体情况详见科学出版社 2008 年出版的赵林度和曾朝晖编著的《供应链与物流管理教学案例集》)。

2) 南京港的条件

南京港位于江苏省省会南京市，地理区位优越，区域交通发达，疏港物流通畅。南京港集铁路、公路、水路、航空、管道 5 种运输方式于一体，是长江流域和华东地区重要的水、陆、空和江海河立体运输、全方位的综合性交通枢纽。

(1) 南京港水路距长江口 300 多千米，因南京长江大桥的净空限制，成为长江万吨级航道的终点。

(2) 南京港公路交通四通八达，已经形成了"对外便捷，干支相连"的立体交通框架。

(3) 南京港从事管道原油、海进江原油、成品油以及多种液体化工产品的装卸储存业务，是中国目前规模较大的从事液体散货装卸、储存的港口企业，是中国原油等液体大宗散货海进江中转运输体系的关键枢纽，是长江中下游最理想的海进江油品及液体化工产品集疏、换装基地。

3. 南京航空港的现状

南京禄口国际机场位于江苏省南京市东南部，距南京市中心直线距离为 35.8km，实行"一次规划，分期建设"。1997 年 7 月 1 日，其正式通航，同年 11 月 18 日，经国务院批准对外国籍飞机开放。南京禄口国际机场现有 "3 600m 长、60m 宽"的飞行跑道和"3 600m 长、45m 宽"的滑行跑道各一条，并建有一座 132 000m^2 的航站楼、6 052m^2 的航管楼以及 6 700m^2 的货运仓库，能满足年飞行量 7 万架次、年客运保障能力 1 200 万人次、年货物处理能力 8 万吨。

南京机场是中国重要的航空港之一。目前，国内航线 65 条，辐射 20 多个省、市、自治区的 40 多个城市。南京禄口国际机场除可直达国内城市外，还开辟了飞往纽约、法兰克福等地的航班，并不定期直飞日本名古屋、宫崎等地。

通过对南京市整体情况的介绍，可以看到建设南京长江国际航运物流中心主要依托的交通系统，南京港、南京航空港以及南京周边地区产业的经济情况也是做出建设南京长江国际航运物流中心决策的现实基础，既有优势又存在不足。因此，应从现状的客观条件出发，深入分析南京长江国际航运物流中心建设的风险。

4. 南京长江国际航运物流中心建设的风险识别及分析

南京长江国际航运物流中心建设的风险识别，是指对建设过程中可能产生的风险因素进行分析、归类和细化的过程。根据风险产生的根源，南京长江国际航运物流中心建设的风险主要有以下几大类。

1) 自然及环境风险

自然及环境风险主要指自然条件、交通条件、地理环境等因素，对南京长江国际航运物流中心建设所构成的障碍或不利条件。

(1) 航道条件有限。长江航道是长江航运发展的基础，特别是南京以下航段，是长江水路运输最为繁忙的河段，货运量占整个长江货运量的 70%。尽管目前南京已具备了直接接纳 5 万吨级以上 8 万吨级以下大型船舶的港口、码头条件,却受航道条件限制不能畅通直达。海事部门为了保障水上交通安全,对3 000吨级以上的船舶和船队进行交通管制,导致大量进入南京港的船舶不能准时抵达和靠离,甚至部分船舶被迫改变卸载港口,直接影响了沿江特别是南京港口经济的发展和口岸深入开放。因此,该航段是否畅通,对于发挥整个长江黄金水道的黄金效益至关重要,也是能否建成南京长江国际航运物流中心的关键之一。

(2) 公用码头陆域普遍狭窄,堆存和综合通过能力不足,发展空间受到限制,泊位条件已不能适应国际船舶大型化的发展要求。南京港由公用码头和非公用码头组成,现有生产型码头泊位246个,其中万吨级泊位35个,集装箱泊位9个,公共性码头144个,企业专用码头102个。公用港区能力十分紧张,万吨级以上深水泊位仅占全港泊位总数的12.1%,通过能力占全港的36.4%,因此,现有泊位条件已不能适应国际船舶大型化的发展要求,远远不能满足南京长江国际航运物流中心建设的要求。

2) 政策及社会环境风险

政策及社会环境风险主要指国家政策、社会背景、物流市场等环境因素对南京长江国际航运物流中心建设的束缚和限制。

(1) 政策风险。虽然南京市已经认识到现代物流业的发展对城市经济的整体推进具有强大的拉动作用,已经于2004年上半年相继出台了《南京市轨道交通管理办法》、《南京市道路客货运输站管理办法》,目的是实现对长江岸线资源的科学化和制度化管理、更好地为地方经济发展和沿江大开发服务,但是,这与南京市快速形成的南京都市圈区域中心城市地位,以及南京都市圈快速发展的制造业、服务业对现代物流业的需求仍有一定距离。南京目前在政策的某些方面还存在着一些劣势。例如,不少地方发展港口业,特别是集装箱业务时,一般采取对集装箱运输车辆过路、过桥费给予减免或补贴的政策,目前南京港则没有这方面的政策支持,致使其在竞争中处于一定的劣势,物流业发展的政策环境还有待改善,需要配套政策扶持等。这些严重制约了区域内航运物流的发展。因此,政策环境对南京长江国际航运物流中心建设有着至关重要的作用。

(2) 口岸通关环境。口岸配套设施建设还需不断改善,信息平台落后且缺乏统一,信息难以及时传递对接,阻碍了物流业的快速发展;通关效率低下,查验货物时间长,造成了大量外贸货物在口岸积压的现象;出口货物回执速度慢,企业不能及时收汇和退税,挫伤了货主转关运输的积极性。

(3) 与航运物流业相配套的现代服务业发展严重不足。南京口岸的相关航运辅助行业还不是很发达,如海运经纪业和海事咨询业几乎是空白,水上保险品种还很单调、船舶和货运代理企业大多规模较小等;物流相关商业服务(如银行、保险、咨询、经纪业)还不发达,致使物流企业难以形成规模;物流服务的模式较为单一,社会化和专业化程度都很低,经济效率也比较低;观念认识差,不少企业还比较安于现状,对物流业的认识仍局限于运输、仓储、搬运等传统业务。

3) 市场风险

市场风险是指物流园区建成投入运营后,因受物流市场竞争、产业结构调整、物流需求变化等因素的不确定性影响而产生的风险。

由案例陈述可以知道南京有着广阔的腹地经济条件,腹地经济的发展对物流提出了更大的市场需求,但是,随着长江港口航运业的快速发展,长江港口竞争更为激烈。2005年,长江港口上游城市重庆和武汉港口集装箱吞吐量同比增长都超过了40%,下游的苏州港口集装箱吞吐量同比增长更是高达53.5%。随着长江下游过江通道的建设,长江两岸的经济联系越来越密切,作为南京腹地的苏北地区将更多地接受来自长江下游的上海和苏南城市的经济辐射;且交通的发展使得安徽与浙江的杭嘉湖、上海的联系也更为紧密;南京港口航线偏少,航班不足,以及南京地区货代和物流企业竞争力不强等因素,都可能使港口货物生成量面临严峻挑战。因此,由于竞争加剧等原因使南京物流市场正在逐渐变小,这将对未来的物流市场能否支撑南京长江国际航运物流中心生存和发展产生重大的影响。

4) 技术风险

技术风险是指由于布局规划、规模及功能设计、投资规划、先进技术采用等因素变化而带来的风险。

(1) 港口基础设施薄弱，设计通过能力不足。港口综合通过能力紧张是南京港面临的一个主要问题，吞吐能力跟不上吞吐量，集装箱生成量的年增长率超过30%，但是南京港口的集装箱吞吐能力明显不足。在集装箱运输上，南京港作为长江三角洲地区综合交通网的一个重要节点，在20世纪90年代初，和宁波港的集装箱吞吐量大致相当，但到2005年，南京港集装箱吞吐量仅为宁波港的11.6%。

(2) 空港建设和发展力度不足。空港国际(地区)航线数量不足，还不能达到国际干线机场所必需的水平；南京空港目前只有一条机场高速与市区相连，其对外交通条件有必要继续改善；机场规模、运输能力与客货业务发展和国内大型机场相比还存在一定差距，客运量仅为上海和广州的1/5，也低于青岛和杭州；货运量与上海、广州、深圳也有很大差距。

(3) 物流企业信息化程度不高。除了POS和条码技术外，其他信息技术在物流领域的应用程度普遍较低；南京口岸与国际贸易和国际金融对接的电子商务方面有待大力发展，技术的落后严重影响了南京整体物流的运作效率。

5) 管理风险

管理风险是指由于物流管理和运作人员素质、规章制度、管理机制等因素对南京长江国际航运物流中心建设的影响而产生的风险。

(1) 现代物流专业人才严重不足，特别是物流管理人才。南京是一座外向度较高的国际化大城市，同时内又有很强的辐射作用，因此，南京物流业迫切需要现代物流专业人才。现代物流专业人才既需要掌握仓储、运输、包装和流通加工等专业知识，又需要灵活运用现代信息技术、物流规划理论及国际物流运营知识。虽然南京拥有丰厚的教育和人力资源，但是由于对外开放时间比较短、国内引进现代物流理论的时间也不长，所以现代物流专业人才在南京物流业中严重不足，管理水平落后，作业水平较低，物流效率也较低，物流成本占生产成本的比例较高，直接影响着南京物流产业的发展。

(2) 缺乏规范的管理。一是物流企业普遍采用"廉价仓储＋超载货运"的竞争模式，物流市场不规范；二是物流资源业务分散，经营网络、多种运输方式的控制能力相对较弱，难以满足工商企业日益精细化、差别化的物流需求；三是缺乏发展长江航运现代物流的战略和规划指导，布局层次还不分明，物流基地建设时序及发展重点还不清晰；四是南京口岸综合管理机制尚未建立，涉岸重大事项的协调效率不高，难度较大；五是现代物流需要第三方物流的大量涌现，但是目前南京的第三方物流企业大多采用的还是传统的笼统化和低效率的物流运作及管理模式。

6) 组织协调风险

组织协调风险主要是指由于有关各方关系不协调以及组织管理方面的不确定而导致的风险。

随着南京及周边地区对物流需求的增大，集铁路、公路、水运、航空等交通方式一体的运输必不可少，然而由于这些交通方式分别隶属于不同的管理部门，目前协调的力度还不够，南京港在各种集疏运方式的衔接上，优势还远远没有发挥出来，与公路、铁路、航空等运输方式的联合也较松散，铁路、公路、航空及水运等空驶率还很高，如南京铁路分局每日排空车辆高达2 900辆。因此，目前南京地区的多种交通方式的集疏化运输离南京长江国际航运物流中心的要求相去甚远。

南京长江国际航运物流中心建设，既面临重要的历史机遇，又要应对潜在的风险。根据南京现有的客观条件以及建设南京长江国际航运物流中心的风险产生的根源，识别并分析了存在的六大类风险，使问题的关键点转向风险防范策略。

5. 南京长江国际航运物流中心建设的风险防范策略

面对南京长江国际航运物流中心建设存在的风险，应该科学合理地进行风险规划，制定有效的风险防范策略。

(1) 加快投资，增强港口的软硬件设施。
(2) 争取政策支持，完善各项制度。
(3) 改善通关环境。
(4) 立足核心竞争力，把握市场，正确处理与其他港口的竞争关系。
(5) 合理规划南京港和空港布局规模，采用先进的物流信息技术。
(6) 培养物流人才，完善管理机制，规范物流产业。
(7) 加强各部门协调，实现高效的多式联运运输方式。

6. 案例总结

在经济全球化的背景下，国际物流中心的功能将成为支持区域经济发展的重要节点和平台，不仅有利于促进地区经济融入全球经济体系，获得国际分工优势，有效提高对外开放的层次和水平，而且有利于在更大范围实现资源的合理配置与有效整合，带动地区产业升级和结构调整，进而成为拉动地区经济增长的引擎。

可见，南京长江国际航运物流中心建设对一座城市特别是港口城市有着重要意义，这也是近年来国内很多重要港口和沿江城市提出建设国际物流中心的主要原因。然而，由于南京长江国际航运物流中心建设具有投入资金大、开发周期长、技术要求高等特点，涉及的影响因素很多，其风险不容忽视。因此，南京长江国际航运物流中心建设只有规划是不完善的，为了保障南京长江国际航运物流中心的健康发展，必须识别存在的各类风险，以提高规划的科学性和可行性。南京作为长江沿岸的重要城市以及长江三角洲地区的中心城市，在面对经济发展大趋势的情形下，建设长江国际航运物流中心有其必要性，而且南京具备建设长江国际航运物流中心的条件和自身优势，但是通过分析可以发现，由于自身的劣势和不足，南京长江国际航运物流中心建设存在自然及环境、政策及社会环境、市场、技术、管理、组织协调六大类风险，因此，南京要想抓住这一重要的历史机遇，提升城市的综合竞争力，就一定要有准确的城市定位和正确的自我认识，培育自身优势，采取措施迎接挑战，降低南京长江国际航运物流中心建设风险，更好地为南京都市圈以及长江流域经济发展服务。

(资料来源：赵林度，曹朝晖. 供应链与物流管理教学案例集. 北京：科学出版社，2008. 有改动。)

思考：
(1) 应该从哪几方面识别南京长江国际航运物流中心建设的风险？
(2) 针对南京长江国际航运物流中心建设风险，应采取什么样的风险防范措施？
(3) 如何正确看待国内城市提出建设国际中心和国际物流中心的目标？

附录　某煤炭物流中心项目可行性研究报告

前　言(略)

第1章　项目总论(略)

第2章　项目背景与发展概况(略)

第3章　项目建设环境分析(略)

第4章　市场需求与预测

4.1　某市近年来能源消费结构情况(略)

4.2　煤炭物流需求分析与预测(略)

4.3　煤炭物流中心建设规模分析

1. 煤炭存储区

该区域主要进行煤炭储备，按照市政府的要求，煤炭物流中心枯水期(每年11月至次年5月)储煤量应不低于20万吨。按照4.5m的堆高标准，每平方米约存储电煤4t，有效存储面积需求50 000m²。根据有效存储面积占用地面积的70%计算，煤炭存储区需求面积74 350m²，约112亩。

2. 煤炭加工区

目前用于发电的动力煤(电煤)一般由不同热质的煤种(原煤、矸石、中煤、泥煤等)经过一定比例的搭配、粉碎、除硫等加工流程之后达到要求热值(目前某市要求的电煤热值为3 500大卡①)而成。根据项目的实际情况，初步测算年电煤加工量在30万吨左右。另外，运到园区的部分原煤通过洗选加工之后，可以作为精煤进行销售，初步测算年洗选量为10万吨。

因此设置煤炭加工区是必要的。煤炭加工区将分为电煤加工区和煤炭洗选区，共设置3套煤炭洗选、电煤加工系统，预计占地面积35亩。

3. 公路物流区

根据煤炭物流中心年流通量200万吨的标准(由于受枯水期煤炭储备量的要求和限制，煤炭储备周期相对较长，实际年流通量将减少50万吨左右)，平均每天进入园区125车次，计划设置150个货车车位，按照每个车位60m²的标准，货车停车场需求9 000m²。考虑相关配套的汽车检修中心2 500m²，同时考虑到车辆管理以及司机的休息、餐饮住宿等需求，公路物流区预计占地面积约25亩。

4. 综合配套区

综合配套区分为商务办公区和生活配套区。商务办公区占地面积1 253m²，具有商务办公、信息服务、商务停车等功能，打造管理园区的平台。生活配套区占地面积3 831m²，主要满足煤炭物流中心员工的生活需求，以及对外商务接待需求。

---

① 大卡，即千卡，指将1公升水在1个大气压下提升1℃所需要的热量，1大卡约合4 186焦耳。

根据综合考虑各方面需求，结合园区用地的周边实际情况，最终确定该项目的面积为 207.8 亩，现状用地条件基本满足规模需要。

4.4 项目建设的 SWOT 分析(略)

第 5 章 项目选址与建设条件(略)

第 6 章 项目定位

6.1 煤炭物流中心的战略定位

6.1.1 规划思路(略)

6.1.2 煤炭物流中心特色

在本项目规划的过程中有以下几项大原则。
(1) 战略规划：政策支持、市场运作、可持续发展。
(2) 运作规划：资源整合、运作创新、强强联合。
(3) 功能规划：产业积聚、协同发展。
(4) 建设进度：总体规划、分步实施。

6.1.3 战略定位

此煤炭物流中心将在政府政策的指导下，依托于本市工业的快速发展，借助于某公司多年的煤炭产业链资源、行业整合能力，以某公司产业转型为契机，以满足本市电煤储存使用为发展战略核心，保障本市工业发展所需煤炭资源的战略储备，依靠便利的区位交通优势，以现代化煤炭仓储和信息化平台服务为载体，以提供一体化物流服务为基石，最终将此煤炭物流中心打造成立足本市、服务区域、影响全省的现代化、示范型煤炭物流中心。

6.2 发展目标

针对项目自身特点，建议以"立足现有、互补合作、分步建设"为导向，分 3 个阶段对煤炭物流中心进行发展壮大。

第一阶段：近期阶段，2011—2012 年，以资源整合为重点，坚持"高标准、高起点、高要求"的原则，利用现有土地资源和基础设施启动建设煤炭储备及加工区，同时积极推进园区配套项目的改建，为园区的发展打好基础。

第二阶段：中期阶段，2013—2015 年，进一步推进配套服务区的改建工作，发展公路物流区，并优化园区内部业务运作流程，充分发挥园区的服务能力，协调各功能区和公共信息平台之间的关系。

第三阶段：远期阶段，2016—2020 年，随着产业服务能力和辐射力的增强，促进园区产业链向广度和深度发展，扩大煤炭储备基地规模，完成 100 万吨的煤炭储备目标。

6.3 功能定位

根据项目地块的实际分布情况和项目的战略定位，有层次地打造此煤炭物流中心"一心两带四区"的功能布局和物流服务体系，切实保障本市枯水期的电煤供应，如附表 1 所示。

附表 1 此煤炭物流中心功能区块设计及服务功能

一个服务中心	两 带	4 个功能区	服 务 功 能
信息服务中心	功能聚集带	煤炭储备区	煤炭储备仓库
		煤炭加工区	电煤加工、煤炭洗选等
	产业延伸带	公路物流区	货运停车、汽修汽配、司机之家等
		综合配套区	商务办公、商务停车、住宿餐饮、超市等

第 7 章 项目规划与布局

7.1 基本思路

项目的功能规划是建立在本市电煤战略储备基地的定位与需求之上的。此煤炭物流中心的规划将充分考虑园区自身的业务特点、服务对象与本市城市总体规划的要求，从实际操作性与前瞻性出发，结合园区的经营管理，将该物流园区规划定位成以煤炭战略储备为核心，配合煤炭洗选、电煤加工、信息平台、汽修汽配、货运停车、综合配套等服务功能为一体的物流园区。

7.2 功能区块设计

7.2.1 设计原则

在进行园区功能布局设计时，采用了以下一些布局设计原则。
(1) 园区流量最小化原则。
(2) 充分利用主干道路资源原则。

7.2.2 设计分析

根据此煤炭物流中心的战略定位和发展目标，采取"服务功能完善、板块有机结合"的规划思路，园区规划了四大功能区，具体如附表 2 所示。

附表 2　此煤炭物流中心功能设计

一个服务中心	两　带	4 个功能区	规划面积/亩
信息服务中心	功能聚集带	煤炭储备区	126.83
		煤炭加工区	36.97
	产业延伸带	公路物流区	25.4
		综合配套区	8.11
	道路、荒地及绿化		10.4

注：项目的规划建设面积为 207.8 亩，道路、水电管路及绿化等公共用地包含在规划面积内。

7.2.3 总体布局方案

根据此煤炭物流中心地块的实际分布情况和项目的战略定位、功能定位，采取"基本功能连片，延升功能集聚，区块有机结合"的规划思路，有层次地打造煤炭物流中心"一心二带四区"的功能布局和物流产业服务体系，从而形成四大功能区结构分明、相互促进、协调发展的格局，为本市创造一个一流的物流综合发展区和区域经济增长引擎。此煤炭物流中心功能包括公路物流区、煤炭加工区、煤炭储备区、综合配套区以及绿化区。

7.2.4 功能规划方案

1. 信息服务中心

1) 规划分析

信息服务中心是此煤炭物流中心的中枢，在此基础上一方面建立起的信息平台将与政府网站实现无缝对接，实时更新政府宏观调控政策，另外它也将与大企业相连接，随时发布企业的供需信息，成为企业和政府之间的真正桥梁，并随着煤炭储备基地的建设，有层次地打造矿产品电子信息交易平台。

以中心信息系统的建设为基础，组织实施此煤炭物流中心信息平台建设，以最大限度整合本市以及周边的煤炭资源信息，为煤炭战略储备服务，另外通过信息平台提高本公司的管理水平和效率。

此煤炭物流中心信息系统将由信息发布系统、供应商管理系统、在线交易系统、床单管理系统、辅助决策支持系统、客户服务管理系统、库存管理系统、财务管理系统、办公管理系统等子系统组成，利用网络平台为客户提供全程信息服务，以增加货物仓储、流转过程中的透明性，提高运输和配送效率。

2) 规划情况

此煤炭物流中心信息服务中心(见附图1)将设置在商务办公区内，为商务办公提供信息支撑，包括为上下游企业和本公司提供信息服务。

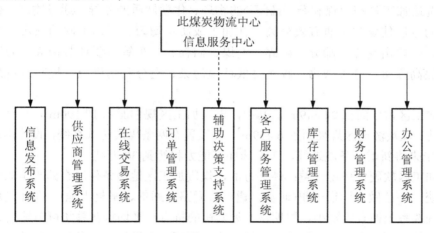

附图1　项目信息服务中心功能结构示意

2. 煤炭存储区

煤炭存储区是此煤炭物流中心的核心，依据《××市城市扬尘污染防治管理暂行规定》及《××市某区堆场扬尘污染防治技术规范》有关要求组织设计与建设，通过统一配送、集中仓储、无尘作业，促进煤炭产业的集中化、集约化和洁净化。

园区内部可提供130亩的土地(包括煤炭加工区储煤场地)来储煤，在满足电煤战略储备需求外，丰水期还可对外进行出租，获取租赁收入。

在本市，一千瓦时[①]电可以创造10元的工业产值，所以有"煤是工业的粮食，而电力就是工业经济正常运行的动力"的说法。长期以来，由于缺乏大型的、专业的煤炭储备基地问题，一到枯水期，本市几个火电厂就会出现电煤供应不足的问题。园区内煤炭存储区拥有足够的储煤场地和便利的交通条件，可以作为本市的煤炭战略储煤基地，从根本上解决政府的电煤保供问题。

煤炭存储区分为电煤仓储区和装卸设备存放区，按照测算，电煤仓储区规划面积82 494m^2，其中仓储面积52 044m^2，存储容量21万吨，满足政府战略物资储备要求，保障

---

① 千瓦时，单位符号为kw·h，1千瓦时=3.6×10^6焦耳。

国家应急调拨煤炭资源。考虑未来 100 万吨的储煤目标，未来还会进行一定的土地拓展。装卸设备存放区规划面积 2 060m^2，用以存放煤炭装卸设备。煤炭存储区将发展煤炭资源流通配置新模式，动态储备，节能环保。

3. 煤炭加工区

煤炭加工区分为电煤加工区和煤炭洗选区。

目前根据火力发电厂设备的技术特征和要求，用于发电的煤炭热值一般要求在 3 500 大卡以上，而目前主要用于发电的煤炭有原煤(劣质原煤热值低于 2 000 大卡)、矸石(热值为 700~800 大卡)、中煤(一般热值为 3 000~5 000 大卡)、泥煤(一般热值为 3 000~5 000 大卡)4 种。各种煤质热值均不相同，因此需要对其进行不同方式的配比，使其混合之后达到电煤的标准；然后对其进行破碎等加工，最后进入电煤仓储区。

煤炭洗选加工是利用煤和杂质(矸石)的物理、化学性质的差异，通过物理、化学或微生物分选的方法使煤和杂质有效分离，并加工成质量均匀、用途不同的煤炭产品的一种加工技术，一般由受煤、筛分、破碎、选煤、储存、装车等主要环节构成。通过洗选加工，才能提高煤质、分离杂物，收到降低环境污染、充分利用资源、提高运输效率的综合效益。

煤炭加工区占地面积 24 649m^2。其中，电煤加工区规划面积 18 190m^2，设计年加工量达 100 万吨。煤炭洗选区规划面积 6 459m^2，已设置有两条煤炭洗选系统，设计年加工量达 20 万吨，未来将新增一条洗选线，年洗选加工能力将达到 30 万吨。

煤炭加工区软硬件环境优越：硬件方面，煤炭加工区地势条件适合建设电煤加工、煤炭洗选系统，并已做好四通一平(通水、通电、通路、通信、平整土地)，在此区域内投资建设煤炭洗选系统拥有投资小、周期短、见效快的特点，平均每套系统可节约资金 200 万元左右；软件方面，园区将采用统一布置，集中管理，对运输、财务等进行管理，并配备独立的计量、检测设施和专业的工作人员。

煤炭加工区由某公司控股的某洗煤有限公司承接相关业务。此洗煤有限公司总注册资本约 850 万元，现已取得《排放污染物许可证》、《煤炭经营资格证》，两条洗选线已投入生产阶段。

4. 公路物流区

公路物流区占地面积 16 932m^2，分为货运停车场、车辆检修区、物流服务区 3 个区域。其中，货运停车场规划面积 10 000m^2，为园区车辆服务，同时对外提供停车和检修服务；车辆检修区规划面积 3 500m^2，用于车辆检修，包括轮胎、车身零配件、底盘零配件、发动机零配件以及通用件更换维修等；物流服务区包括货运办公楼、司机之家，为司机提供休息、餐饮、住宿等服务。

5. 综合配套区

综合配套区占地面积 5 084m^2，分为商务办公区和生活配套区，涵盖园区的运营管理、商务办公、电子交易、信息平台管理、休闲及公共服务等功能，是园区各项业务正常运作的控制中心及后勤保障中心。

商务办公区是商务办公集聚区域，主要建筑物为原某公司办公大楼，为砖混结构的 4 层建筑。可以在满足公司自身需求的前提下将部分办公室出租给其他企业和煤炭业主进行办公，当园区功能逐渐完善后，其将成为园区管理的场所。

商务办公区占地面积 1 253m²，具有商务办公、信息服务、商务停车等功能，它将打造管理园区的平台。建议将现有停车场扩大以满足将来的停车需求。

生活配套区占地面积 3 831m²，包括员工宿舍、超市、餐厅、住宿、娱乐等配套服务项目，为园区工作人员和客户提供生活方面的服务。

7.3 功能详细规划

根据实地调研收集数据，目前本煤炭物流中心占地面积 138 384.75m²，其中生产用地面积 54 784.3m²，办公区用地面积 2 138.73m²，生活区用地面积 3 672.16m²，绿化用地面积 2 217.06m²，尚未用的荒山面积 51 439.98m²，尚未利用的林地面积 15 526.94m²，内部道路公共用地面积 8 605.58m²。

通过了解本煤炭物流中心所在地块的基础情况，并结合公司发展需求，设计出整个园区的各个功能区的功能并测算出各功能区的面积，如附表3所示。

附表 3 规划各功能区面积

功 能 区	占地面积/m²	内部功能区	面积/m²
煤炭存储区	82 554	电煤仓储区	82 494
		装卸设备存放区	2 060
煤炭加工区	24 649	电煤加工区	18 190
		煤炭洗选区	6 459
公路物流区	16 932	货运停车场	10 000
		车辆检修区	3 500
		物流服务区	3 432
综合配套区	5 084	商务办公区	1 253
		生活配套区	3 831
合计	129 219		131 219

7.4 物流交通组织

7.4.1 近期物流交通组织

根据项目用地实际情况，本煤炭物流中心内部交通在省道310分别设置了3个出入口。一个出入口设置在项目用地东北角，主要用于公路物流区的车辆进出。第二个出入口设置在商务办公区，用于行政商务车辆的进出。第三个出入口设置在煤炭存储区，即原焦化厂货运通道，用于煤炭储运中心的车辆进出。商务办公区和生活配套区与西边的煤炭储运中心、公路物流区等之间设置了通道，可供商务车辆进出各个区域。整个园区的交通组织将商务车辆和货运车辆分开，并形成交通环线，将各个功能区域联系为一体。

7.4.2 远期物流交通组织

随着项目地块南边的沿江快速通道的建成通车，园区的交通环境将得到进一步的改善，而随着园区内煤炭洗选加工作业量的提高，园区内部的车流量将增加。因此，新增了一个出入口和一条围绕园区的货运通道。

7.5 配套工程

配套工程包括道路交通规划，电力工程规划，给水、排水工程规划，消防规划，电信工程规划，设施设备配置建议等。

第8章 节能环保与劳动安全

8.1 节能(略)

8.1.1 设计标准(略)

8.1.2 能源消耗分析

1．能源品种的组成

能源品种主要为电力与水力。电力消耗主要分成工业用电、生活用电。水力消耗主要分成工业用水、生活用水。

在电力消耗中，除了电器设备中的效率高低有影响外，在设备配备中应合理地选取变压器。电动机与使用负荷合理匹配，防止"大马拉小车"，造成能源浪费。在设计中，应选国家推荐的节能产品，合理确定各工作场所照度，选取合适的通风量，空调与房间匹配，给排水设备容量与使用负荷匹配等，使其能量平衡。

负荷分析如下：本煤炭物流中心能源负荷主要为生活用电、用水，同时顾虑到园区会有部分加工作业及汽配维修、装卸作业，所以主要能源负荷为用水、用电、用油。

2．能耗分析

经分析，本煤炭物流中心工程主要耗能涉及建筑工程、空调、电气设备等方面，主要耗能为电能、燃油、水。其中包括综合办公大楼办公用电、物流加工设备耗电、仓储用电；燃油主要为装卸设备耗油；水主要为煤炭洗选加工消耗及仓储需要。

结合总投资估算，经测算如附表4所示。

附表4 能耗分析表

序号	单项名称	能耗种类	能耗数量	折合标准煤/t	备注
1	货物装卸	油	875t	1 274.96	100万吨装卸量
2	煤炭加工	水	$3\times10^4 m^3$	7.71	30万吨加工量
		电	$3\times10^5 kw\cdot h$	121	
4	煤炭仓储	水	$10\times10^5 m^3$	25.69	100万吨周转量
		电	$5\times10^4 kw\cdot h$	20.20	
5	生活办公楼	水	$1\times10^4 m^3$	2.57	200人
		电	$1.54\times10^4 kw\cdot h$	18.34	
6	合计			1 470.47	

8.1.3 节约能源措施综述(略)

8.2 环保

8.2.1 施工期环境保护

本项目施工期的主要环境影响为扬尘、噪声、固体废弃物及生活污水。

8.2.2 运营期环境保护

1) 设计规范(略)

2) 运营期环保措施(略)

8.2.3 绿化设计(略)

8.3 防灾害规划

防灾害规划包括防震措施、防洪措施和防火措施。

8.4 劳动安全管理

劳动安全管理包括设计依据、主要作业危害及危害因素分析、主要防范措施。

第 9 章 组织管理与劳动定员

9.1 规划思路(略)

9.2 组织管理体系的构建

本煤炭物流中心实行物流园区经理负责制。组织管理运营机构设置应采取扁平化的设置原则,以提高工作效率,设置三级职能组织,第一级为决策层(制定战略定位、管理方针),第二级为职能管理层(分管职能部门),第三层为各执行层(负责各部门的工作进程),总劳动定员约 200 人。未来随着业务的扩大,还可根据实际需要增设其他部门,目前初步建议运营组织设置如附图 2 所示。

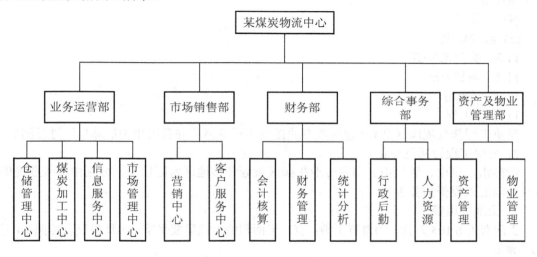

附图 2 本煤炭物流中心组织结构图

第 10 章 项目实施计划

10.1 建设实施计划的思路(略)

10.2 项目建设组织(略)

10.3 建设实施计划

本煤炭物流中心建设工程拟占地面积共 207 亩,项目建设期为 2012 年 1 月至 2012 年 12 月,一期完成全部建设。

根据本项目的具体条件,并参考国内同行类似工程的建设经验和基本建设程序,本项目的建设进度计划安排如下。

(1) 2011 年 9 月至 12 月,完成可行性研究报告及其评审、立项,完成建筑设计单位招标投标、施工图设计,完成施工单位招标投标。

(2) 2012 年 1 月至 2012 年 12 月为项目建设阶段。

(3) 2013 年 1 月起项目投入全面运营。

第 11 章 投资估算及资金筹措

11.1 工程概况

地块设计参数如附表 5 所示。

附表5 地块设计参数

项　　目	指　　标
征地面积	138 385m²
建筑面积	81 817m²
基底面积	69 604m²
建筑密度	0.50%
容积率	0.97%

11.2 投资估算范围

(1) 本煤炭物流中心场地内138 385m²道路修建、场地平整等。

(2) 本煤炭物流中心应配的基础设施、公用设施、公共绿化工程等。

(3) 项目所涉及的各项其他费用：工程设计费、工程监理费、工程招标代理费、建筑人工费用等。

(4) 预备费。

(5) 流动资金。

11.3 编制依据(略)

11.4 编制方法

1．工程费用

1) 土建工程

建筑工程按物流园区规划、建筑等专业提供工程量清单并套用相关估算指标进行测算。

2) 公用工程管网及设备

给排水、供电、燃气由公用各专业按园区规划和该地区实际情况，分别由各专业提供估算金额汇入投资估算表。

3) 土地使用费

土地费为6 105万元，为自有土地；有一半面积的土地需要平整，土地平整费按照20万元/亩测算。

2．预备费

本项目按工程费用与其他费用之和(扣除已有固定资产费用)的8%左右计列；包括基本预备费和涨价预备费，主要为项目的正常建设提供保障资金。

3．建设期利息

本项目按中长期贷款利率计算，取5年以上贷款利率7.05%。

11.5 建设总投资及构成

本煤炭物流中心设总投资预计为27 310万元，其中项目工程费用预计为10 063万元，工程建设其他费用为9 094万元(含100万元技改费)，预留费用800万元，流动资金7 000万元，详细如附表6所示。

附表6 项目投资构成

费用项目		金额/万元	
		单项金额/万元	各项金额/万元
工程费用	建筑工程费	7 954	10 063
	安装工程费	66	
	设备购置费	2 043	
建设项目其他费用			9 094

续表

费用项目	金额/万元	
	单项金额/万元	各项金额/万元
预留费用		800
流动资金		7 000
建设期贷款利息		353
总投资		27 310

建设工程概算如附表 7 所示。

附表 7 建设工程概算

序号	功能区	工程数量/m²	工程造价/万元	建筑形态	备注
1	电煤仓储区	52 000	5 200	钢架结构	
2	装卸设备存放区	2 060	31	平整硬化	
3	煤炭加工区	5 920	296	框架结构	
4	煤炭洗选区	1 386	323	框架结构	
5	电煤加工区——大棚	10 000	600	钢架结构	
6	综合配套区	5 081	67	优化结构、装修	
7	公路物流区	8 273	706	框架结构、混凝土	
8	管网工程		271	含水池	
9	绿化道路、场地	46 025	460	绿化硬化	
	合计		7 954		

工程建设其他费用估算如附表 8 所示。

附表 8 工程建设其他费用估算

序号	其他费用	金额/万元	备注
1	土地使用费	6 105	土地估价报告
2	土地平整费	2 068	20 万元/亩
3	工程前期费	50	计价格〔1999〕1283 号
4	建设单位管理费	99	财建〔2002〕394 号
5	工程设计费	338	计价格〔2002〕10 号
6	勘察测量费	50	工程费用的 0.5%
7	竣工图编制费	27	工程设计费的 8%
8	招投标代理费	5	计价格〔2002〕1980 号
9	施工图审查费	6	工程设计费的 5%
10	劳动安全卫生评价费	10	参照地方法规
11	环境影响评价费	10	计价格〔2002〕125 号
12	场地准备及临时设施费	15	
13	工程建设监理费	201	发改价格〔2007〕670 号
14	技改费	100	
15	办公及生活家具购置费	10	
	合计	9 094	

11.6 资金筹措及管理

本煤炭物流中心项目建设总投资预计为 27 310 万元，资金来源计划由投资方自筹和银行贷款两部分构成。企业自筹资金 16 958 万元，约占总投资的 62%，符合国发〔2009〕27 号文件对本行业项目资本金比例不低于 30% 的规定；剩余部分来自银行贷款，其中，银行贷款本金为 10 000 万元，建设期贷款利息为 353 万元。

11.7 相关问题说明

投资未包含应由电力公司、自来水公司、电信公司、有线电视台根据工程进度需配套建设的部分站房、线网等投资。

本估算按设计时的各项定额及取费标准进行编制，因此只能反映设计时的造价水平。如果在建设期内各项定额、取费标准和价格发生变化，应允许在规定的范围内进行调整。

第12章 项目效益分析

12.1 财务效益评价的原则和方法

财务效益评价以"谨慎性"为工作方法，以"科学性、公正性、真实性和规范性"为原则。主要方法是首先对调研的数据进行分析，对成本费用进行分析和预测，然后对财务指标进行分析计算。

本评价以国家发展和改革委员会、原建设部公布的《建设项目经济评价方法与参数》第三版为依据。

本评价遵循以动态分析为主，静态分析为辅；定量分析为主，定性分析为辅的基本原则。

本项目属基础设施建设带动土地整治开发的项目，在19年计算期中既有投入又有收入，主要以年利润、税收、投资回收期及投资利润率4项评价指标进行分析，计算项目的财务内部收益率(FIRR)及财务净现值(FNPV)。

12.2 财务效益评价指标及计算公式(略)

12.3 财务基础数据

1．营业收入估算

本项目的主要收入来源主要包括电煤销售、精煤销售、租赁收入等。煤炭销售以电煤销售为主，包括一部分精煤销售；煤炭加工主要是电煤的配比、粉碎等加工服务；租赁收入主要包括司机之家、车辆检修中心的场地租赁收入等。

通过测算，项目完全建成运营后，园区年营业收入可达64 735万元，其中，年租金收入235万元，年煤炭销售收入64 500万元。项目建成主营业务收入明细表如附表9所示。

附表9 项目建成主营业务收入明细表

收入类型	面积/m²	数量/万吨	单价	主营业务收入/万元
电煤销售	—	150	350元	52 500
精煤销售	—	10	1 200元	12 000
租赁收入	9 805	—	20元/(m²/月)	235
合计				64 735

注：本项目中，收入按2013年达产率85%计算，2021年为完全达产期。

2．成本估算

本项目的成本包括营业成本、管理费用、税金和财务费用4部分(项目总成本费用表详见附表10)。

1) 营业成本

本项目的营业成本主要包括外购原材料费、外购燃料和动力费、制造费用、折旧费及摊销费、维修费等。

(1) 外购原材料费：参照目前本市煤炭市场行情，电煤的购进价大约为340元/吨，预计年购进量为50万吨，年采购成本为17 000万元。

劣质原煤(热值低于2 000大卡)的价格大约为200元/吨，矸石(热值700~800大卡)的价格大约为70元/吨，中煤、泥煤(热值3 000~5 000大卡)的价格大约为450元/吨。根据测算，各品种煤炭的平均购进价大约在 300 元/吨，预计年购进量为 100 万吨，年采购成本为 30 000 万元。

经过测算，精煤的成本为 1 100 元/吨，预计销售精煤的年成本费用在 11 000 万元。

(2) 外购燃料及动力费：主要为园区运营中耗用的水、电、气、燃油动力等费用，预计采购费用为 194 万元。

(3) 制造费用：主要是煤炭加工成本，根据行业平均加工成本测算，电煤加工成本为 12 元/吨，预计电煤加工成本为 1 200 万元。

(4) 折旧费及摊销费：在本项目中，设备按照 10 年，建筑等相关部分按 20 年计提折旧。摊销费为土地平整费用的摊销，摊销期限 42 年，计算期末，尚未计提完的折旧以及尚未摊销完的土地费用以余值收回。

(5) 维修费：以年折旧费的 25%计算。

通过测算，计算期内，年均营业成本预计为 60 147 万元。

2) 管理费用

管理费用包括人工工资及福利费、房产税和城镇土地使用税以及其他相关费用等。

(1) 人工工资及福利费测算标准：工人为 1.8 万元/年；研发人员为 5.0 万元/年；技术干部为 3.0 万元/年；管理干部为 5.0 万元/年；预计年均工资福利费为 300 万元。

(2) 房产税：自用房产税从价计税，依照房产原值一次减除 30%后的余值为计税依据，税率为 1.2%，出租房产从租计税，以房产租金收入为计税依据，税率为 12%。房产税＝房产租金收入×12%(从租计税)或房产税＝房产原值×(1－30%)×1.2%(从价计税)。

(3) 城镇土地使用税：按照 6 元/m^2 计算。城镇土地使用税＝实际使用土地面积×6。

通过测算，计算期内，年均管理费用预计为 542 万元。

3) 税金

国家规定企业营业税税率为 5%；企业所得税为 25%；增值税为 17%；城市维护建设税税率为 7%；教育附加费费率为 3%；土地增值税按销售收入的 2%预缴。

计算公式为

$$营业税＝营业收入×5\% \qquad (附1.1)$$
$$增值税应纳税额＝销项税额－进项税额 \qquad (附1.2)$$
$$企业所得税＝总利润×25\% \qquad (附1.3)$$
$$城市维护建设税＝(营业税＋增值税＋消费税)×7\% \qquad (附1.4)$$
$$教育附加费＝(营业税＋增值税＋消费税)×3\% \qquad (附1.5)$$
$$土地增值税＝销售收入×2\% \qquad (附1.6)$$

通过测算，计算期内，年均上缴税收预计为 1 755 万元。

4) 财务费用

财务费用主要是指生产期利息支出，按上年度借款余额和借款利率计算，还款的资金来源由未分配利润、固定资产折旧、摊销 3 部分组成。(项目还本付息表详见附表 11)

当总贷款是分年均衡发放时，建设期利息的计算可按当年借款在年中支用考虑，即当年贷款按半年计息，上年贷款按全年计息。计算公式如下。

$$每年应计利息＝(年初借款累计＋本年借款额/2)×年利率 \qquad (附1.7)$$

本项目以 7.05%的利率向银行申请贷款 10 000 万元，建设期贷款利息预计为 353 万元；2013 年开始还款，借款偿还期为 5.07 年。

5) 利润

所得税按利润总额的 25%提取，法定盈余公积金按净利润 10%提取。(项目利润与利润分配表详见附表 12，项目现金流量表见附表 13)

附表 10　项目总成本费用表

(单位：万元)

序号	项目	2013	2014	2015	2016	2017	2018	2019	2020	2021	2022	2023	2024	2025	2026	2027	2028	2029	2030	均值
1	销售成本	48 875	57 500	57 500	57 500	57 500	57 500	57 500	57 500	57 500	57 500	57 500	57 500	57 500	57 500	57 500	57 500	57 500	57 500	57 021
2	制造费用	1 020	1 200	1 200	1 200	1 200	1 200	1 200	1 200	1 200	1 200	1 200	1 200	1 200	1 200	1 200	1 200	1 200	1 020	1 190
2	房产税、土地使用税等	157	161	161	161	161	161	161	161	161	161	161	161	161	161	161	161	161	161	161
3	外购的燃料动力费	155	194	194	194	194	194	194	194	194	194	194	194	194	194	194	194	194	194	193
4	工资福利费	240	300	300	300	300	300	300	300	300	300	300	300	300	300	300	300	300	300	297
5	折旧费用（设备）	211	211	211	211	211	211	211	211	211	211	0	0	0	0	0	0	0	0	117
6	折旧费用（建筑等）	605	605	605	605	605	605	605	605	605	605	605	605	605	605	605	605	605	605	605
7	摊销	145	145	145	145	145	145	145	145	145	145	145	145	145	145	145	145	145	145	145
8	财务费用	730	781	603	417	221	15	0	0	0	0	0	0	0	0	0	0	0	0	154
9	维修费	204	204	204	204	204	204	204	204	204	204	151	151	151	151	151	151	151	151	180
10	其他费用	115	122	113	104	94	84	83	83	83	83	70	70	70	70	70	70	70	70	85
11	合计	52 467	61 432	61 236	61 041	60 335	60 619	60 603	60 603	60 603	60 603	60 326	60 326	60 326	60 326	60 326	60 326	60 326	60 326	60 147

附表 11　项目还本付息表

(单位：万元)

序号	项目	建设期	经营期							
		2012	2013	2014	2015	2016	2017	2018	2019	2020
1	借款及还本付息									

续表

序号	项目	建设期		经 营 期							
		2012	2013	2014	2015	2016	2017	2018	2019	2020
2	年初借款	0	10 353	11 082	8 560	5 912	3 132	212	0	0
3	本年借款累计	10 000	0	0	0	0	0	0	0	0
4	本年应付(已付)利息	353	730	781	603	417	221	15	0	0
5	本年偿还本金		2 115	2 522	2 648	2 780	2 919	3 065	3 076	3 076
6	还款资金来源		2 115	2 522	2 648	2 780	2 919	3 065	3 076	3 076
7	未分配利润		1 154	1 561	1 687	1 819	1 958	2 104	2 115	2 115
8	折旧费		816	816	816	816	816	816	816	816
9	摊销费		145	145	145	145	145	145	145	145

注:
(1) 项目贷款利率为 7.05%。
(2) 每年的折旧费、未分配利润、摊销费用来偿还贷款及利息。
(3) 建设期贷款利息共计 353 万元。
(4) 2013 年开始还款,借款偿还期为 5.07 年。

附表 12　项目利润与利润分配表

(单位: 万元)

项目	经 营 期																		均值
	2013	2014	2015	2016	2017	2018	2019	2020	2021	2022	2023	2024	2025	2026	2027	2028	2029	2030	
营业收入	55 025	64 735	64 735	64 735	64 735	64 735	64 735	64 735	64 735	64 735	64 735	64 735	64 735	64 735	64 735	64 735	64 735	64 735	64 196
营业税金及附加	849	999	999	999	999	999	999	999	999	999	999	999	999	999	999	999	999	999	991
总成本费用	52 467	61 423	61 237	61 041	60 853	60 619	60 603	60 603	60 603	60 603	60 326	60 326	60 326	60 326	60 326	60 326	60 326	60 326	60 147
总利润	1 709	2 313	2 499	2 695	2 901	3 117	3 133	3 133	3 133	3 133	3 410	3 410	3 410	3 410	3 410	3 410	3 410	3 410	3 058
所得税	427	578	625	674	725	779	783	783	783	783	852	852	852	852	852	852	852	852	765

续表

项目	2013	2014	2015	2016	2017	2018	2019	2020	2021	2022	2023	2024	2025	2026	2027	2028	2029	2030	均值
							经 营 期												
税后利润	1 282	1 734	1 874	2 022	2 176	2 338	2 350	2 350	2 350	2 350	2 557	2 557	2 557	2 557	2 557	2 557	2 557	2 557	2 294
法定盈余公积金	128	173	187	202	218	234	235	235	235	235	256	256	256	256	256	256	256	256	229
未分配利润	1 154	1 561	1 687	1 819	1 958	2 104	2 115	2 115	2 115	2 115	2 302	2 302	2 302	2 302	2 302	2 302	2 302	2 302	2 064

注：项目计算期19年，建设期1年。

附表13　项目现金流量表

（单位：万元）

序号	项目	建设期 2012	经营期 2013	2014	2015	2016	2017	2018	2019	2020	2021	2022	2023	2024	2025	2026	2027	2028	2029	2030
1	现金流入		55 025	64 735	64 735	64 735	64 735	64 735	64 735	64 735	64 735	64 735	64 735	64 735	64 735	64 735	64 735	64 735	64 735	76 433
1.1	营运收入		55 025	64 735	64 735	64 735	64 735	64 735	64 735	64 735	64 735	64 735	64 735	64 735	64 735	64 735	64 735	64 735	64 735	64 735
1.2	回收固定资产余值																			4 698
1.3	回收流动资金																			7 000
2	现金流出	33 958	52 052	61 258	61 296	61 336	61 377	61 421	61 424	61 424	61 424	61 424	61 427	61 427	61 427	61 427	61 427	61 427	61 427	61 427

续表

序号	项目	建设期 2012	经营期 2013	2014	2015	2016	2017	2018	2019	2020	2021	2022	2023	2024	2025	2026	2027	2028	2029	2030
2.1	固定资产投资	26 958	0	0	0	0	0	0	0	0										
2.2	流动资金	7 000	0	0	0	0	0	0	0	0										
2.3	经营成本		50 776	59 681	59 672	59 663	59 653	59 643	59 642	59 642	59 642	59 642	59 576	59 576	59 576	59 576	59 576	59 576	59 576	59 576
2.4	营业税及附加		849	999	999	999	999	999	999	999	999	999	999	999	999	999	999	999	999	999
2.5	所得税		427	578	625	647	725	779	783	783	783	783	852	852	852	852	852	852	852	852
3	净现金流量	−33 958	2 973	3 477	3 439	3 399	3 358	3 314	3 311	3 311	3 311	3 311	3 308	3 308	3 308	3 308	3 308	3 308	3 308	3 308
4	累计净现金流量	−33 958	−30 985	−27 508	−24 069	−20 670	−17 312	−13 998	−10 687	−7 376	−4 065	−755	2 553	5 860	9 168	12 476	15 783	19 091	22 398	37 404
5	所得税前净现金流量	−33 958	3 400	4 055	4 064	4 073	4 083	4 093	4 094	4 094	4 094	4 094	4 160	4 160	4 160	4 160	4 160	4 160	4 160	15 858
6	所得税前累计净现金流量	−33 958	−30 558	−26 503	−22 439	−18 365	−14 282	−10 189	−6 095	−2 001	2 093	6 187	10 347	14 507	18 667	22 827	26 987	31 147	35 307	51 165

注：计算期19年，基准折现率设定为8%。

12.4 财务评价总结

以项目现金流量表(附表 13)为基础,得本煤炭物流中心建成运营财务指标及财务分析如附表 14 和附表 15 所示。

附表 14　本煤炭物流中心建成运营财务指标

名　称	所得税前	所得税后
财务内部报酬率	10.47%	8.01%
财务净现值	6 288 万元	18 万元
投资回收期(静态)	9.49 年	11.23 年

注:(1) 项目计算周期为 19 年,其中建设期 1 年。
　　(2) 项目基础折现率为 8%。
　　(3) 财务基准收益率为 8%。

附表 15　本煤炭物流中心建成运营财务分析

序号	项目名称	指标	备注
1	用地面积	207 亩	
2	总建筑面积	81 817m²	容积率 0.97,建筑密度 0.5
3	项目总投资	27 310 万元	投资强度 132 万元/亩
4	年营业收入	64 196 万元	计算期内均值
5	年上缴税收	1 755 万元	计算期内均值
6	年利润总额	3 085 万元	计算期内均值
7	总投资收益率	11.20%	
8	投资回收期(静态)	11.23 年	税后,含建设期

本煤炭物流中心项目总投资收益率为 11.20%,高于基准折现率。项目所得税前、所得税后的财务内部报酬率均高于财务基准收益率 8%,财务净现值均大于零,静态投资回收期为 11.23 年(税后,含建设期),表明本项目的投资和运营具有一定的盈利能力。从财务角度来看,本煤炭物流中心的建设是可行的。值得注意的是,本项目的税后财务内部报酬率仅为 8.01%,与基准折现率持平,投资回收期 11.23 年,表明项目盈利能力有限,投资回收期较长,如出现市场波动、运营不畅等因素,项目可能存在亏损的风险。

12.5 项目盈亏平衡分析

由于本项目存在一定的亏损风险,因此这里对项目的盈亏平衡做一个简单的分析。盈亏平衡分析是研究项目的产品产量、生产成本、营业收入等因素的变化对项目盈亏的影响。

从本项目实际情况出发,这里主要以项目的煤炭销售量的变化来进行分析如附图 3 和附表 16 所示。

可以看出,在其他项目数量不变的情况下,电煤销售的盈亏平衡点为 124.6 万吨,精煤盈亏平衡点为 6.5 万吨;低于该数量项目则可能难以盈利,甚至出现亏损。因此,项目组建议本项目如能得到政府的支持,获得一定的财政补贴(如政府贴息、仓储费补贴等),就能保障煤炭储备基地的正常运营。

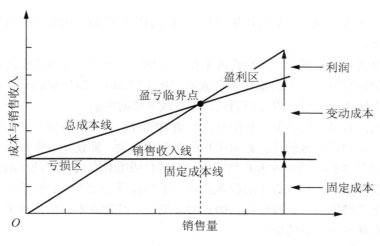

附图 3　盈亏平衡示意图

附表 16　项目盈亏平衡分析

收入项目	数量/万吨
电煤销售	124.6
精煤销售	6.5

12.6　敏感性分析

以项目财务净现值(所得税钱)为指标对产品价格、销售量、经营成本、建设投资 4 项不确定因素做敏感性分析。绘制敏感性分析图，如附图 4 所示，并确定不确定因素临界值。基准方案净现值为 6 288 万元。

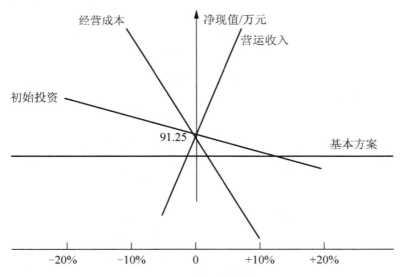

附图 4　单因素敏感分析

可以看到，当这 4 项因素单独变动时，营运收入对净现值的影响幅度最大(斜率绝对值最大)，营运收入变动 10%时，相应的净现值变动幅度达到 879%，营运收入变动的临界值约为 1.1%(即营运收入减少 1.1%时净现值为 0)。因此营运收入为该项目最敏感因素，也是影响项目成败最关键的因素,如果决策过程中制定的价格偏高,则项目很可能会由于现金流入不足而失败。

第二敏感因素为经营成本,当经营成本变动10%时,对应的净现值变动幅度为710%,经营成本变动的临界值约为1.23%(即经营成本增加1.23%时,净现值为0)。因此经营成本也是该项目极为敏感的因素,也是影响项目成败较关键的因素。

最不敏感的因素是初始投资,初始投资变动10%时,项目净现值变动幅度为39.64%。

综上所述,本项目各敏感性因素对项目的影响均较大,即使是最不敏感的初始投资,敏感度系数也达到3.96,营运收入和经营成本对项目成败具有决定性的影响,本项目一定要加强市场调查和推广,确保将来的收入能够高于当前预测收入。对经营成本的控制也是关系项目成败的关键因素,在营业收入确定的情况下,经营成本即使只超出1.23%,项目也将面临无法实现预期收益的局面。

第13章 项目风险分析(略)

第14章 可行性分析结论与建议(略)

参 考 文 献

[1] 周晓晔．物流项目管理[M]．北京：北京大学出版社，2011．
[2] 周立新．物流项目管理[M]．上海：同济大学出版社，2004．
[3] 陈建岭．物流项目管理[EB/OL]．(2012-03-19)．[2012-05-11]．http://wenku.baidu.com/view/dba9e0c608a1284ac850437a.html．
[4] 刘国靖．现代项目管理教程[M]．北京：中国人民大学出版社，2004．
[5] 成其谦．投资项目评价[M]．北京：中国人民大学出版社，2003．
[6] [美]斯蒂芬·P·罗宾斯．管理学[M]．北京：中国人民大学出版社，1997．
[7] 周三多，陈传明，鲁明泓．管理学——原理与方法[M]．上海：复旦大学出版社，2010．
[8] 张旭辉，杨勇攀．第三方物流[M]．北京：北京大学出版社，2010．
[9] 戚安邦．项目管理学[M]．北京：科学出版社，2007．
[10] 丁宁．项目管理[M]．北京：清华大学出版社，2008．
[11] 高洁，周鑫，王伟．第三方物流项目管理[M]．上海：上海交通大学出版社，2009．
[12] [美]哈罗德·科兹纳．项目管理：计划、进度和控制的系统方法[M]．10版．杨爱华，等译．北京：电子工业出版社，2010．
[13] 何海军．企业物流管理实务——项目化教材[M]．北京：电子工业出版社，2011．
[14] 骆珣．项目管理[M]．北京：机械工业出版社，2008．
[15] [美]项目管理协会．项目管理知识体系指南[M]．4版．王勇，张斌，译．北京：电子工业出版社，2009．
[16] 卢有杰．现代项目管理学[M]．北京：首都经济贸易大学出版社，2007．
[17] 李燕梅．物流项目管理研究[J]．物流科技，2008，(06)．
[18] 王珍，谢五洲．成功管理物流项目的对策研究[J]．中国市场，2006，(28)．
[19] 丁国君，胡俊杰．项目管理在现代物流企业中的应用[J]．中国物流与采购，2007，(22)．
[20] 卢向南．项目计划与控制[M]．北京：机械工业出版社，2009．
[21] 高生艳．对物流项目各阶段工作的分析思考[J]．中国市场，2007，(41)．
[22] 戚安邦．项目论证与评估[M]．北京：机械工业出版社，2009．
[23] 张少杰，李北伟．项目评估[M]．北京：高等教育出版社，2006．
[24] 简德三．项目评估与可行性研究[M]．上海：上海财经大学出版社，2009．
[25] 苏益．投资项目评估[M]．北京：清华大学出版社，2007．
[26] 祝波．投资项目管理[M]．上海：复旦大学出版社，2009．
[27] 王立国．项目评估理论与实务[M]．北京：首都经济贸易大学出版社，2007．
[28] 路君平．项目评估与管理[M]．北京：中国人民大学出版社，2009．
[29] 常玉和．浅谈项目控制在项目管理中的应用[J]．China's Foreign Trade，2011，(10)．
[30] 廖黎明，张光明．浅谈项目经理在项目实施中的地位、作用及培养[J]．中国建设信息，2007，(03)．
[31] 彭纯强．对高效物流项目团队管理特征的探析[J]．物流技术，2005，(02)．
[32] 李建平．现代项目进度管理[M]．北京：机械工业出版社，2008．
[33] 胡运权．运筹学教程[M]．3版．北京：清华大学出版社，2007．
[34] 赖一飞．项目计划与进度管理[M]．武汉：武汉大学出版社，2007．
[35] 马国丰，尤建新，杜学美．项目进度的制约因素管理[M]．北京：清华大学出版社，2007．
[36] 易明．优先级下的多项目进度计划优化[D]．西南交通大学，2007．

[37] 李健勇. 浅析影响企业项目进度的相关因素[J]. 科技信息, 2011, (01).

[38] 刘洁. 公路工程施工项目进度管理[J]. 中国城市经济, 2011, (14).

[39] 杨青. 项目质量管理[M]. 北京：机械工业出版社, 2008.

[40] 王祖和. 项目质量管理[M]. 北京：机械工业出版社, 2009.

[41] 李金海. 项目质量管理[M]. 天津：南开大学出版社, 2006.

[42] 周娅. 项目质量管理实践研究[J]. 技术与市场, 2009, (01).

[43] 张子海. 项目质量管理分析[J]. 项目管理技术, 2009, (08).

[44] 牟文, 徐玖平. 项目成本管理[M]. 北京：经济管理出版社, 2008.

[45] 纪建悦, 许罕多. 现代项目成本管理[M]. 北京：机械工业出版社, 2008.

[46] 戚安邦. 项目成本管理[M]. 天津：南开大学出版社, 2006.

[47] 孙慧. 项目成本管理[M]. 2版. 北京：机械工业出版社, 2010.

[48] 丁晔, 沈厚才. 基于项目管理的物流成本管理模式初探[J]. 物流技术, 2007, (06).

[49] 秦凯燕. 浅谈项目管理中的成本控制[A]. 跨越发展：七省市第十届建筑市场与招标投标优秀论文集[C], 2010.

[50] 王书伟. 基建项目投资成本控制刍议[A]. 2007年度中国总会计师优秀论文选[C], 2008.

[51] 孟祥茹. 物流项目招投标管理[M]. 北京：北京大学出版社, 2010.

[52] 刘克平. 浅议建设项目合同管理[J]. 水利水电工程造价, 2009, (02).

[53] 乌云娜, 等. 项目采购与合同管理[M]. 2版. 北京：电子工业出版社, 2010.

[54] 刘晓红, 徐玖平. 项目风险管理[M]. 北京：经济管理出版社, 2008.

[55] 王长峰. 现代项目风险管理[M]. 北京：机械工业出版社, 2008.

[56] 王有志. 现代工程项目风险管理理论与实践[M]. 北京：中国水利水电出版社, 2009.

[57] 郭波, 等. 项目风险管理[M]. 北京：电子工业出版社, 2008.

[58] 詹丽, 杨昌明, 何伟军. 项目风险评价决策——方法与实证[M]. 成都：西南交通大学出版社, 2009.

[59] 沈建明. 项目风险管理[M]. 2版. 北京：机械工业出版社, 2010.

[60] 宋玮玮. 风险评估在物流项目中的应用[D]. 大连：大连海事大学, 2003.

[61] 秦凯燕. 现代项目管理的风险与控制[A]. 跨越发展：七省市第十届建筑市场与招标投标优秀论文集[C], 2010.

[62] 周鹏. 项目验收与后评价[M]. 北京：机械工业出版社, 2007.

[63] 陈文晖. 工程项目后评价[M]. 北京：中国经济出版社, 2009.

[64] 王建军, 王参军. 公路建设项目后评价理论与方法研究[M]. 北京：人民交通出版社, 2005.

[65] 张文洁, 安中仁. 水利建设项目后评价[M]. 北京：中国水利水电出版社, 2008.

[66] 刘思峰, 唐学文, 米传民. 路桥项目后评价理论与方法[M]. 北京：科学出版社, 2009.

[67] 张燕. 浅谈物流项目后评价[J]. 中国储运, 2006, (02).

[68] 温志桃, 董雄报. 基于项目管理的动态物流联盟构建研究[J]. 管理科学文摘, 2007, (09).

[69] 牟能冶, 孙单智, 何美玲. 基于项目管理的物流园区建设[J]. 物流科技, 2005, (09).

[70] 白思俊. 项目管理案例教程[M]. 2版. 北京：机械工业出版社, 2009.

[71] [美]曾朝晖. 供应链与物流管理教学案例集[M]. 赵林度, 译. 北京：科学出版社, 2008.

[72] Samuel W, McDowell. *Just-in-time project management* [J]. *IIE Solutions*, 2001, 33 (4)：30.

[73] Ballou, Ronald H. *Business Logistics Management* [M]. 5th ed. Prentice Hall, 2003.

[74] Moore, Rebecca. *Purpose-fully managing projects: using project man-agement principles to manage volunteersand expectations* [J]. *Association Management*, 2004, 56 (10) : 54.

[75] Gannon, Alice. *Project management: an approach to accomplishingthings* [J]. *Records Management Quarterly*, 1994, 28 (3) : 3.

[76] Zhang H, Tam C.M, Shi JJ. *Simulation-based methodology for project scheduling* [J]. *Construction Management and Economics*, 2002, 20 (8) : 667.

[77] Shtub A, Bard J.F, Globerson S. *Project management: engineering, technology and implementations* [M]. Englewood Cliffs, NJ: Prentice Hall, 1994.

[78] Van Der Merwe A P. *Multi-project management-organizational structure and control* [J]. *International Journal of Project Management*, 1997, 15(4) :223-233.

[79] Ming Lu, AboutRisk S M. *Simplified CPM/PERT Simulation Model* [J]. *Journal of Construction Engineering and Management*, 2000, 126 (3) :219-226.

[80] Project Management Institute. *A Guide to The Project Management Body of Knowledge* [J]. *Project Management Institute*, 2004.

[81] Gray Clifford F, Larson Erik W. *Project Management: The Managerial Process* [M]. *New York: The McGraw-Hill Companies*, 2005.

[82] *Kerzner Harold. Project Management: A Systems Approach to Planning, Scheduling, and Controlling*[M] .7th ed. New York: John Wiley, 2001.

[83] Wei Chiu-Chi, Liu Ping-Hung, Tsai Ying-Chin. *Resource-constrained project management using enhanced theory of constraint* [J]. *International Journal of Project Management*, 2002, 20 (7): 561-567.

北大社 · 物流专业规划教材

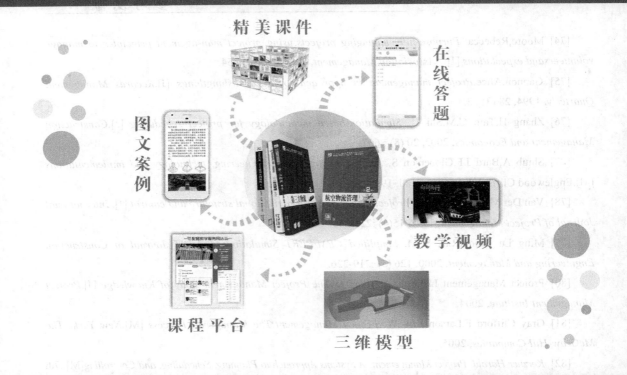

部分教材展示

扫码进入电子书架查看更多专业教材，如需申请样书、获取配套教学资源或在使用过程中遇到任何问题，请添加客服咨询。